어른들을 위한 가장 쉬운
컴퓨터

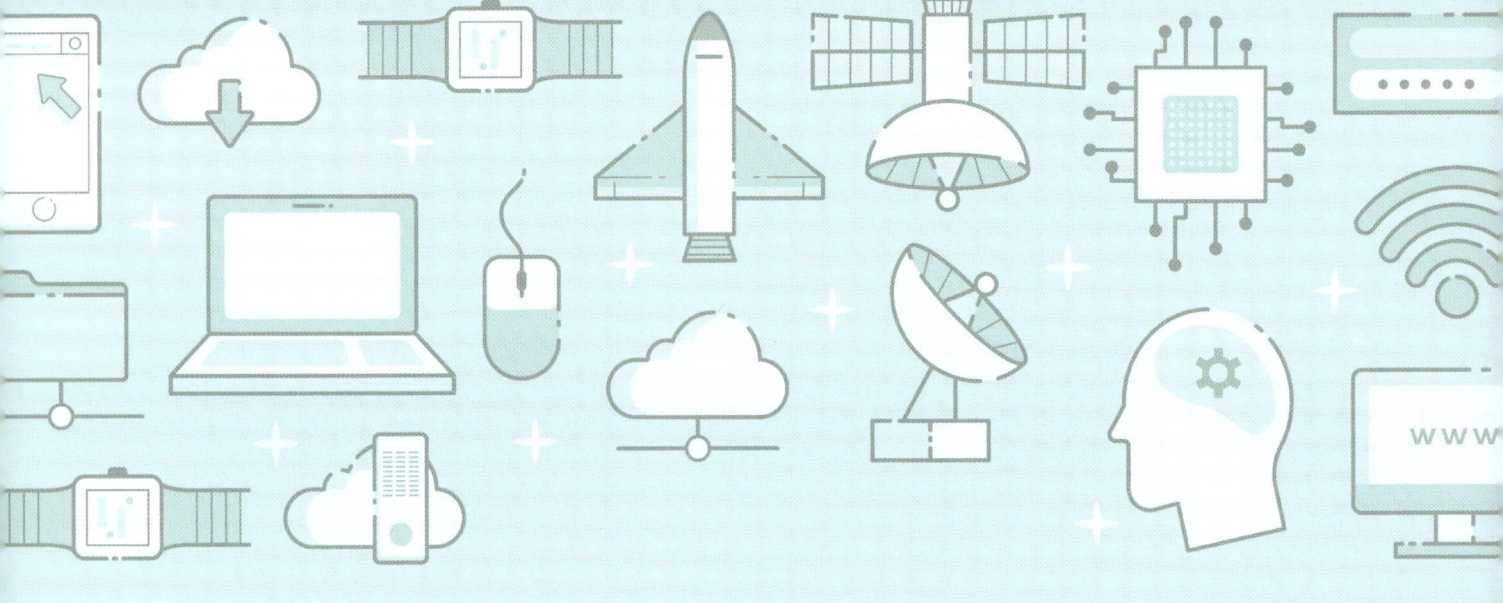

어른들을 위한 가장 쉬운
컴퓨터

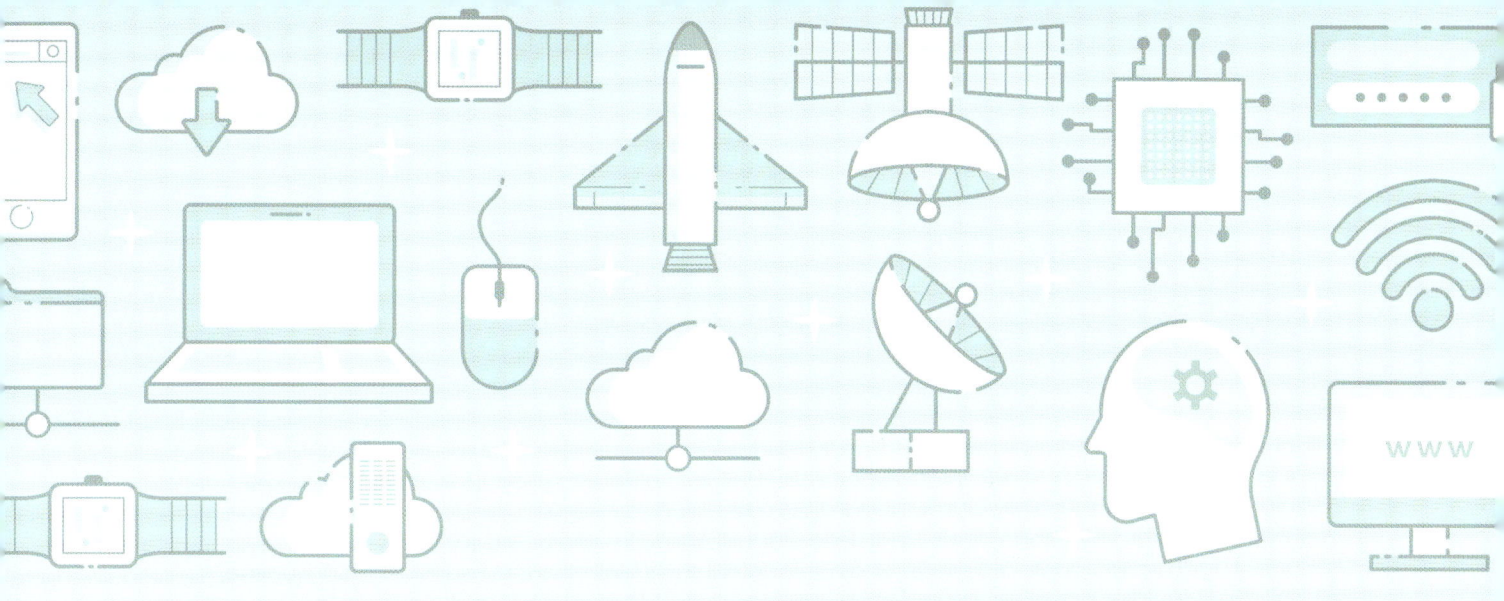

어른들을 위한 가장 쉬운
컴퓨터

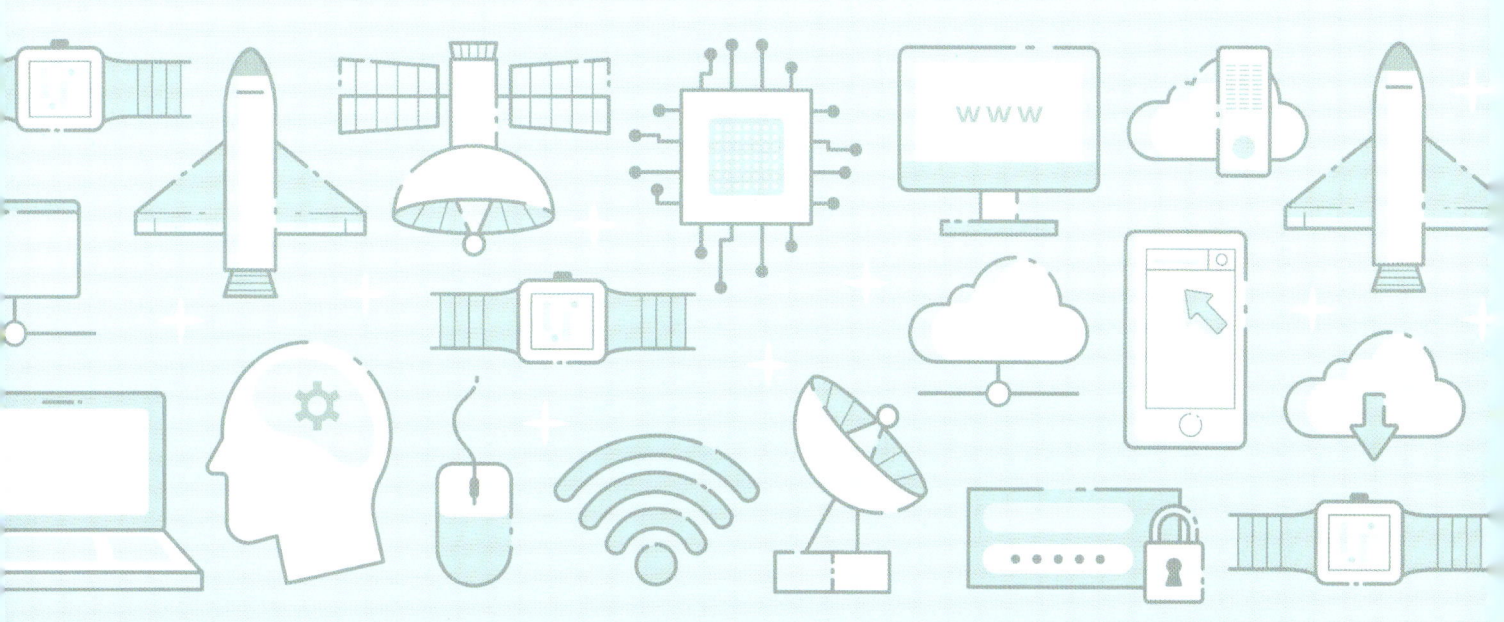

어른들을 위한 가장 쉬운
컴퓨터

어른들을 위한 가장 쉬운
컴퓨터

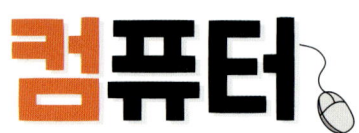

초판 인쇄일 2025년 5월 2일
초판 발행일 2025년 5월 9일

지은이 혜지원 기획팀
발행인 박정모
등록번호 제9-295호
발행처 도서출판 혜지원
주소 (413-120) 경기도 파주시 회동길 445-4(문발동 638) 302호
전화 031) 955-9221~5 **팩스** 031) 955-9220
홈페이지 www.hyejiwon.co.kr

기획·진행 김태호
본문 디자인 김보리
영업마케팅 김준범, 서지영
ISBN 979-11-6764-088-8
정가 15,000원

Copyright © 2025 by 혜지원 기획팀 All rights reserved.
No Part of this book may be reproduced or transmitted in any form,
by any means without the prior written permission on the publisher.

이 책은 저작권법에 의해 보호를 받는 저작물이므로 어떠한 형태의 무단 전재나 복제도 금합니다.
본문 중에 인용한 제품명은 각 개발사의 등록상표이며, 특허법과 저작권법 등에 의해 보호를 받고 있습니다.

혜지원 기획팀 지음

어른들을 위한 가장 쉬운

컴퓨터

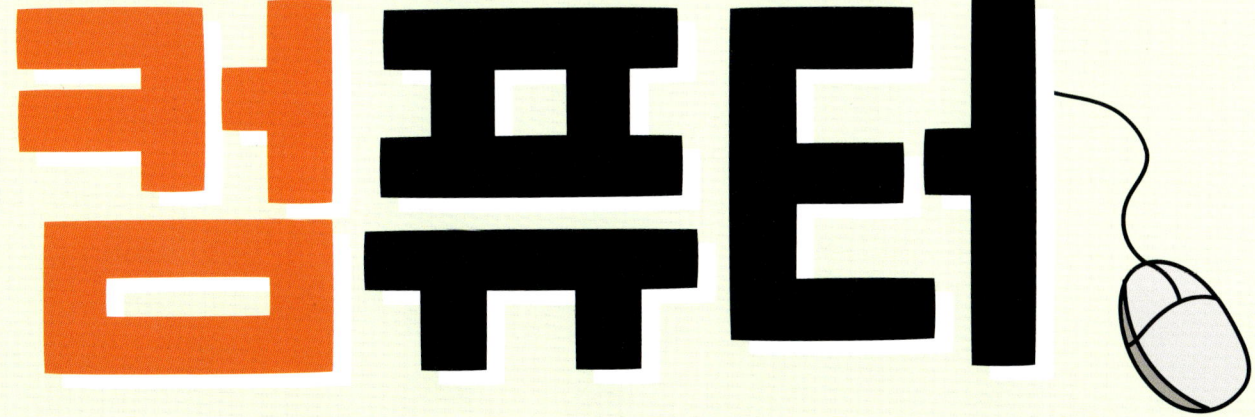

혜지원

머리말

최근 챗GPT와 같은 AI 서비스가 화두입니다. 원하는 정보를 입력하면 뛰어난 해결책을 제시해주고, 다양한 결과물을 만들어주는 AI 기술. 그런 기술을 다루기 위해서는 먼저 컴퓨터에 대해 알아야 합니다.

이제는 컴퓨터 없이 해낼 수 없는 일이 많아졌을 정도로, 컴퓨터는 우리 생활에 깊이 들어와 있습니다. 컴퓨터를 통해 정보를 찾고, 보관하고, 공유하는 모든 행위가 나의 삶에 많은 영향을 미칩니다. 컴퓨터로 인터넷이 발전하면서 많은 정보가 실시간으로 공유됩니다. 컴퓨터 네트워크 기술은 우리가 사용하는 다양한 전자기기와도 접목되고 있습니다. 컴퓨터가 없다면 우리 생활은 마비될지도 모릅니다.

하지만 어르신들에게 컴퓨터는 여전히 어려운 도구입니다. 컴퓨터를 써보지 않은 분들이 컴퓨터의 기능을 익히기란 쉬운 일이 아닙니다. 컴퓨터는 어렵지 않습니다. 단지 여태까지 안 해왔기 때문에 어려울 뿐입니다. 이 책을 통해 컴퓨터의 기본 기능을 익히면서, 컴퓨터에 익숙해질 수 있을 것입니다.

책은 컴퓨터를 켜고 마우스와 키보드를 다루는 법 등, 컴퓨터의 가장 기초부터 배울 수 있게 구성하였습니다. 배경화면을 설정하고, 파일과 폴더를 옮기고 정리하는 방법을 통해 컴퓨터의 기초 기능을 익힙니다. 윈도우에서 제공하는 다양한 기능을 알아보고, 인터넷을 사용하는 법을 익혀 컴퓨터를 생활에 적용할 수 있습니다. 하나씩 따라

하며, 새로운 기능을 익히는 것을 반복하면 쉽게 컴퓨터를 다루게 됩니다. 이 책의 내용만으로도 충분히 컴퓨터의 주요 기능들을 배울 수 있습니다.

  컴퓨터를 익히면 생활의 다양한 면에서 도움을 받을 수 있습니다. 필요한 정보를 찾거나, 내용을 기록하거나, 문서를 정리하는 등의 기능은 삶을 더욱 윤택하고 스마트하게 만들어줄 것입니다. 또한 인터넷을 통해 다양한 부가가치를 창출해낼 수도 있습니다. 처음에는 생소할 수 있지만 포기하지 말고 꾸준히 연습하시길 바랍니다. 연습하다 보면 익숙해져서 새로운 기능들을 금방 알게 될 것입니다.

혜지원 기획팀

목차

제 01장 컴퓨터의 기본　　　　13

Section 01 ｜ 컴퓨터의 구성　　　　14
Section 02 ｜ 컴퓨터 켜기　　　　16
Section 03 ｜ 컴퓨터 종료하기　　　　17
Section 04 ｜ 컴퓨터 다시 시작/절전하기　　　　19

제 02장 마우스와 키보드의 기본　　　　21

Section 01 ｜ 마우스 사용법　　　　22
Section 02 ｜ 키보드 사용법과 단축키　　　　25
Section 03 ｜ 마우스 기능 연습하기　　　　28
Section 04 ｜ 마우스의 더블클릭 속도 변경하기　　　　30

제 03장 컴퓨터 기본 사용법 익히기   33

Section 01 | 바탕화면 요소 살펴보기   34

Section 02 | 아이콘 배치/정렬하기   36

Section 03 | 아이콘 크기 변경하기   40

Section 04 | 바로가기 아이콘 만들기   43

Section 05 | 바로가기 아이콘 삭제하기   47

Section 06 | 작업 표시줄에 고정하기   48

Section 07 | 작업 표시줄 크기 조정하기   52

Section 08 | 바탕화면 바꾸기   57

Section 09 | 화면 보호기 설정하기   64

Section 10 | 휴지통 파일 복원하기   67

Section 11 | 휴지통 비우기   70

Section 12 | 날짜, 시간 확인하기   74

제 04장 윈도우 창 사용하기 77

Section 01 | 창 크기 조절하기 78
Section 02 | 창 숨김/최대화하기 82
Section 03 | 창 2개/4개로 정렬하기 85
Section 04 | 창 흔들어서 정리하기 92

제 05장 파일/폴더 관리하기 95

Section 01 | 탐색기 창 열기 96
Section 02 | 파일 보기 98
Section 03 | 마우스로 파일 이동/복사하기 104
Section 04 | 키보드를 이용해 이동/복사하기 112
Section 05 | 파일 선택하기 116
Section 06 | 새 폴더 만들기 121
Section 07 | 폴더에 파일 이동하기 126
Section 08 | 폴더 즐겨찾기에 고정하기 130

제 06장 동영상, 사진 열어보기　　133

Section 01	동영상 파일 열기	134
Section 02	인터넷에서 사진 다운로드받기	138
Section 03	사진 편집하기	142
Section 04	사진 기타 옵션 알아보기	149

제 07장 윈도우에서 제공하는 편리한 앱 알아보기　　153

Section 01	[뉴스] 앱 알아보기	154
Section 02	[날씨] 앱 알아보기	158
Section 03	[계산기] 앱 알아보기	165
Section 04	보조프로그램 알아보기	167

제 08장 알집으로 압축 풀고 알약으로 검사하기　175

Section 01 | 알집과 알약 프로그램 설치하기　176
Section 02 | 폴더 압축하기　184
Section 03 | 압축 파일 열어보기　188
Section 04 | 파일 추가하여 압축하기　190
Section 05 | 압축 풀기　193
Section 06 | 알약으로 바이러스 검사하기　195

제 09장 장치 연결하고 PC 관리하기　199

Section 01 | USB드라이브 연결하기　200
Section 02 | 디스크 정리하기　203
Section 03 | 제어판 기능 알아보기　210
Section 04 | 프로그램 제거하기　219
Section 05 | [설정] 메뉴 알아보기　221

제 10장 인터넷 기초 익히기 225

Section 01 | 인터넷으로 할 수 있는 것은? 226

Section 02 | 엣지 실행하기 229

Section 03 | 엣지 화면 구성 232

Section 04 | 주소 입력해서 페이지 이동하기 234

Section 05 | 링크 클릭해서 이동하기 237

Section 06 | 화면 확대/축소하기 239

Section 07 | 기본 사이트 설정하기 241

Section 08 | 즐겨찾기 추가하기 244

제 11장 네이버, 다음 사용하기　249

Section 01 | 네이버에 회원가입하기　250

Section 02 | 네이버로 메일 보내기　255

Section 03 | 메일 읽고 답장하기　261

Section 04 | 네이버 길 찾기 기능 이용하기　265

Section 05 | 네이버 블로그 글 보기　272

Section 06 | 다음으로 뉴스 읽기　278

Section 07 | 티스토리 블로그 들어가기　281

Section 08 | 유튜브 동영상 시청하기　284

Section 09 | 11번가 가입하기　287

Section 10 | 11번가에서 쇼핑하기　292

제 01 장

컴퓨터의 기본

컴퓨터를 잘 다루기 위해서는 컴퓨터의 구성 요소를 배워야 합니다. 컴퓨터의 기본 구성품과 기능을 알아보겠습니다.

Section 01 컴퓨터의 구성

컴퓨터의 구성에 대해 살펴보겠습니다.

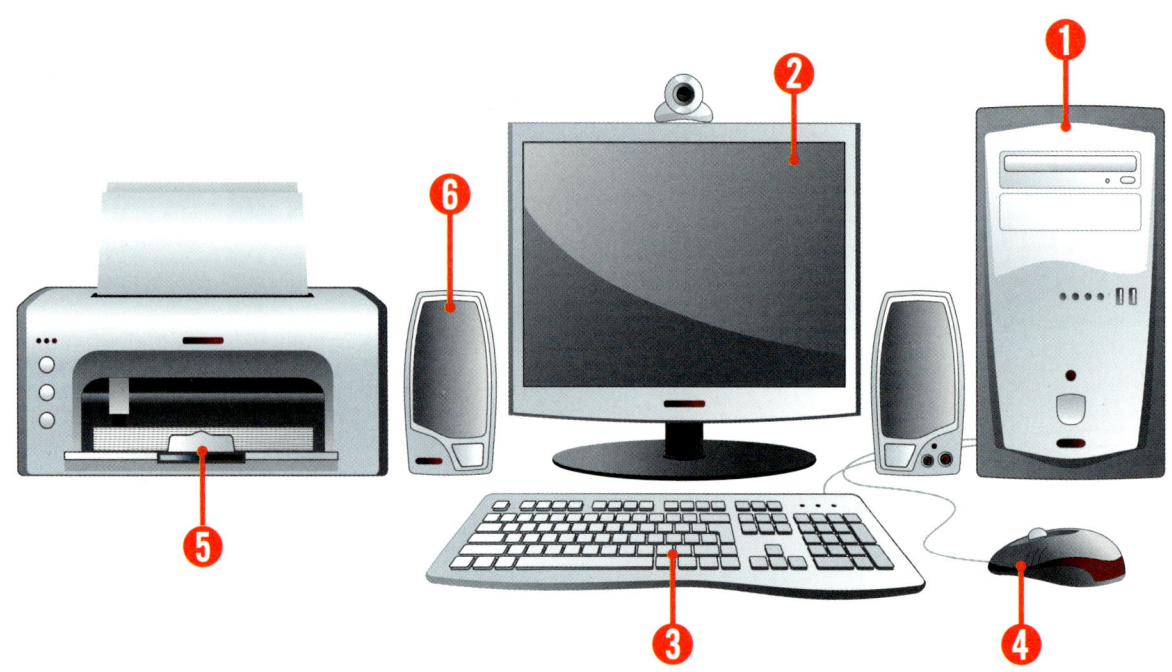

❶ **본체** : 컴퓨터 하드웨어, 소프트웨어가 담겨 있는, 가장 중요한 구성요소입니다. 일반적으로 컴퓨터라고 하면 본체를 이야기합니다. 본체가 있어야 전원을 연결하고, 컴퓨터를 켜고, 작업을 할 수 있습니다. 컴퓨터 가격을 결정하는 주요소입니다. 본체는 크게 전원 버튼, USB 삽입구, 이어폰 삽입구, CD드라이브 등으로 이루어져 있습니다.

❷ **모니터** : 작업한 결과물을 화면으로 보여주는 구성요소입니다. 본체와 연결되어 있어야 작동합니다. 여러 사이즈의 모니터가 출시되어 있고, 하나의 본체에 두 개의 모니터를 연결해서 사용할 수도 있습니다.

❸ **키보드** : 컴퓨터에 글자를 입력하거나 명령을 실행할 때 사용하는 구성요소입니다.

❹ **마우스** : 클릭, 더블클릭 등으로 화면에서 움직이면서 명령을 수행하는 구성요소입니다. 키보드와 마우스를 대표적인 입력도구라고 부릅니다.

❺ **프린터** : 컴퓨터에서 작업한 결과물이나 화면을 출력해주는 구성요소입니다. 인쇄기라고도 부르며, 프린터가 컴퓨터와 연결되어 있어야 출력이 가능합니다. 흑백, 컬러 인쇄 등 다양한 인쇄 기능을 사용할 수 있습니다.

❻ **스피커** : 소리가 나게 하는 구성요소입니다. 노트북의 경우 대부분 내장되어 있지만 외부 스피커를 연결하여 소리가 나게 할 수도 있습니다. 스피커가 없다면 본체에 이어폰을 꽂아 소리를 들을 수 있습니다.

이 외에도 스캐너, 외장 하드디스크 등 다양한 부가 구성요소들이 있습니다.

Section 02 컴퓨터 켜기

컴퓨터를 켜는 방법에 대해 알아보겠습니다. 컴퓨터 본체가 일단 전력과 연결되어 있어야 합니다. 그래야 전원 버튼으로 컴퓨터를 켤 수 있습니다.

01 전원 스위치를 누릅니다. 전원 스위치는 컴퓨터 본체마다 모양이 다를 수 있습니다. 대개  아이콘이 새겨져 있습니다.

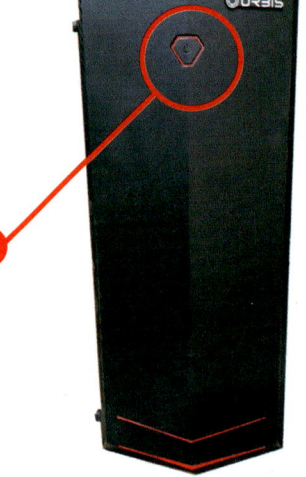

누릅니다. ❶

02 컴퓨터에 따라서 30초에서 2분 정도 기다린 후에 윈도우 화면이 나타납니다.

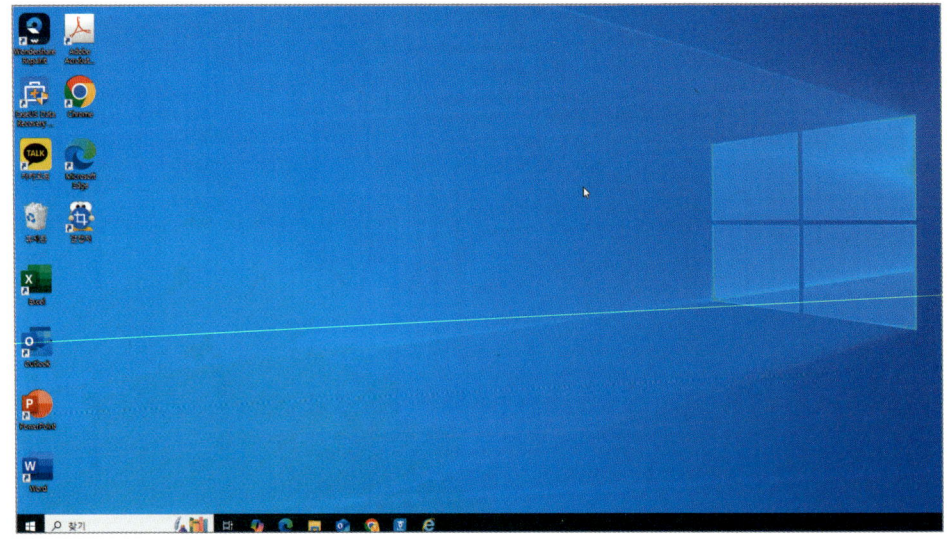

참고!

이 책은 어르신들의 컴퓨터 환경을 고려하여 윈도우10을 기반으로 작성되었습니다. 하지만 윈도우 7, 11 등 윈도우 버전에 상관 없이 따라할 수 있습니다.

Section 03 컴퓨터 종료하기

컴퓨터를 종료해보겠습니다. 전원 버튼을 눌러 강제로 종료하는 방법도 있지만 컴퓨터 성능이 저하될 수도 있으므로 다음의 방법으로 종료하시길 바랍니다.

01 [시작] ⊞을 클릭합니다. [전원] ⏻을 클릭합니다.

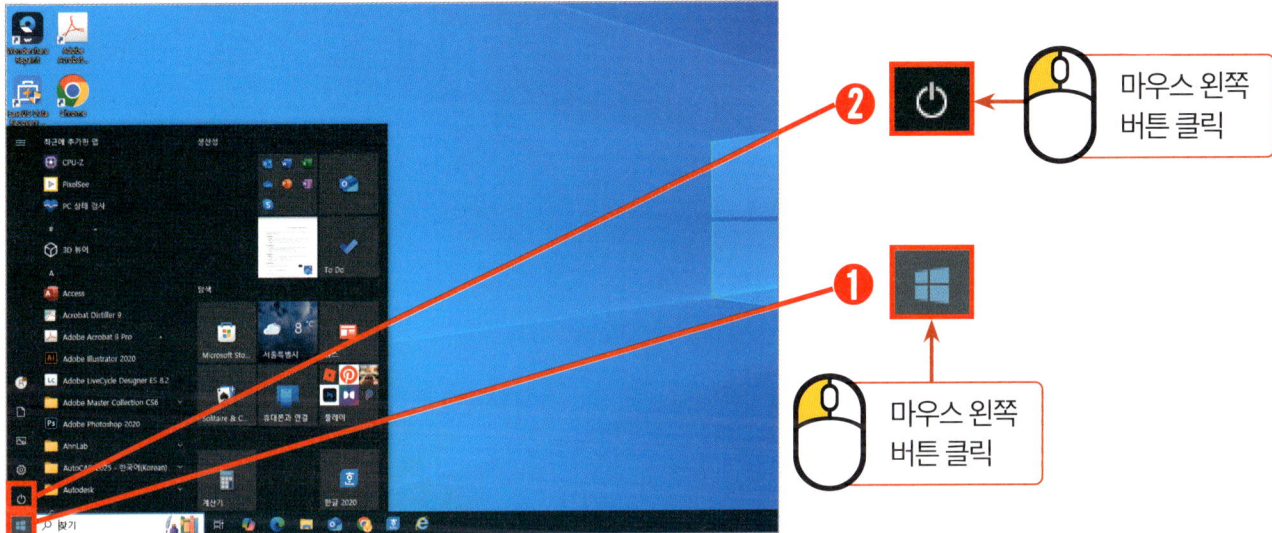

02 [시스템 종료]를 클릭합니다.

03 컴퓨터가 종료되었습니다.

Section 04 컴퓨터 다시 시작/절전하기

컴퓨터를 다시 시작하고 절전해보겠습니다.

01 컴퓨터를 다시 시작합니다. [시작]을 클릭합니다. [전원]을 클릭합니다.

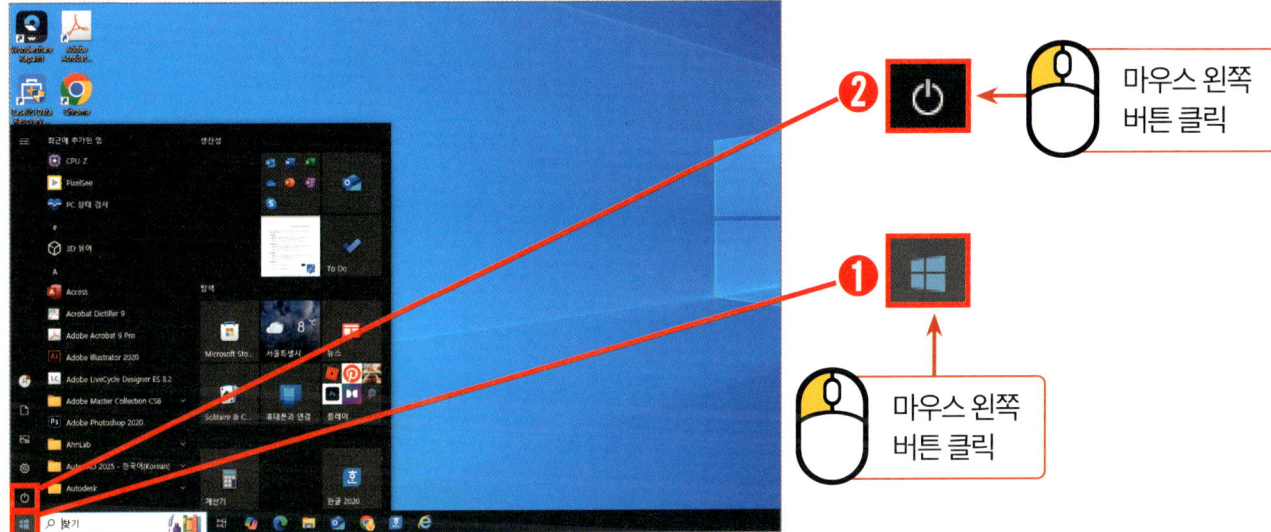

02 [다시 시작]을 클릭합니다.

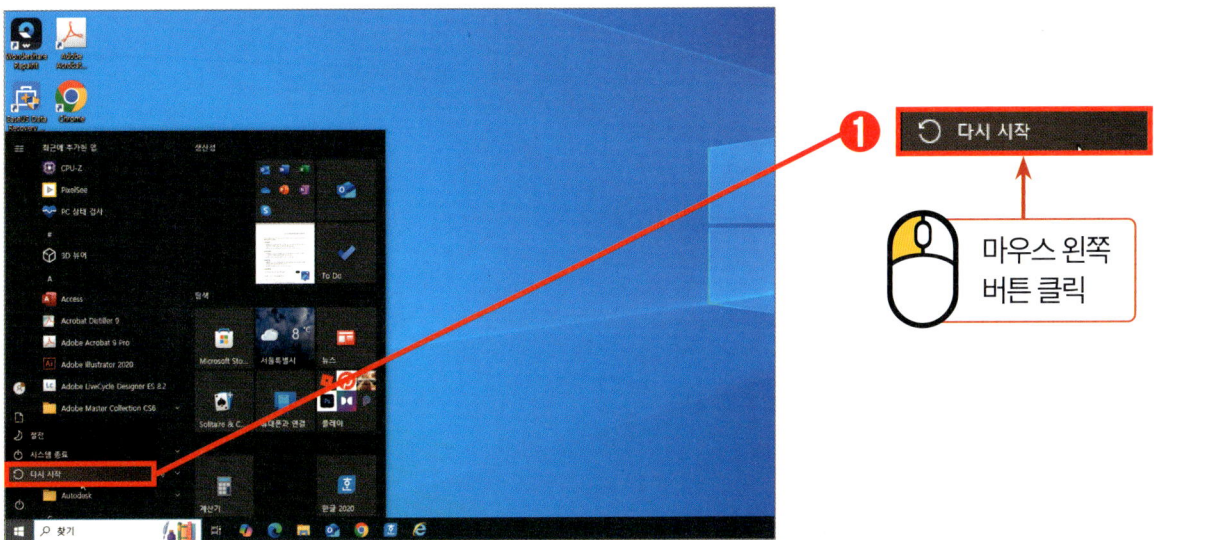

03 컴퓨터가 종료되었다가 다시 시작됩니다.

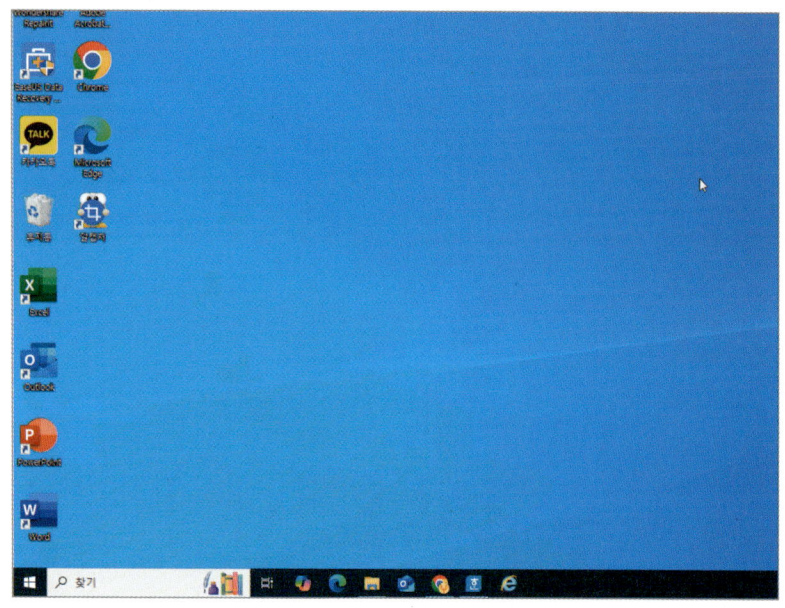

04 컴퓨터를 절전해보겠습니다. [시작] ■ 을 클릭합니다. [전원] ⏻ 을 클릭합니다. [절전]을 클릭합니다.

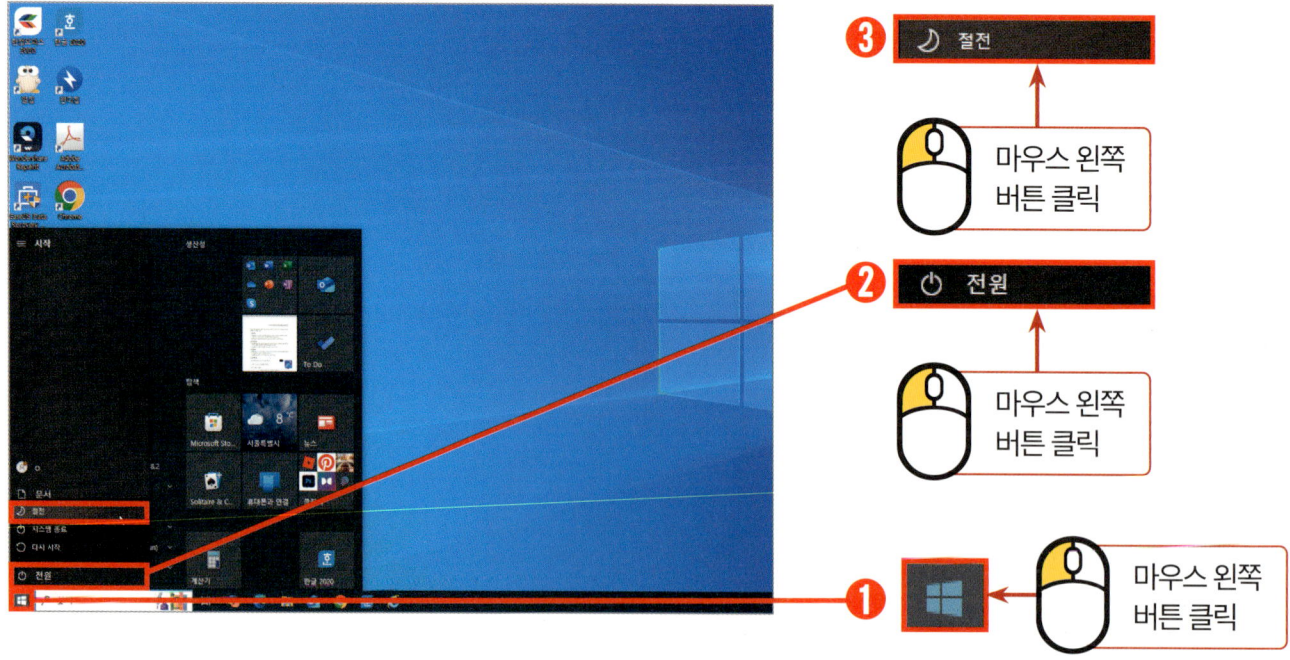

05 컴퓨터가 절전됩니다. 절전일 경우에는 키보드나 마우스를 움직이면 절전이 해제되며 화면이 돌아옵니다.

제 02 장

마우스와 키보드의 기본

컴퓨터를 잘 다루기 위해서는 마우스와 키보드 사용법을 익혀야 합니다.

Section 01 마우스 사용법

마우스는 클릭, 더블클릭 등으로 원하는 항목을 선택하거나 휠 기능으로 화면을 올리고 내리는 데 사용합니다.

1 마우스의 구성 요소

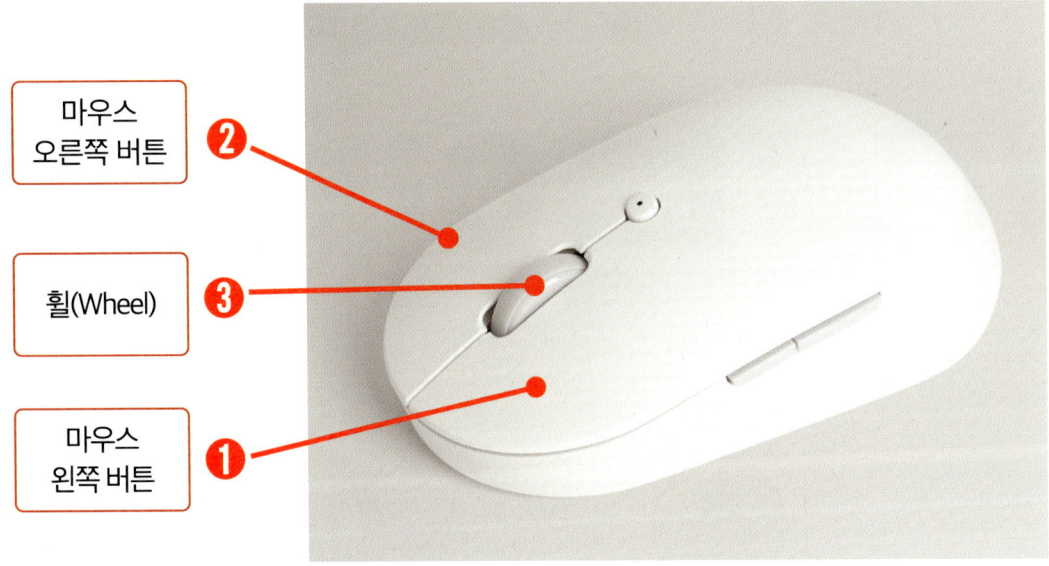

- 마우스 오른쪽 버튼 ❷
- 휠(Wheel) ❸
- 마우스 왼쪽 버튼 ❶

❶ **마우스 왼쪽 버튼** : 기본적인 선택 및 실행을 하고 싶을 때 누릅니다. 기본적으로 '클릭한다'라고 하면 왼쪽 버튼을 클릭하는 것을 의미합니다.

❷ **마우스 오른쪽 버튼** : 특정한 메뉴나 기능을 열고 싶을 때 사용합니다. 바탕화면의 아이콘 위에서 마우스 오른쪽 버튼을 클릭하면 해당 상태에서 사용할 수 있는 기능들이 나타납니다.

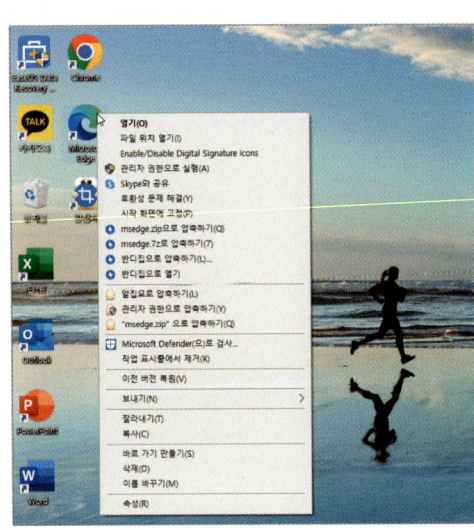

❸ **휠** : 화면이 세로로 긴 화면일 경우, 위아래로 휠을 돌리면 화면이 위아래로 이동합니다. 인터넷이나 문서를 위아래로 이동하면서 볼 수 있습니다.

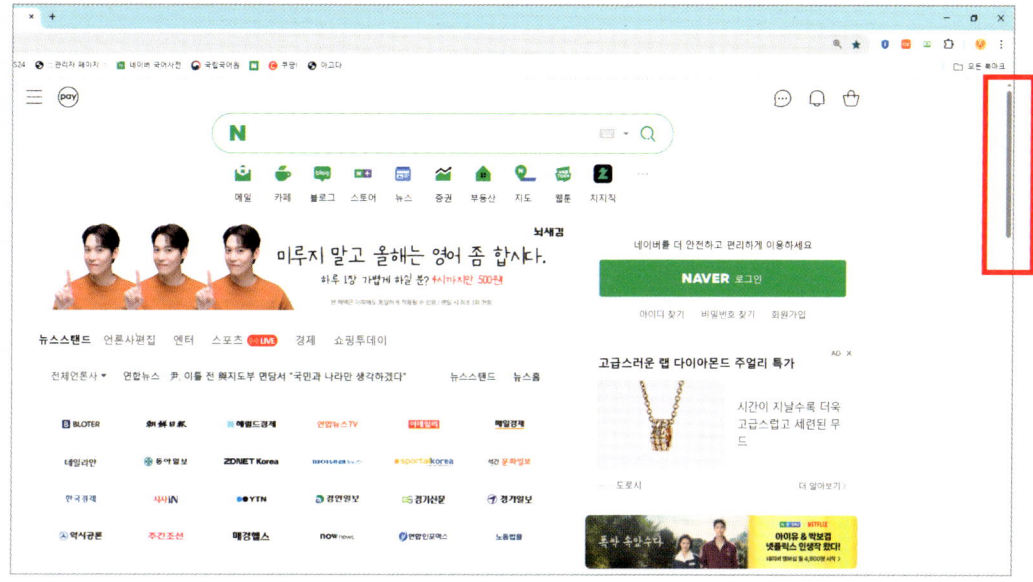

[옆에 스크롤바가 있으면 휠을 통해 이동할 수 있습니다]

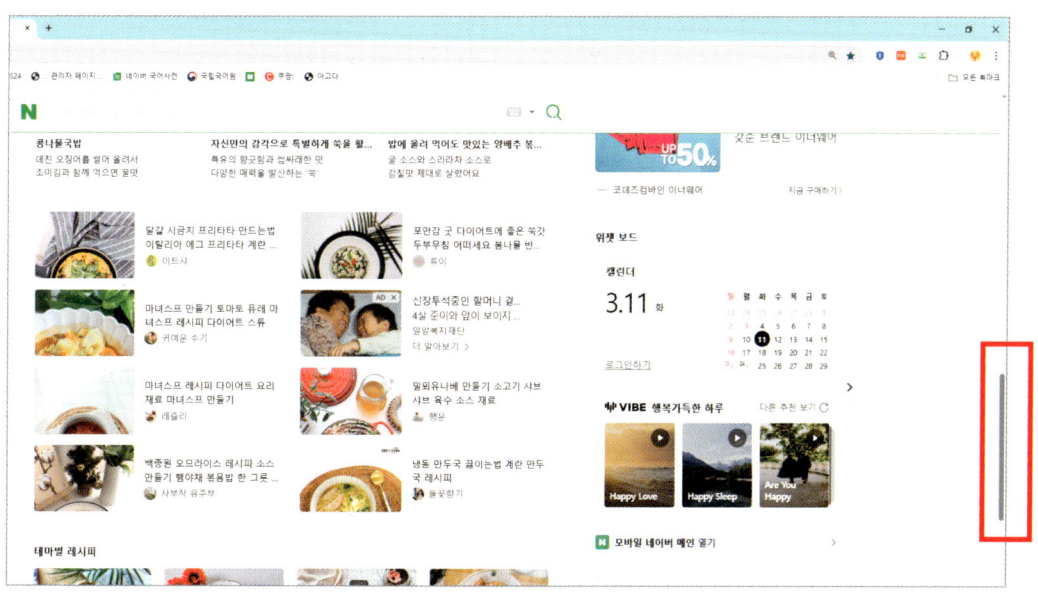

[휠을 아래로 내리면 화면이 아래로 이동합니다]

2 마우스 버튼을 누를 때

❶ **마우스 쥐는 법** : 손 전체를 이용해서 마우스를 감싸듯이 잡습니다. 검지와 중지를 각각 마우스 왼쪽/오른쪽 버튼에 올립니다.

❷ **클릭** : 마우스 버튼을 한 번 누르는 것을 클릭이라고 합니다. 파일이나 링크 등을 선택할 때 사용합니다. 책에서 클릭이라고 하면 한 번 클릭하는 것을 말합니다.

❸ **더블클릭** : 마우스 왼쪽 버튼을 빠르게 두 번 누르는 것을 말합니다.

❹ **드래그** : 마우스 왼쪽 버튼을 클릭한 채로 마우스를 이동하는 것입니다. 아이콘을 끌어당길 때나 파일을 이동시킬 때, 텍스트의 일부를 선택할 때 사용합니다.

Section 02 키보드 사용법과 단축키

키보드는 텍스트를 입력할 때 사용하거나 편리한 단축키로 기능을 쉽게 이용할 때 사용합니다.

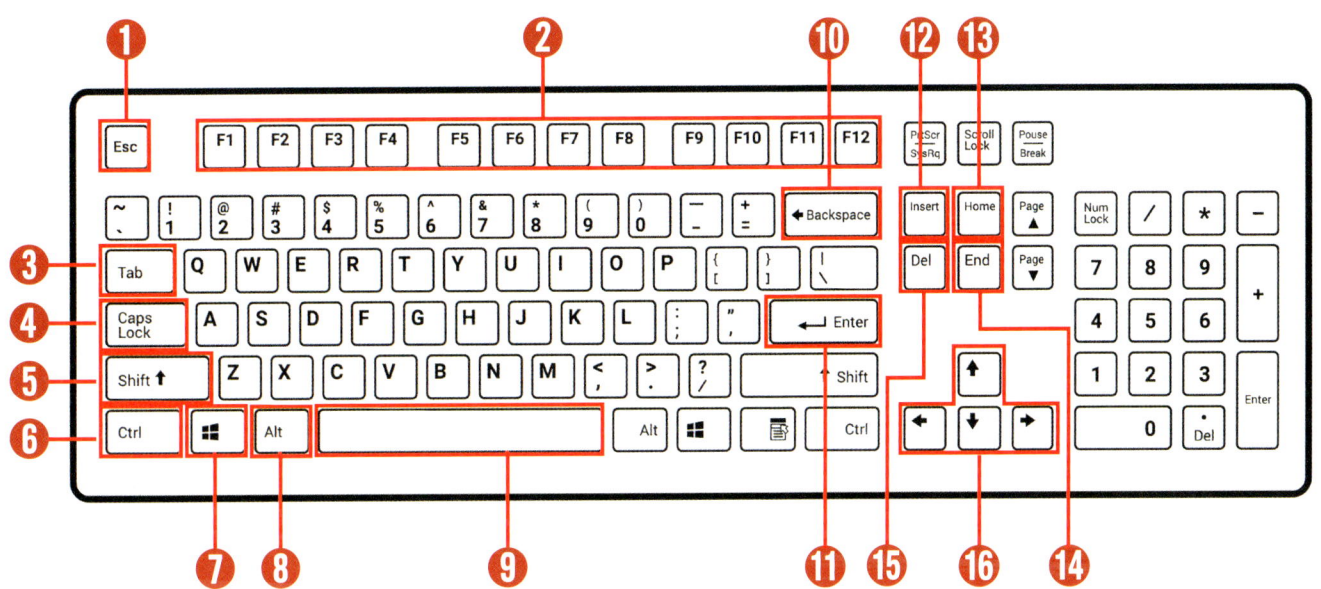

1 키보드 주요 키와 기능

키보드의 주요 키는 다음과 같습니다. 이외에도 다른 기능을 가진 키가 다양하게 있지만 기본적인 키만 알아도 충분합니다. 키보드 종류에 따라 위치가 다를 수도 있으며, 사진에 있는 키가 없을 수도 있습니다. 책을 따라하면서 키보드 사용법에 익숙해집시다.

❶ [Esc] : 특정 프로그램에서 명령을 수행하는 것을 중지할 때 사용합니다. 카카오톡과 같은 메뉴나 대화창이 나타났을 때 Esc 키를 누르면 창이 닫힙니다.

❷ 펑션키 : F1 부터 F12 까지 있습니다. 각각 특정한 프로그램에서 복잡한 명령을 한 번에 처리할 때 사용합니다. 기능은 모두 다릅니다.

❸ **[Tab]** : 문서 작업 도중, [Tab]키를 누르면 한 번에 몇 칸씩 커서를 이동할 수 있습니다.

❹ **[CapsLock]** : 일반적으로는 누르지 않습니다. 영어를 입력할 경우, 기본적으로 소문자가 입력되는데 [Caps Lock]키를 누르고 입력하면 대문자가 입력됩니다. 혹시 비밀번호 오류가 나는 경우, 이 키가 켜져 있는지를 확인해보길 바랍니다.

❺ **[Shift]** : [Shift]키를 누른 채로 타이핑하면 한글은 쌍자음이 입력되고 영문은 대문자가 입력됩니다. !, # 같은 특수문자를 입력할 때도 [Shift]를 누르고 숫자키를 누르면 됩니다.

❻ **[Ctrl]** : 다른 키와 조합하여 복사([Ctrl]+[C]), 붙여넣기([Ctrl]+[V])와 같은 기능을 사용할 때 사용합니다.

❼ **[윈도우]** : 🪟키를 누르면 [시작] 버튼을 클릭했을 때처럼 프로그램 목록이 나타납니다.

❽ **[Alt]** : [Ctrl]키와 마찬가지로, 다른 키와의 조합으로 특정한 명령을 수행할 때 사용합니다.

❾ **스페이스바** : 텍스트 입력 시, 빈칸을 입력할 때 사용합니다.

❿ **백스페이스** : 현재 커서가 있는 곳을 기준으로 글자를 오른쪽에서 왼쪽으로 지워줍니다.

⓫ **[Enter]** : 문장 입력 시 줄을 강제로 바꿀 수 있습니다. 혹은 검색할 키워드를 입력하고 검색하고자 할 때 [Enter]키를 누릅니다.

⓬ **[Insert]** : 문서 작업을 할 때 [Insert]키를 누르고 글자를 입력하면 오른쪽의 글자가 지워지면서 글자가 입력됩니다.

⓭ **[Home]** : 문장의 가장 앞으로 커서가 이동하거나 화면의 맨 위로 올라갈 수 있습니다.

⓮ **[End]** : 문장의 가장 뒤로 커서가 이동하거나 화면의 맨 아래로 내려갈 수 있습니다.

⓯ **[Delete]** : 문서 작업 시 현재 커서가 있는 곳을 기준으로 오른쪽의 글을 왼쪽으로 당기며 삭제합니다. 텍스트를 선택한 뒤 Delete 키를 누르면 백스페이스와 동일하게 사용할 수 있습니다.

⓰ **방향키** : 커서를 사용자가 원하는 방향으로 이동시킬 수 있습니다. 화면을 움직일 때도 방향키를 사용하여 위아래를 이동할 수 있습니다.

2 키보드 사용법

키보드로 글자를 입력할 때는 양손의 검지손가락을 F와 J에 올려놓습니다. 왼쪽은 왼손으로, 오른쪽은 오른손으로 입력합니다.

3 키보드 단축키

키보드를 사용하여 쉽게 기능을 수행할 수 있는 대표적인 단축키 조합입니다. 익혀두면 마우스를 움직이거나 클릭을 번거롭게 할 필요가 없습니다.

① Ctrl + S : 저장하기
② Ctrl + C : 복사하기
③ Ctrl + V : 붙여넣기
④ Ctrl + Z : 취소하기
⑤ Ctrl + Shift + Z : 취소 원래대로 되돌리기
⑥ Ctrl + 휠 : 화면 확대/축소하기
⑦ Ctrl + F : 찾기
⑧ Shift + 알파벳 : 대문자 입력하기

Section 03 마우스 기능 연습하기

마우스 기능을 연습하겠습니다.

01 바탕화면에서 원하는 아이콘을 마우스 왼쪽 버튼으로 빠르게 두 번 누릅니다. 더블클릭입니다.

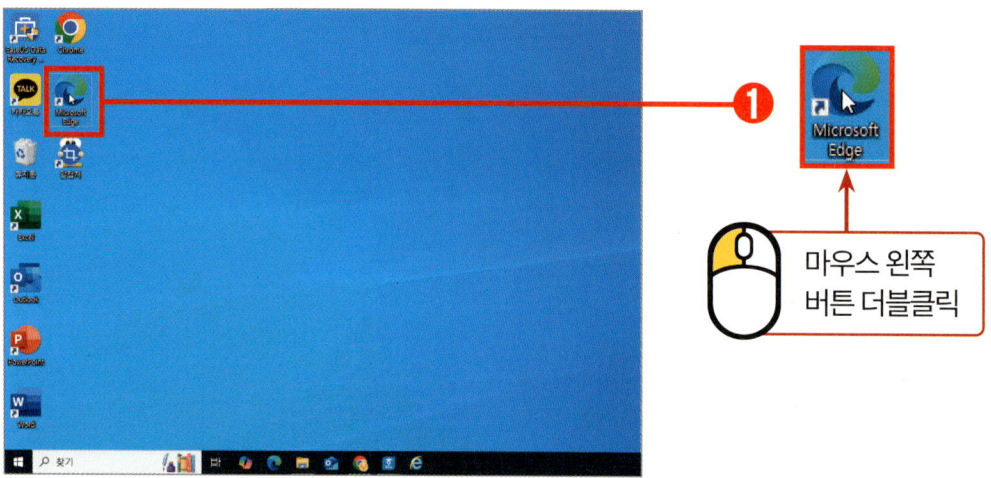

02 더블클릭을 하면 더블클릭한 아이콘의 창이나 링크가 열립니다. 지금은 엣지가 실행되었습니다.

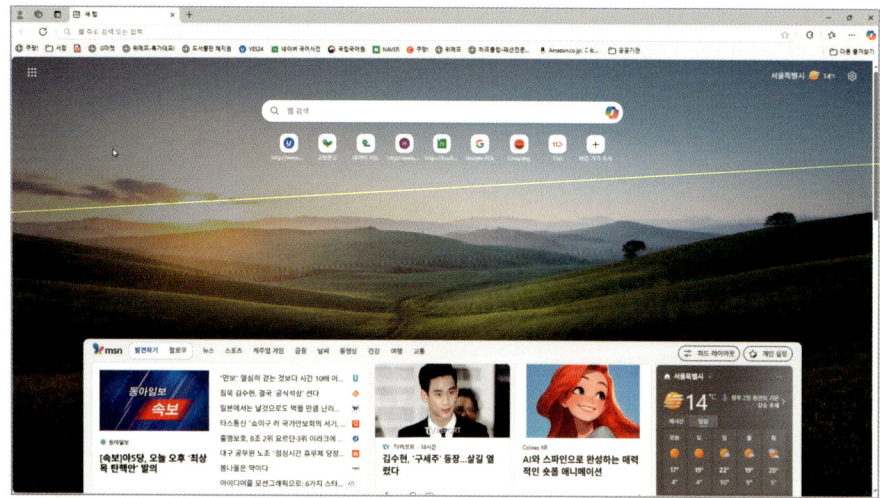

03 이번엔 오른쪽 버튼 클릭입니다. 바탕화면의 아무 곳에서 마우스 오른쪽 버튼을 클릭합니다. 관련된 세부 메뉴가 나타납니다.

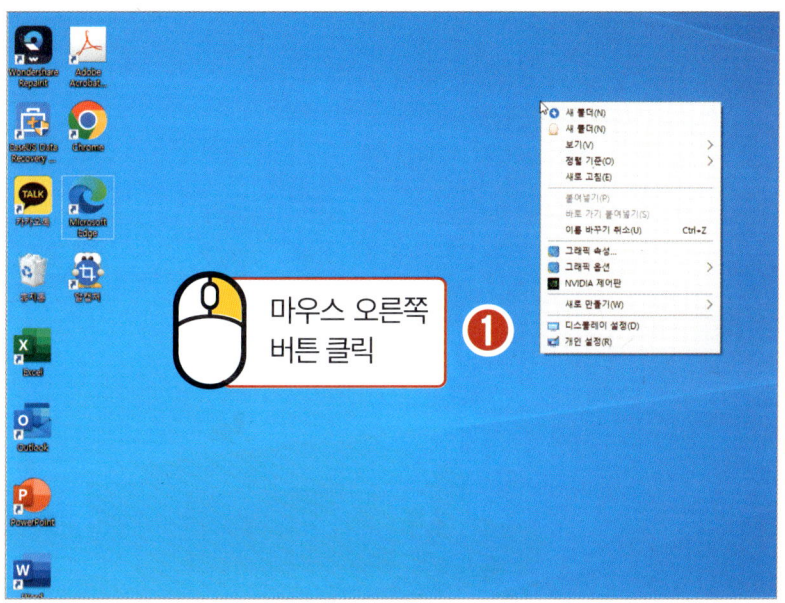

04 휴지통 위에서 마우스 오른쪽 버튼을 클릭합니다. 다른 세부 메뉴가 나타납니다.

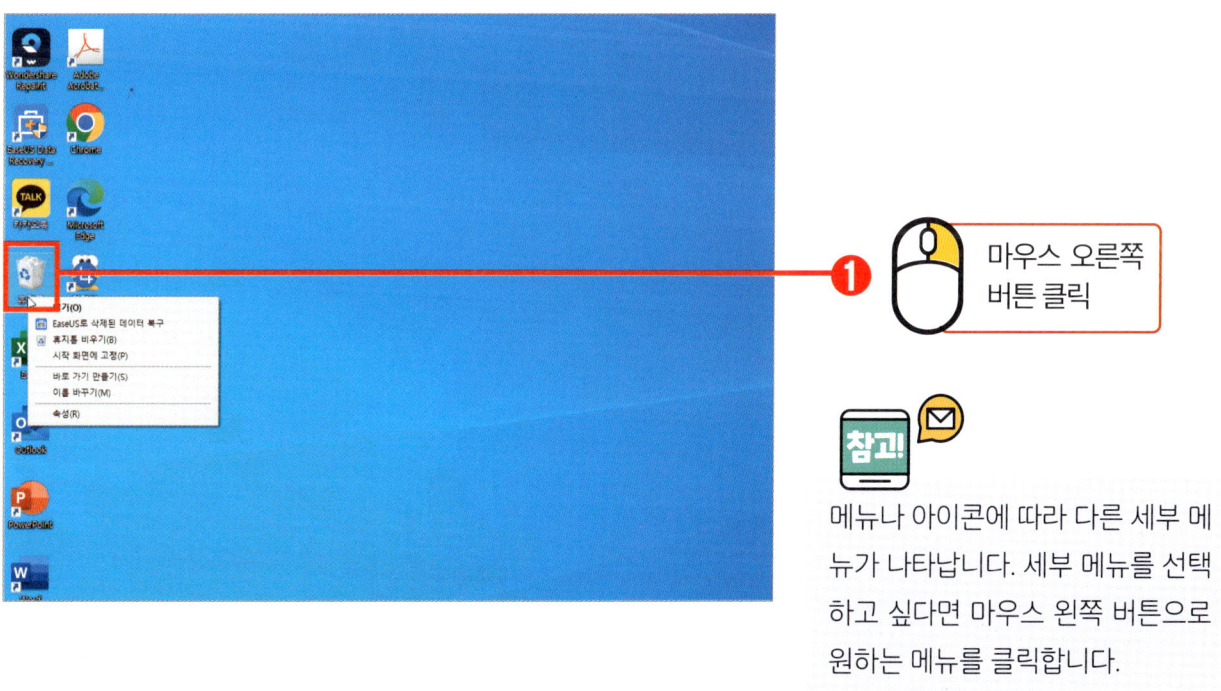

참고! 메뉴나 아이콘에 따라 다른 세부 메뉴가 나타납니다. 세부 메뉴를 선택하고 싶다면 마우스 왼쪽 버튼으로 원하는 메뉴를 클릭합니다.

Section 04 마우스의 더블클릭 속도 변경하기

마우스를 빠르게 연달아 누르는 것이 어려울 수도 있습니다. 이때 속도를 느리게 클릭해도 인식되도록 해보겠습니다.

01 [시작] ⊞을 클릭합니다. [설정] ⚙을 클릭합니다.

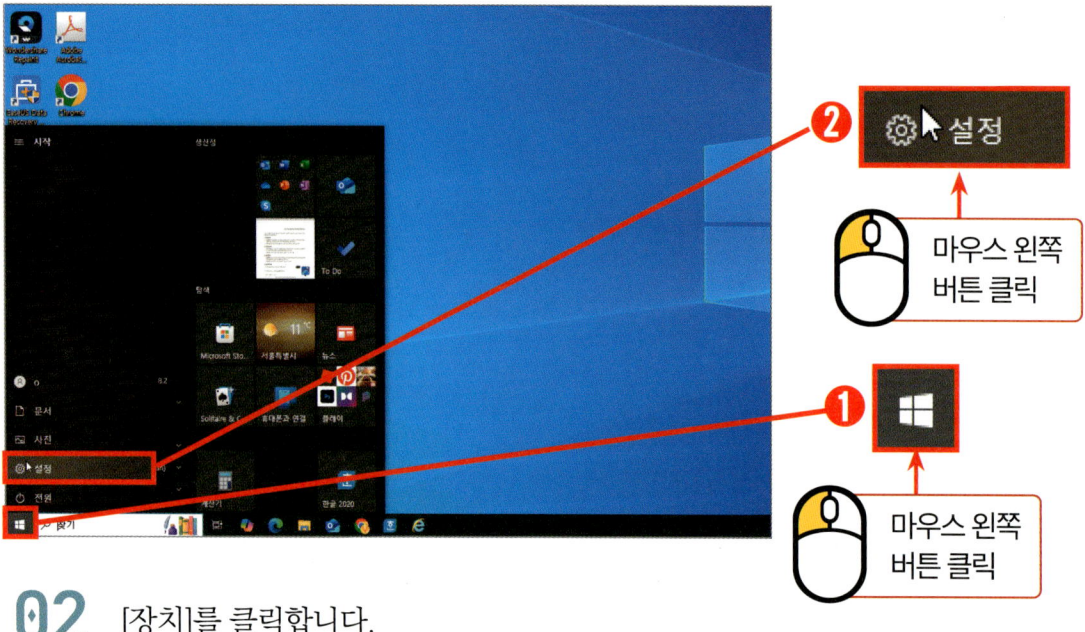

02 [장치]를 클릭합니다.

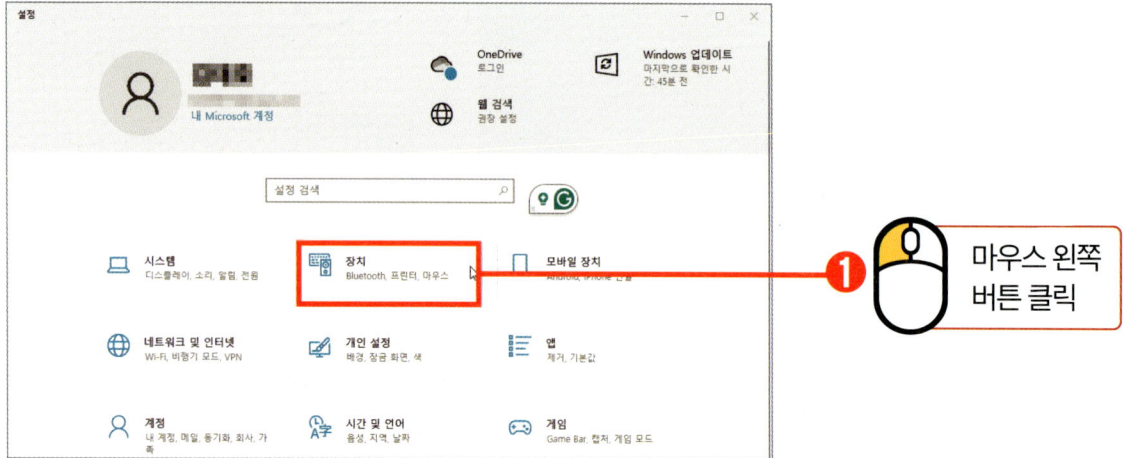

03 [마우스]를 클릭합니다. [추가 마우스 옵션]을 클릭합니다.

04 두 번 클릭 속도의 ▌를 클릭한 채 왼쪽으로 드래그합니다. [확인]을 클릭합니다.

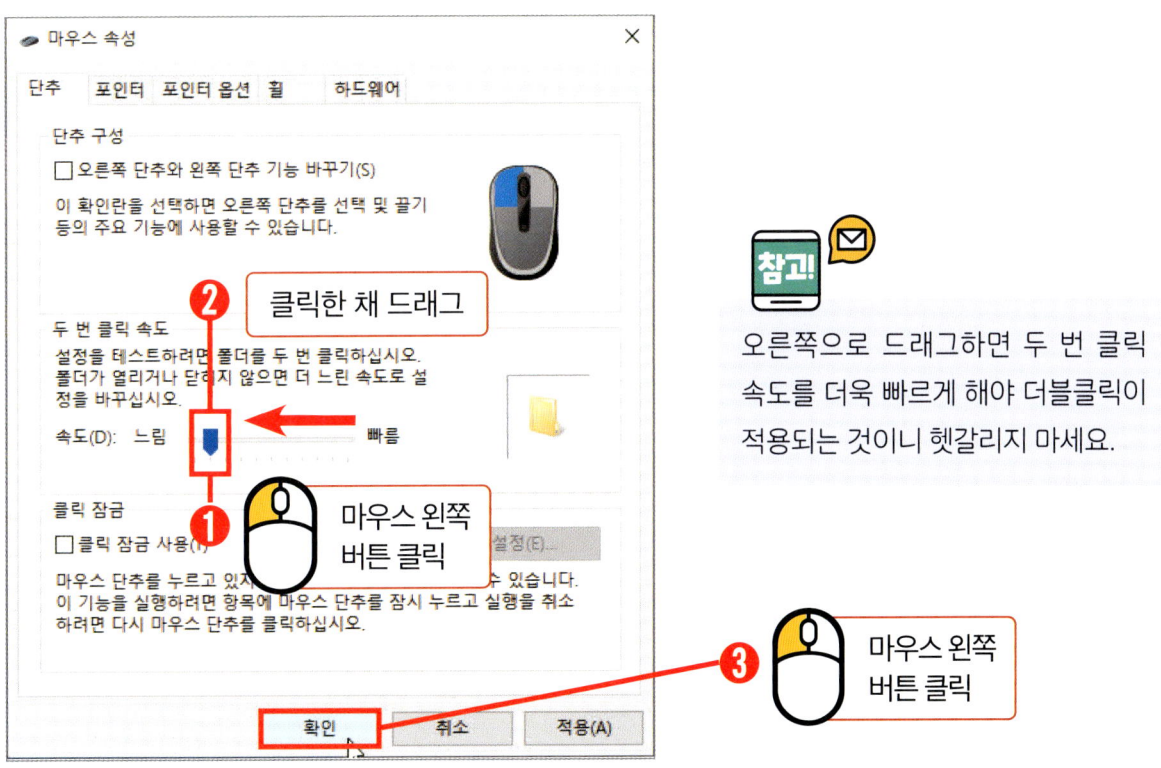

오른쪽으로 드래그하면 두 번 클릭 속도를 더욱 빠르게 해야 더블클릭이 적용되는 것이니 헷갈리지 마세요.

제 02장 마우스와 키보드의 기본 / 31

05 더블클릭을 더 느리게 해도 더블클릭이 적용됩니다.

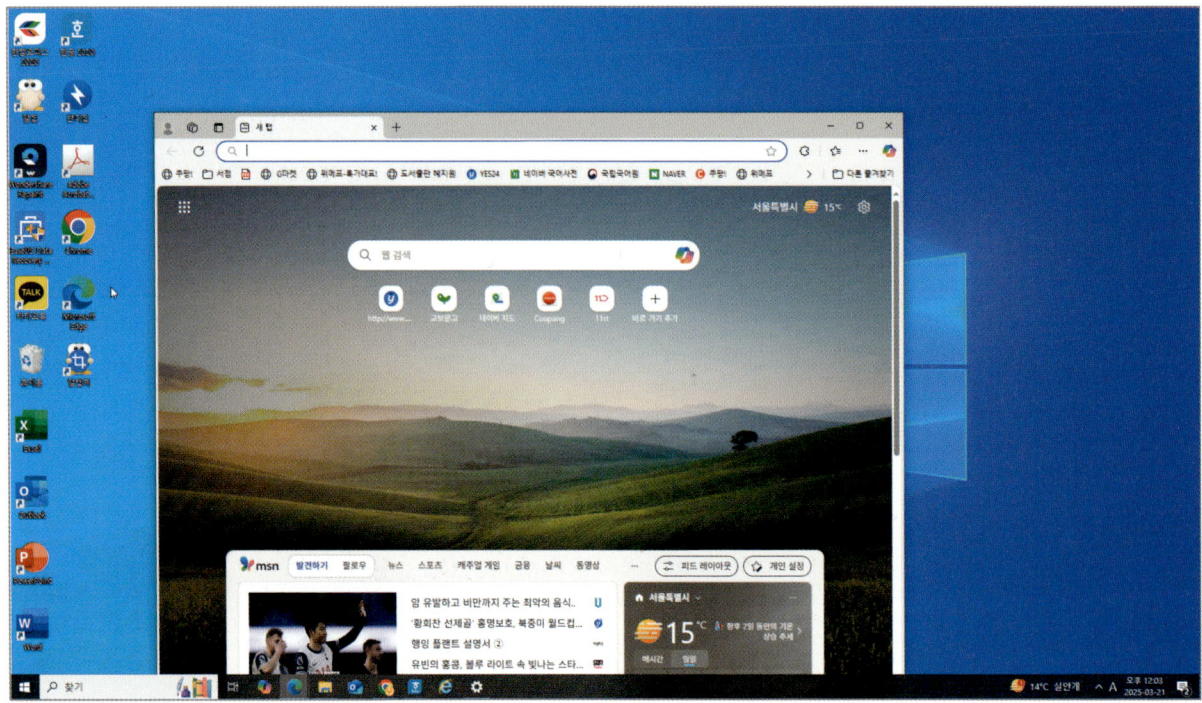

제 03 장

컴퓨터 기본 사용법 익히기

바탕화면은 필요한 아이콘을 모아놓은 곳으로, 컴퓨터의 기본 화면입니다. 바탕화면의 기본 요소를 살펴보고 휴지통 기능을 배워보겠습니다.

Section 01 바탕화면 요소 살펴보기

바탕화면의 기본 구성 요소를 살펴보겠습니다.

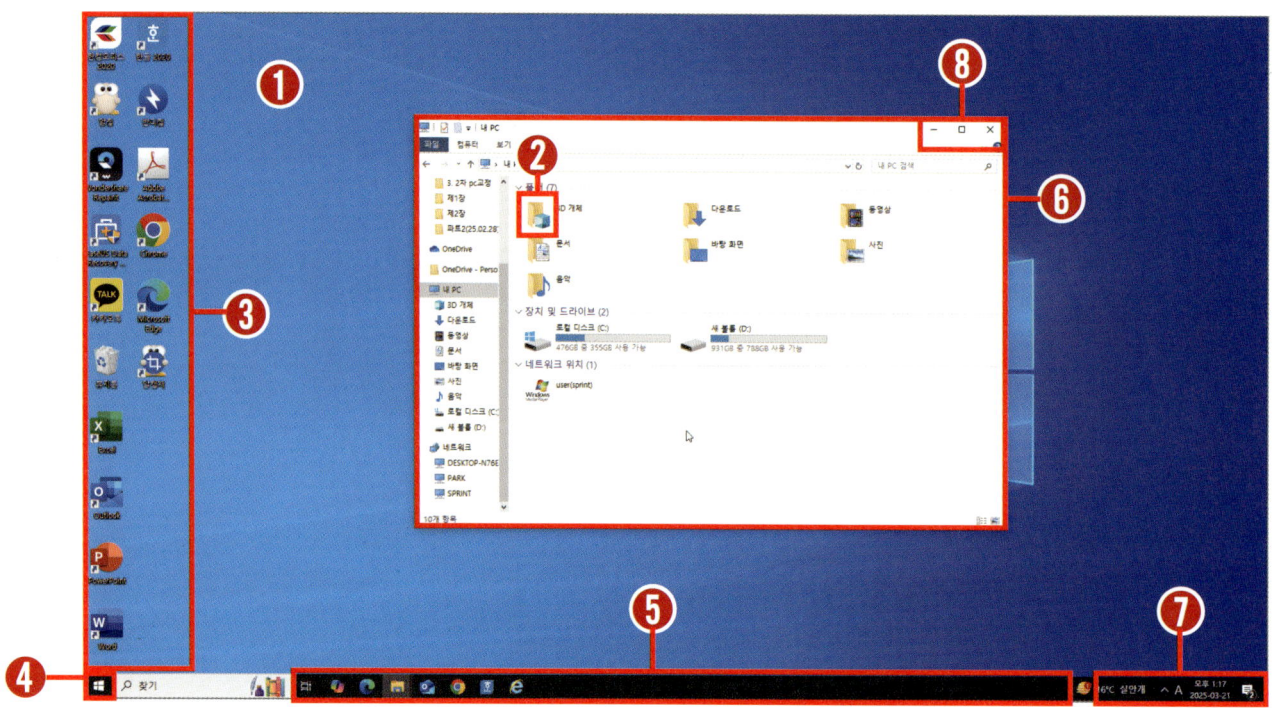

❶ **바탕화면** : 작업 공간입니다.

❷ **아이콘** : 프로그램을 그림으로 표현한 파일입니다.

❸ **바로가기 아이콘** : 프로그램이 있는 위치는 아니지만 프로그램의 아이콘을 다른 장소에 만들어서 프로그램과 연결시킨 것입니다.

❹ **시작 버튼** : 윈도우에 있는 프로그램들이 모여 있는 곳입니다.

❺ **작업 표시줄** : 자주 사용하는 프로그램을 항상 고정시키고, 실행된 프로그램 목록을 보여주는 곳입니다.

❻ **탐색기** : 파일 및 폴더를 찾기 위한 탐색기 창입니다.

❼ **알림 영역** : 현재 시간과 달력, 열린 앱, 알림 등을 확인할 수 있습니다.

❽ **창 옵션** : 최소화/최대화/닫기 버튼을 선택하여 창의 크기를 조절하거나 닫습니다.

Section 02 아이콘 배치/정렬하기

아이콘을 배치하고 정렬하는 방법을 알아보겠습니다.

01 아이콘이 어질러져 있습니다. 옮기고 싶은 아이콘을 클릭한 채 원하는 위치로 이동시킵니다.

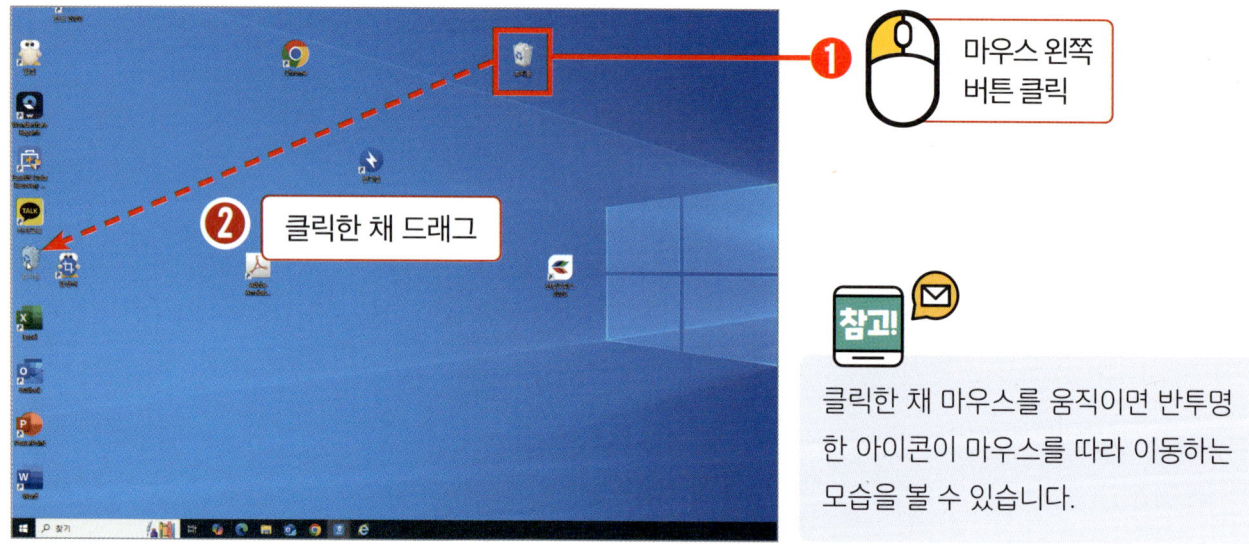

> 참고! 클릭한 채 마우스를 움직이면 반투명한 아이콘이 마우스를 따라 이동하는 모습을 볼 수 있습니다.

02 마우스에서 손을 떼면 아이콘이 이동합니다.

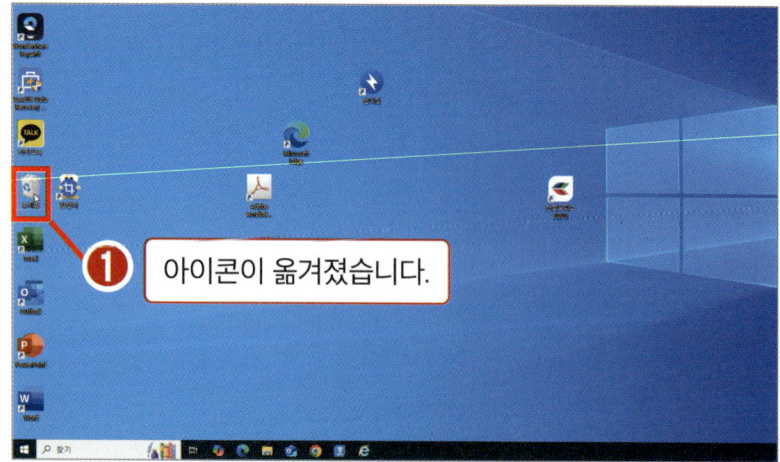

03 나머지 아이콘을 한 번에 정리해보겠습니다. 바탕화면에서 마우스 오른쪽 버튼을 클릭한 후 [정렬 기준]을 클릭합니다. [이름]을 클릭합니다.

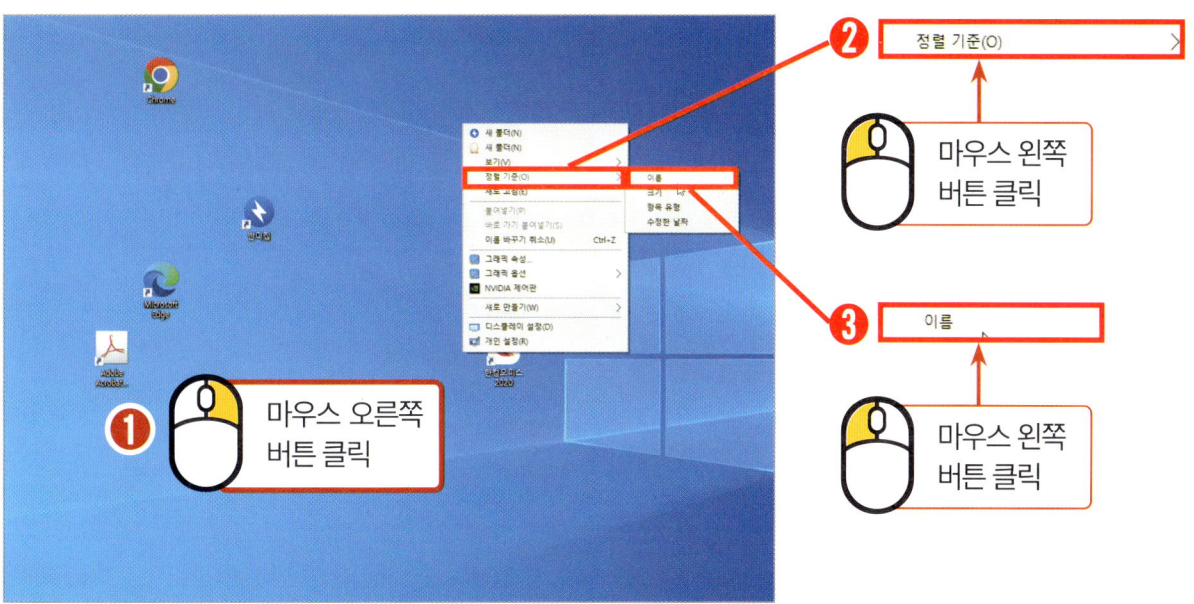

04 이름 순서대로 아이콘이 정렬되었습니다.

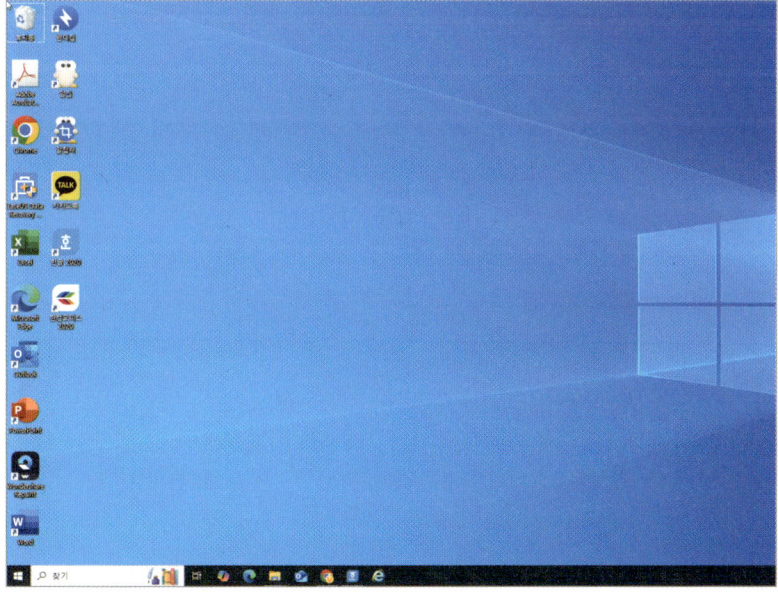

 ## 아이콘 정렬 방법

아이콘을 정렬하는 방법에는 이름 외에 다음의 방법이 있습니다.

1. 이름 : 가나다 순으로 정렬합니다.

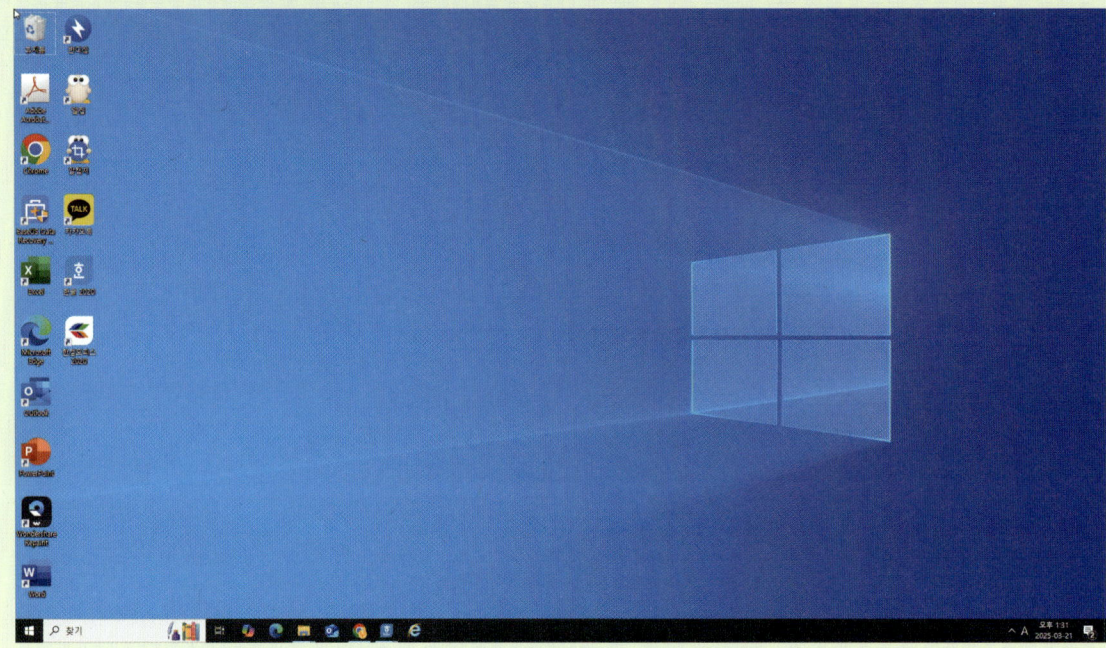

2. 크기 : 파일이나 아이콘의 크기 순서대로 정렬합니다.

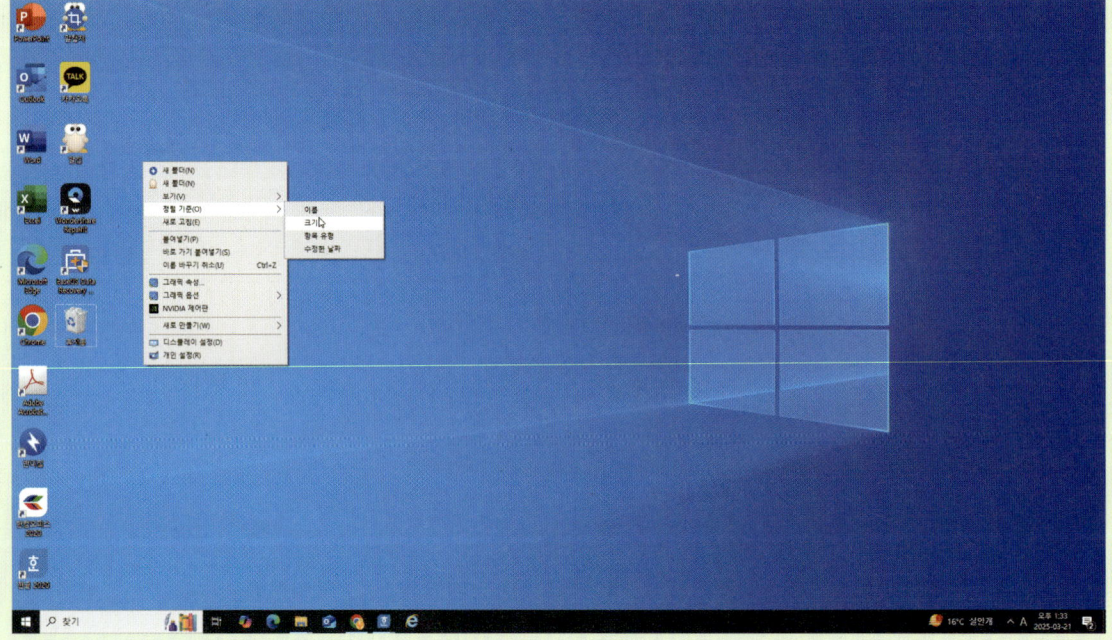

3. 항목 유형 : 아이콘이나 프로그램의 종류별로 항목을 정렬합니다.

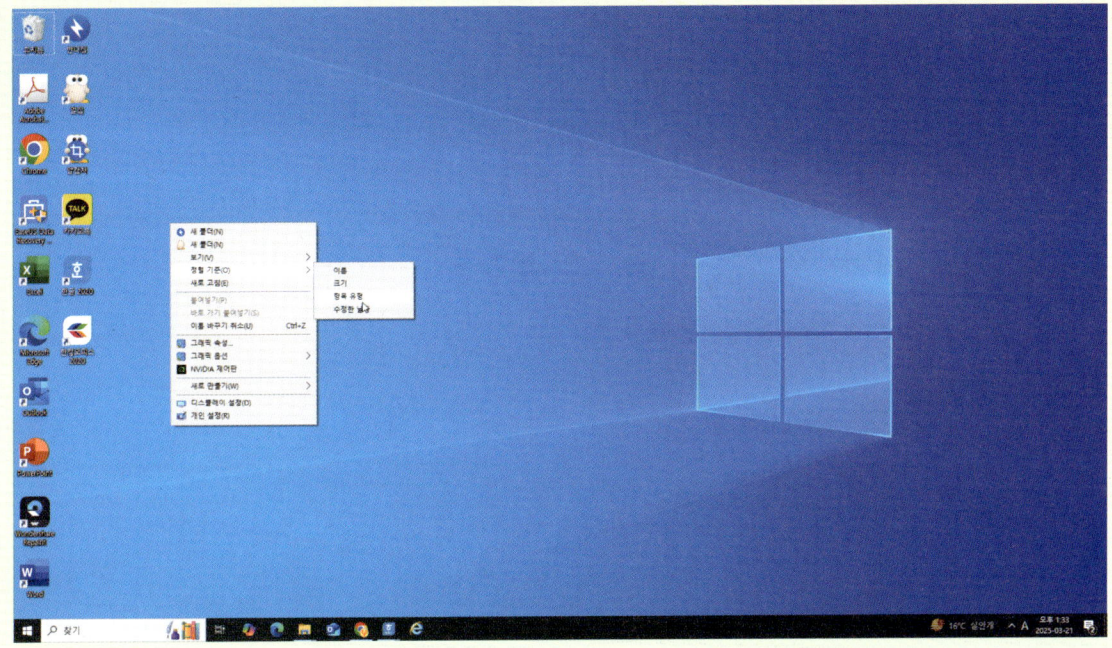

4. 수정한 날짜 : 아이콘이나 프로그램을 수정한 날짜 순으로 정렬합니다.

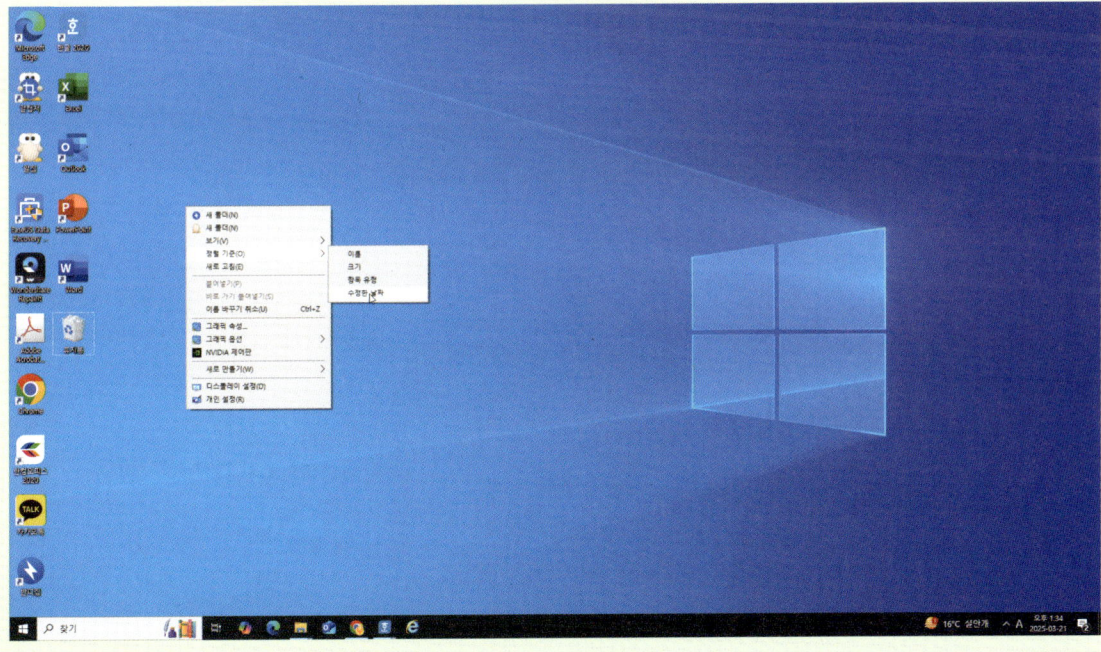

Section 03 아이콘 크기 변경하기

바탕화면 아이콘의 크기가 작다면 크기를 크게 변경해보겠습니다.

01 바탕화면 아무 곳에서 마우스 오른쪽 버튼을 클릭합니다. [보기]-[큰 아이콘]을 클릭합니다.

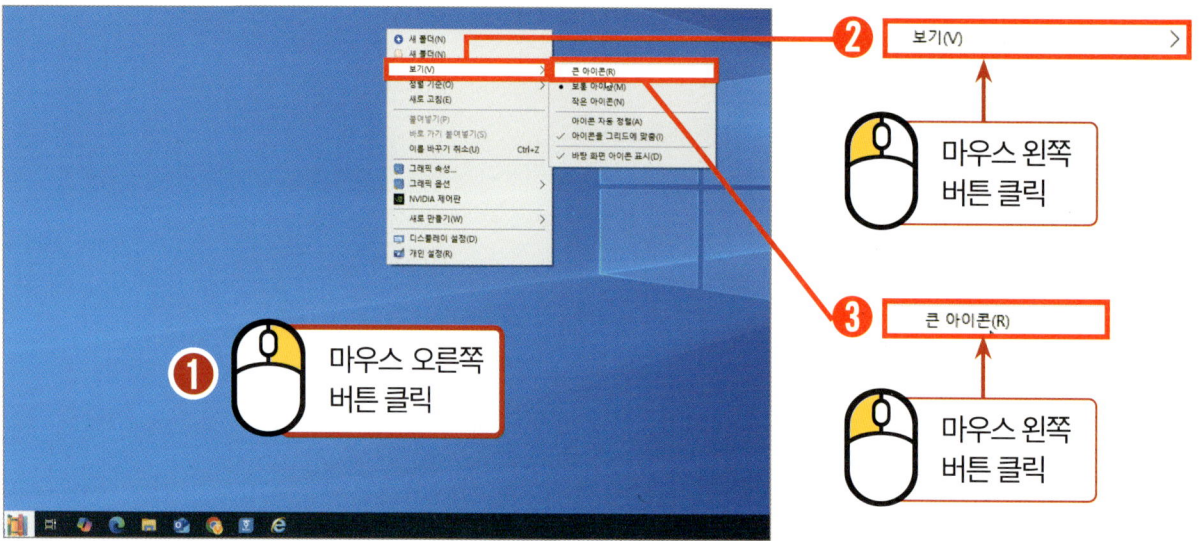

02 아이콘이 커졌습니다. 다시 마우스 오른쪽 버튼을 클릭합니다.

03 [보기]를 클릭합니다. [작은 아이콘]을 클릭합니다.

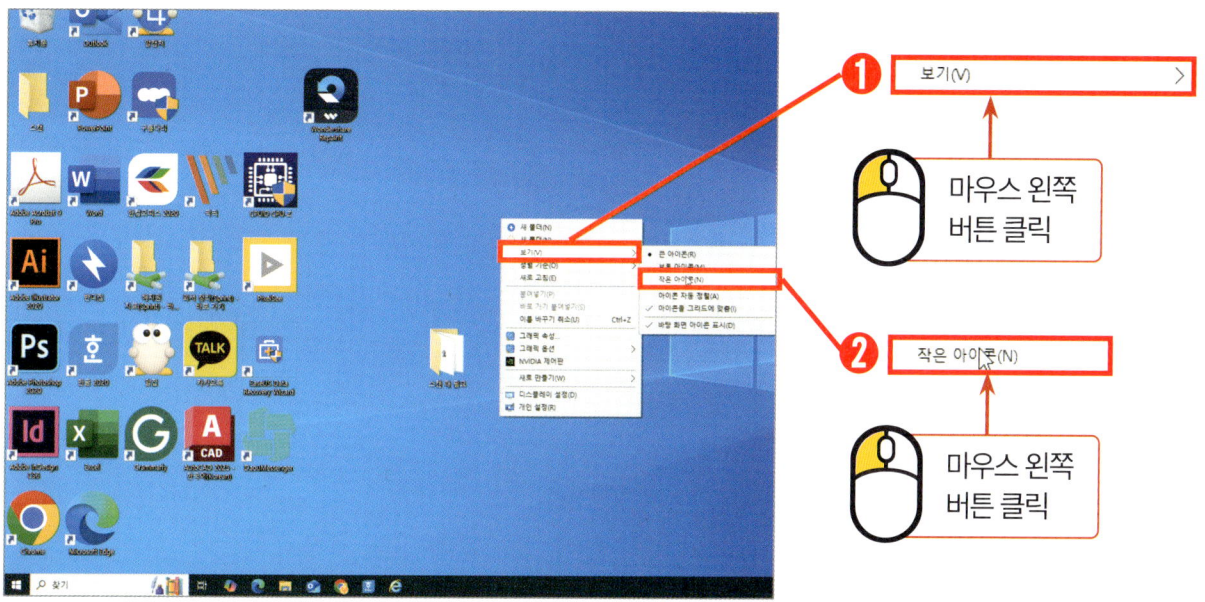

04 아이콘이 작아졌습니다. 다시 마우스 오른쪽 버튼을 클릭합니다. [보기]-[보통 아이콘]을 클릭합니다.

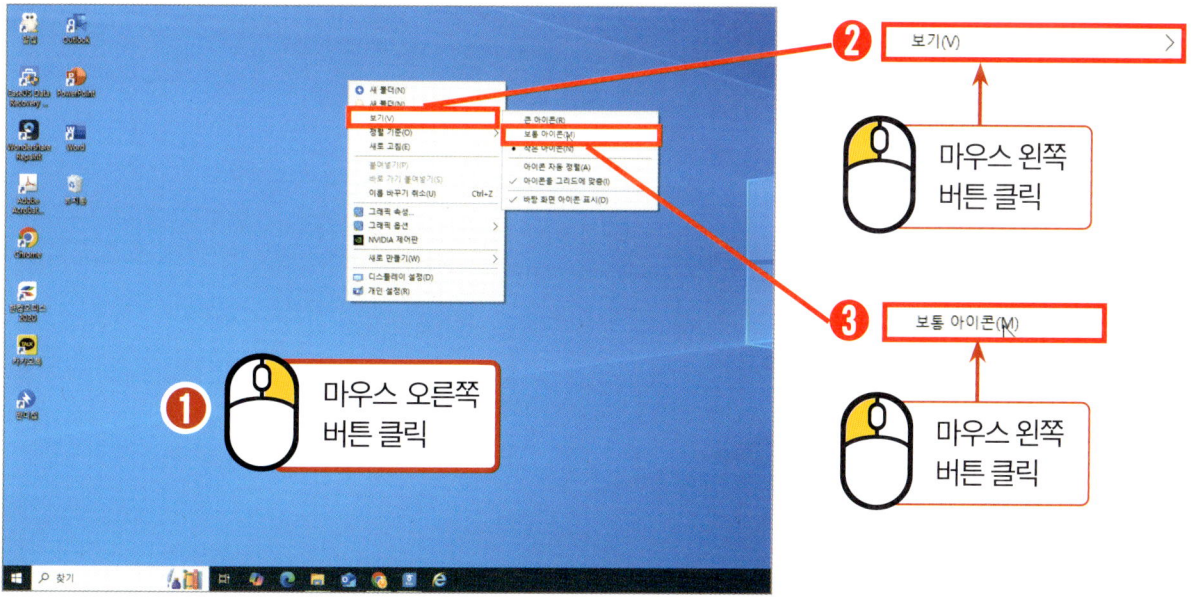

 ## 아이콘 자동 정렬과 바탕화면 아이콘 표시

[아이콘 자동 정렬]을 체크하면 아이콘이 자동으로 정렬됩니다. 이때는 아이콘을 바탕화면 아무 곳에나 이동할 수 없습니다.

[바탕화면 아이콘 표시]는 바탕화면에 아이콘을 표시하도록 하는 기능입니다. 일반적으로 체크되어 있으며, 체크를 해제하면 바탕화면에 아이콘이 안 보입니다. 잘못 체크하지 말도록 합시다.

```
   큰 아이콘(R)
●  보통 아이콘(M)
   작은 아이콘(N)
─────────────────────
   아이콘 자동 정렬(A)
✓  아이콘을 그리드에 맞춤(I)
─────────────────────
✓  바탕 화면 아이콘 표시(D)
```

Section 04 바로가기 아이콘 만들기

바로가기 아이콘을 만들어보겠습니다.

01 [시작] 을 클릭합니다. 원하는 프로그램을 클릭한 채 바탕화면으로 드래그합니다.

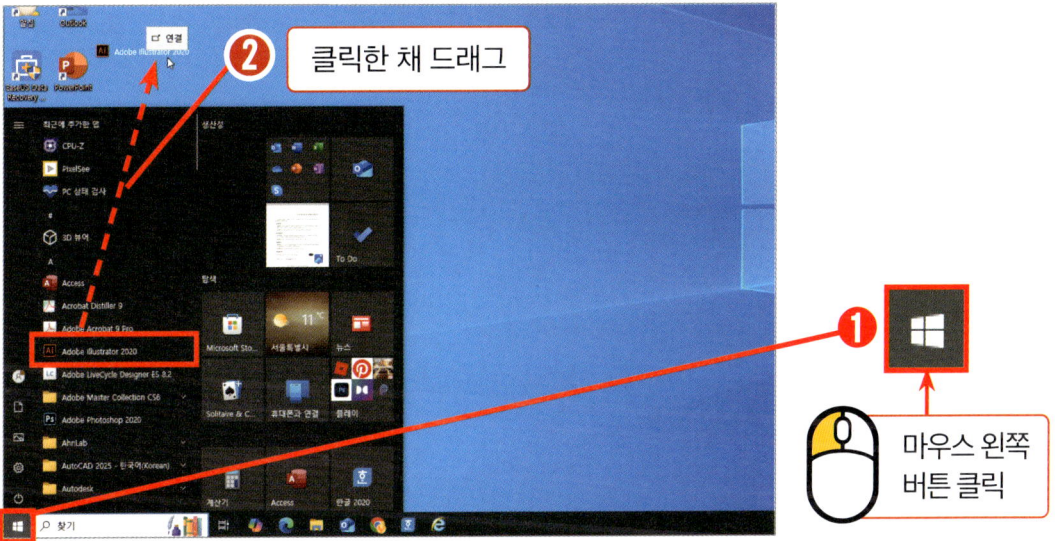

02 바로가기 아이콘이 생성되었습니다.

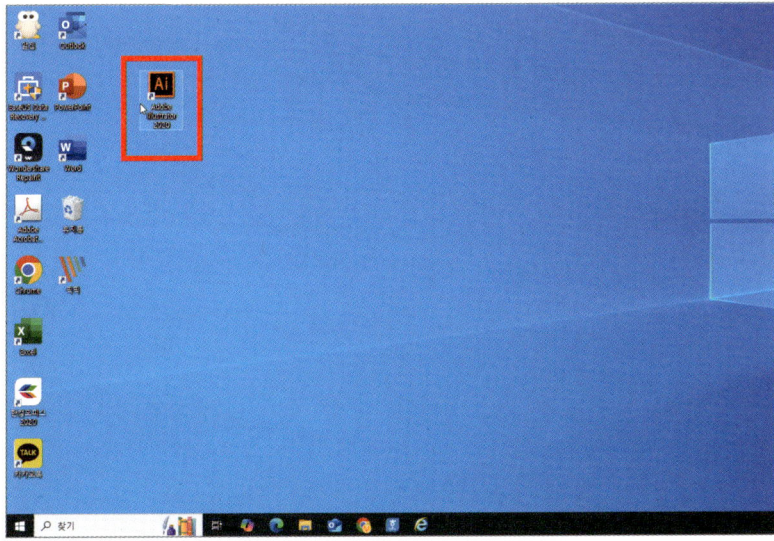

03 이번에는 탐색기 창에서 만들어보겠습니다. [탐색기] 를 클릭합니다.

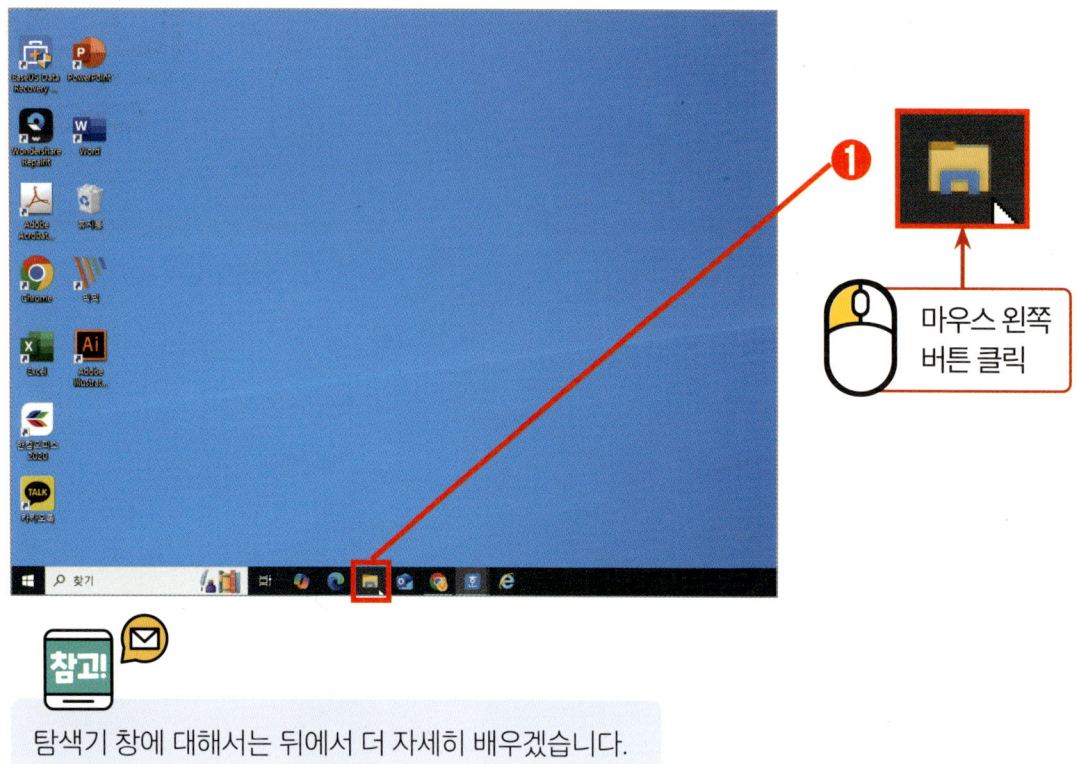

> 탐색기 창에 대해서는 뒤에서 더 자세히 배우겠습니다.

04 왼쪽에서 [내 PC]를 클릭합니다.

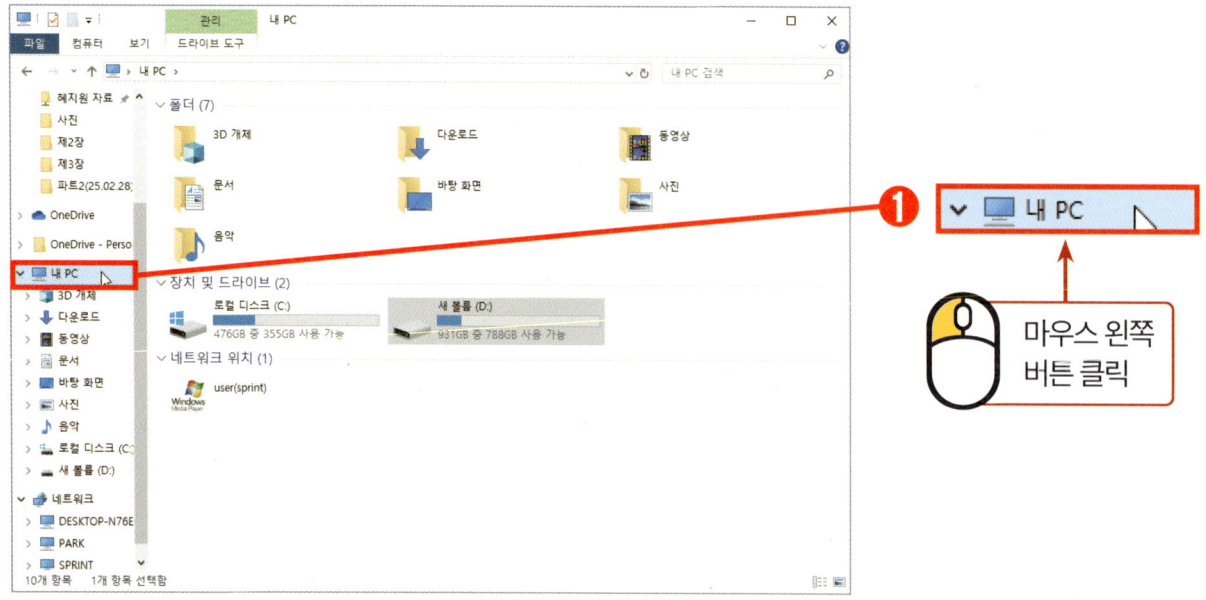

05 바탕화면에 아이콘을 생성하고 싶은 프로그램이나 폴더 위에서 마우스 오른쪽 버튼을 클릭합니다. [바로가기 만들기]를 클릭합니다.

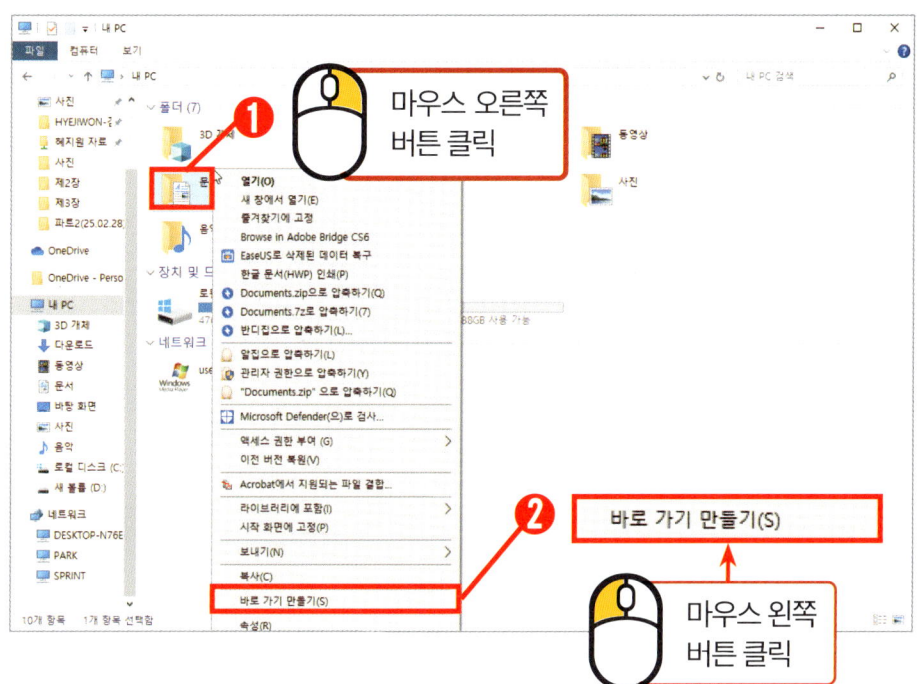

06 여기에 바로가기를 만들 수 없고 바탕화면에 만들겠냐는 문구가 나옵니다. [예]를 클릭합니다.

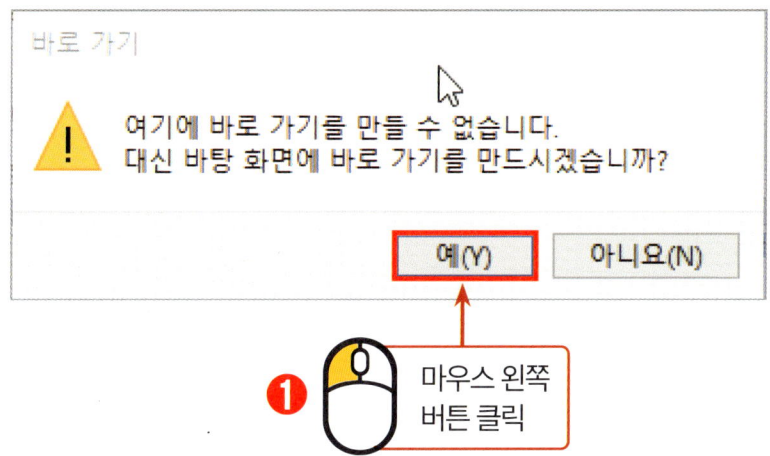

제 03장 컴퓨터 기본 사용법 익히기 / 45

07 바로가기 아이콘이 생성되었습니다.

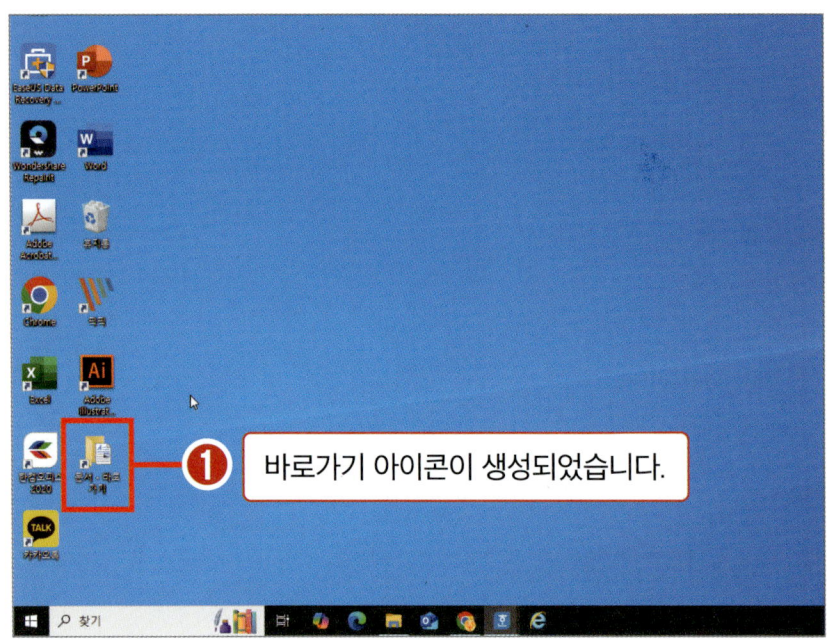

Section 05 바로가기 아이콘 삭제하기

바탕화면에 있는 아이콘을 삭제해보겠습니다. 바로가기 아이콘을 삭제해도 프로그램은 삭제되지 않습니다.

01 삭제할 아이콘을 마우스 오른쪽 버튼으로 클릭한 후 [삭제]를 클릭합니다.

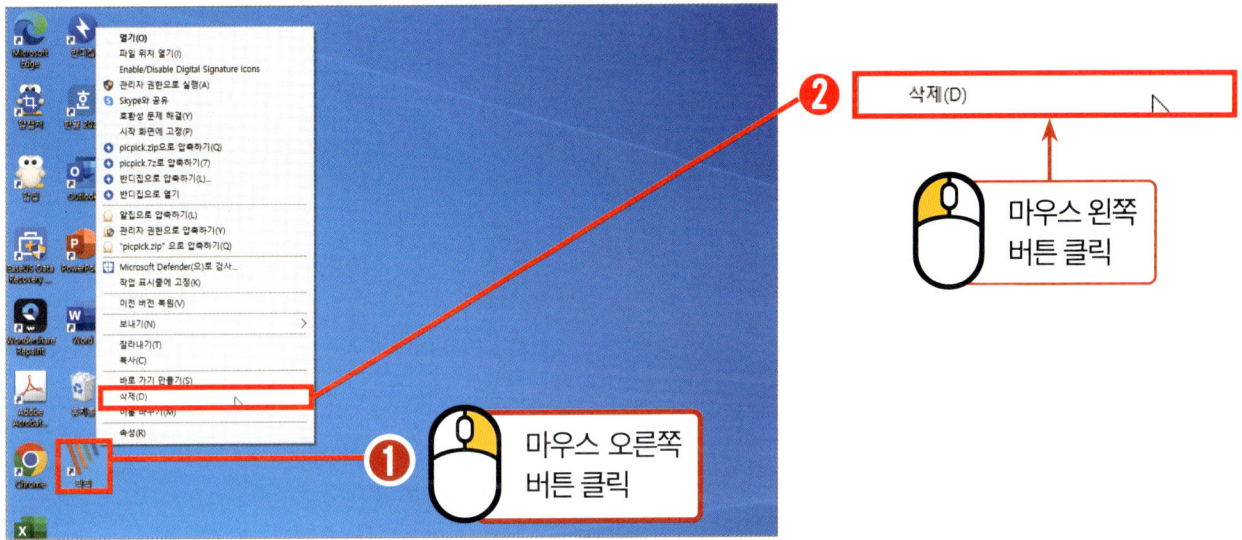

02 아이콘이 삭제됩니다.

Ctrl + Z 를 누르면 방금 수행한 명령을 취소할 수 있습니다.

Section 06 작업 표시줄에 고정하기

작업 표시줄에 대해서 알아보고 작업 표시줄에 프로그램을 고정시켜보겠습니다.

01 작업 표시줄은 현재 수행되고 있는 프로그램 목록을 보여주고 알림 기능, 작업 표시줄에 고정, [시작] 메뉴 표시 등의 기능을 수행할 수 있습니다. ∧를 클릭합니다. 실행 중인 프로그램 목록이 보입니다.

마우스 왼쪽 버튼 클릭

02 [엣지] 를 클릭합니다. 프로그램이 실행되며 작업 표시줄에 실행되었다는 표식이 나타납니다.

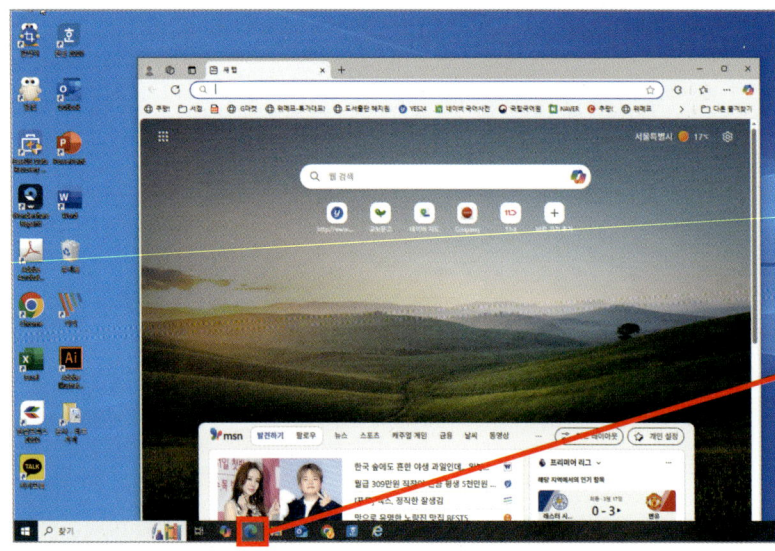

마우스 왼쪽 버튼 클릭

03 특정 프로그램을 작업 표시줄에 고정시켜보겠습니다. 원하는 아이콘 위에서 마우스 오른쪽 버튼을 클릭합니다.

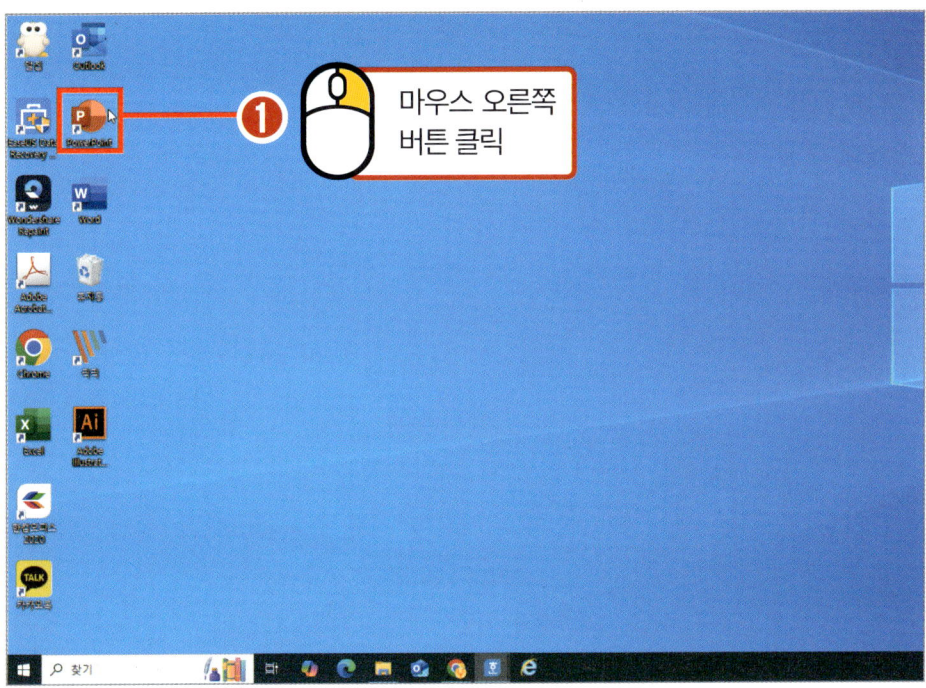

04 [작업 표시줄에 고정]을 클릭합니다.

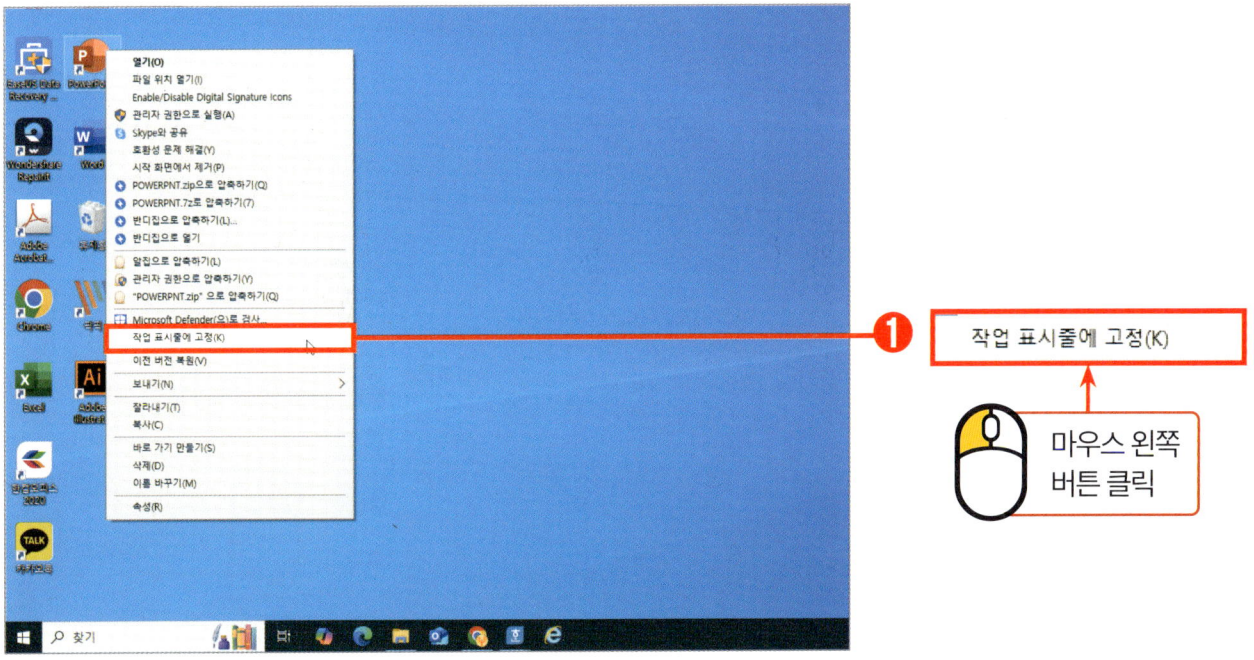

05 작업 표시줄에 해당 프로그램이 고정되었습니다. 이번에는 작업 표시줄에서 제거해보겠습니다. 제거하고 싶은 프로그램 위에서 마우스 오른쪽 버튼을 클릭합니다.

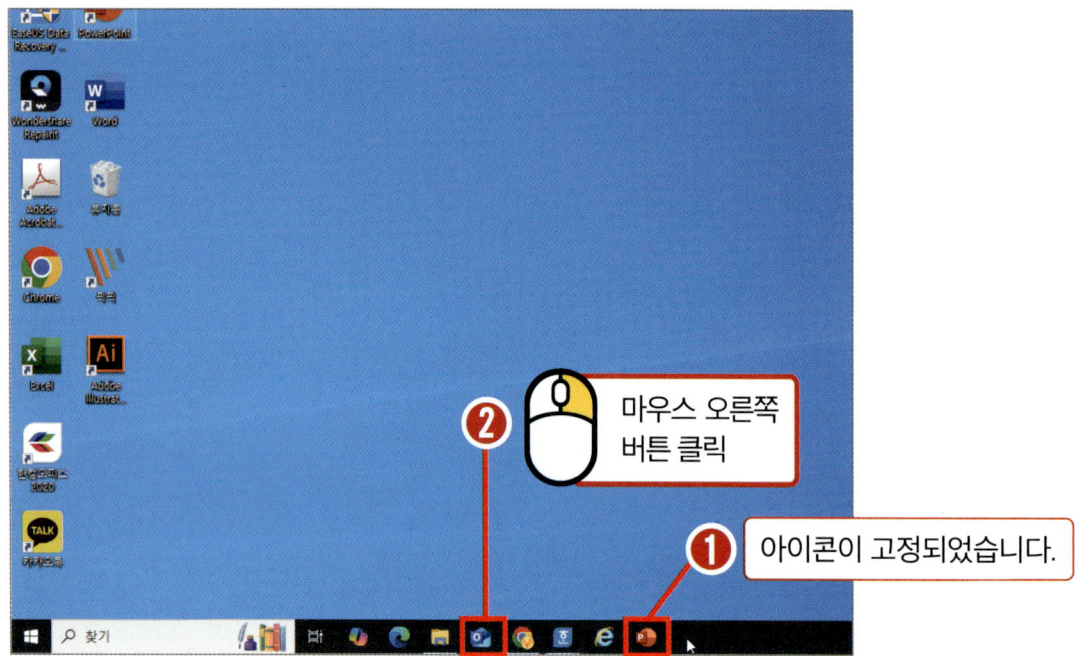

06 [작업 표시줄에서 제거]를 클릭합니다.

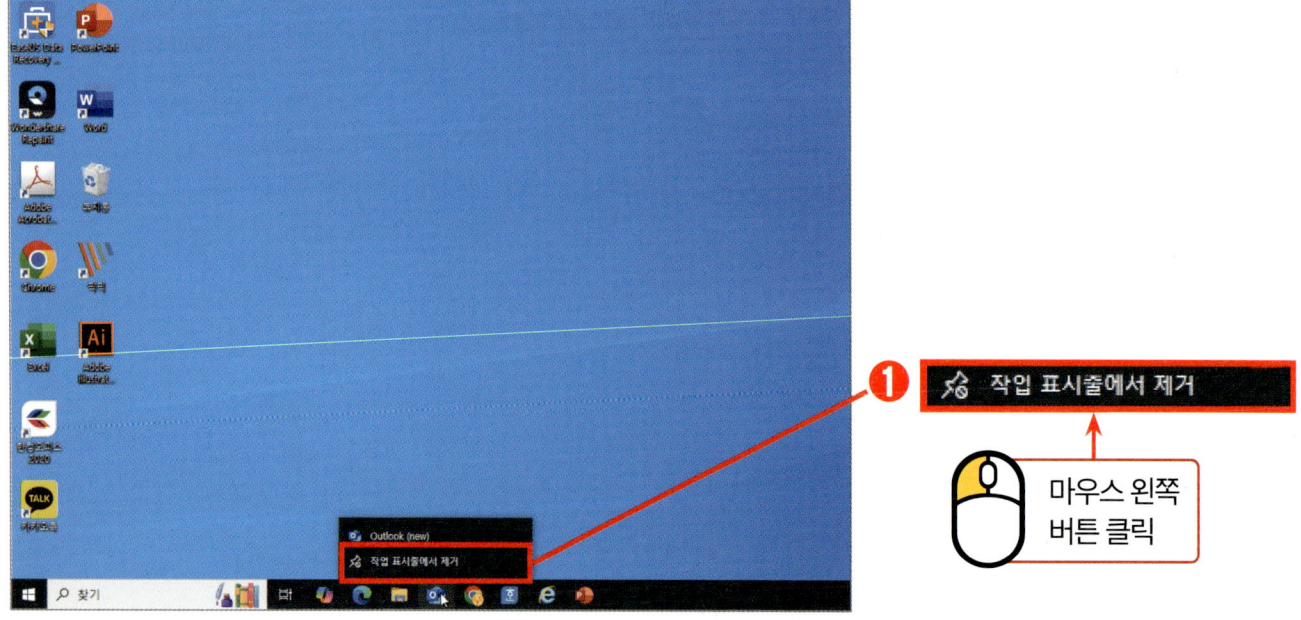

07 선택한 아이콘이 작업 표시줄에서 제거되었습니다.

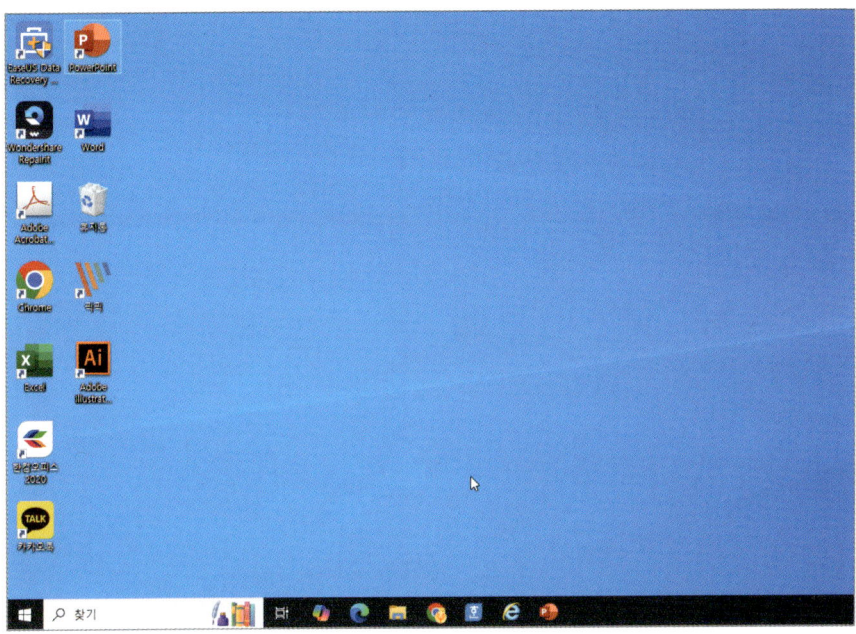

Section 07 작업 표시줄 크기 조정하기

작업 표시줄의 크기를 조정하겠습니다.

01 작업 표시줄의 경계에 마우스를 가져다대면 커서가 ⇕ 모양으로 바뀝니다. 클릭한 채 드래그합니다.

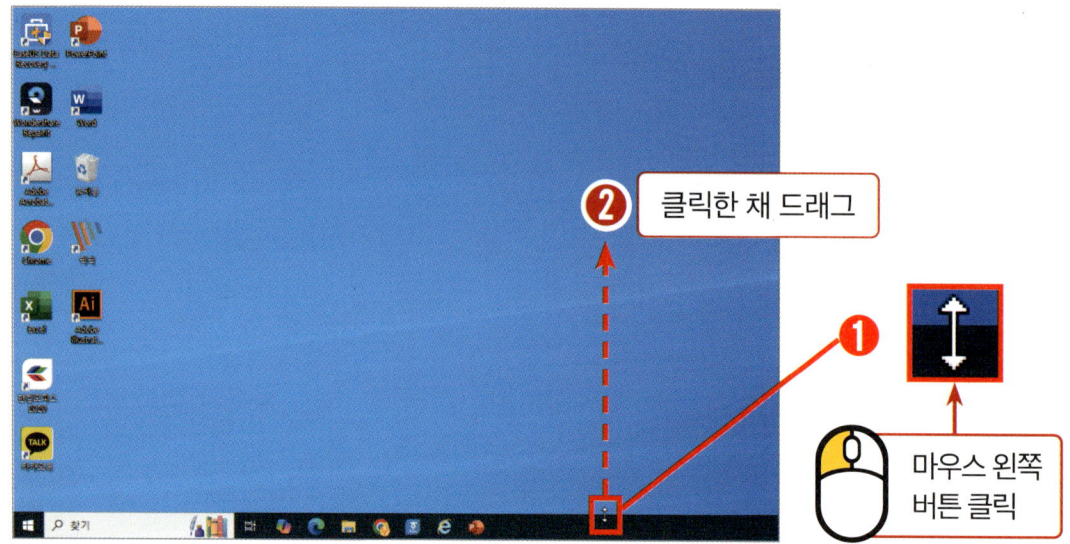

02 작업 표시줄이 늘어났습니다. 다시 줄입니다.

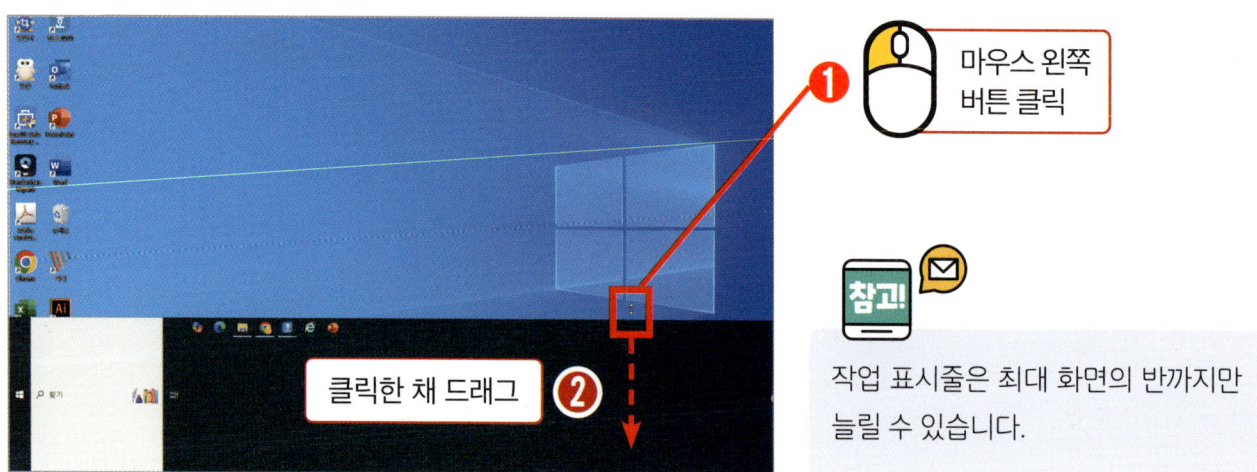

참고! 작업 표시줄은 최대 화면의 반까지만 늘릴 수 있습니다.

03 작업 표시줄을 위로 올려보겠습니다. 작업 표시줄 아무 곳이나 클릭합니다. 클릭한 채 위로 드래그합니다.

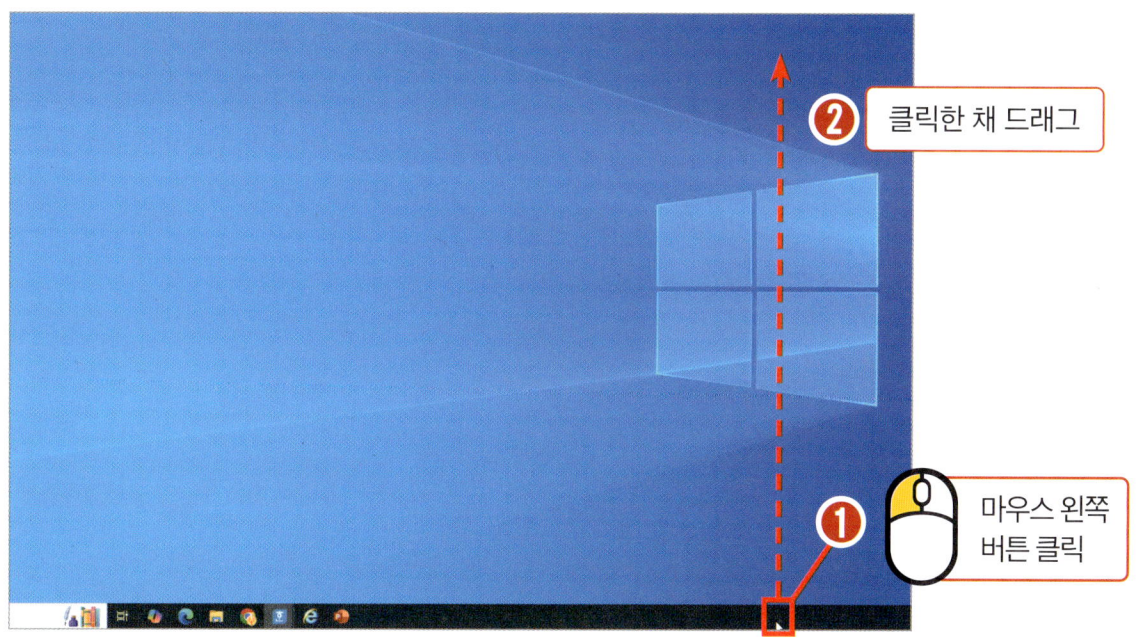

04 위로 작업 표시줄이 이동했습니다. 클릭한 채 다시 아래로 드래그하여 아래로 되돌립니다.

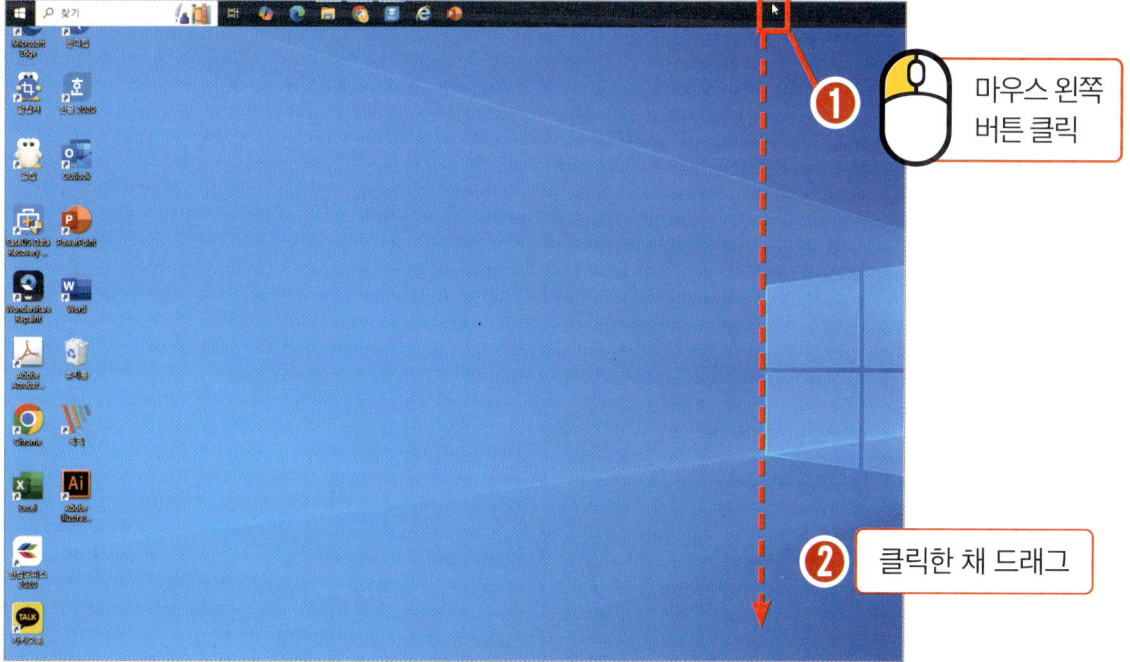

05 이번에는 작업 표시줄을 잠가보겠습니다. 작업 표시줄 아무 곳에서 마우스 오른쪽 버튼을 클릭합니다. [모든 작업 표시줄 잠금]을 클릭합니다.

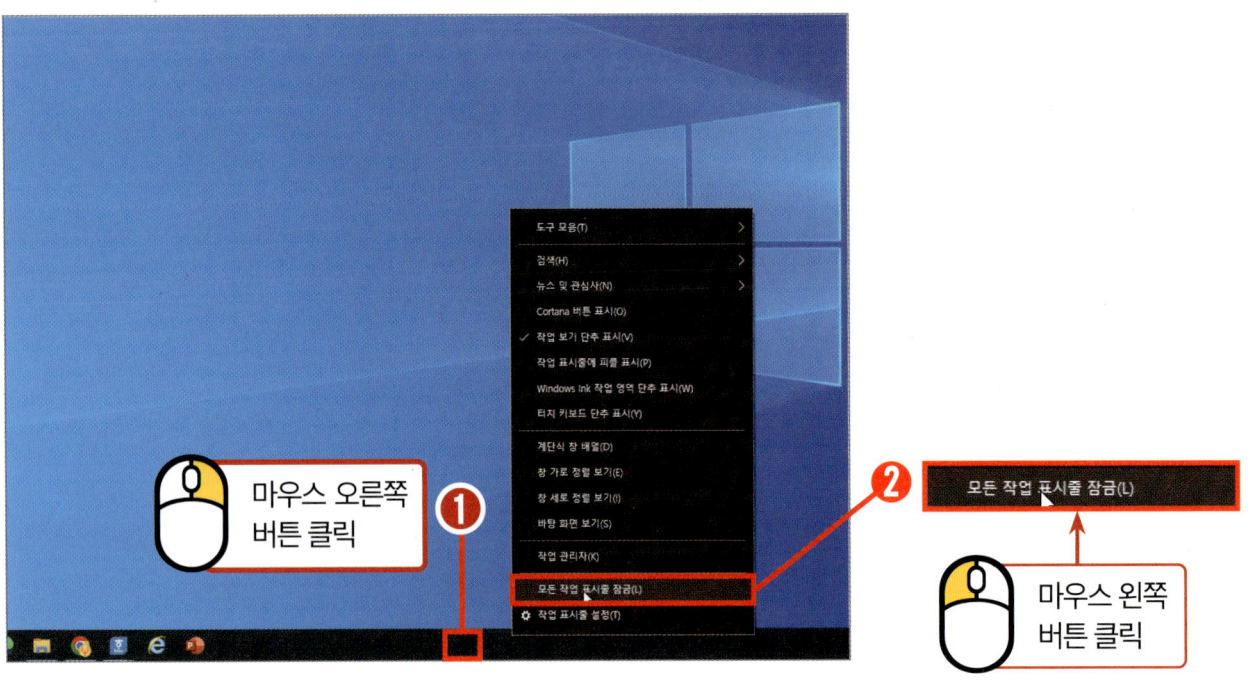

06 작업 표시줄이 잠금되면 작업 표시줄의 프로그램을 제거하거나 작업 표시줄을 이동할 수 없습니다. 마우스 오른쪽 버튼을 클릭한 후 [모든 작업 표시줄 잠금]을 클릭하여 해제합니다.

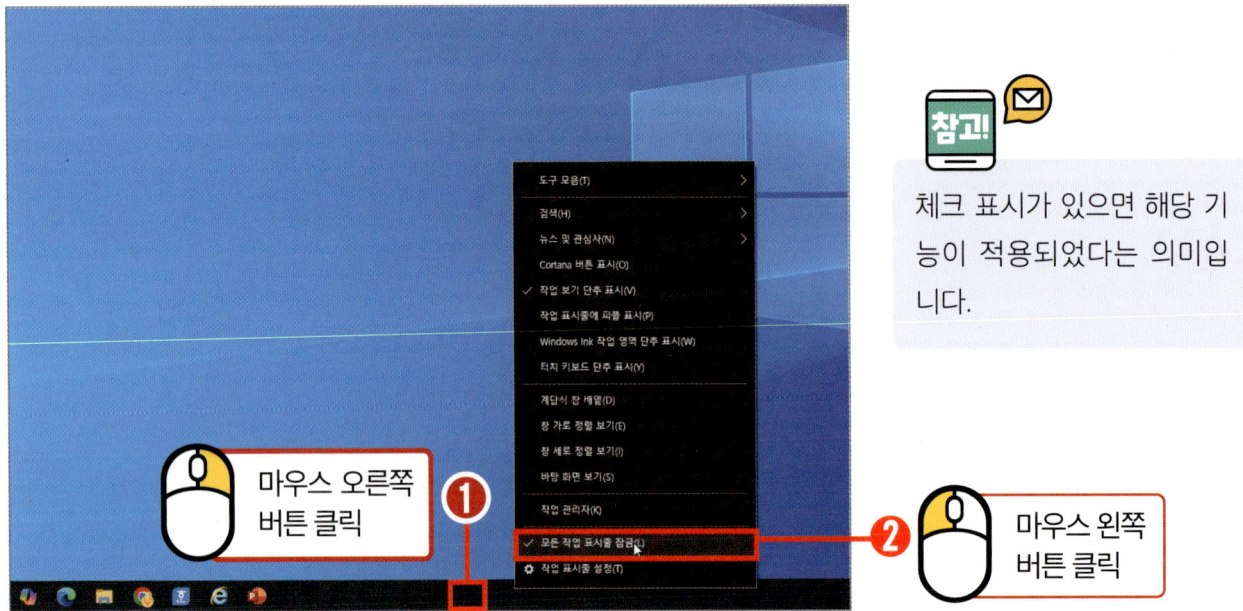

참고! 체크 표시가 있으면 해당 기능이 적용되었다는 의미입니다.

작업 관리자

작업 표시줄에서 마우스 오른쪽 클릭을 하면 [작업 관리자]라는 메뉴가 있습니다. 이 기능은 현재 실행되고 있는 프로그램에 대한 정보를 확인하는 기능입니다.

1. 작업 표시줄에서 마우스 오른쪽 버튼을 클릭하고 [작업 관리자]를 클릭합니다.

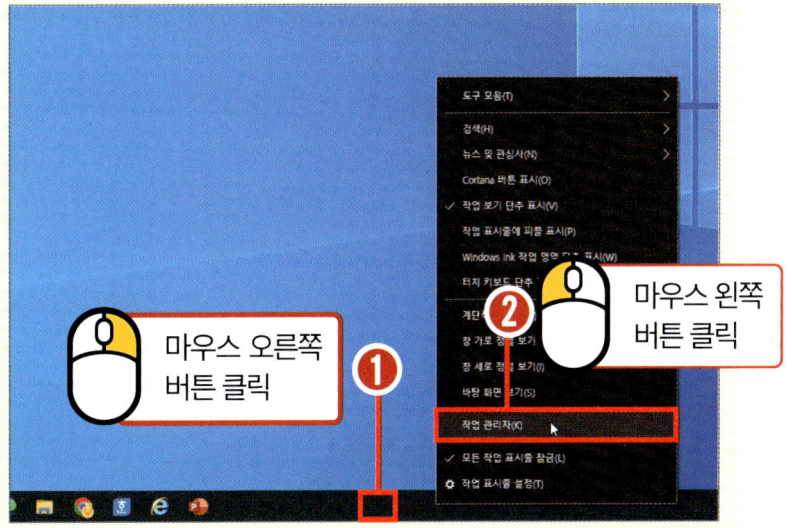

2. 현재 실행된 앱, 백그라운드에서 실행 중인 프로그램 등을 볼 수 있습니다. 어떤 앱이 응답 없음되어 강제 종료가 필요한 경우 종료할 수 있습니다. 원하는 앱을 클릭하고 [작업 끝내기]를 클릭합니다.

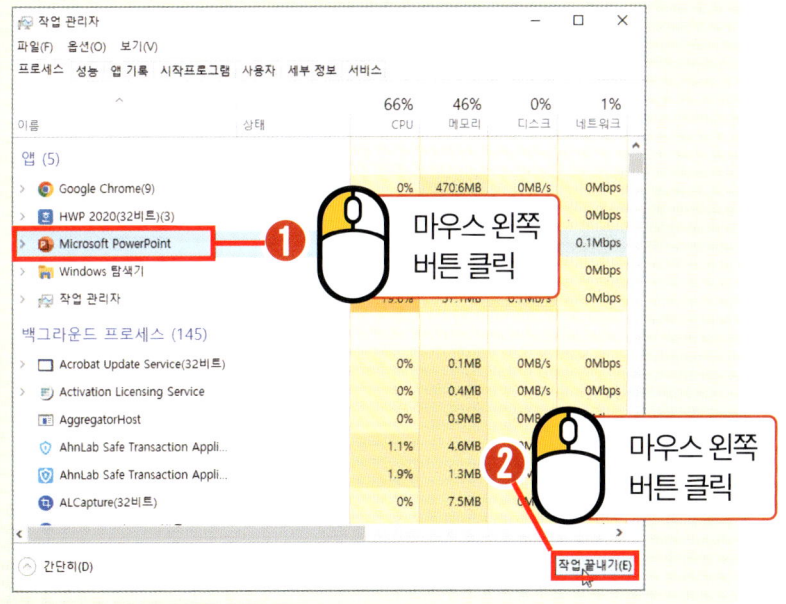

3. 작업이 종료되었습니다. [작업 관리자] 단축키는 Ctrl + Shift + Esc 입니다.

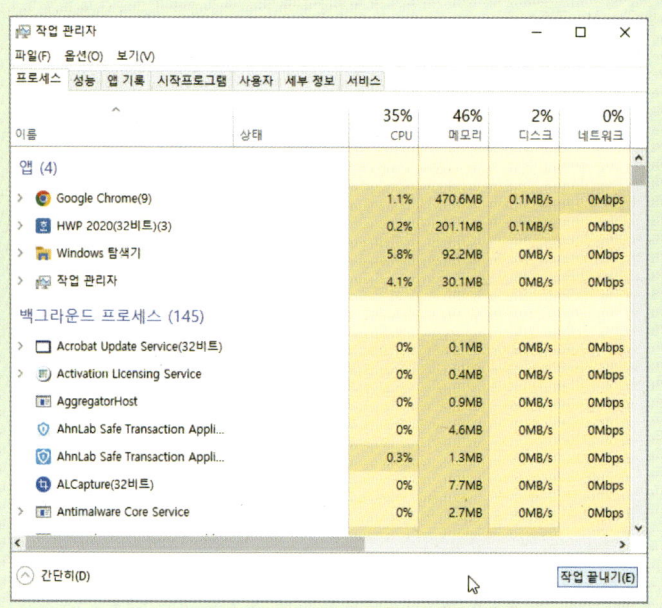

Section 08 바탕화면 바꾸기

바탕화면을 바꿔보겠습니다.

01 바탕화면 아무 곳에서 마우스 오른쪽 버튼을 클릭합니다. [개인 설정]을 클릭합니다.

02 사진으로 바꿔보겠습니다. [사용자 사진 선택]에서 원하는 사진을 선택합니다. 잠시 뒤 배경화면이 바뀝니다.

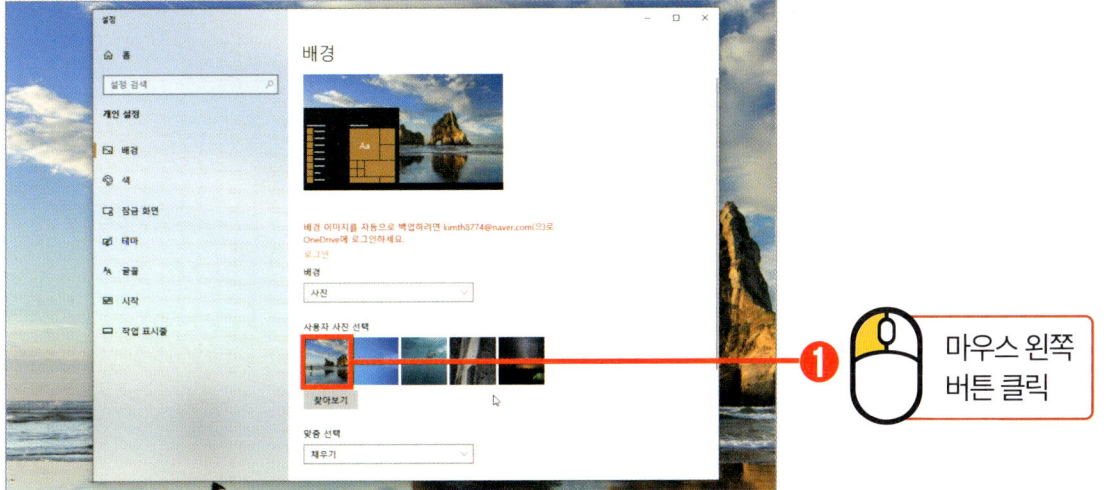

03 내가 원하는 사진으로 바꾸고 싶다면 [찾아보기]를 클릭합니다.

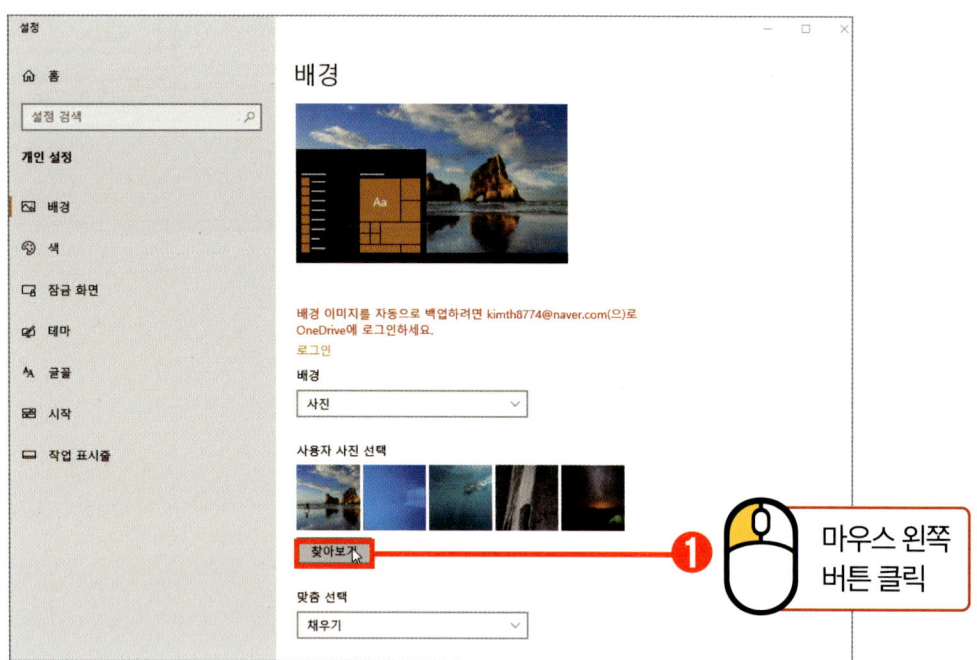

04 원하는 사진을 찾아 선택한 뒤 [사진 선택]을 클릭합니다.

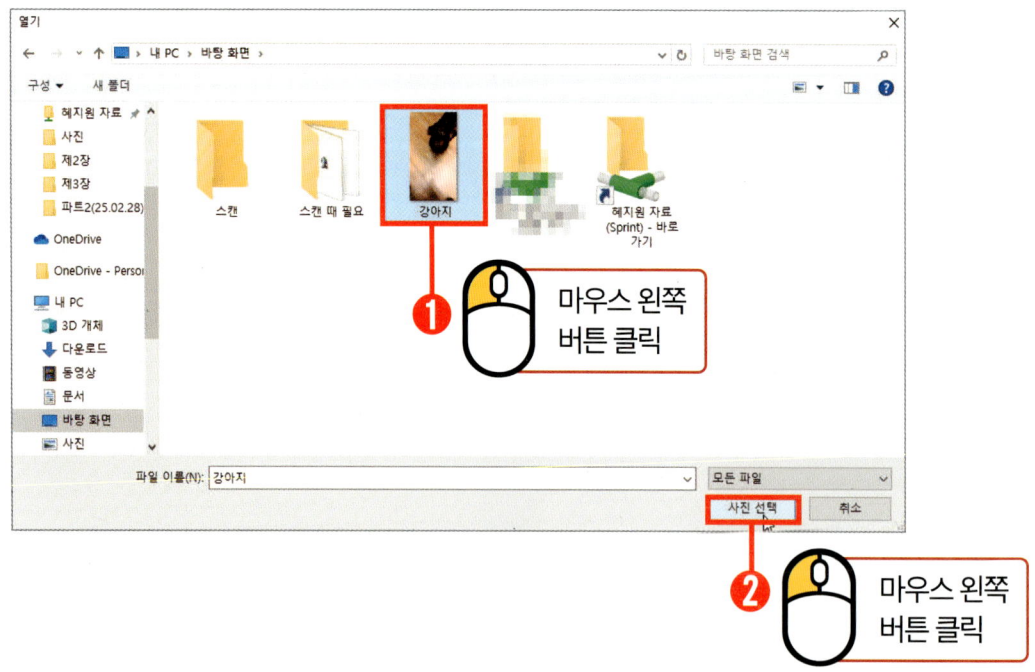

05 잠시 후 사진이 바뀌었습니다.

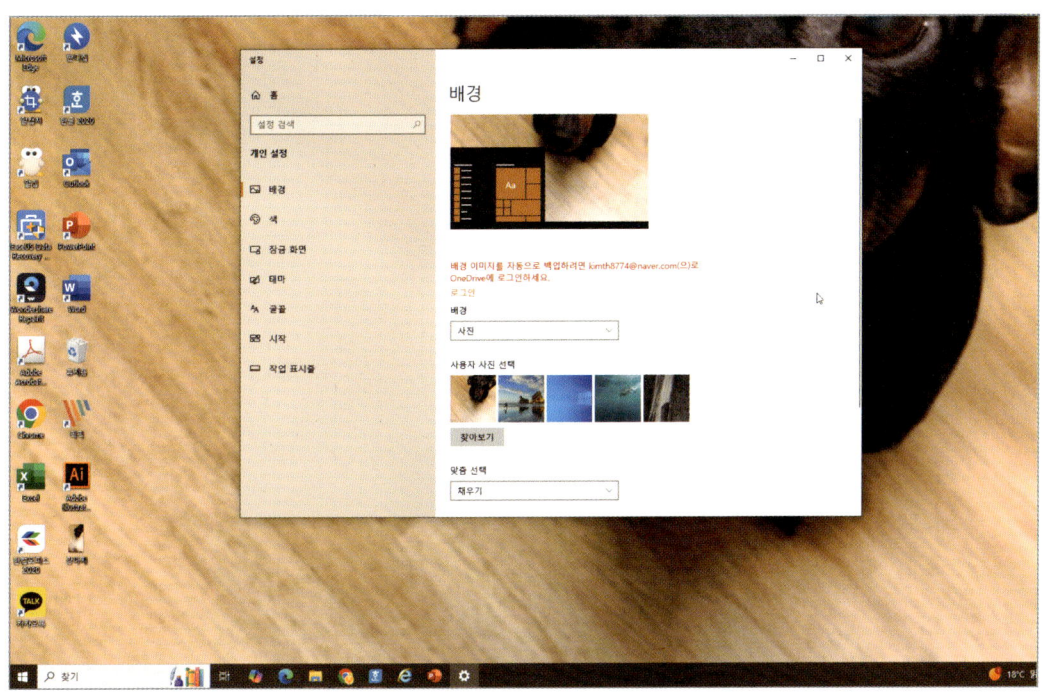

 **맞춤 선택**

사진의 배율이 안 맞아 크기를 조정해야 하거나, 사진의 배열을 변경하고 싶다면 맞춤 선택을 이용합니다. 맞춤 선택의 옵션은 다음과 같습니다.

1. 채우기 – 사진을 화면에 꽉 채웁니다.

제 03장 컴퓨터 기본 사용법 익히기 / **59**

2. 맞춤 - 사진의 비율에 맞춰서 배경화면을 설정합니다.

3. 확대 - 사진을 일정한 비율로 확대하여 설정합니다.

4. 바둑판식 배열 - 사진을 바둑판식으로 여러 개 배열합니다.

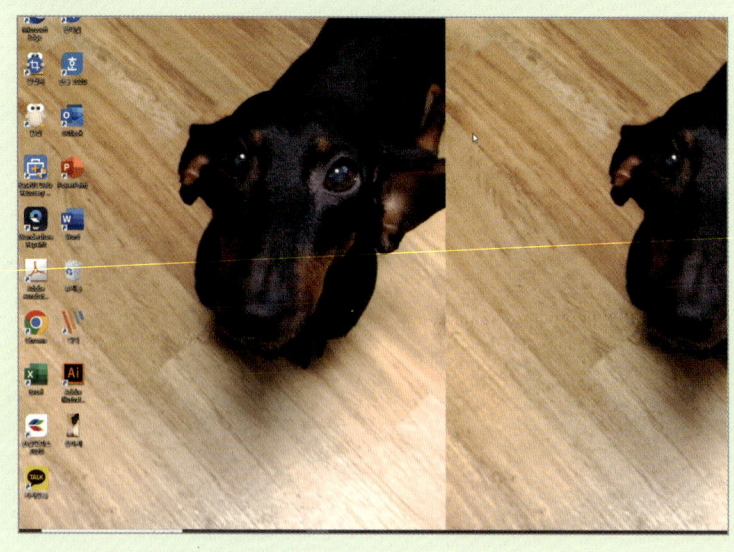

06 이번에는 [색]을 클릭합니다. 기본 Windows 모드에서 [밝게]를 클릭합니다.

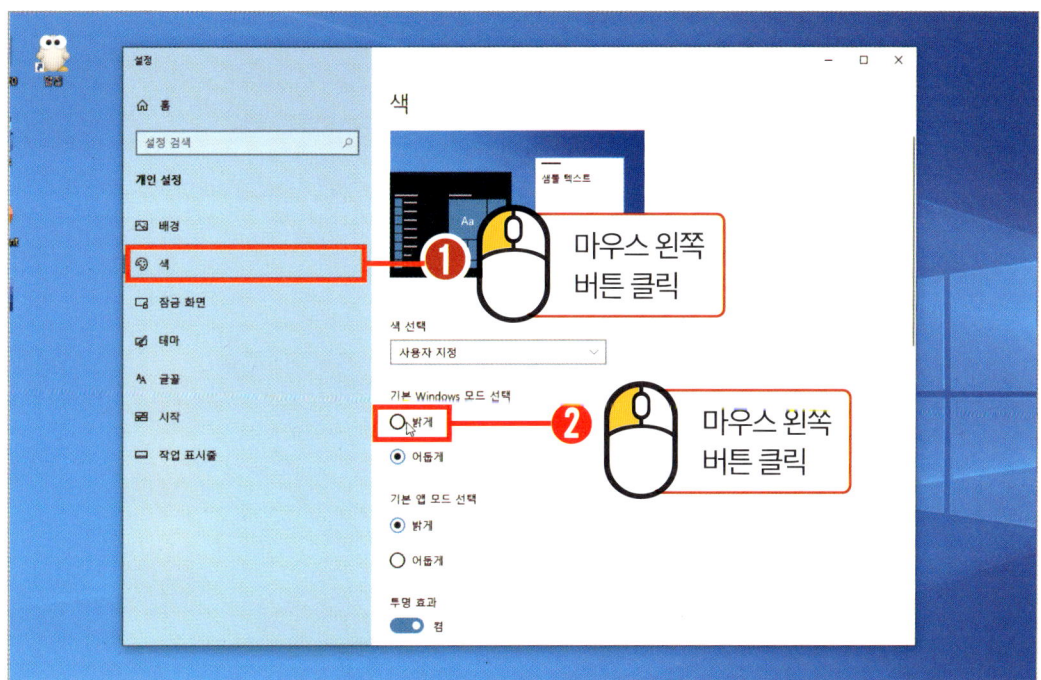

07 윈도우 기본 모드가 어두운 색에서 밝은 색으로 바뀌었습니다. 다시 [어둡게]를 클릭합니다.

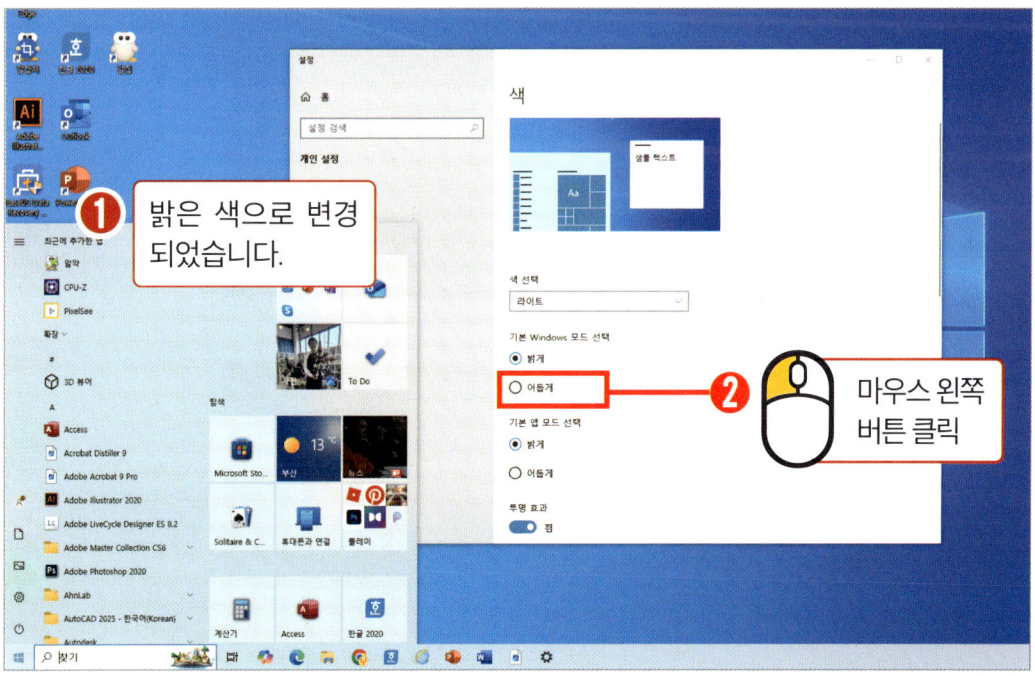

08 이번에는 기본 앱 모드에서 [어둡게]를 클릭합니다.

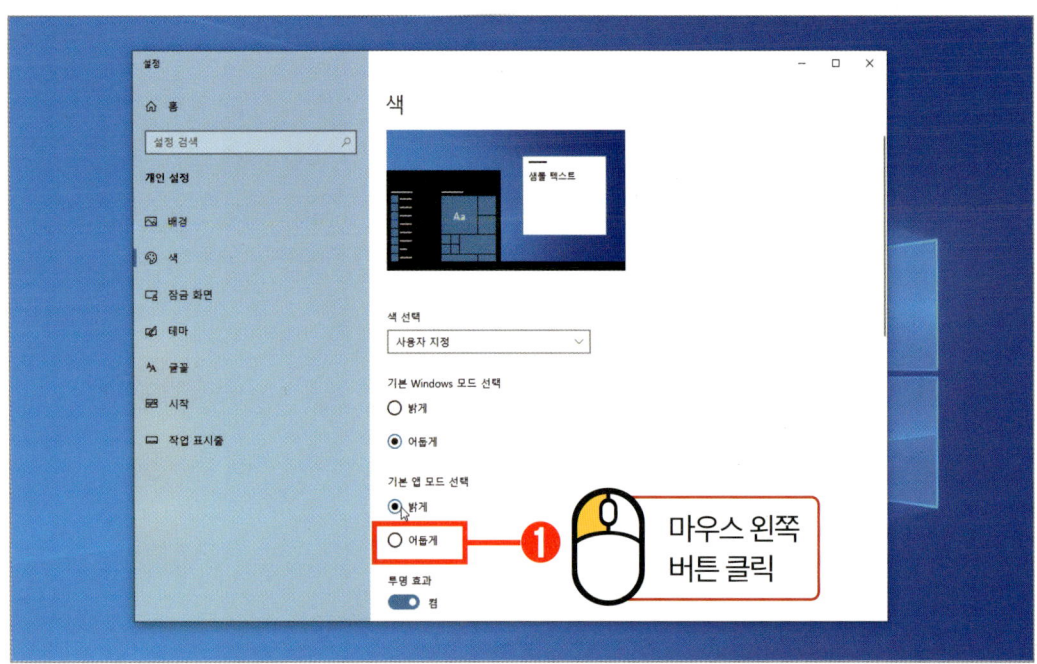

09 기본 앱이 검은색 디자인으로 바뀝니다. 다시 [밝게]를 클릭합니다.

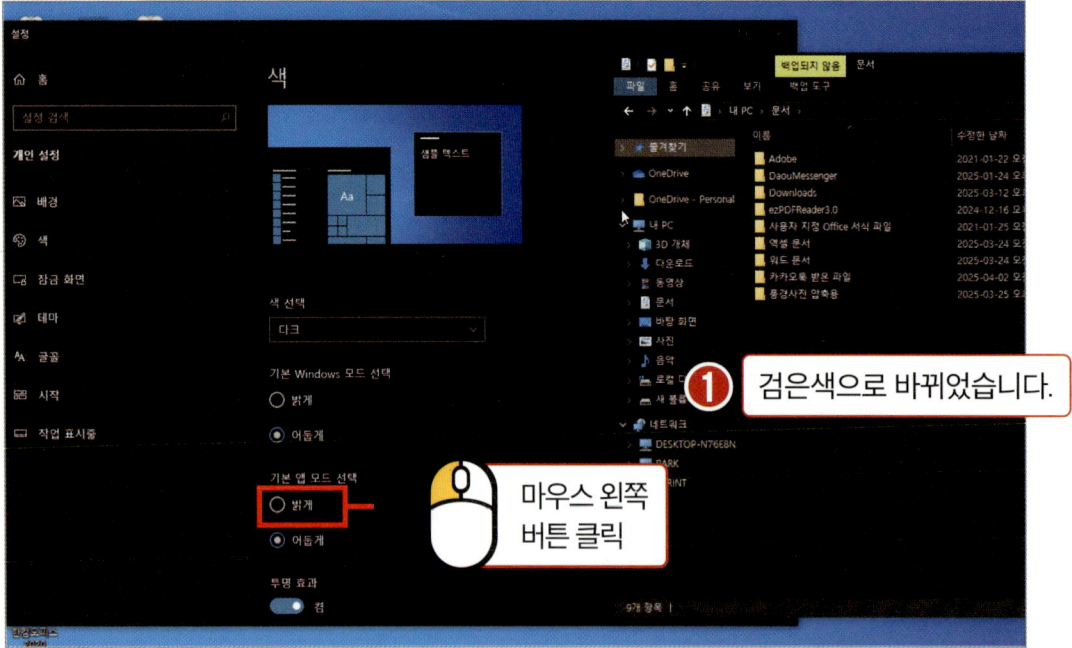

투명 효과

하단의 [투명 효과]를 클릭하여 투명 효과를 해제하면 윈도우 창의 투명 효과가 없어집니다.

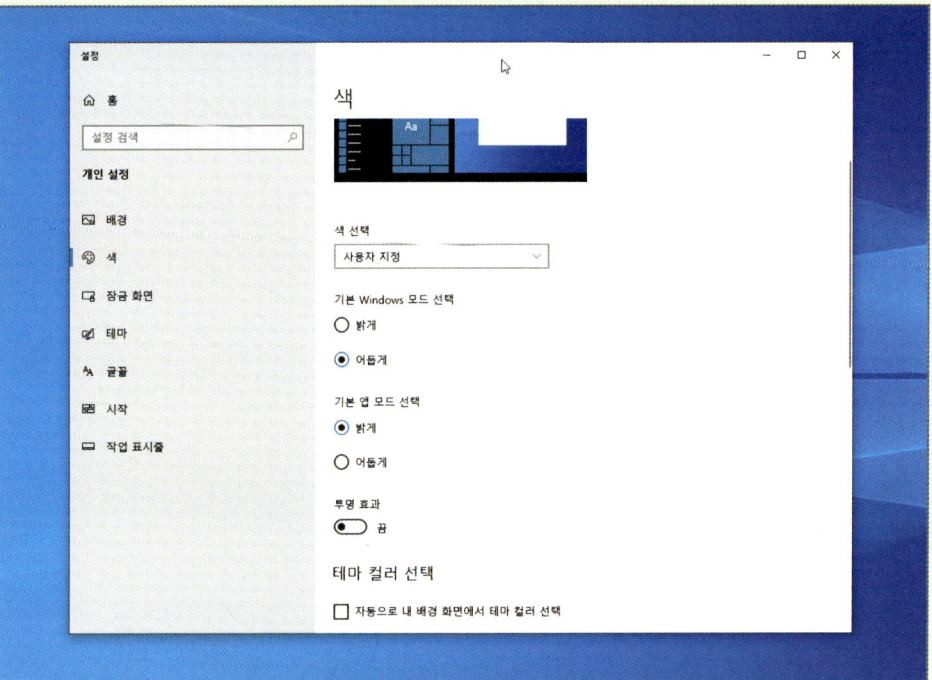

[투명 효과를 해제한 경우]

Section 09 화면 보호기 설정하기

화면 보호기는 화면이 일정 시간 동안 움직이지 않을 때 자동으로 화면 보호로 넘어가는 기능입니다.

01 바탕화면에서 마우스 오른쪽 버튼을 클릭합니다. [개인 설정]을 클릭합니다.

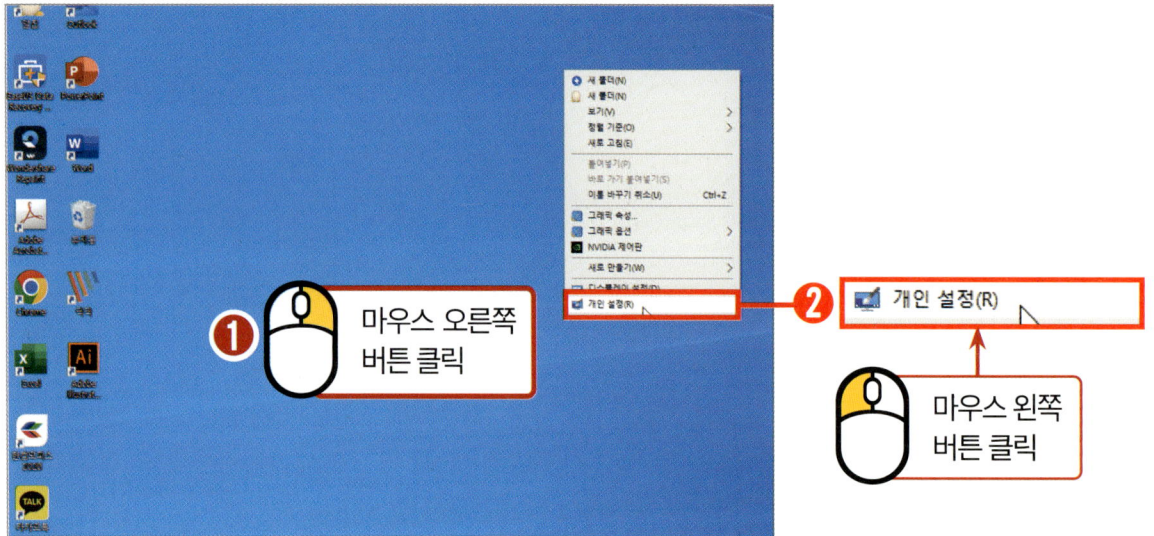

02 왼쪽에서 [잠금 화면]을 클릭합니다.

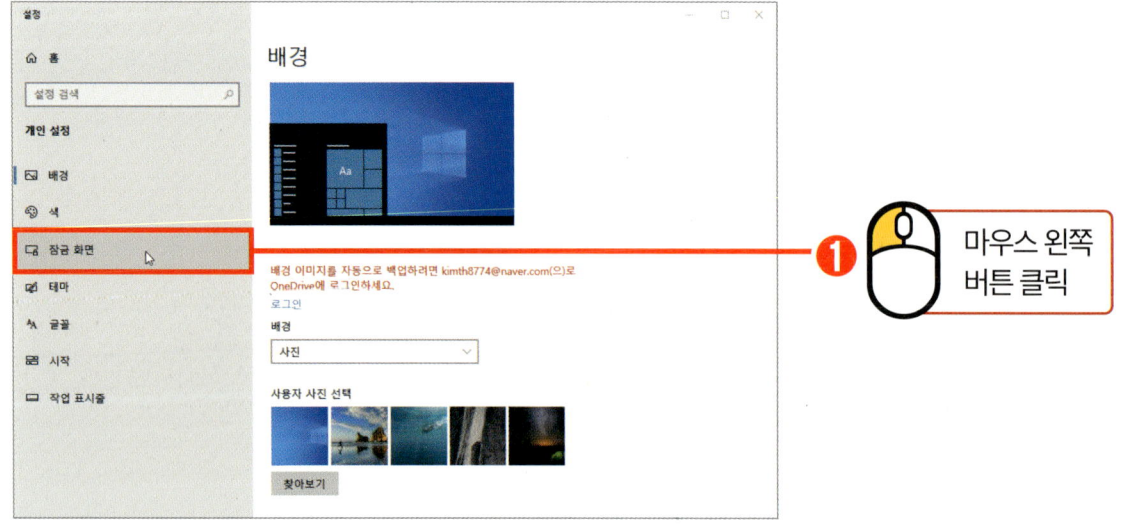

03 마우스의 휠을 아래로 내려 스크롤바를 아래로 내립니다. [화면 보호기 설정]을 클릭합니다.

04 (없음)을 클릭합니다. [3차원 텍스트]를 클릭합니다. [확인]을 클릭합니다.

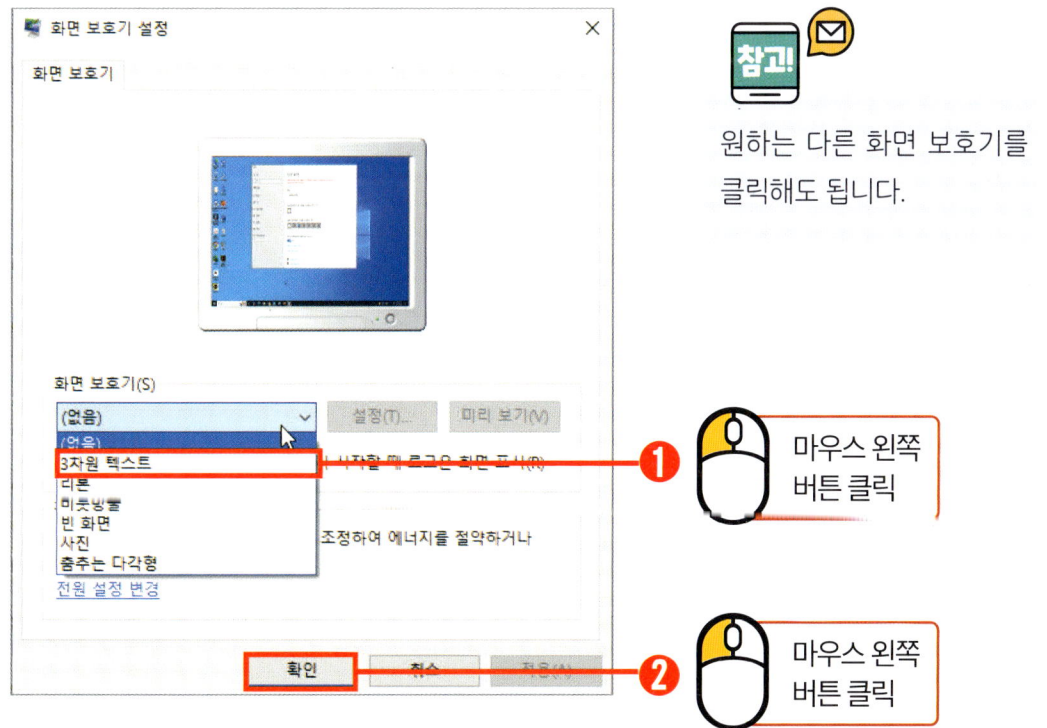

원하는 다른 화면 보호기를 클릭해도 됩니다.

05 대기 시간이 지난 뒤 화면 보호기가 실행됩니다. 마우스나 키보드를 움직이면 화면 보호기가 해제됩니다.

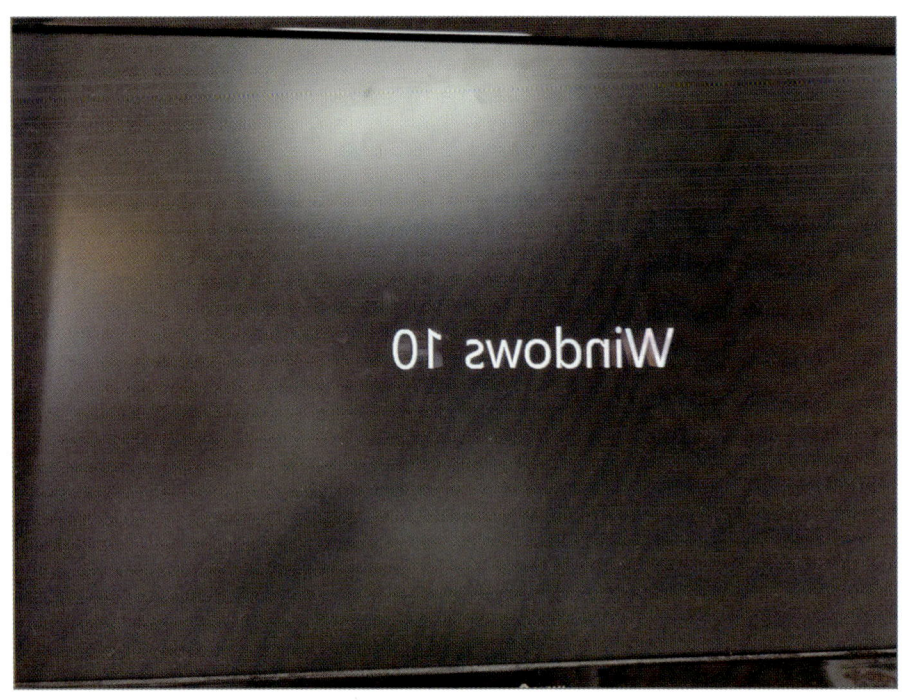

대기 시간이 지나면 화면 보호기가 자동으로 켜집니다. 대기 시간을 조정하여 켜지는 시간을 조정할 수 있습니다.

Section 10 휴지통 파일 복원하기

휴지통의 기능에 대해 알아보고 휴지통 파일을 복원해보겠습니다.

휴지통이란?

파일을 [일반 삭제]하거나, 파일을 클릭한 채 [Delete]키를 누르면 파일이 휴지통으로 이동합니다. 휴지통에 이동한 파일은 복구할 수 있지만, 휴지통에서도 파일을 지우면 복구할 수 없습니다.

01 [휴지통] 을 더블클릭합니다.

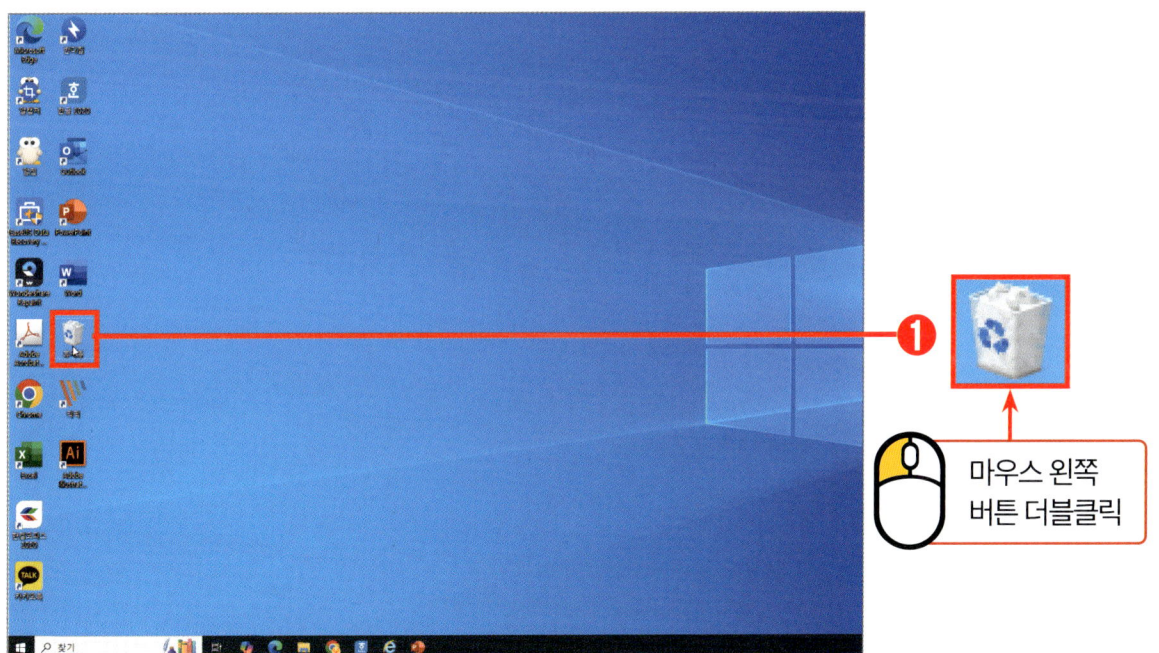

02 휴지통에 보관된 파일들입니다. 복원하고 싶은 파일을 더블클릭합니다.

03 해당 파일의 정보가 나타납니다. [복원]을 클릭합니다.

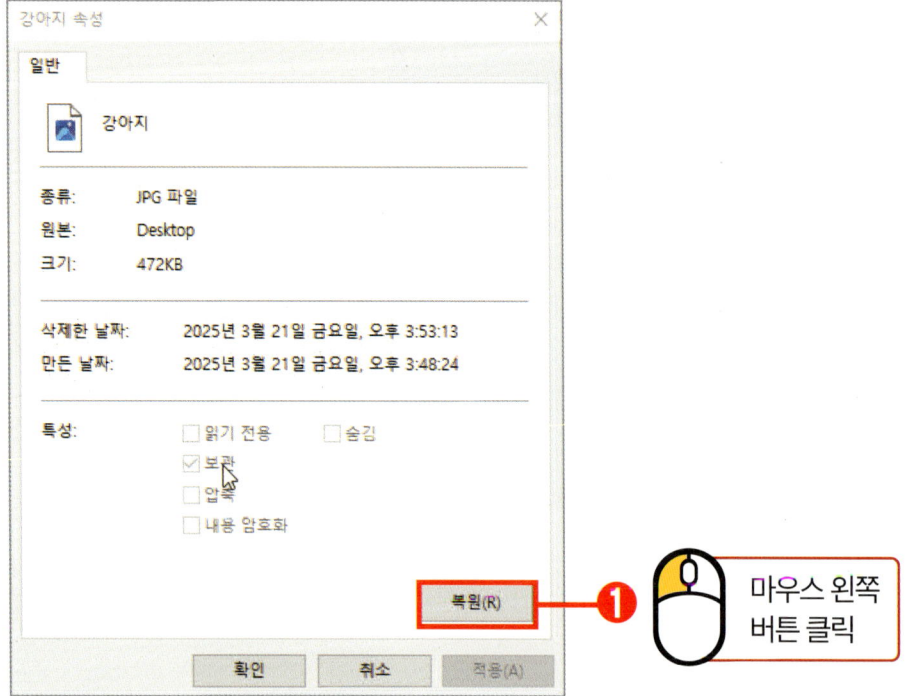

04 휴지통에 있던 파일이 복원되었습니다. 복원 위치는 파일이 원래 있던 위치입니다.

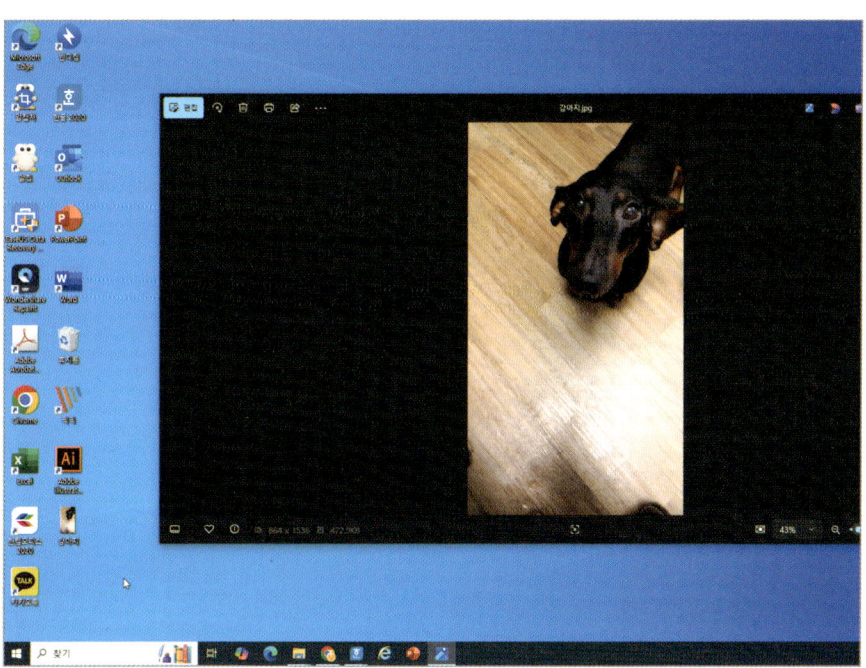

Section 11 휴지통 비우기

휴지통을 완전히 비워보겠습니다. 여러 방법이 있습니다.

01 휴지통 창에서 [휴지통 도구]를 클릭합니다.

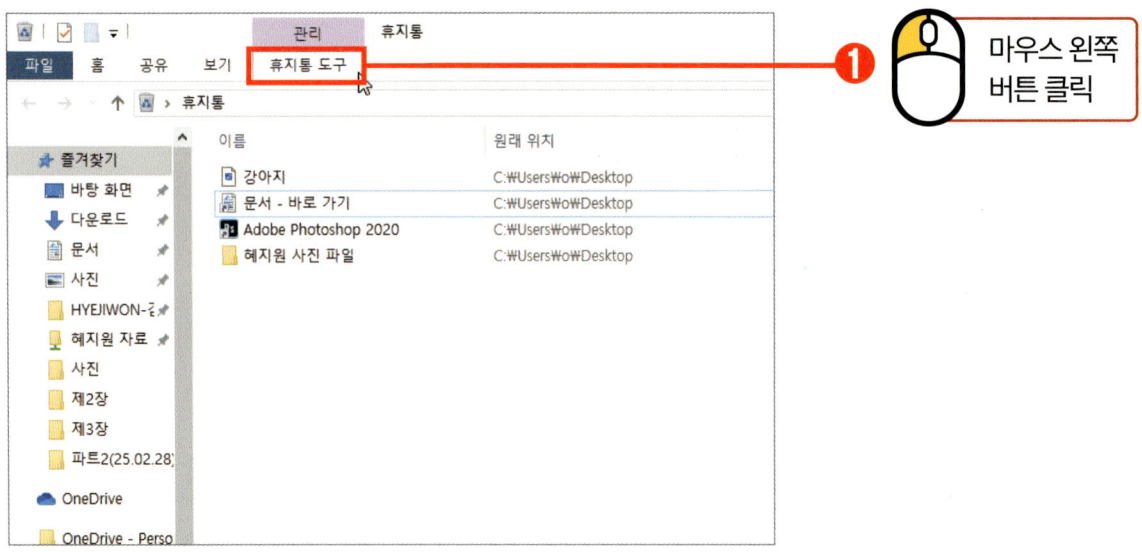

02 [휴지통 비우기]를 클릭합니다.

03 완전히 삭제하겠냐는 메시지가 나오면 [예]를 클릭합니다.

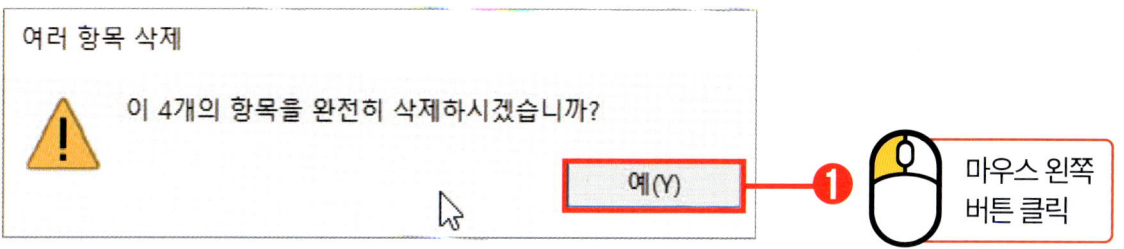

04 휴지통이 비워지며 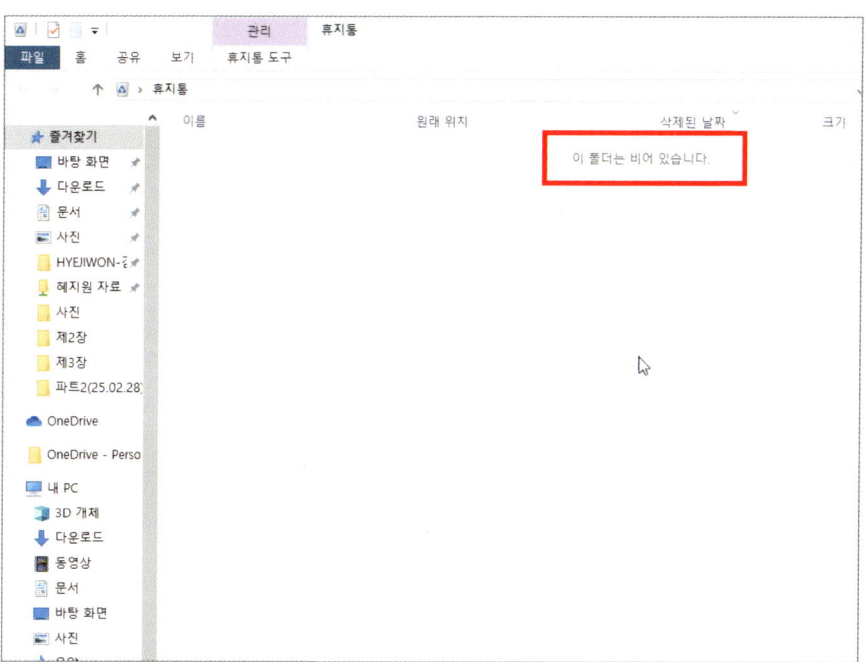 이 로 바뀝니다.

05 두 번째 방법입니다. 바탕화면의 휴지통 아이콘 위에서 마우스 오른쪽 버튼을 클릭합니다.

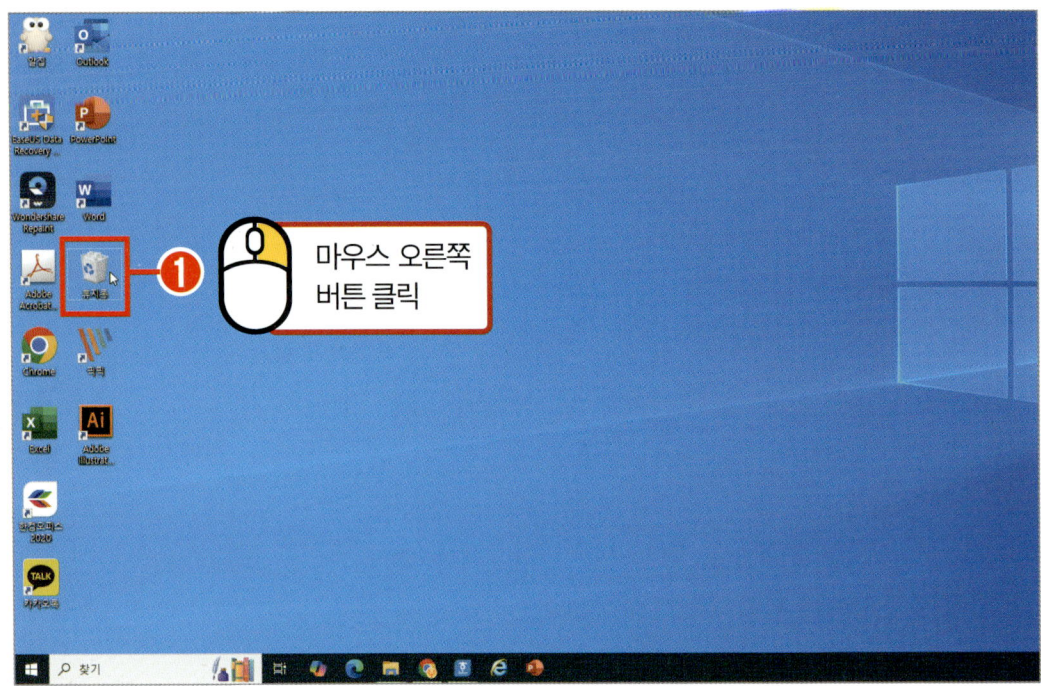

06 [휴지통 비우기]를 클릭합니다. 휴지통이 비워집니다.

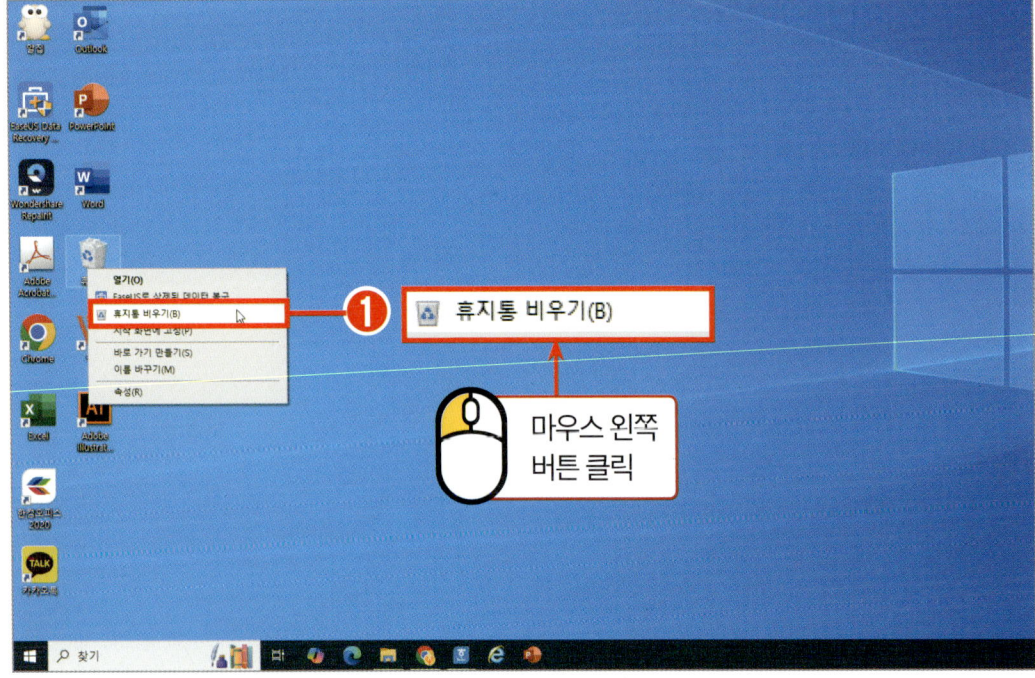

휴지통 속성

[휴지통 도구]에서 [휴지통 속성]을 클릭하면 휴지통에 관한 속성 항목이 나타납니다. 여기서 휴지통의 크기를 0으로 설정하거나, '파일을 휴지통에 버리지 않고 삭제할 때 바로 제거'를 체크하면 파일이 휴지통에 들어가지 않고 바로 영구삭제됩니다.

영구삭제된 파일은 복원할 수 없으니 신중히 삭제하시길 바랍니다.

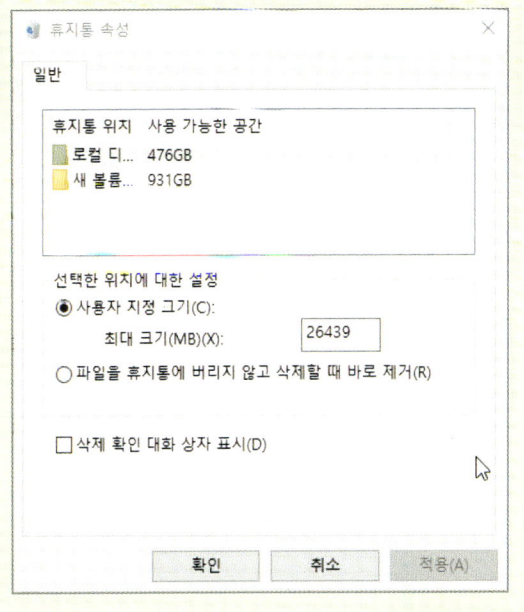

Section 12 날짜, 시간 확인하기

윈도우 달력을 통해서 날짜와 시간을 확인해보겠습니다.

01 작업 표시줄 오른쪽 하단의 날짜-시간 부분을 클릭합니다.

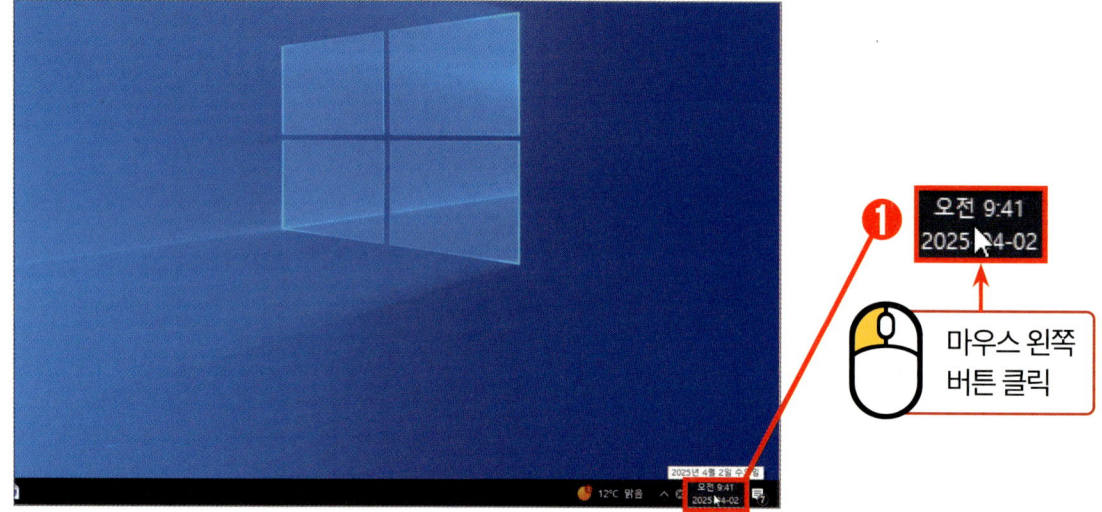

02 오늘 날짜와 현재 시간이 나타납니다. ∧ ∨ 를 클릭하여 월 단위로 이동할 수 있습니다.

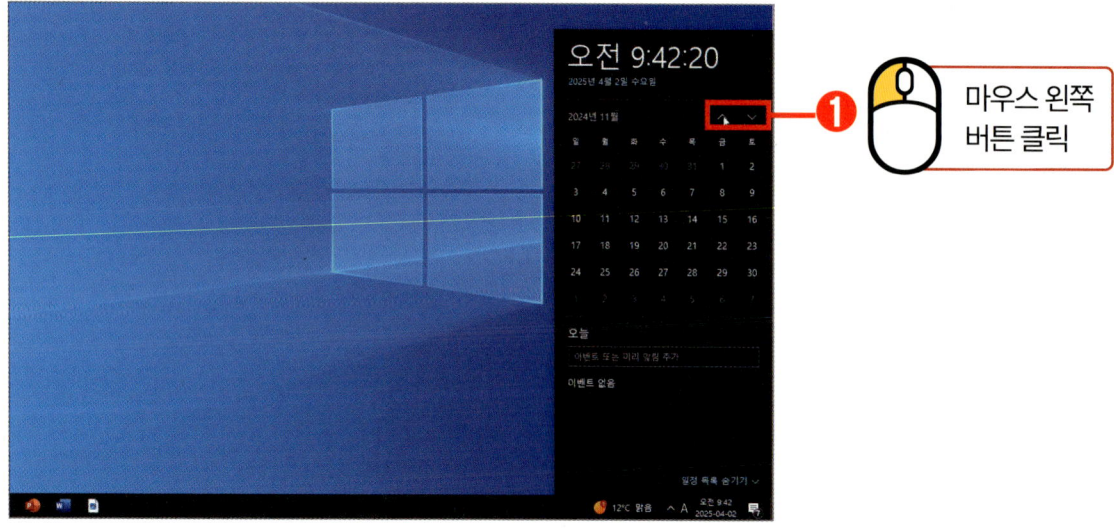

03 연도와 월 표시를 클릭합니다.

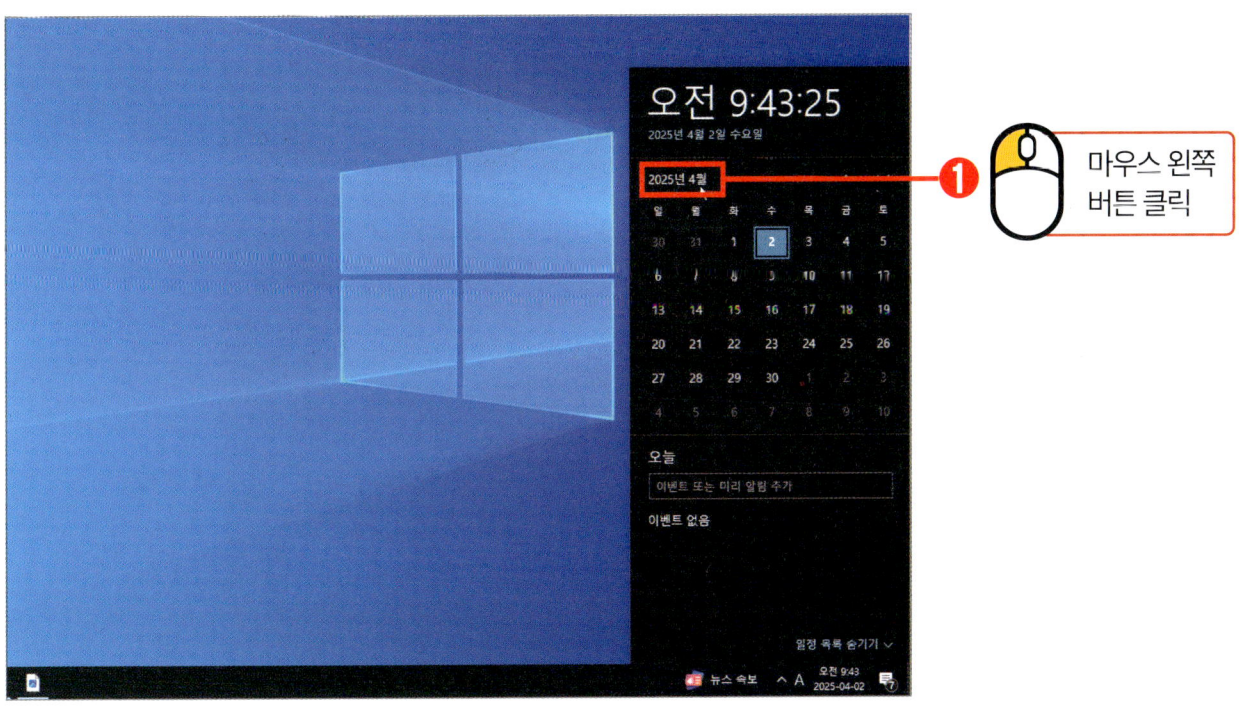

04 월 단위로 선택할 수 있게 바뀝니다. 연도를 클릭합니다.

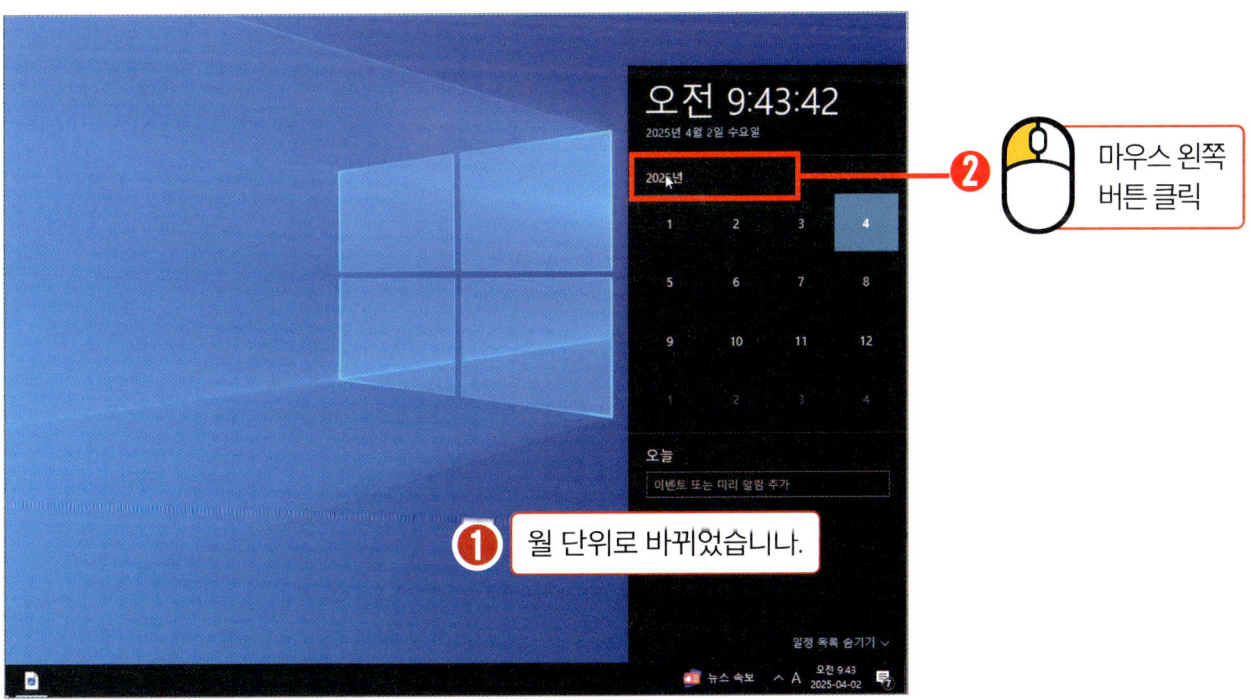

05 이번에는 연 단위로 선택할 수 있게 바뀝니다. 연도와 월을 클릭하여 오늘 날짜로 돌아옵니다.

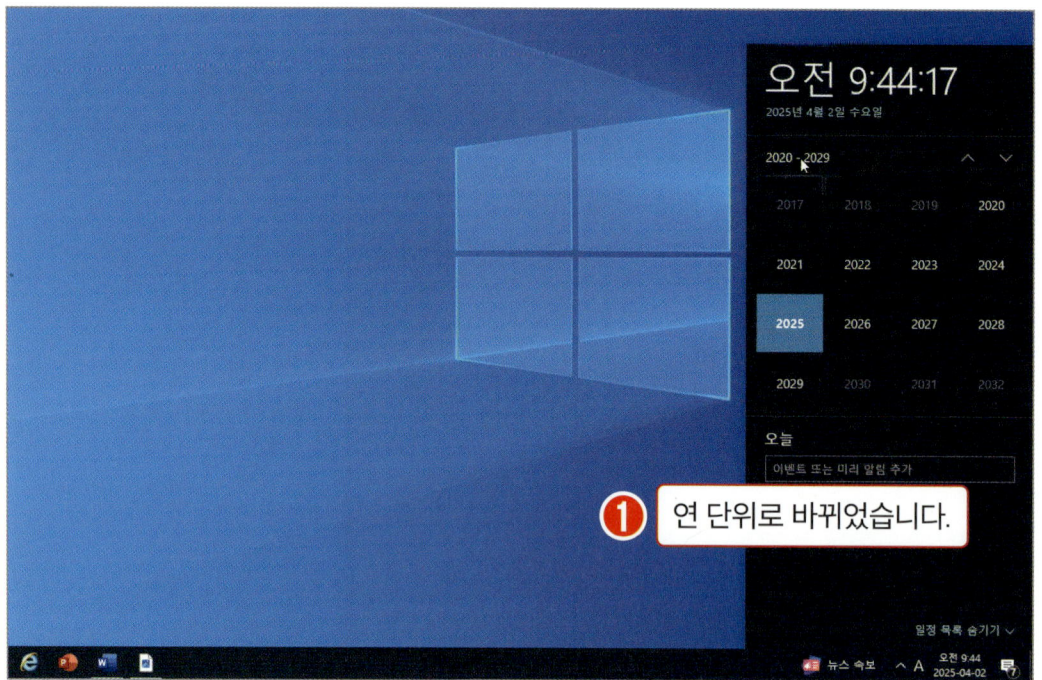

① 연 단위로 바뀌었습니다.

[이벤트 또는 미리 알림 추가] 기능을 이용하면 나중에 해야 할 일을 달력에 표시할 수 있습니다.

제 04 장
윈도우 창 사용하기

윈도우 창을 자유자재로 다루어 편하게 이용할 수 있도록 하겠습니다.

Section 01 창 크기 조절하기

창 크기를 자유자재로 조정할 수 있습니다.

01 창의 크기를 조절할 프로그램을 클릭하여 실행합니다. [엣지]나 탐색기를 열어도 됩니다.

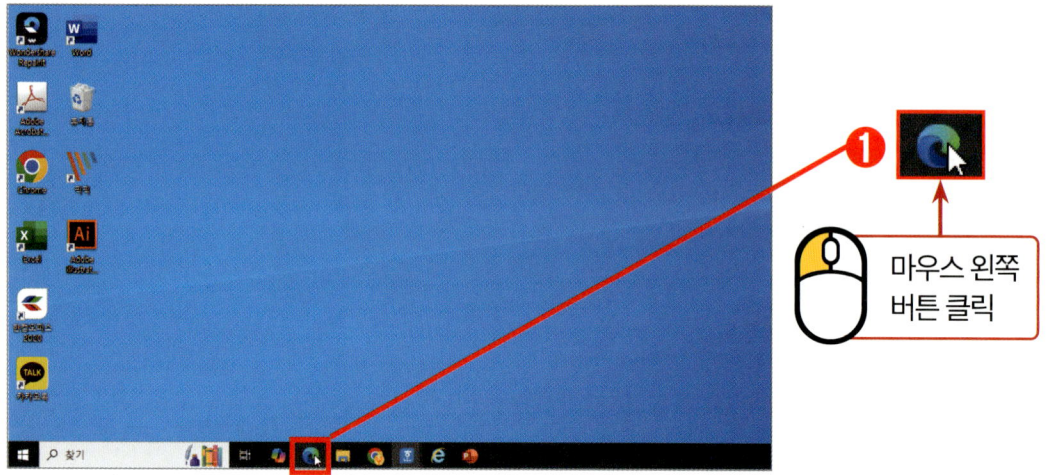

02 창의 모서리로 마우스를 가져가서 마우스 모양이 ⤢로 바뀌면 클릭합니다.

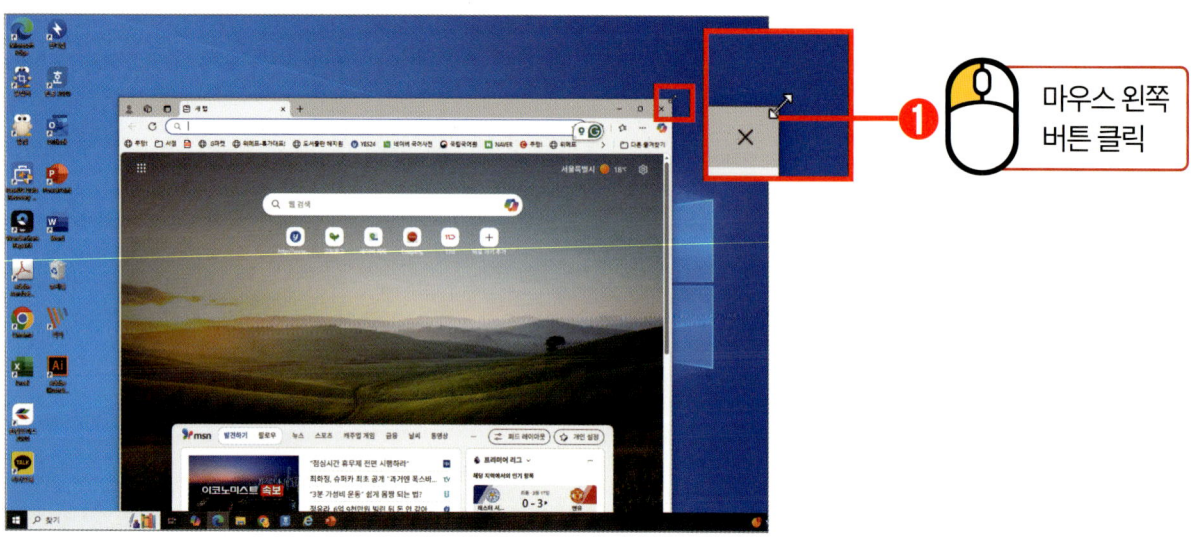

03 마우스를 클릭한 채 대각선으로 이동하여 창의 크기가 늘어나면 손을 뗍니다.
이동한 만큼 창의 크기가 변합니다.

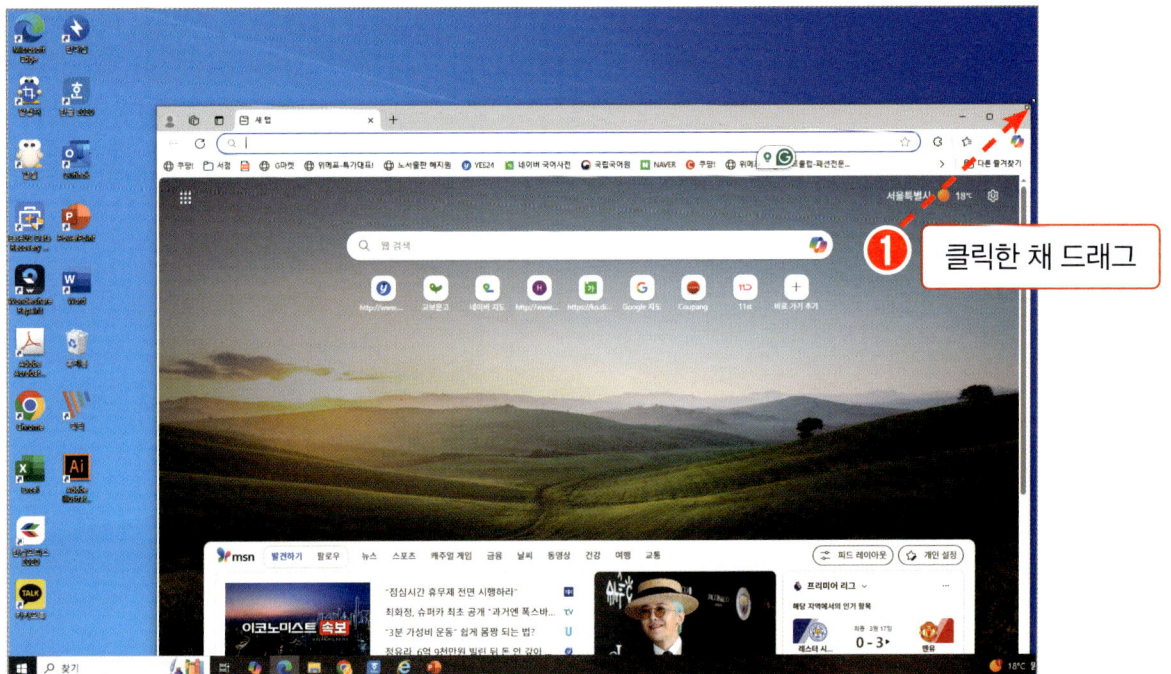

04 이번에는 좌우로 늘려보겠습니다. 창의 오른쪽으로 마우스를 가져가서 모양이 ⇔로 바뀌면 클릭합니다.

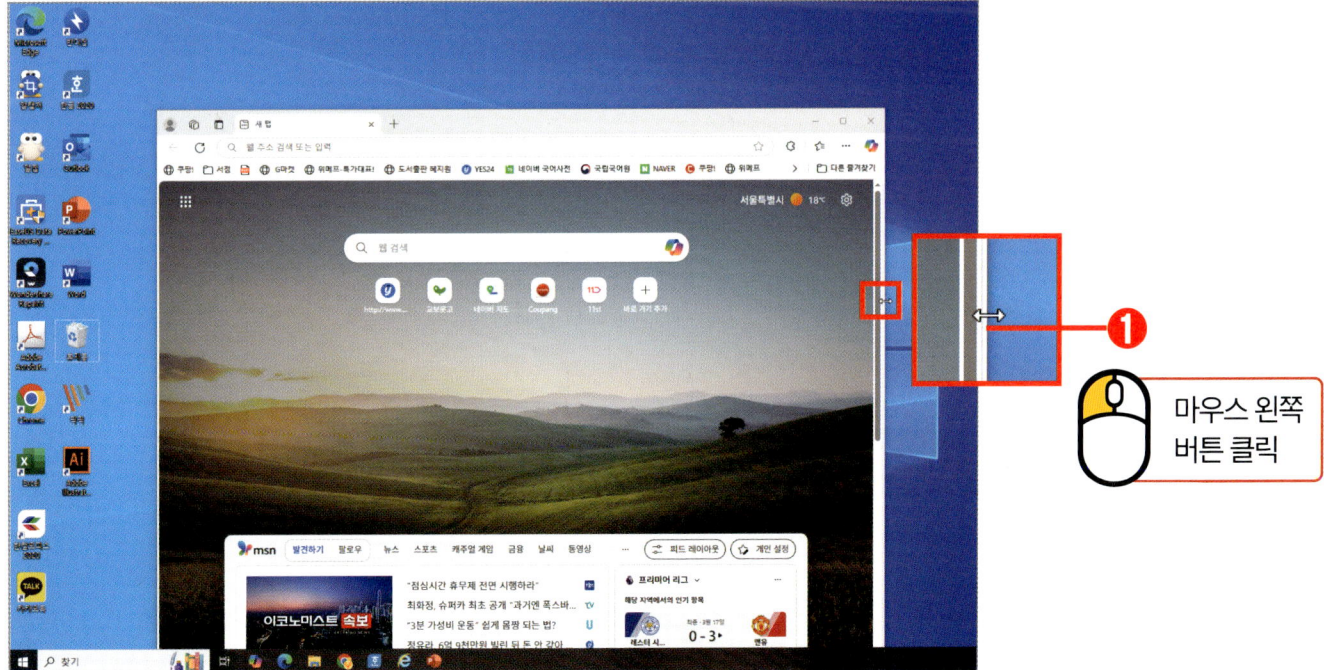

05 마우스를 클릭한 채 오른쪽으로 이동하여 창의 크기가 늘어나면 손을 뗍니다. 이동한 만큼 창의 크기가 변합니다.

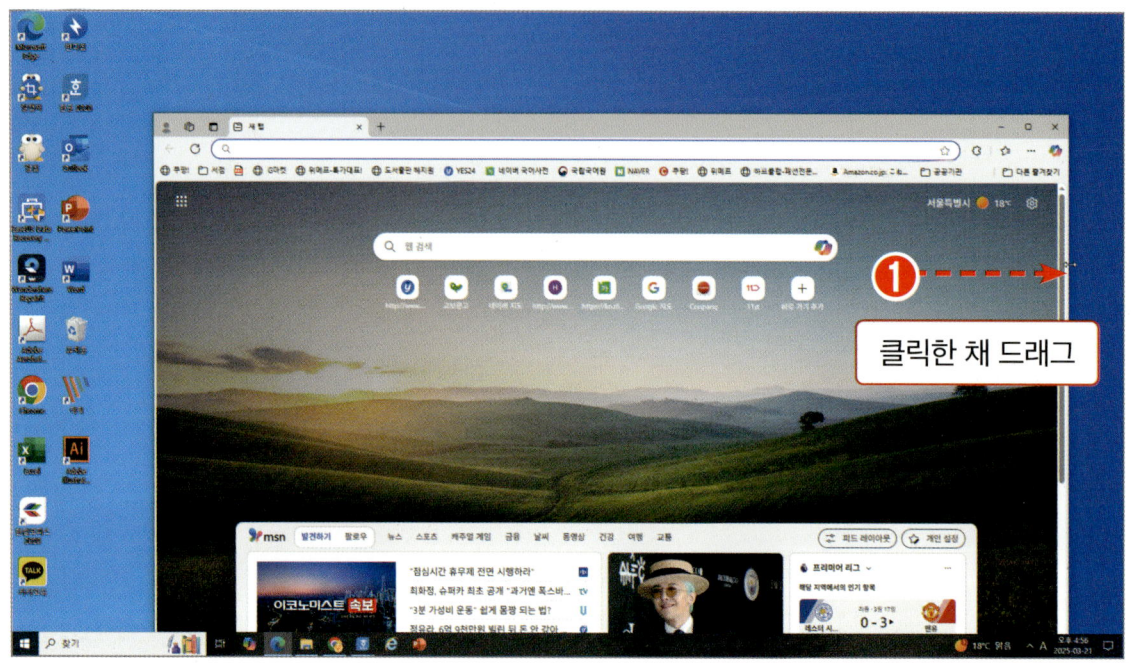

06 이번에는 상하로 늘려보겠습니다. 창의 위쪽으로 마우스를 가져가서 모양이 ⇕로 바뀌면 클릭합니다.

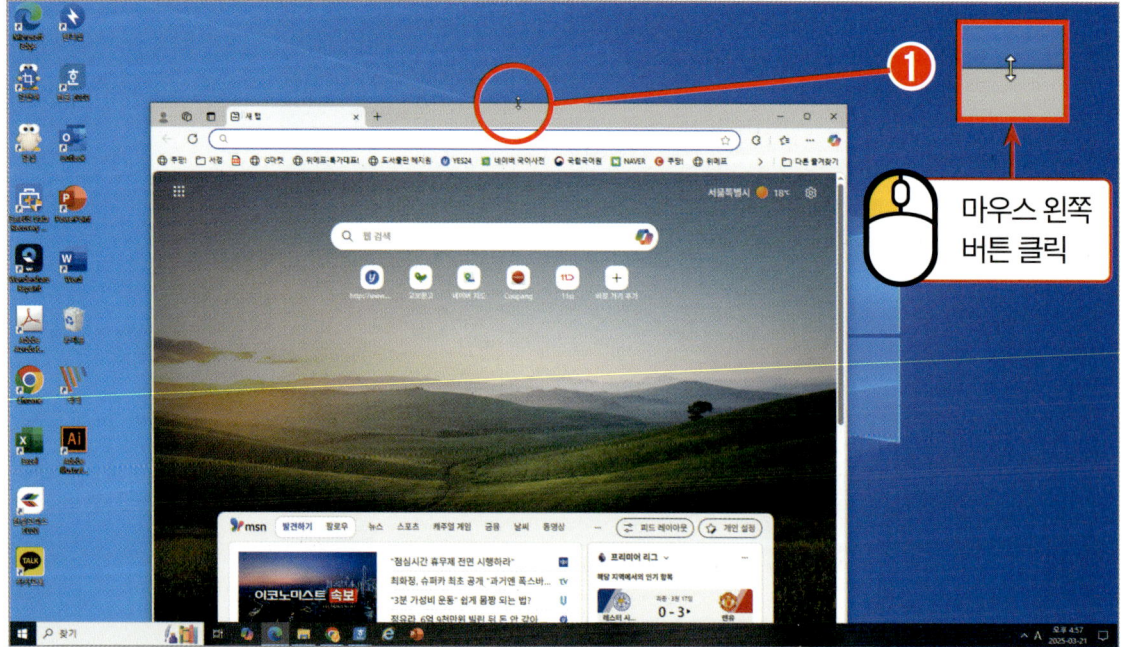

07 마우스를 클릭한 채 위쪽으로 이동하여 창의 크기가 늘어나면 손을 뗍니다. 이동한 만큼 창의 크기가 변합니다.

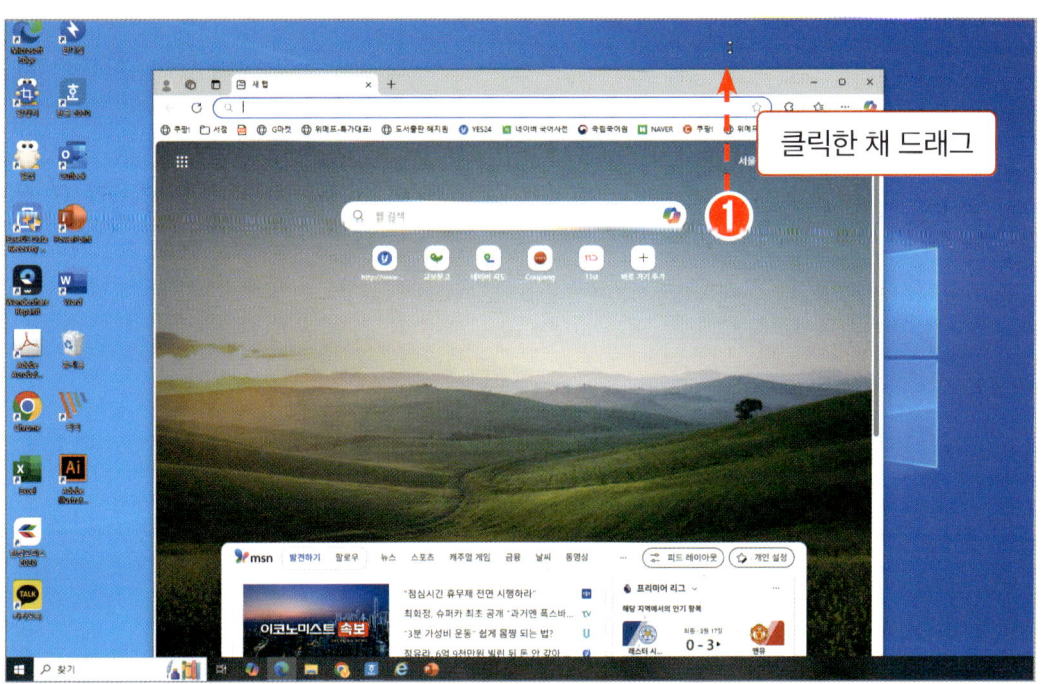

창 전체 크기

제목 표시줄을 클릭한 상태에서 바탕화면의 위쪽 끝으로 이동하면 창이 전체 크기가 됩니다.

Section 02 창 숨김/최대화하기

창의 크기를 최대로 키우거나 숨기는 기능을 연습해보겠습니다.

01 먼저 최대화입니다. 창의 오른쪽 상단에 있는 ☐ 를 클릭합니다.

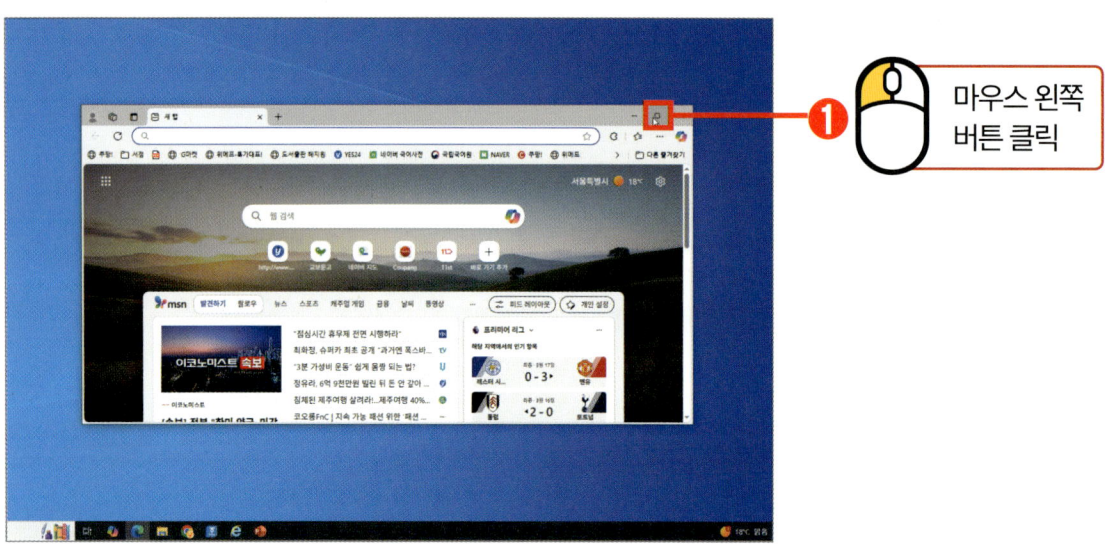

① 마우스 왼쪽 버튼 클릭

02 창이 화면에 꽉 차게 되었습니다. 이번에는 ― 를 클릭합니다.

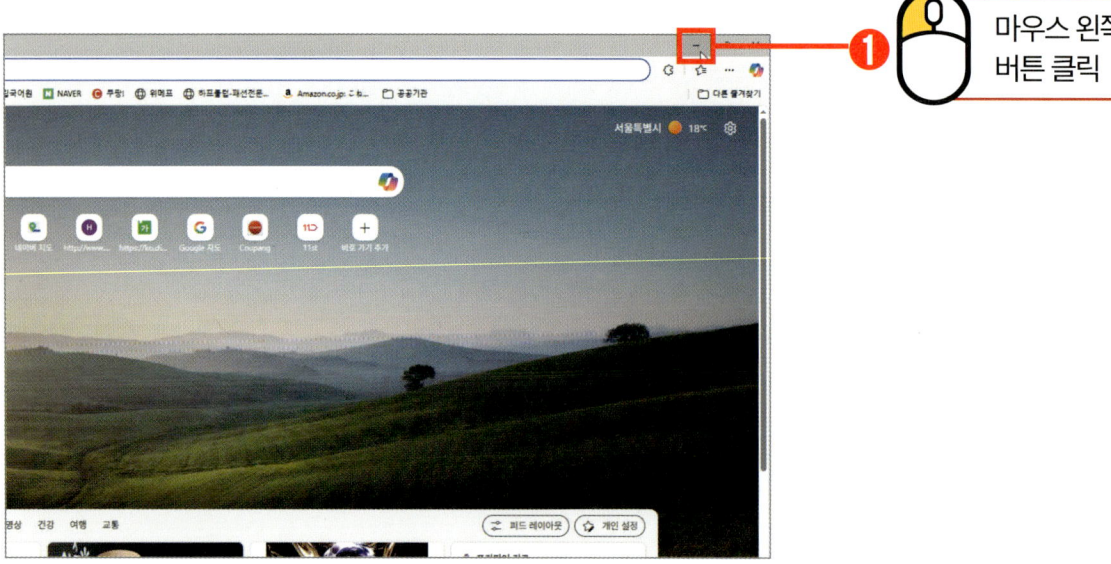

① 마우스 왼쪽 버튼 클릭

03 창이 최소화되어 숨김 처리되었습니다. 작업 표시줄을 클릭하면 창이 다시 나타납니다.

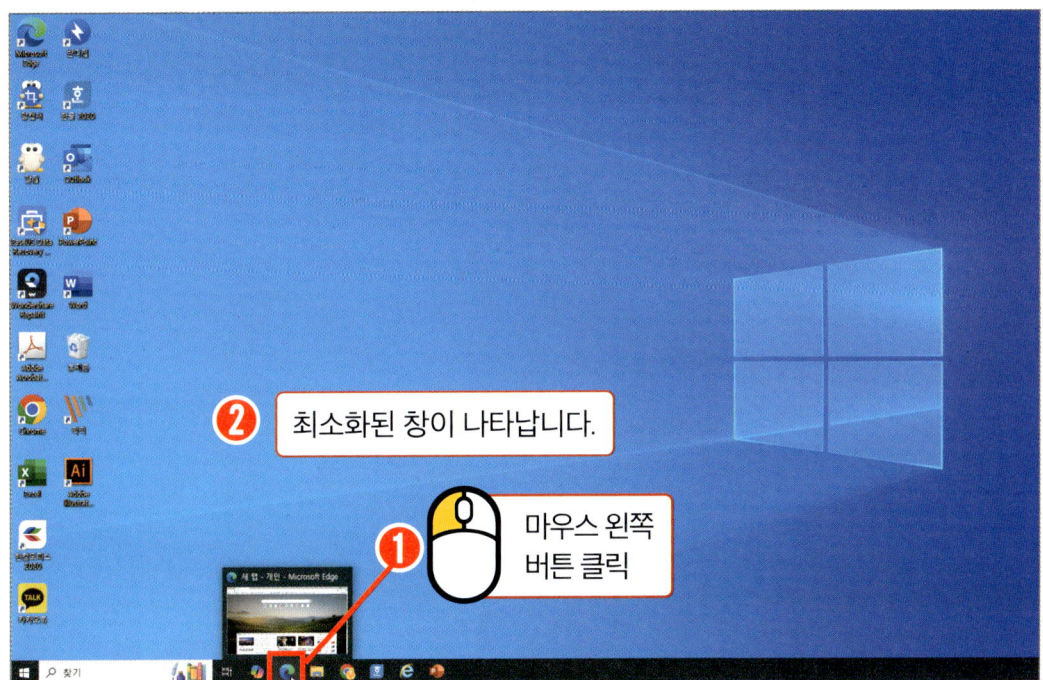

04 창을 닫아보겠습니다. × 를 클릭합니다.

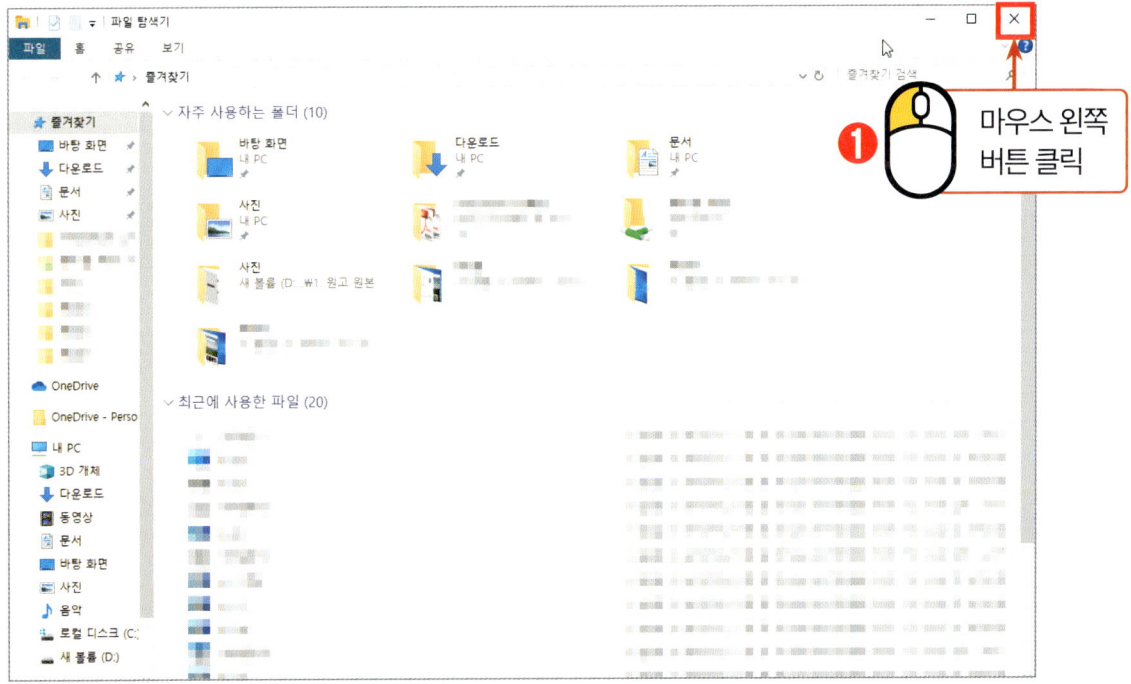

05 창이 닫혔습니다. 최소화와 달리, 창이 아예 닫힌 상황입니다.

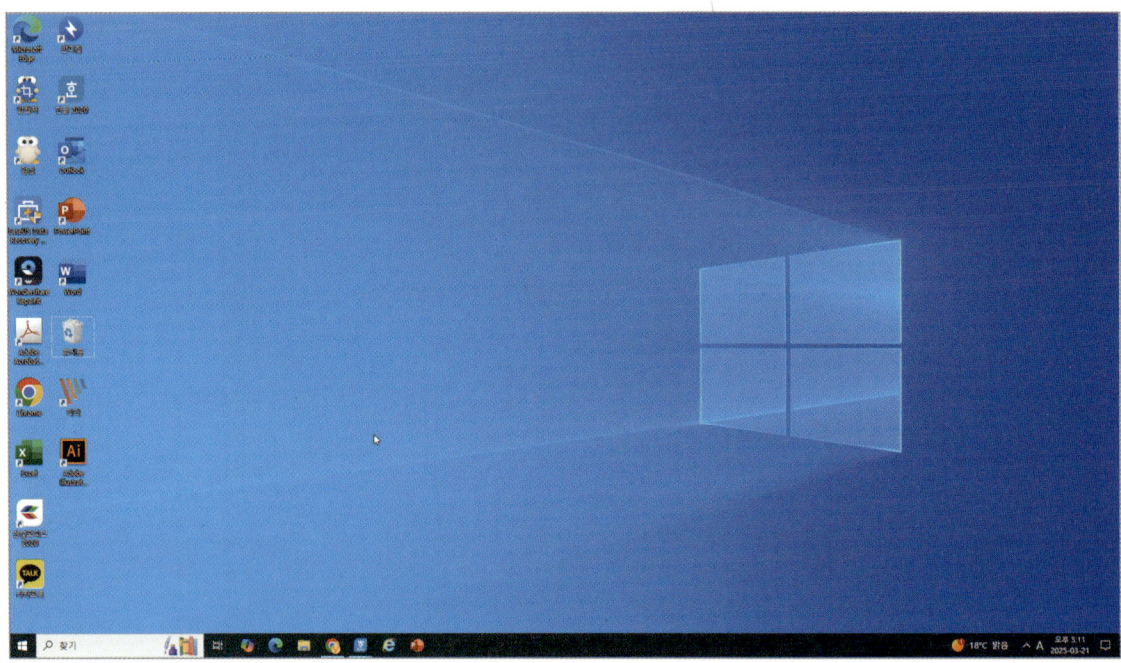

Section 03 창 2개/4개로 정렬하기

여러 창을 깔끔하게 정렬하는 방법을 알아보겠습니다.

01 먼저 창 2개를 정렬해보겠습니다. 왼쪽에 있는 창의 제목 표시줄을 클릭합니다.

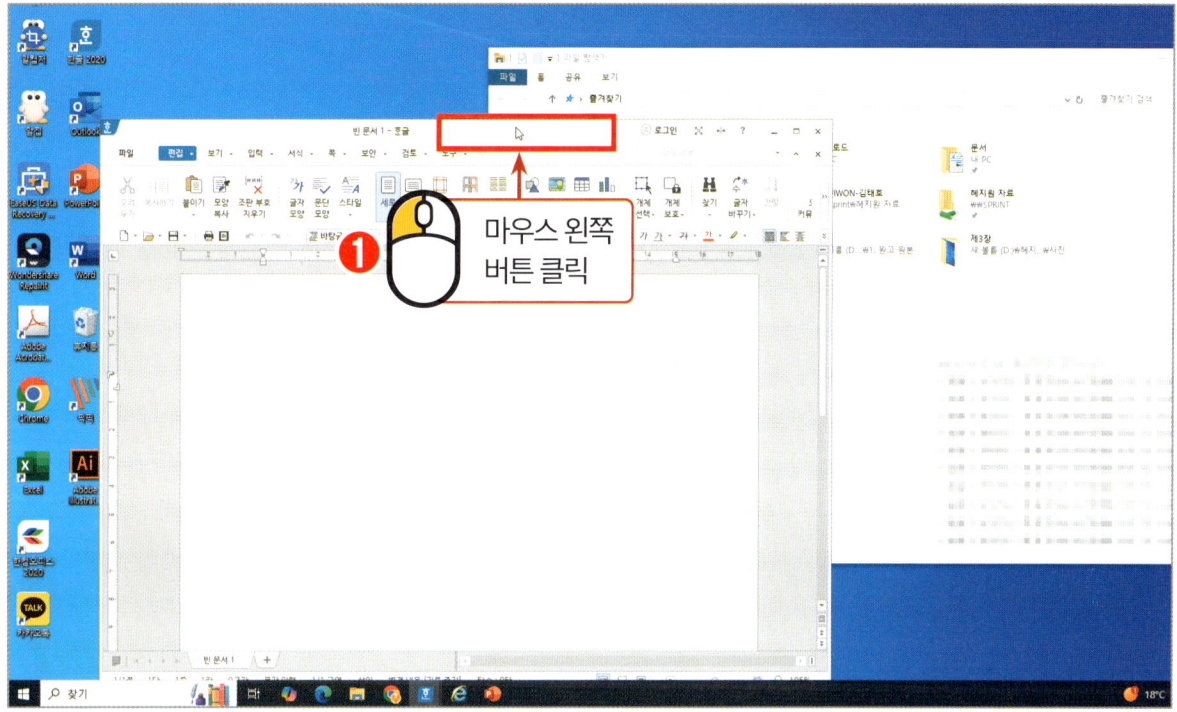

제 04장 윈도우 창 사용하기 / 85

02 클릭한 채 왼쪽 끝으로 이동합니다.

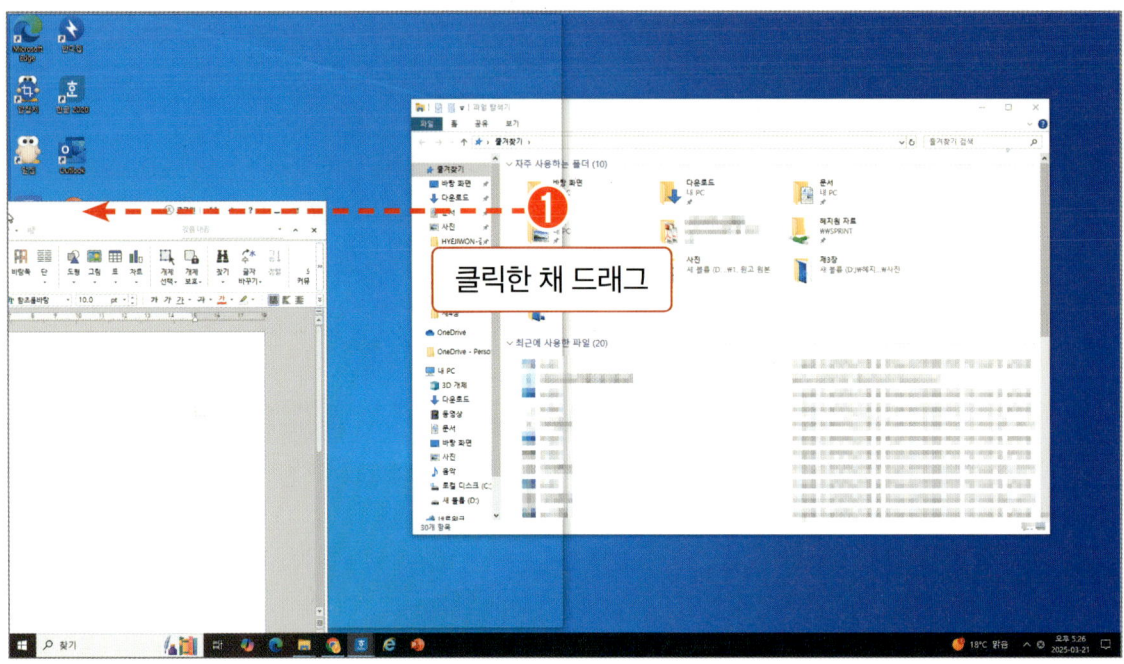

03 마우스에서 손을 떼면 화면의 1/2에 해당하는 만큼 창의 크기가 조절되었습니다. 오른쪽 창의 제목 표시줄을 클릭합니다.

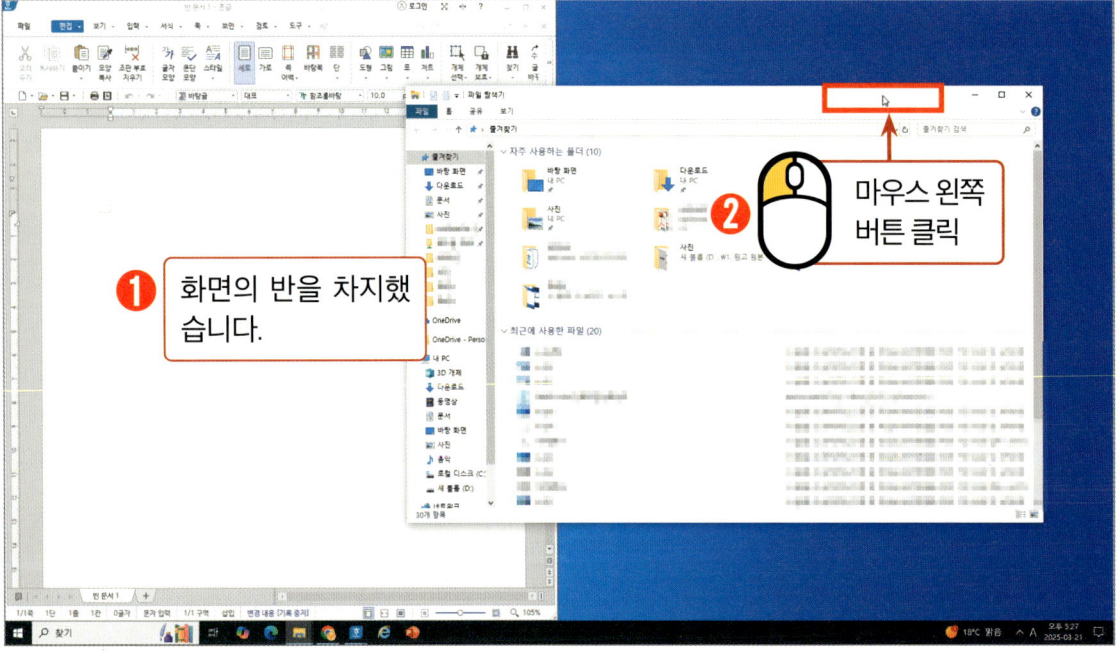

04 클릭한 채 오른쪽 끝으로 드래그합니다.

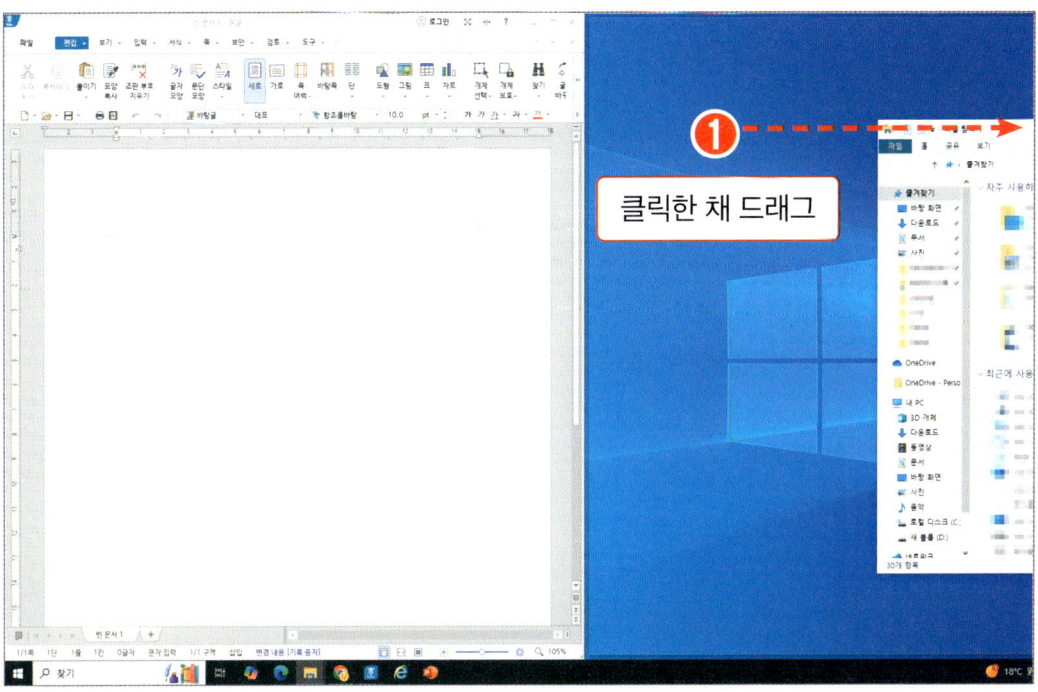

05 마우스에서 손을 떼면 화면의 1/2에 해당하는 만큼 창의 크기가 조절되었습니다.

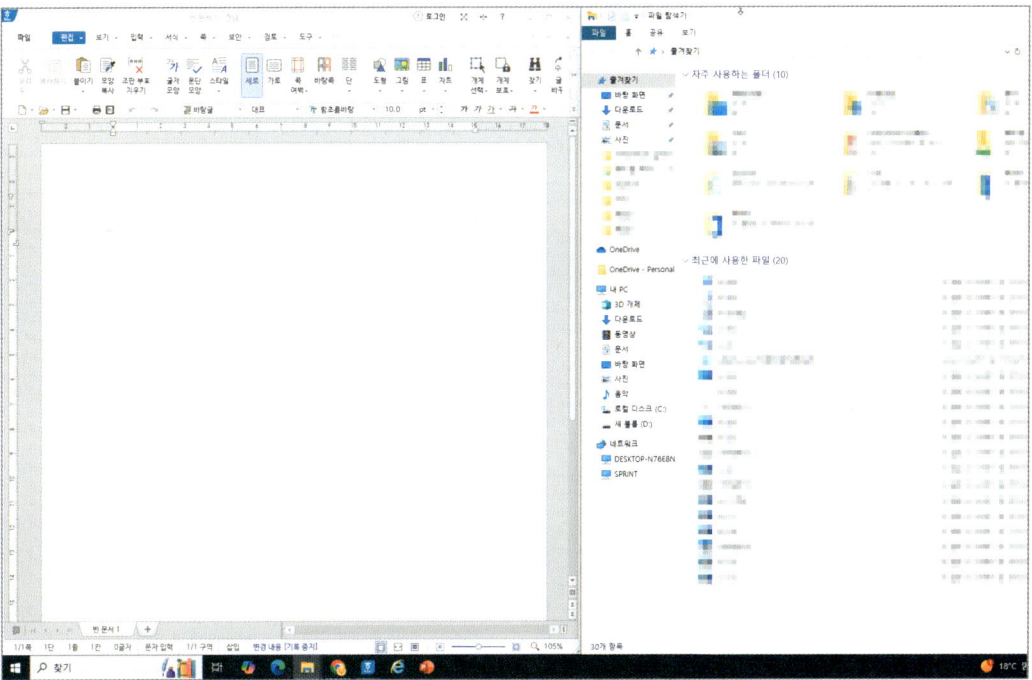

 **창이 여러 개일 때는?**

창이 여러 개 열린 경우, 하나의 창을 1/2로 정렬하면 반대쪽에 자동으로 정렬하고 싶은 창의 목록이 나타납니다. 원하는 창을 클릭하면 남은 공간에 자동으로 정렬됩니다.

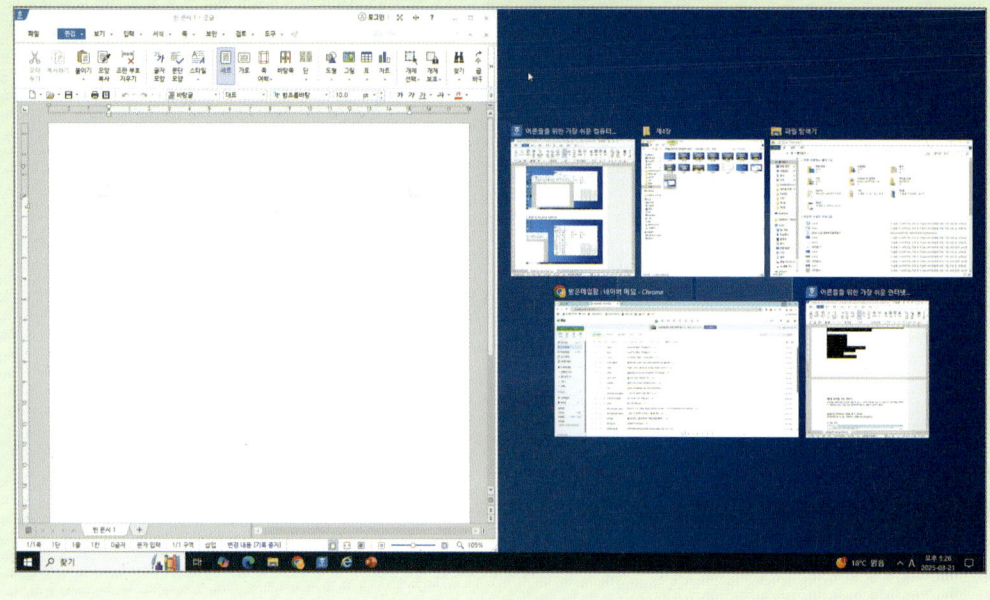

06 이번에는 4개로 정렬해보겠습니다. 하나의 창의 제목 표시줄을 클릭합니다.

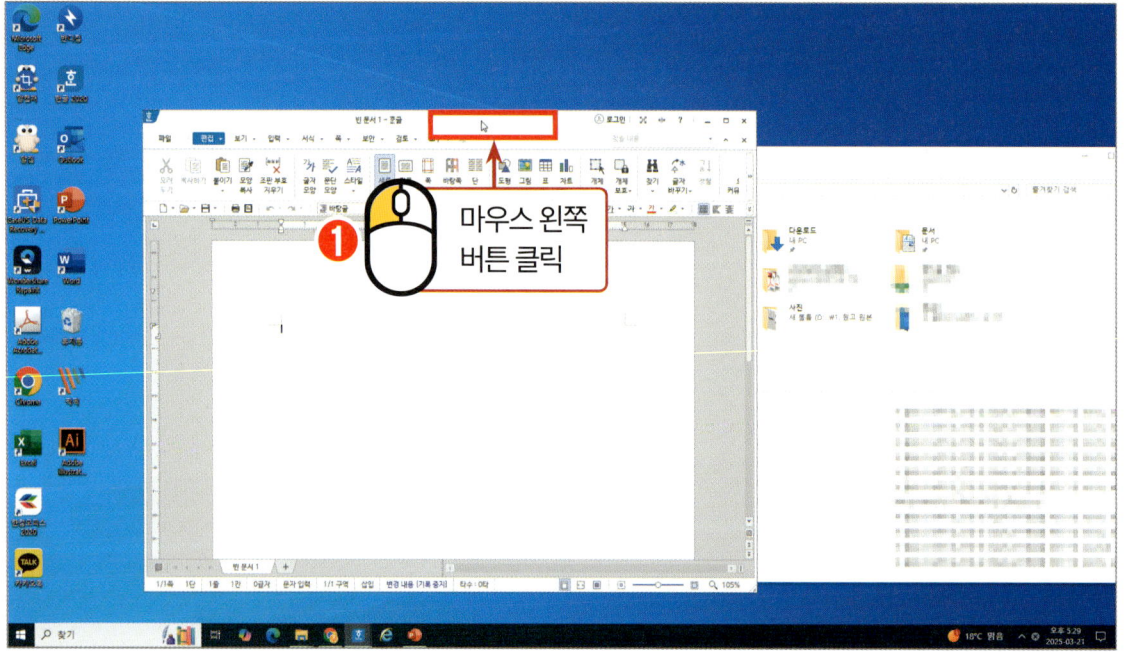

07 클릭한 채 왼쪽 상단 모서리로 이동합니다.

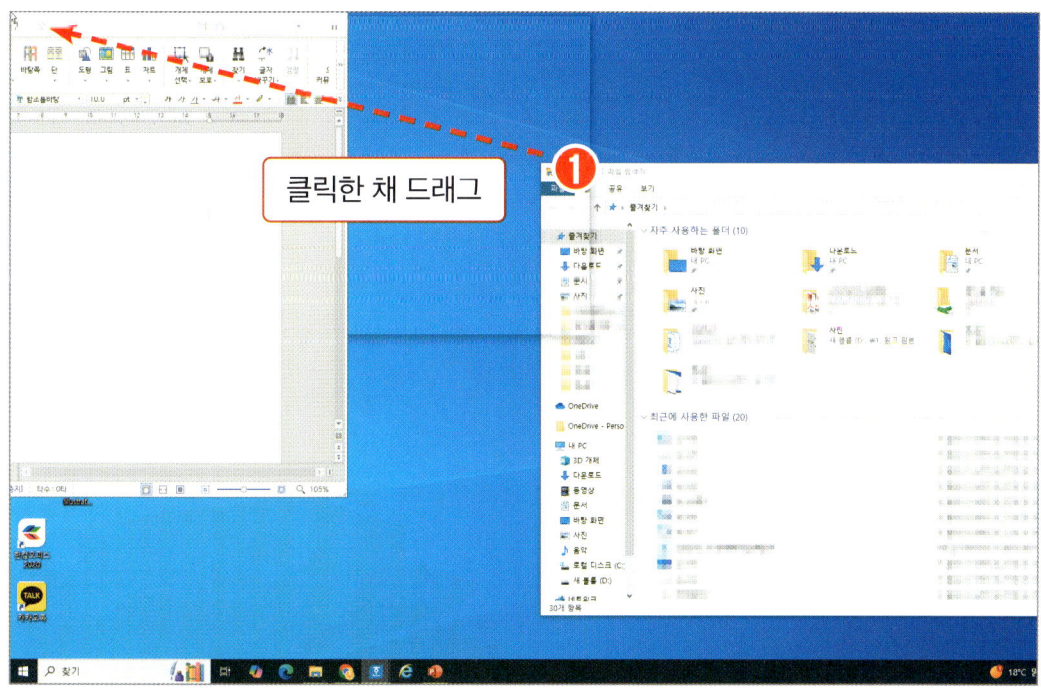

클릭한 채 드래그

08 마우스에서 손을 뗍니다. 화면의 1/4에 해당하는 만큼 창이 정렬되었습니다.

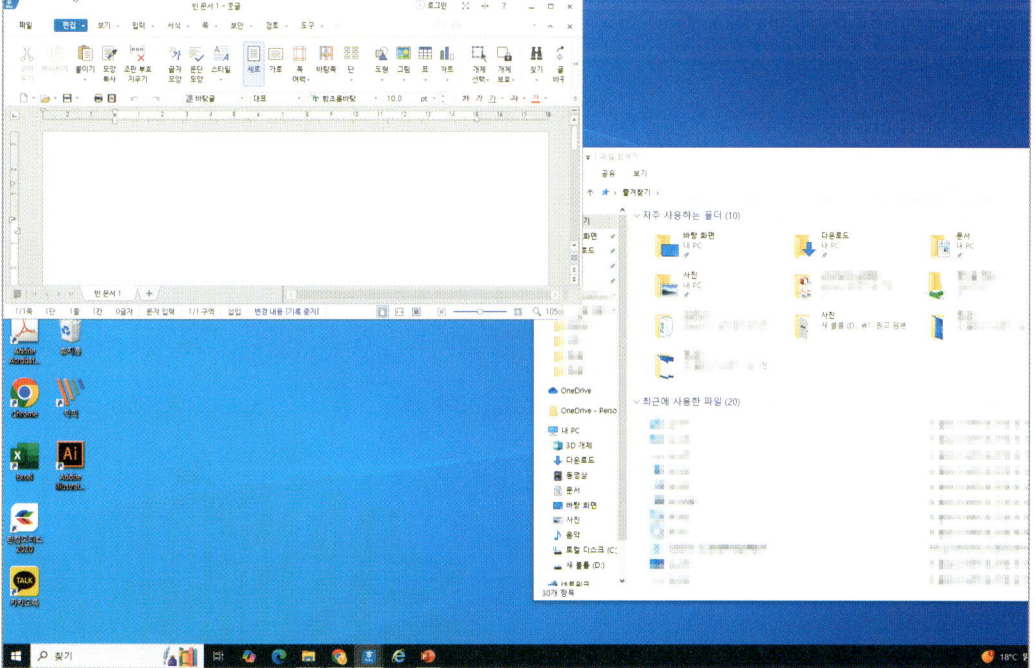

09 또 하나의 창의 제목 표시줄을 클릭합니다. 클릭한 채 오른쪽 상단 모서리로 이동합니다.

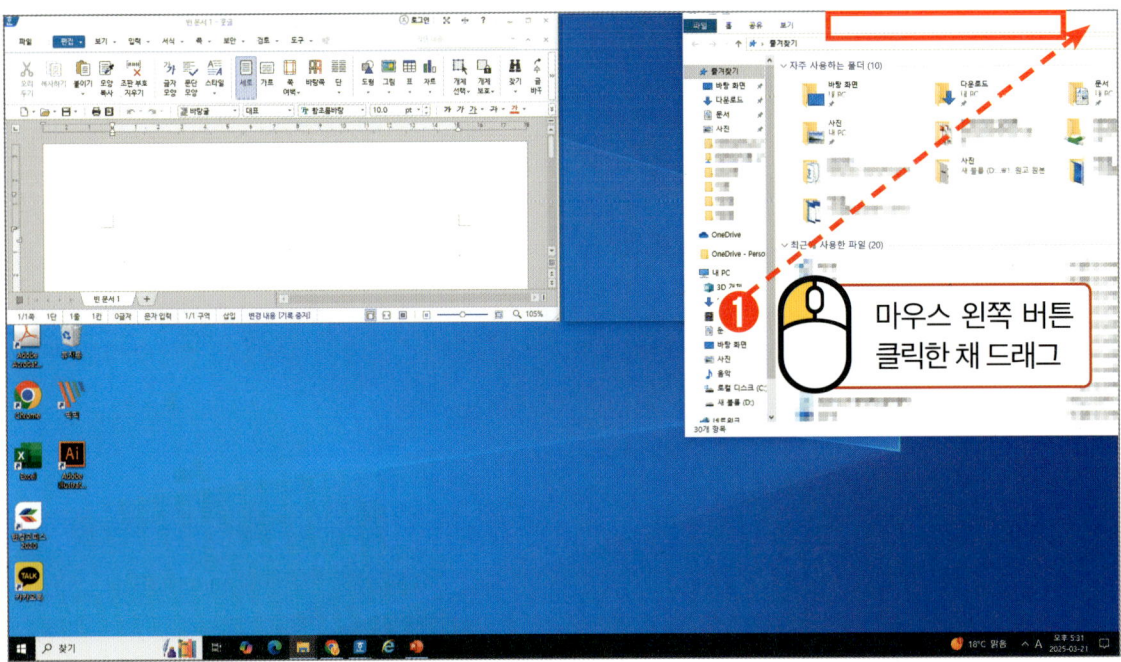

10 마우스에서 손을 떼면 1/4에 해당하는 만큼 창이 정렬됩니다.

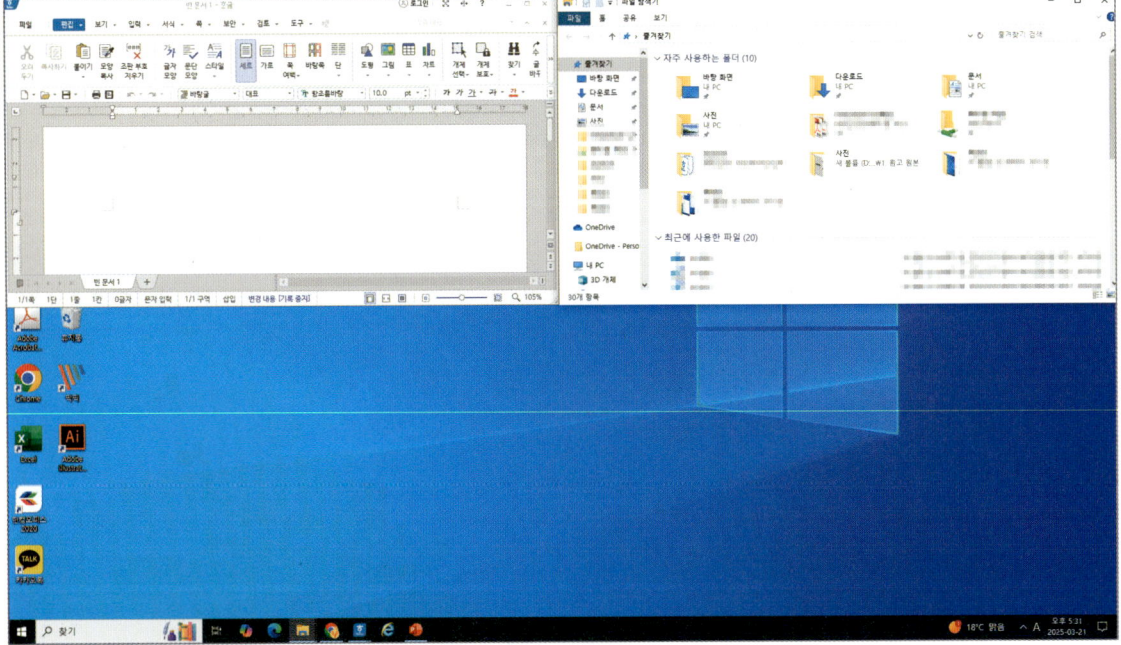

11 이 과정을 반복하여 아래에도 창 2개를 더 배치해봅니다.

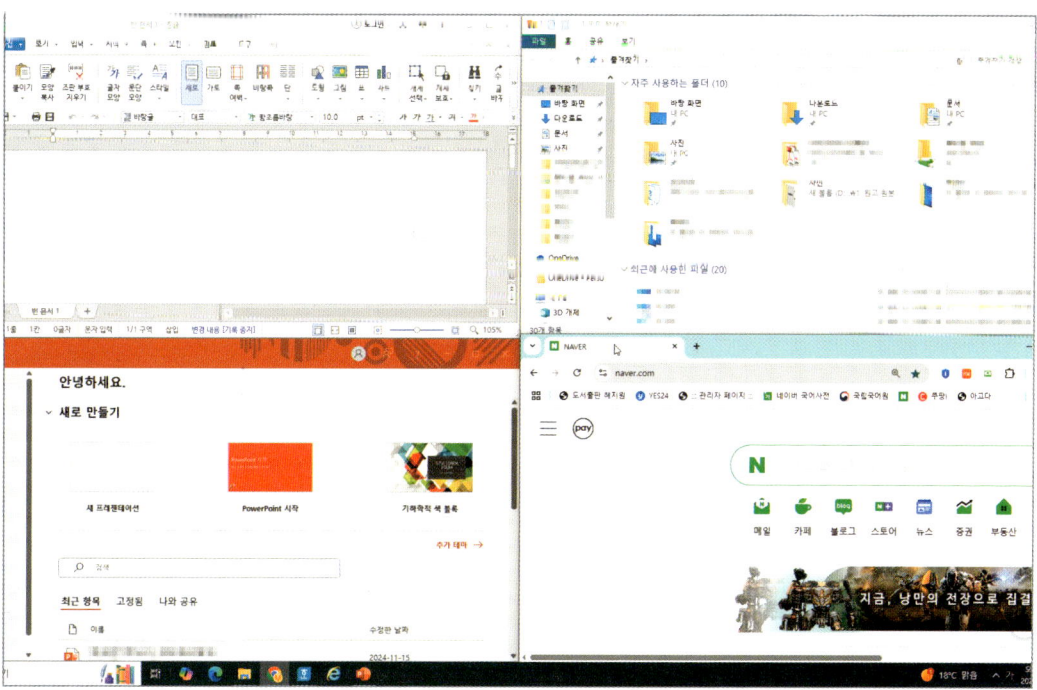

Section 04 창 흔들어서 정리하기

창을 클릭한 채 흔들면 선택한 창을 제외한 나머지 창이 최소화됩니다.

01 [엣지] 를 클릭하여 실행합니다.

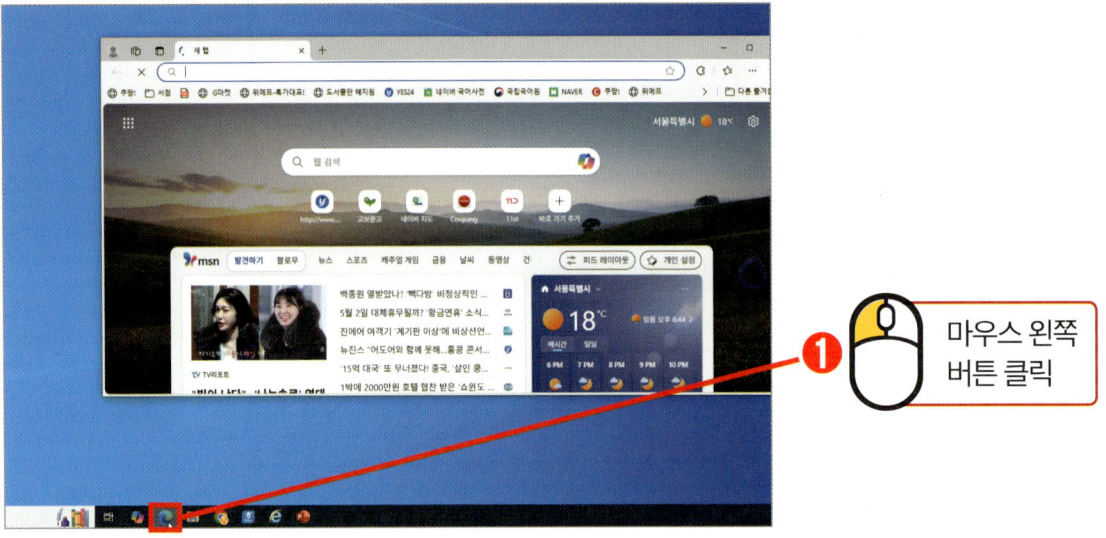

마우스 왼쪽 버튼 클릭

02 [탐색기] 를 클릭하여 실행합니다.

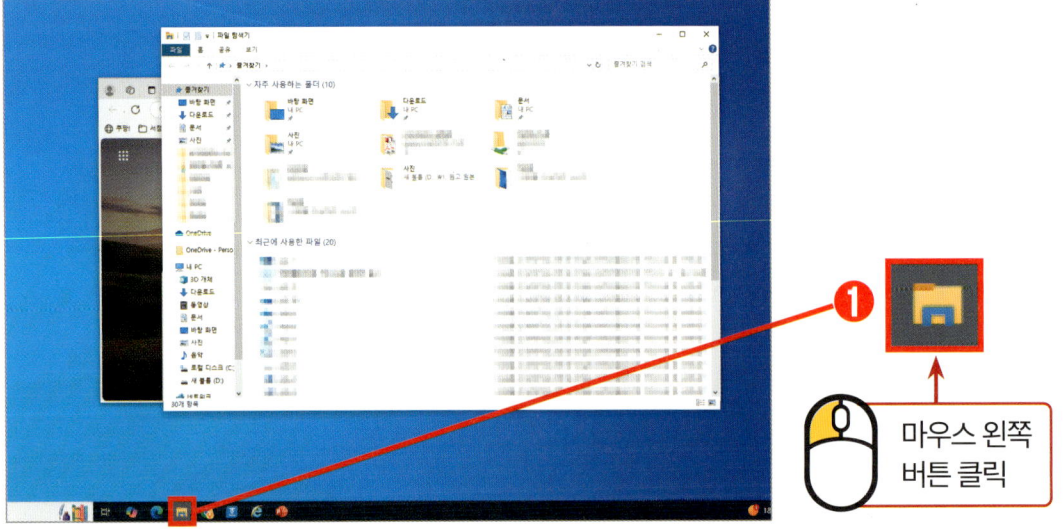

마우스 왼쪽 버튼 클릭

03 [휴지통] 을 더블클릭하여 실행합니다.

04 창이 여러 개 나타나면 남겨 놓을 창의 제목 표시줄을 클릭한 상태에서 마우스를 좌우로 흔듭니다.

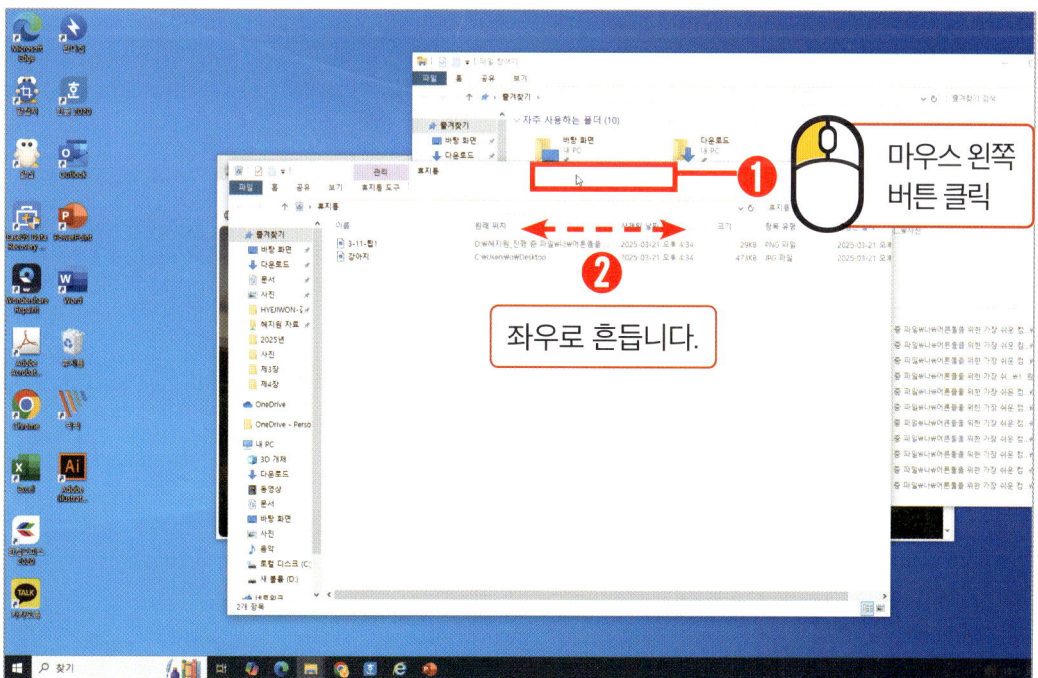

05 마우스로 흔든 창을 제외한 나머지 창이 최소화됩니다.

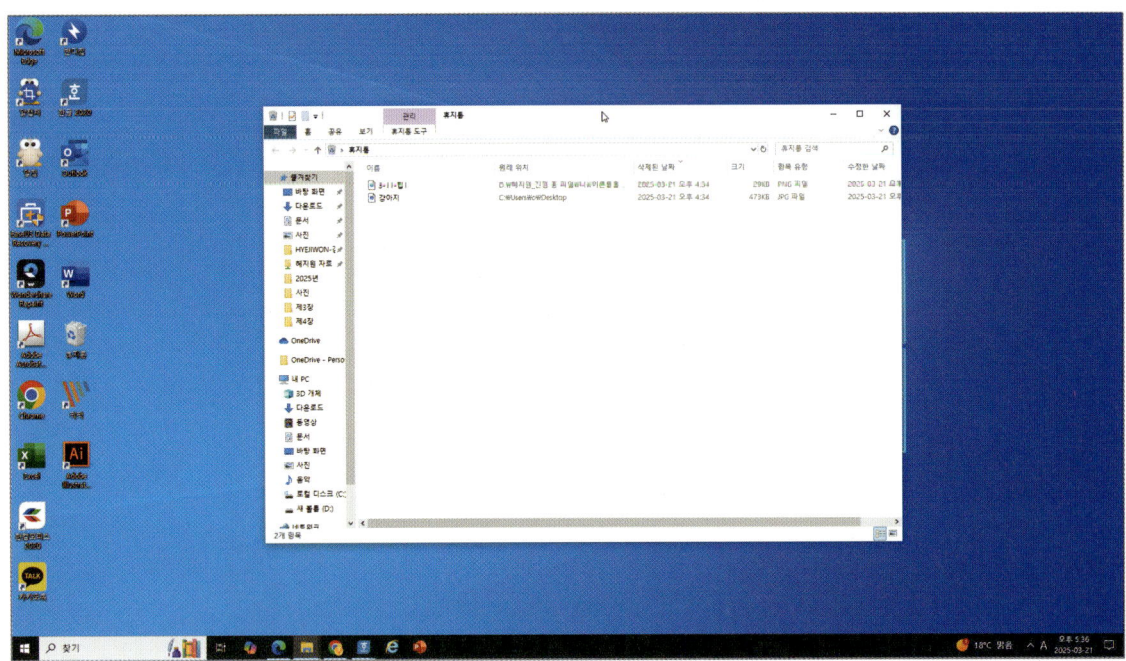

06 최소화된 창을 작업 표시줄에서 클릭하여 다시 표시합니다.

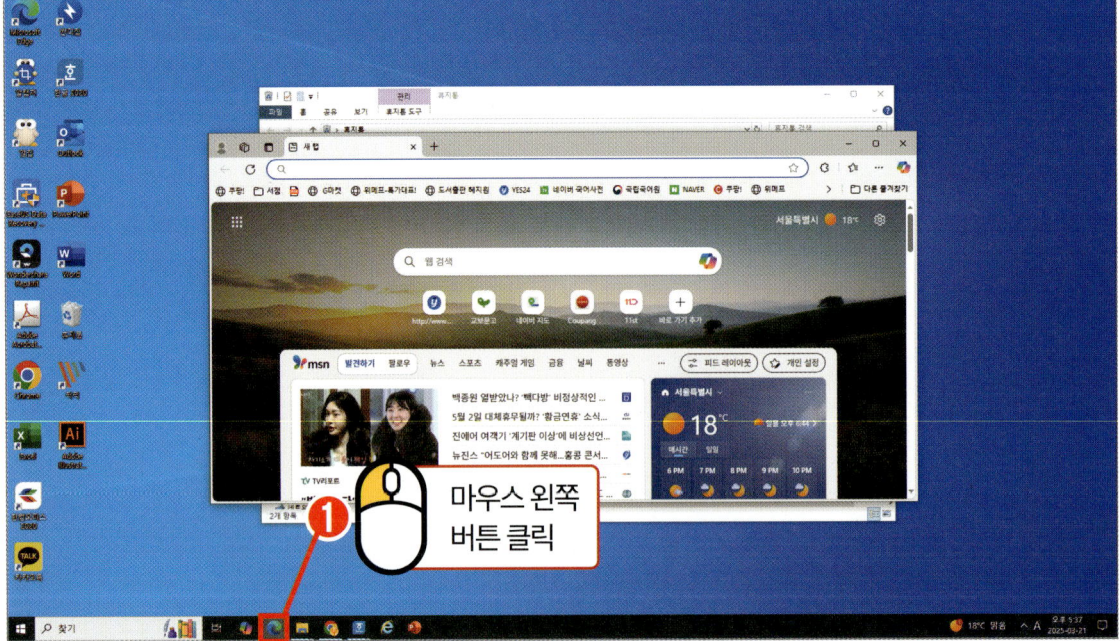

제 05 장

파일/폴더 관리하기

탐색기를 여는 것을 시작으로, 윈도우의 파일과 폴더를 관리하는 방법들을 알아보겠습니다.

Section 01 탐색기 창 열기

탐색기 창을 열고 구성요소를 살펴보겠습니다.

01 [탐색기] 아이콘을 클릭합니다.

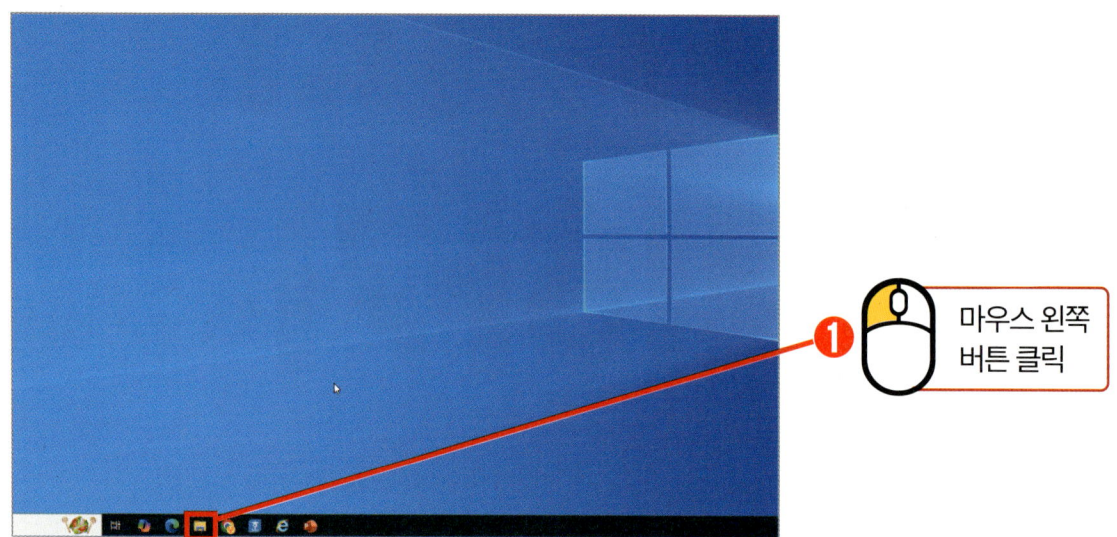

02 탐색기 창의 구성요소는 다음과 같습니다.

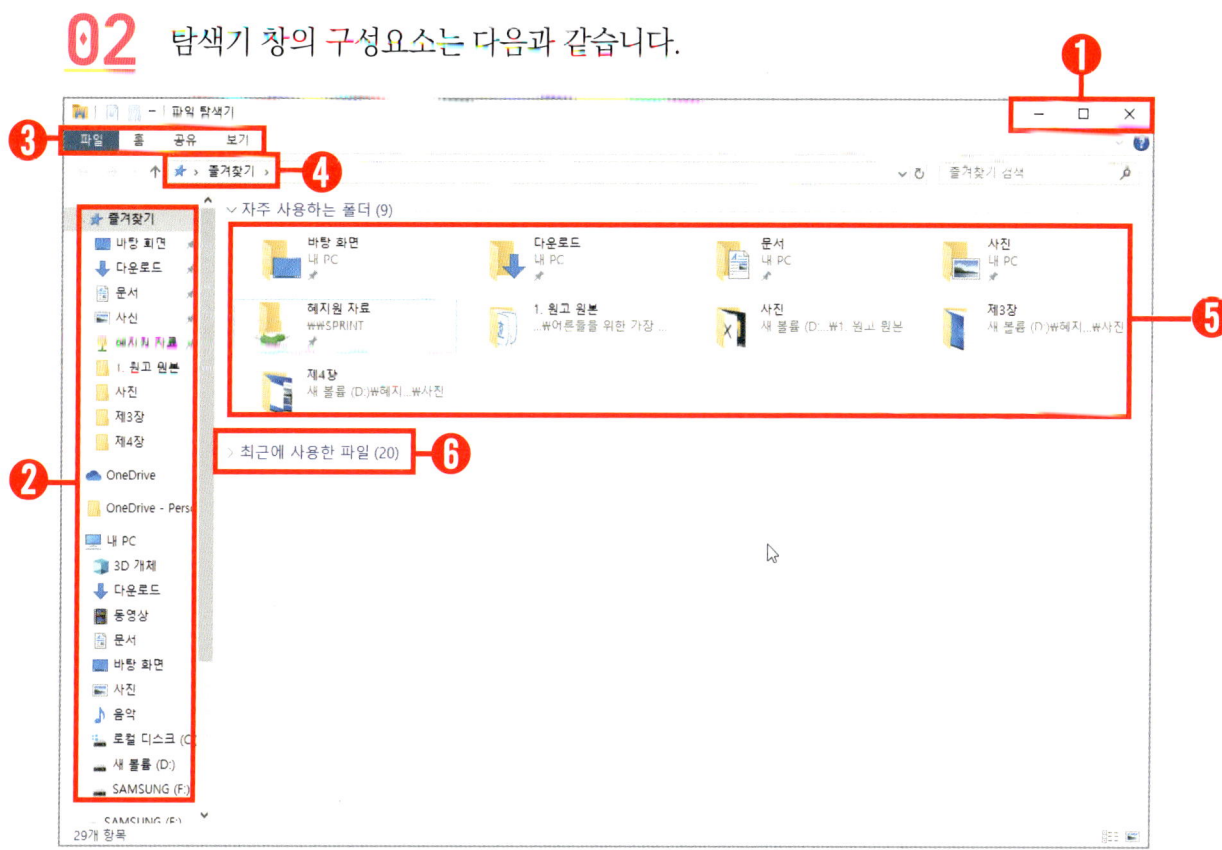

❶ **창 조절** : 창의 최소화/최대화/닫기 기능을 이용할 수 있습니다.
❷ **탐색 창** : 각종 폴더, 드라이브, 즐겨찾기 모음을 선택하는 부분입니다.
❸ **폴더 메뉴** : 폴더와 관련된 메뉴들이 있습니다.
❹ **폴더 위치** : 현재 열려 있는 폴더가 컴퓨터 내 어디에 위치해 있는지를 알려줍니다.
❺ **내용 창** : 폴더의 내용이나 폴더에 있는 파일을 보여주는 부분입니다.
❻ **최근에 사용한 파일** : 최근에 사용한 파일 목록이 나열됩니다.

Section 02 파일 보기

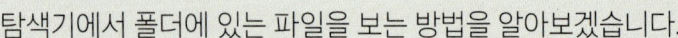

탐색기에서 폴더에 있는 파일을 보는 방법을 알아보겠습니다.

01
탐색기 창 오른쪽 상단의 ▢ 아이콘을 클릭합니다.

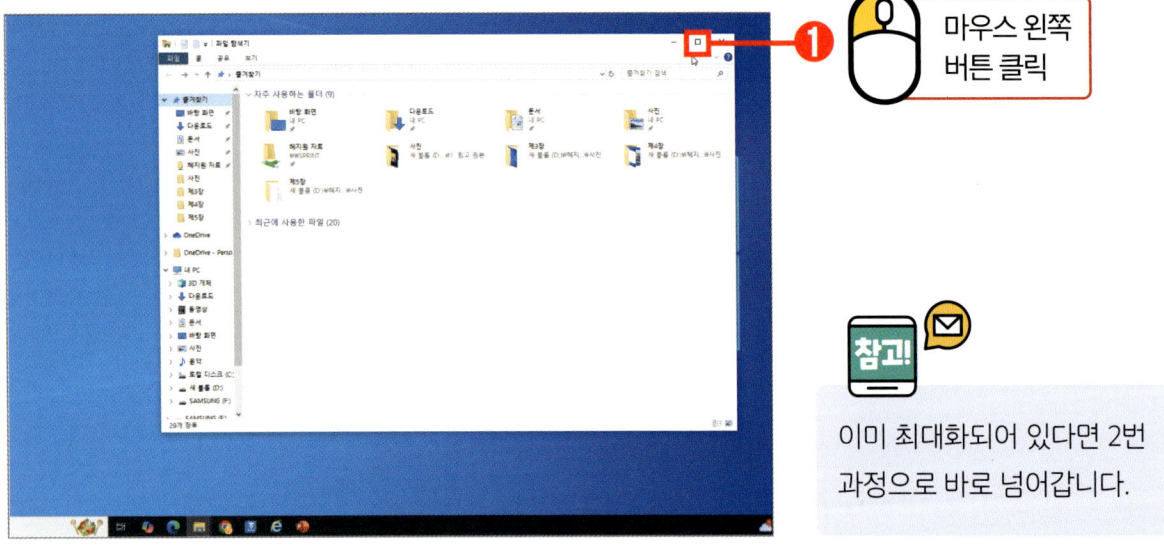

마우스 왼쪽 버튼 클릭

참고! 이미 최대화되어 있다면 2번 과정으로 바로 넘어갑니다.

02
왼쪽에서 [문서]를 클릭합니다.

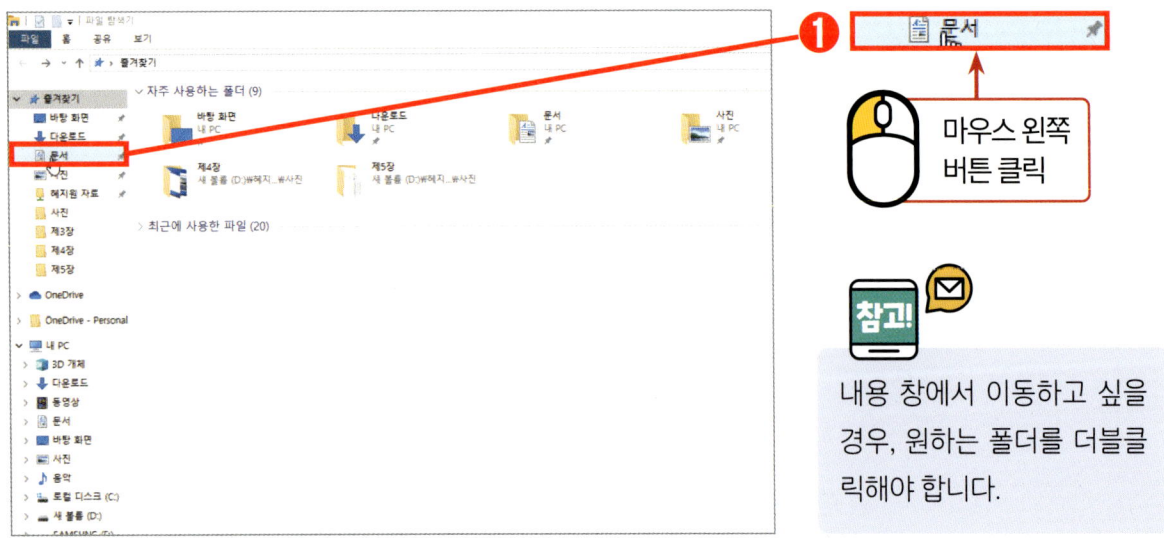

마우스 왼쪽 버튼 클릭

참고! 내용 창에서 이동하고 싶을 경우, 원하는 폴더를 더블클릭해야 합니다.

03 원하는 폴더를 더블클릭합니다.

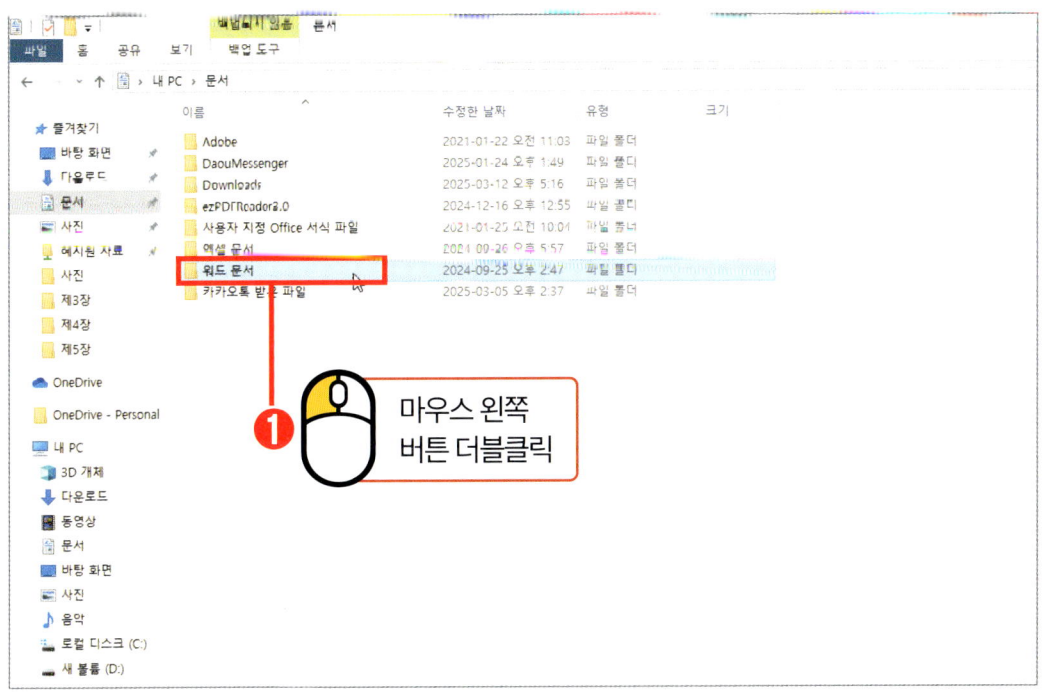

04 폴더에 있는 파일의 목록이 보입니다. 열고 싶은 파일이 있다면 더블클릭합니다.

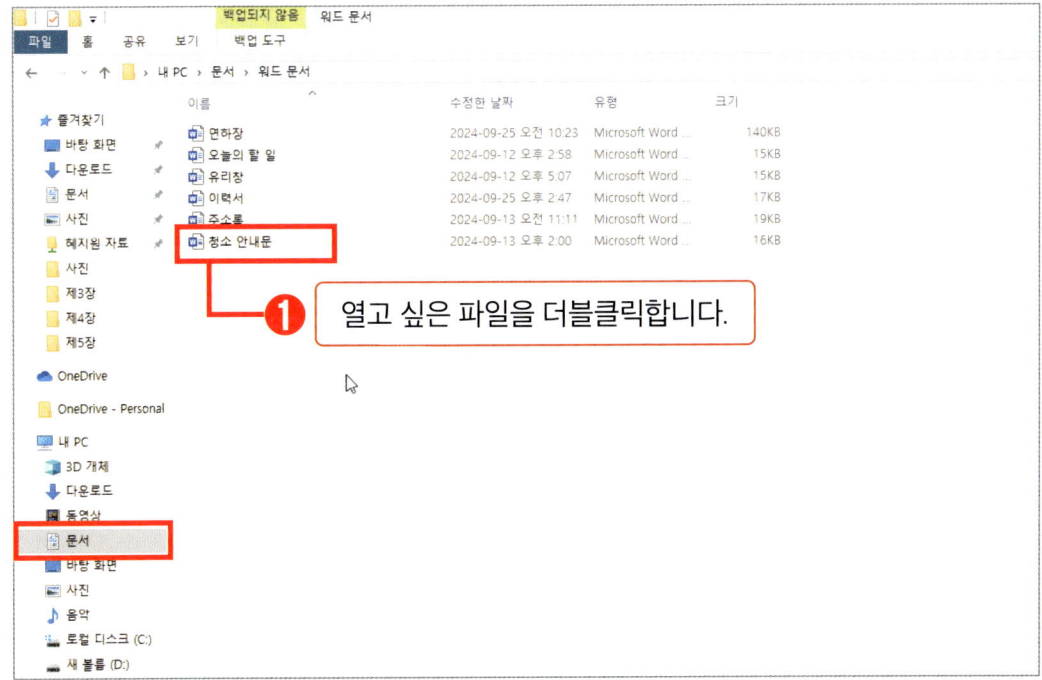

05
보기 방식을 변경하겠습니다. 빈곳에서 마우스 오른쪽 버튼을 클릭합니다. [보기]-[큰 아이콘]을 클릭합니다.

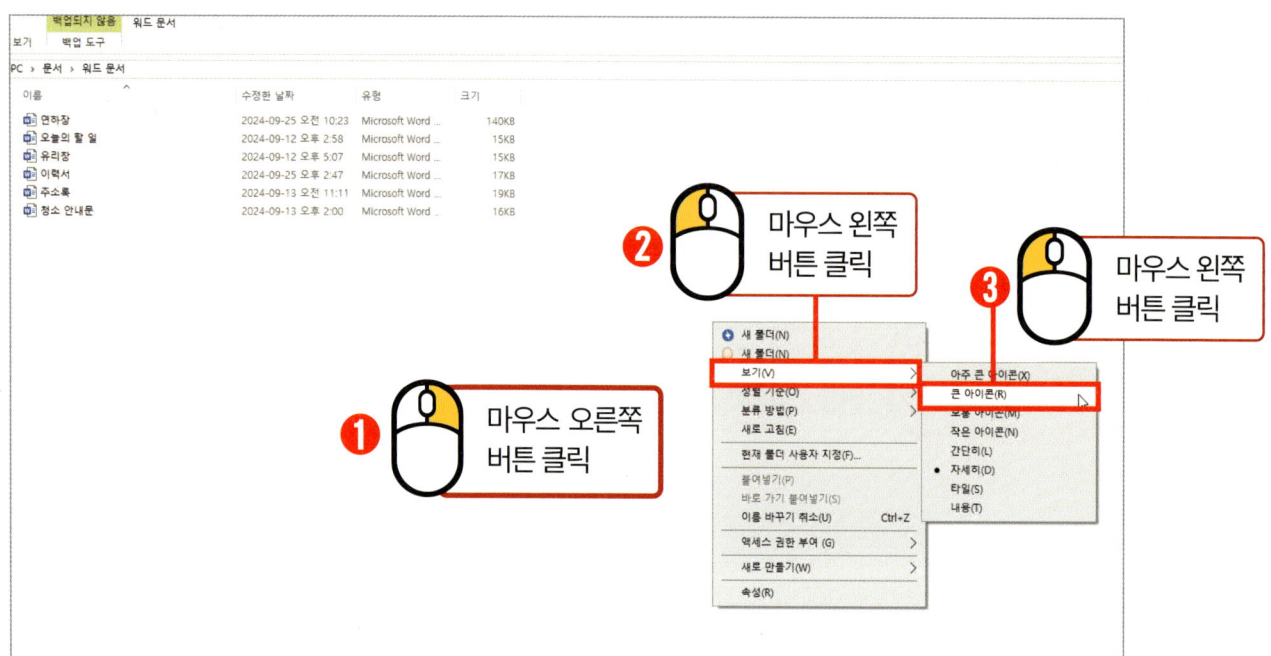

06
보기 형식이 바뀌었습니다.

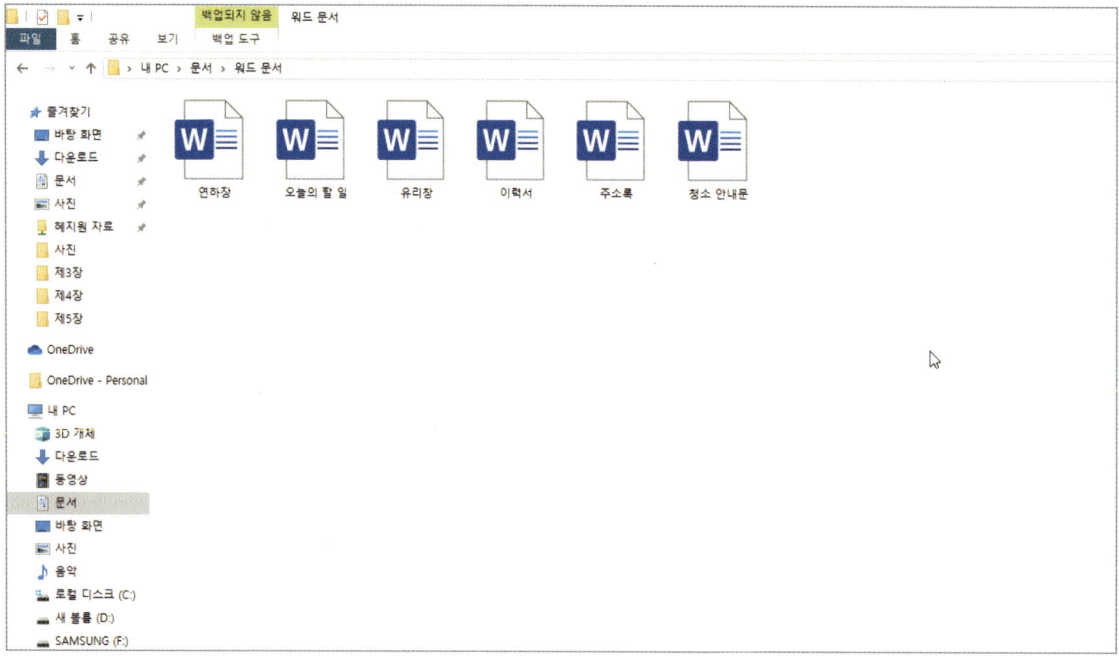

07 정렬 기준을 바꿔보겠습니다. 마우스 오른쪽 버튼을 클릭합니다. [정렬 기준]-[수정한 날짜]를 클릭합니다.

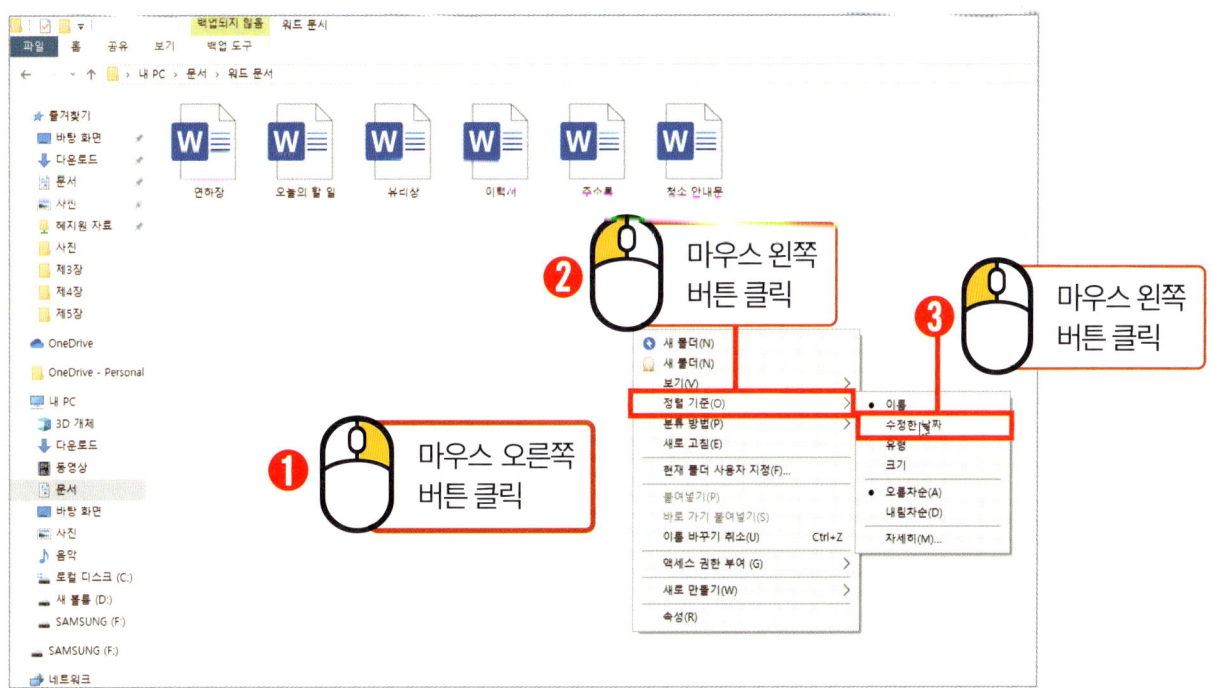

08 수정한 날짜를 기준으로 순서가 바뀌었습니다.

 ## 보기 형식 종류

파일 보기 옵션으로는 앞서 배운 [큰 아이콘] 외에 다음의 종류가 있습니다.

1. 아주 큰 아이콘 – 가장 크게 파일을 보여줍니다.

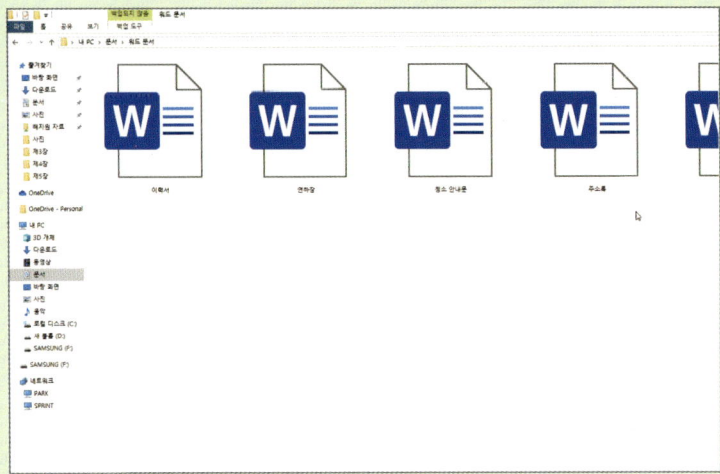

2. 보통 아이콘 – 보통 크기로 파일을 보여줍니다.

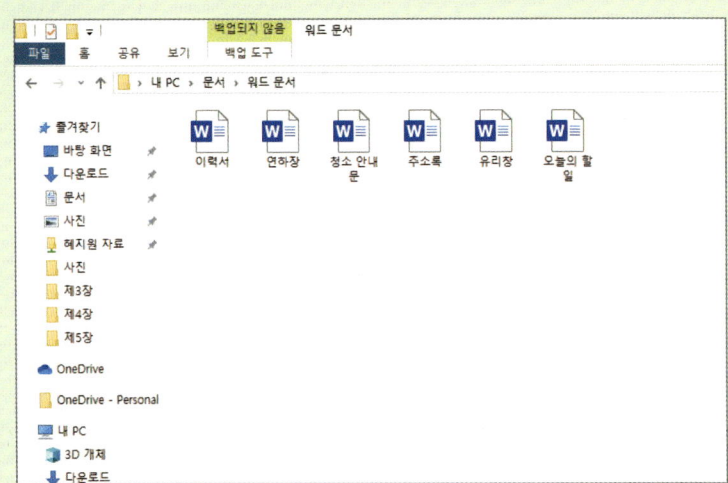

3. 작은 아이콘 – 작은 크기로 파일을 보여줍니다.

4. 간단히 - 파일의 이름과 종류만 보여줍니다.

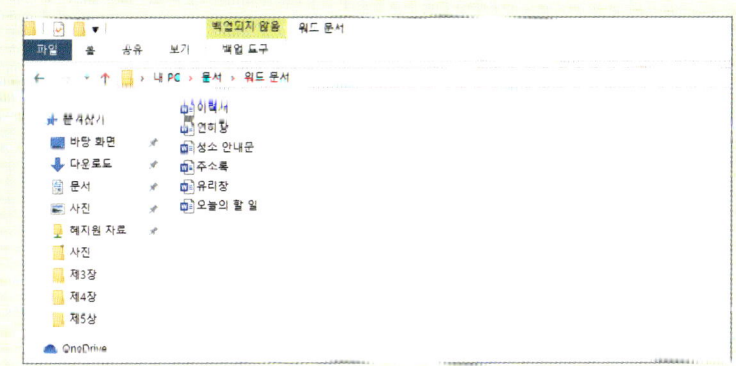

5. 자세히 - 이름 외에 수정한 날짜, 유형, 크기를 같이 보여줍니다.

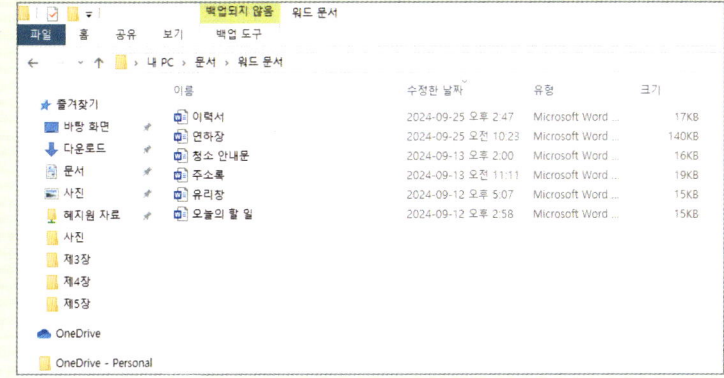

6. 타일 - 타일 형태로 파일을 보여줍니다.

7. 내용 - 파일을 만든 사람, 크기, 수정한 날짜 등을 열마다 정리해서 보여줍니다.

Section 03 마우스로 파일 이동/복사하기

파일을 다른 곳으로 이동하고 복사해보겠습니다. 여러 방법이 있습니다.

01 이동하고 싶은 파일을 클릭합니다.

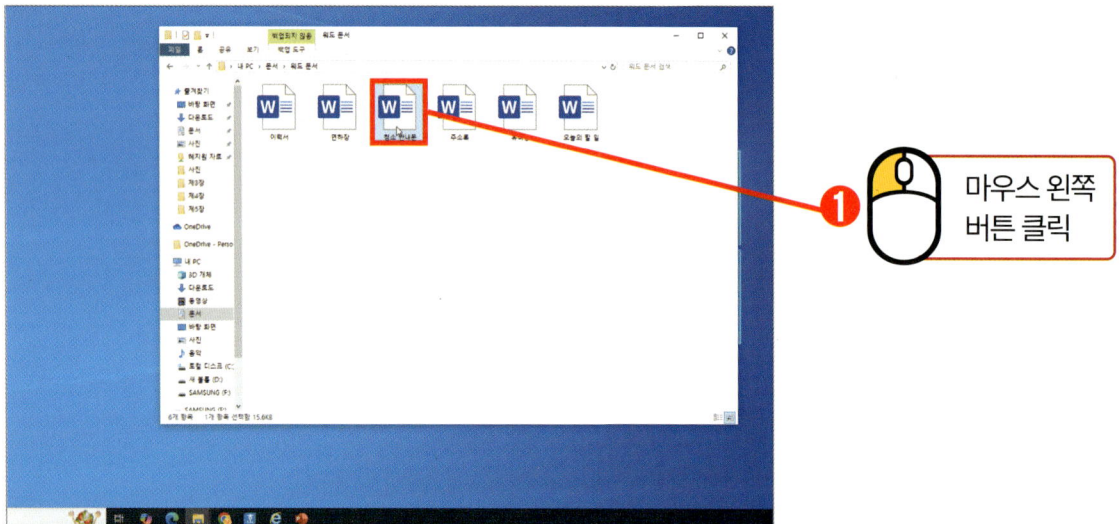

02 클릭한 채 바탕화면으로 드래그합니다.

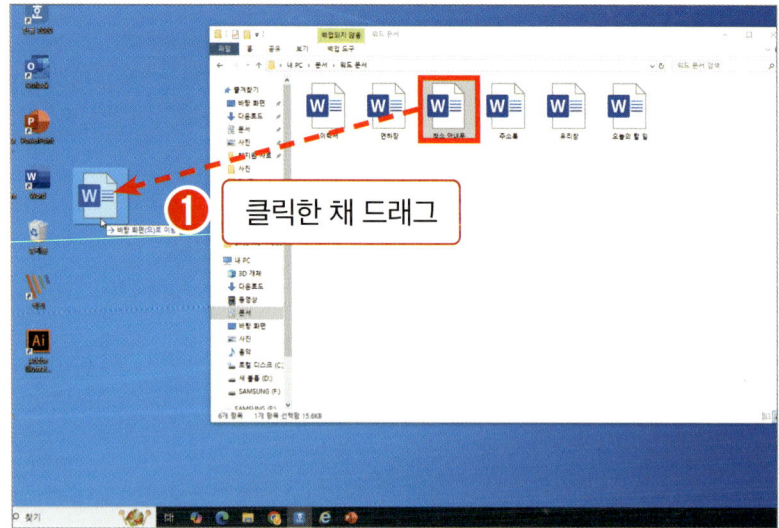

03 마우스에서 손을 떼면 파일이 바탕화면으로 이동합니다. 되돌리고 싶을 때는 Ctrl + Z 를 누릅니다

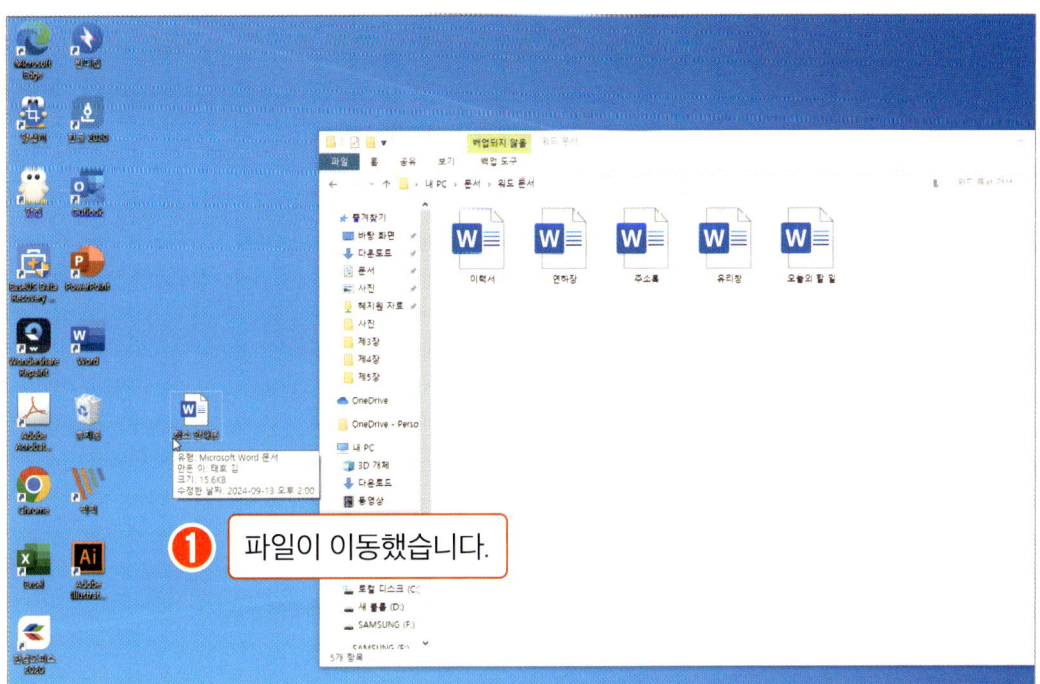

❶ 파일이 이동했습니다.

04 바탕화면이 아닌 다른 곳으로 옮겨보겠습니다. 다른 탐색기 창을 하나 엽니다.

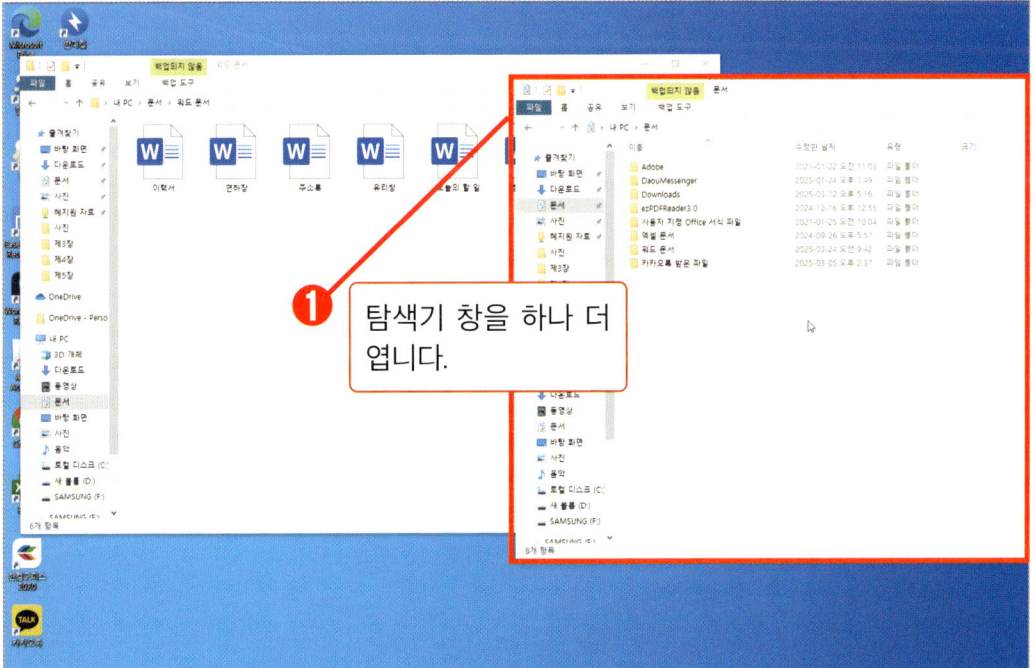

❶ 탐색기 창을 하나 더 엽니다.

05 옮기고 싶은 파일을 클릭한 채 열려 있는 다른 폴더로 드래그합니다.

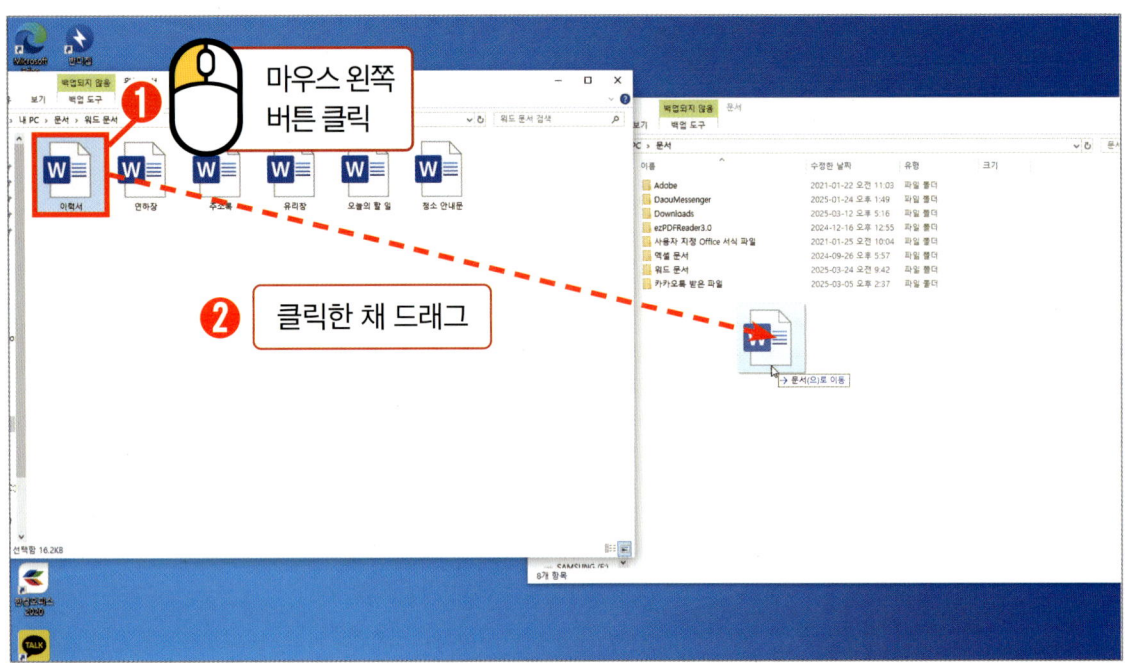

06 마우스에서 손을 떼면 파일이 이동합니다.

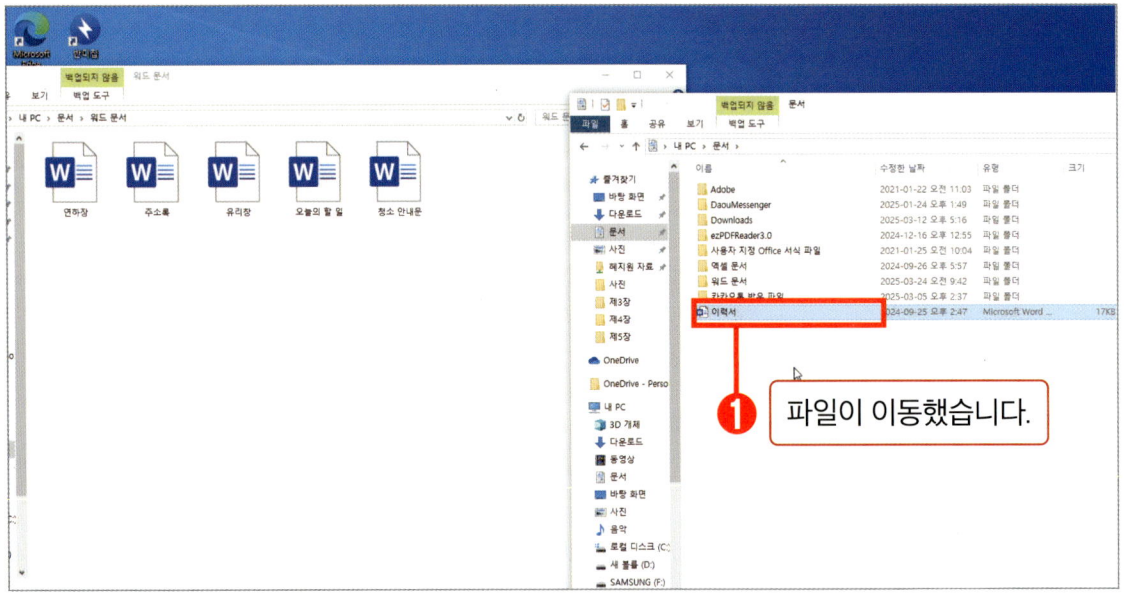

드래그를 통해 이동할 때는 이렇게 두 개의 창이 열려 있는 상태에서 해야 이동이 가능합니다.

07 창이 하나만 열려 있을 때 이동을 해보겠습니다. 이동하고 싶은 파일 위에서 마우스 오른쪽 버튼을 클릭합니다.

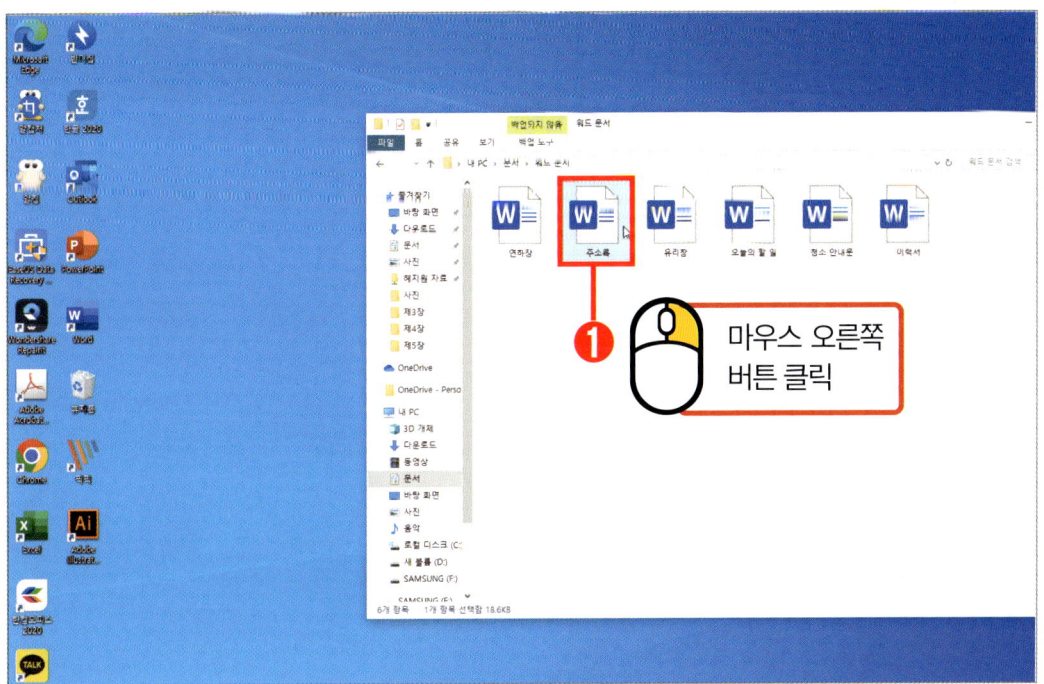

08 [잘라내기]를 클릭합니다.

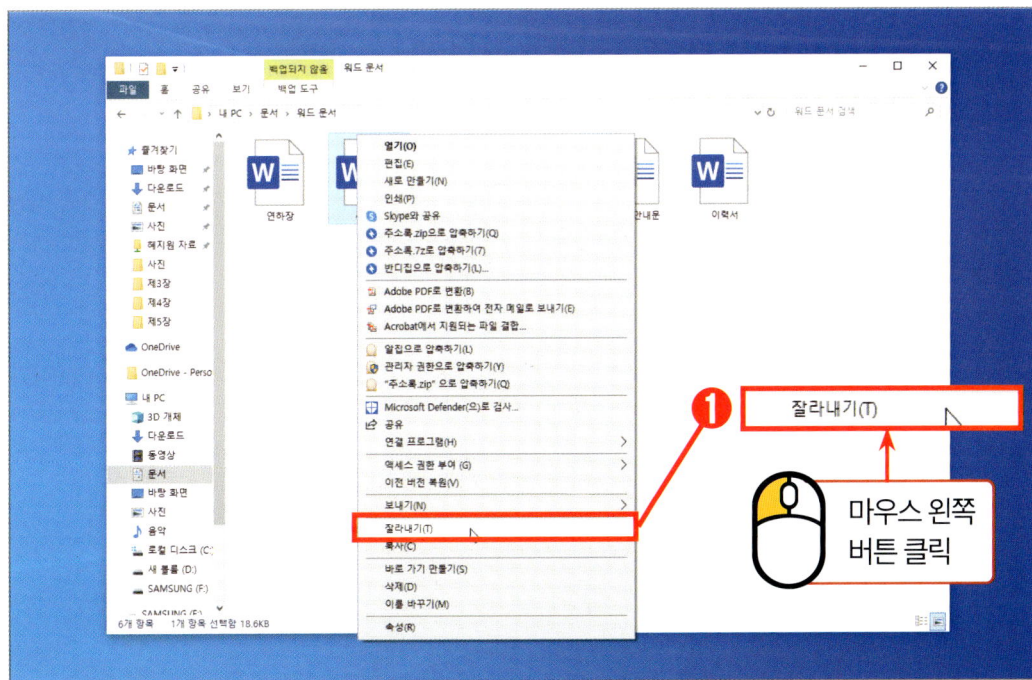

09 잘라낼 파일이 반투명해집니다. [문서]를 클릭합니다.

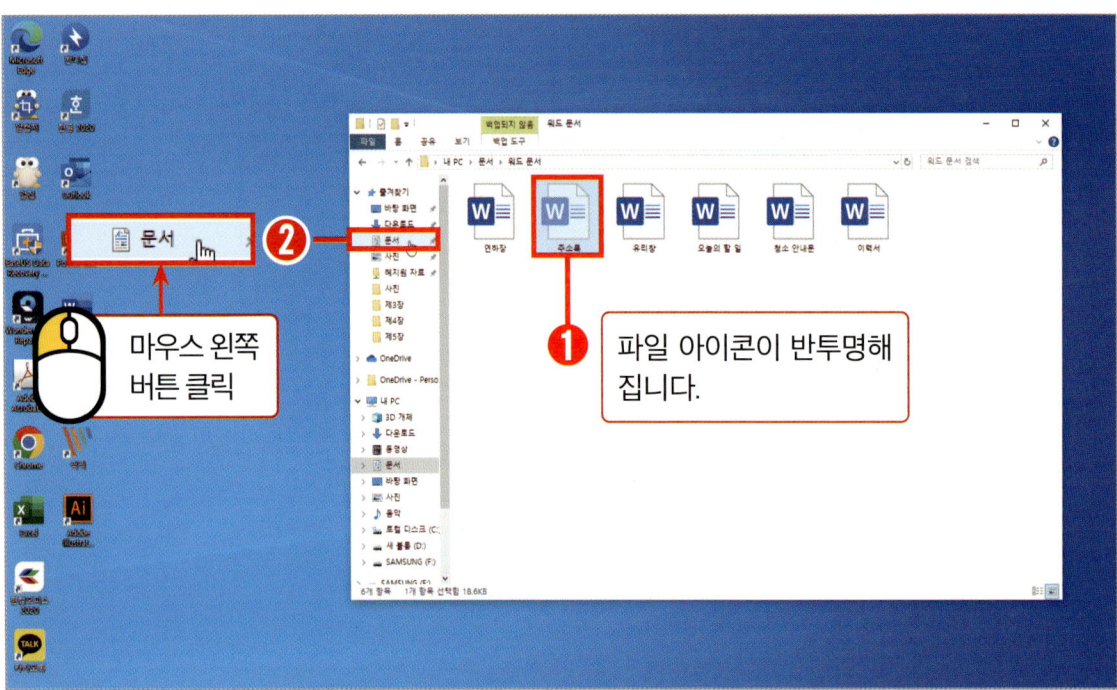

10 빈곳에서 마우스 오른쪽 버튼을 클릭합니다. [붙여넣기]를 클릭합니다.

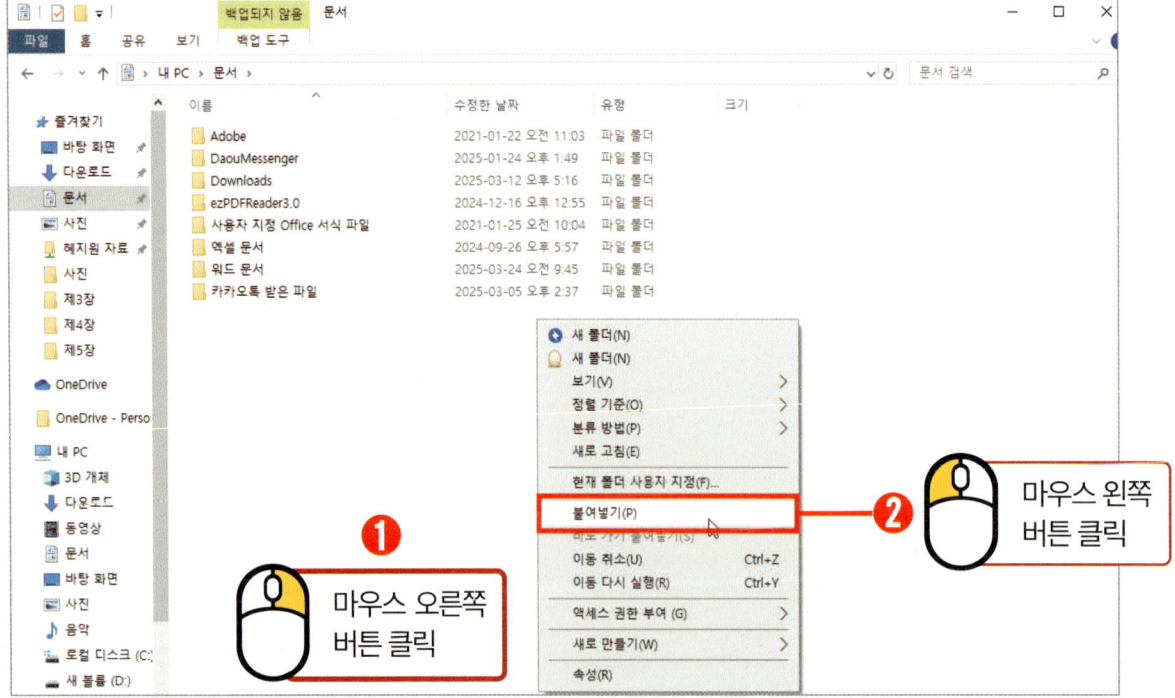

11 파일이 이동되었습니다.

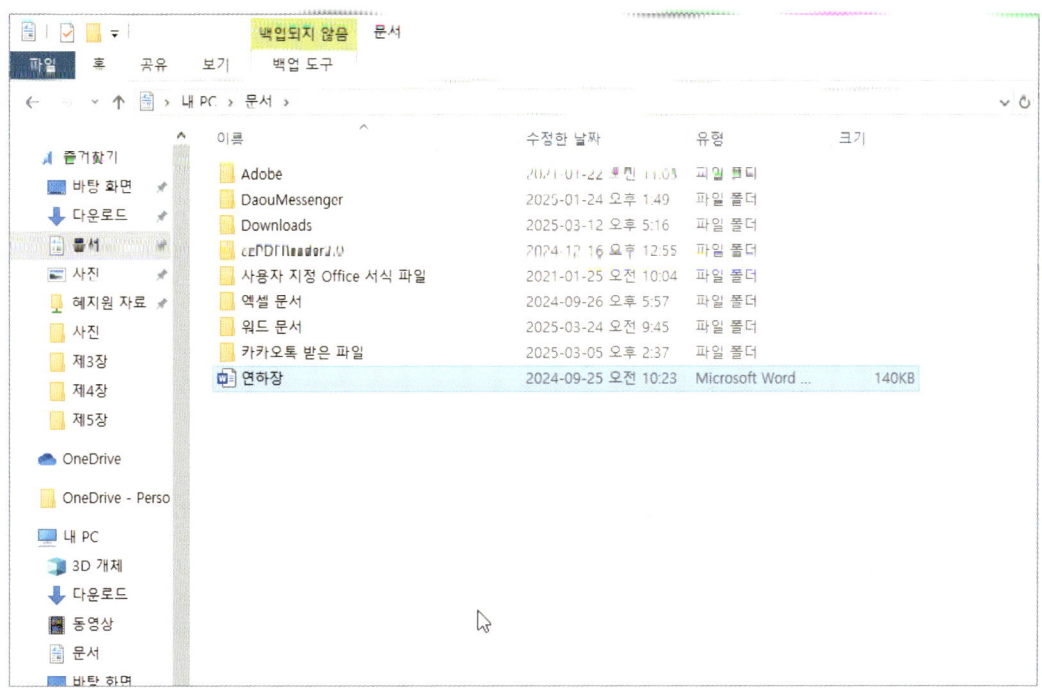

12 이동시킨 파일을 바탕화면으로 복사해보겠습니다. 파일 위에서 마우스 오른쪽 버튼을 클릭합니다.

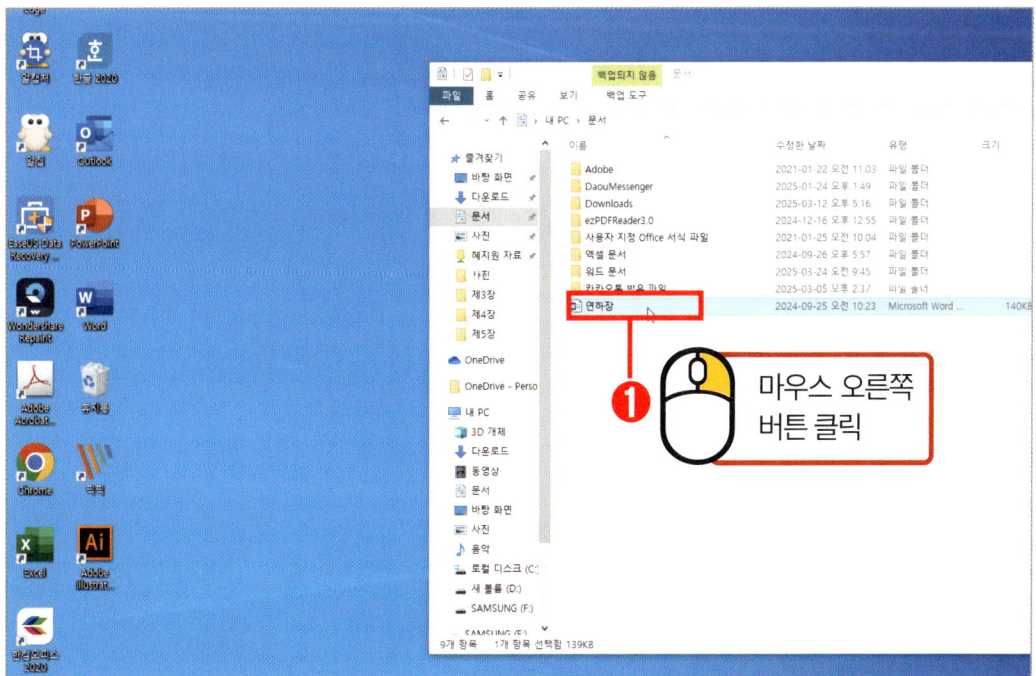

13 [복사]를 클릭합니다.

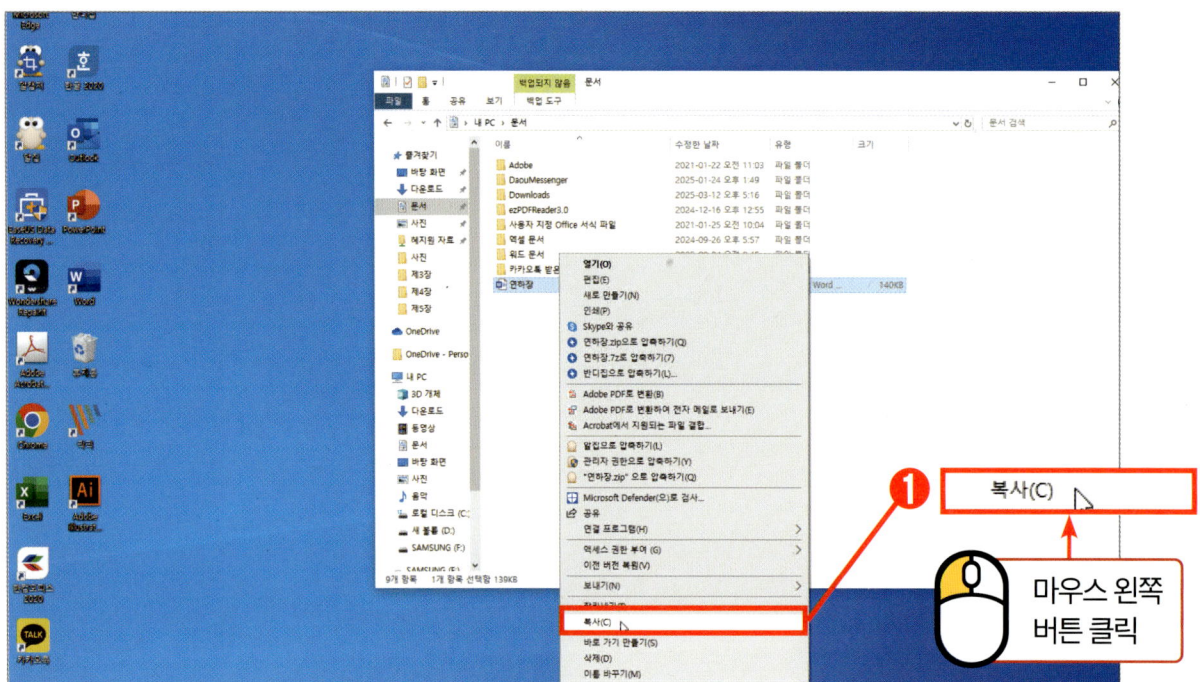

14 바탕화면에서 마우스 오른쪽 버튼을 클릭합니다. [붙여넣기]를 클릭합니다.

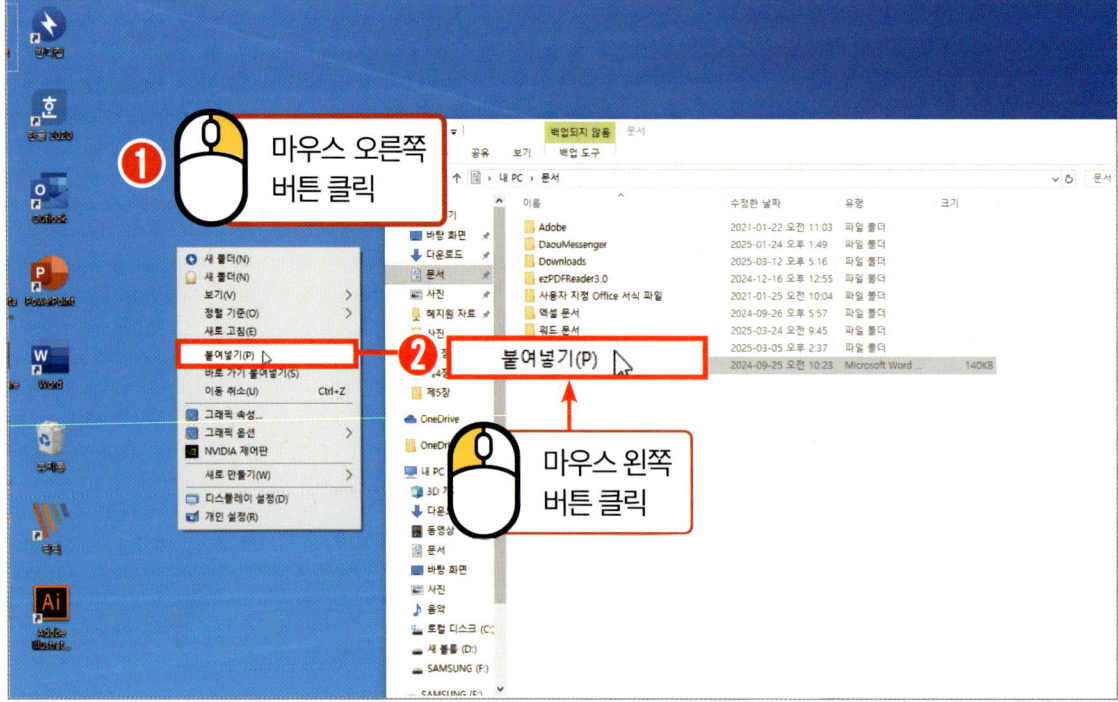

15 파일이 복사되었습니다.

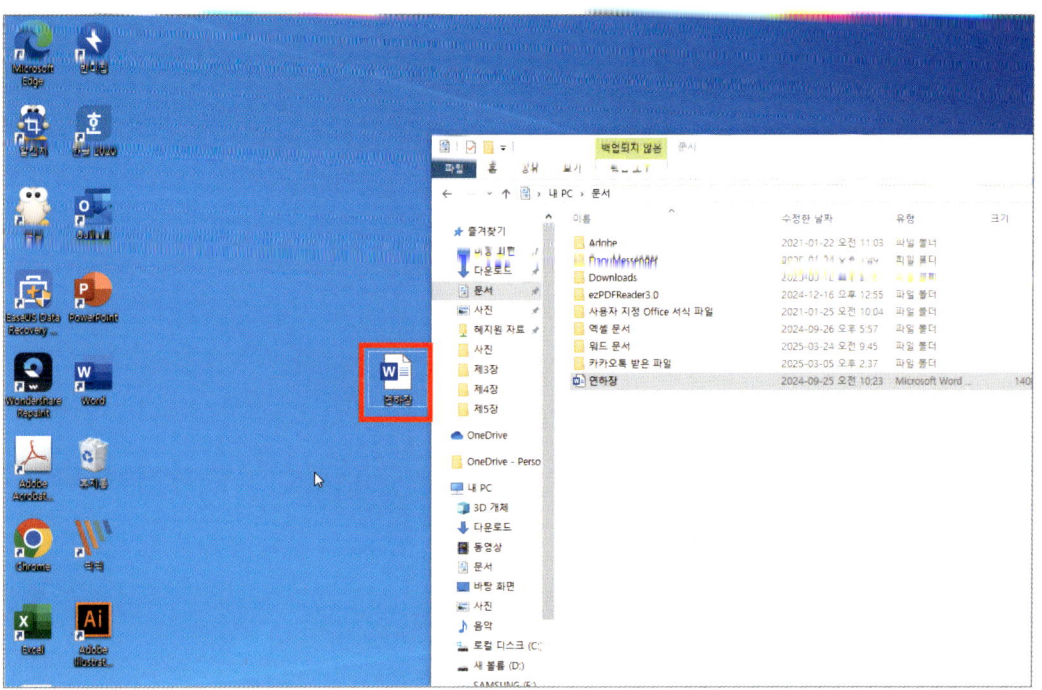

Section 04 키보드를 이용해 이동/복사하기

키보드의 단축키를 이용하면 쉽게 파일을 이동하고 복사할 수 있습니다.

01 먼저 이동입니다. 이동하고 싶은 파일을 클릭합니다.

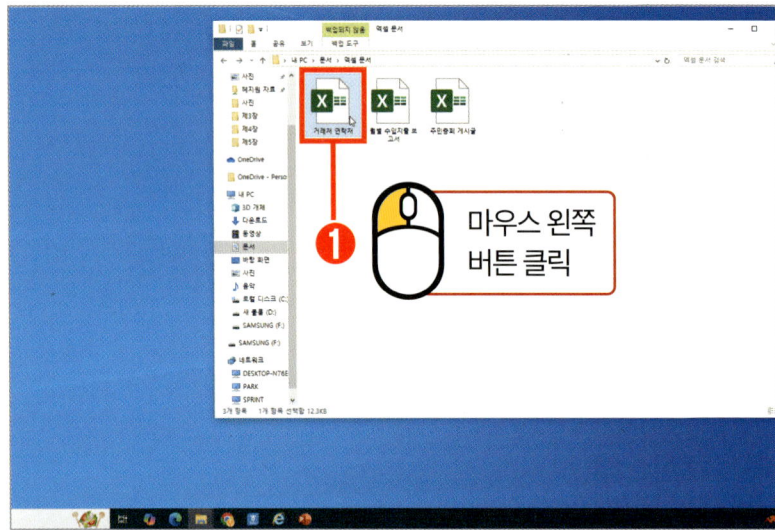

마우스 왼쪽 버튼 클릭

02 Ctrl + X 를 누릅니다.

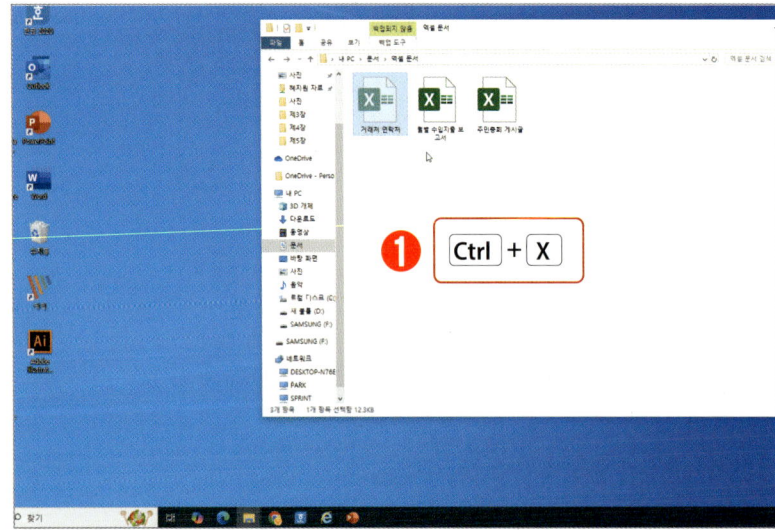

[잘라내기] 단축키입니다.

03 이동하고 싶은 파일이나 바탕화면을 클릭합니다. Ctrl + V 를 누릅니다.

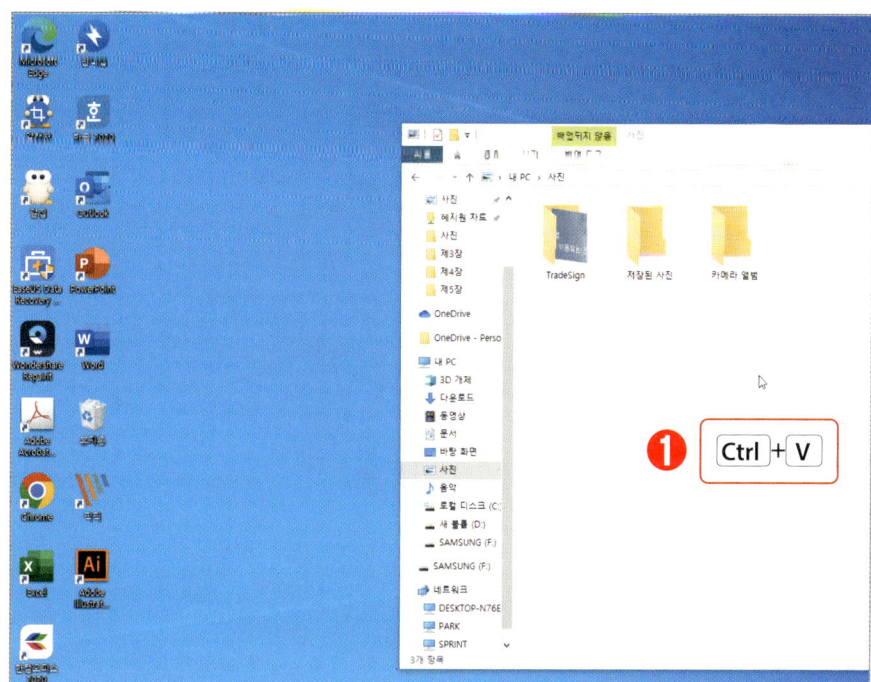

[붙여넣기] 단축키입니다.

04 파일이 이동했습니다.

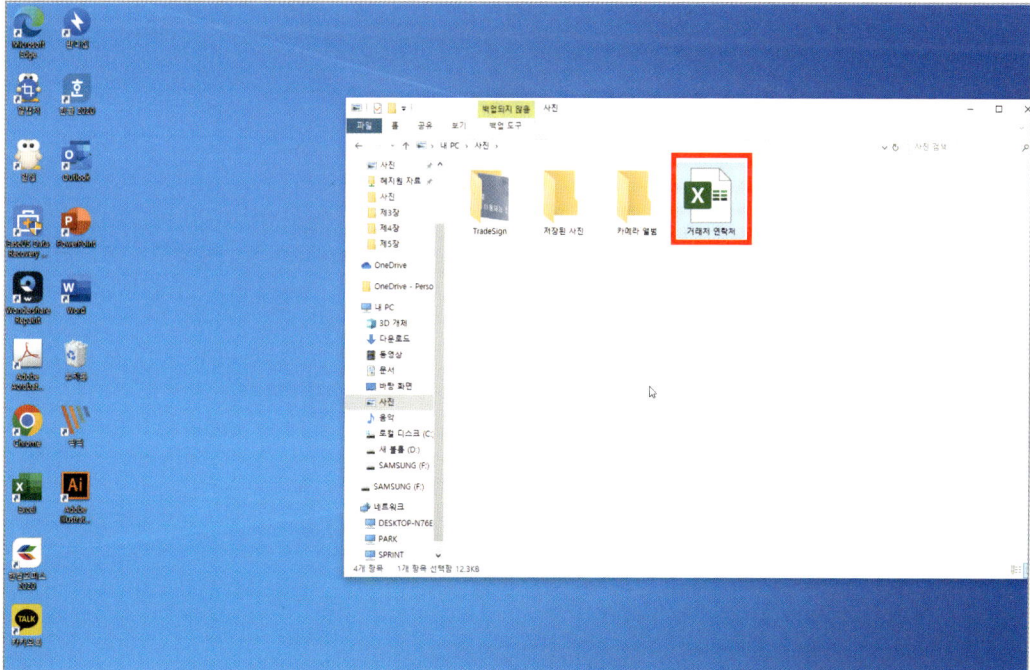

05 이번엔 복사해보겠습니다. 복사하고 싶은 파일을 클릭하고 Ctrl+C를 누릅니다.

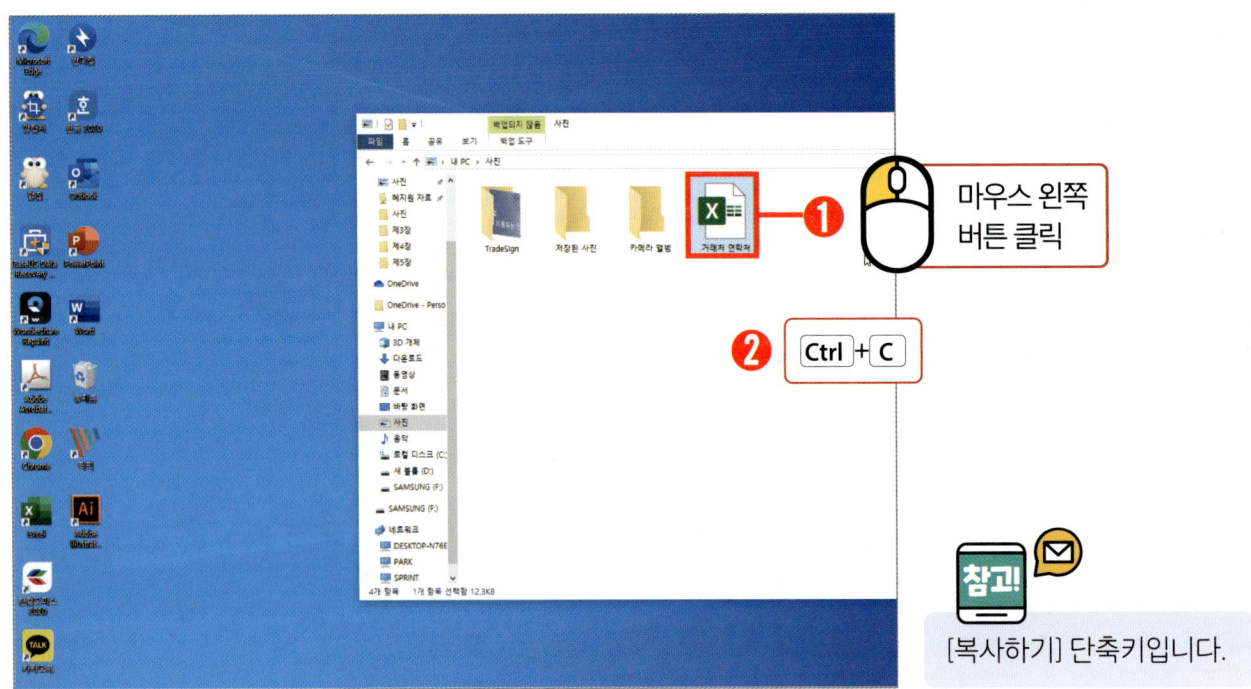

[복사하기] 단축키입니다.

06 복사한 파일을 놓고 싶은 파일이나 바탕화면을 클릭합니다. Ctrl+V를 누릅니다.

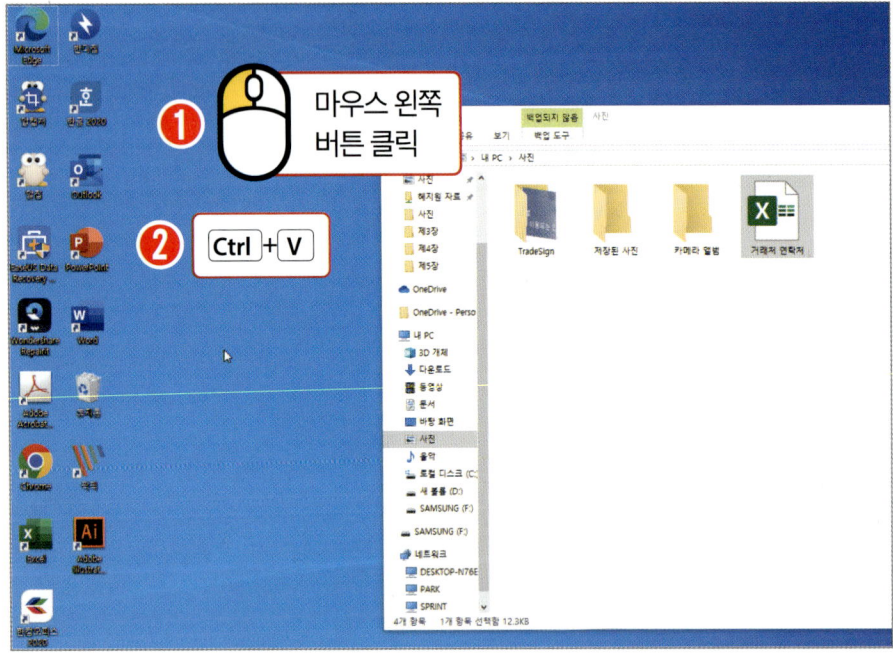

07 파일이 복사되었습니다.

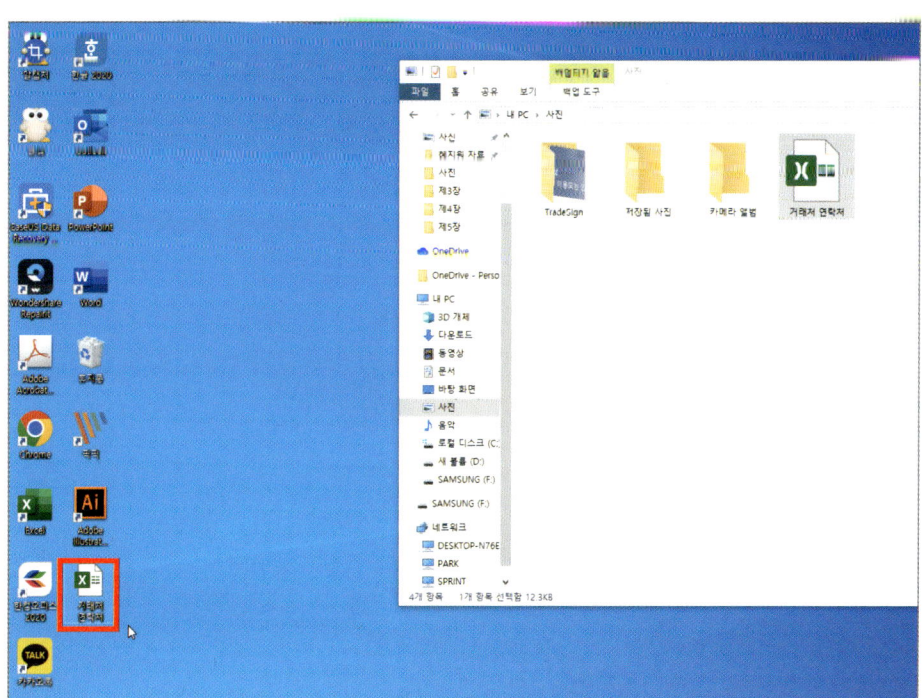

Section 05 파일 선택하기

마우스와 키보드를 선택하여 여러 파일을 선택하는 방법을 알아보겠습니다.

01 마우스를 통해 인접한 여러 파일을 선택하겠습니다. 탐색기의 빈 곳에서 마우스 왼쪽 버튼을 클릭합니다.

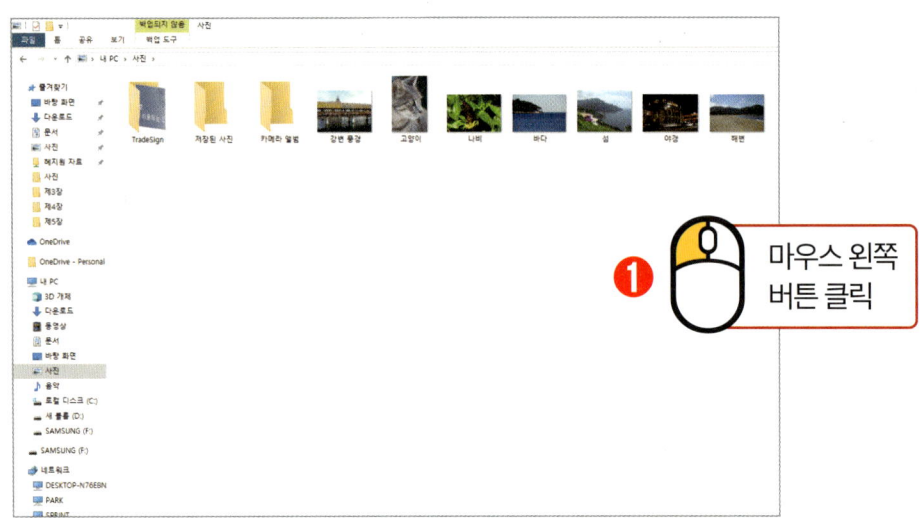

02 클릭한 채 드래그하여 원하는 파일들을 선택합니다.

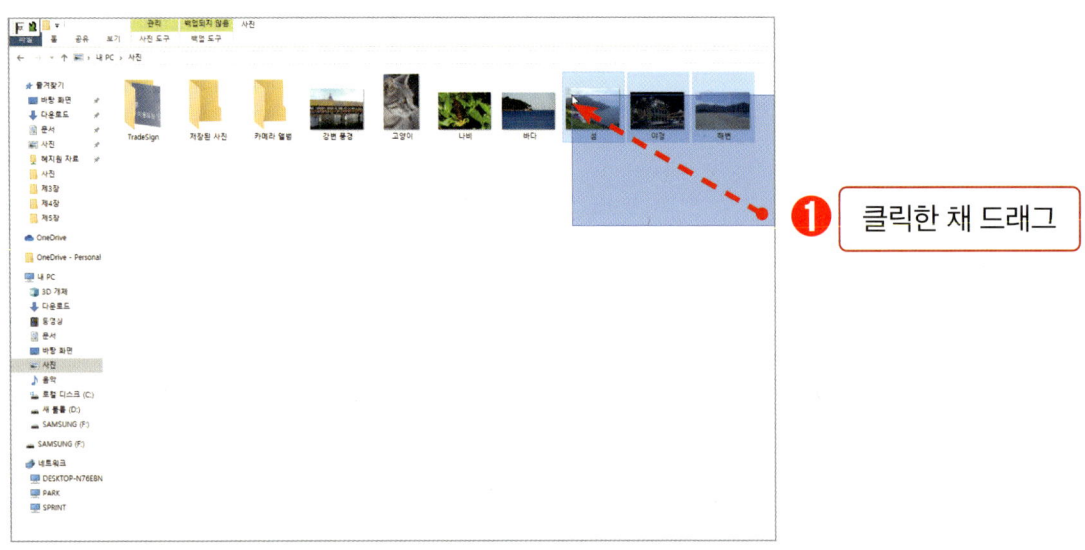

03 마우스에서 손을 떼면 파일이 선택됩니다.

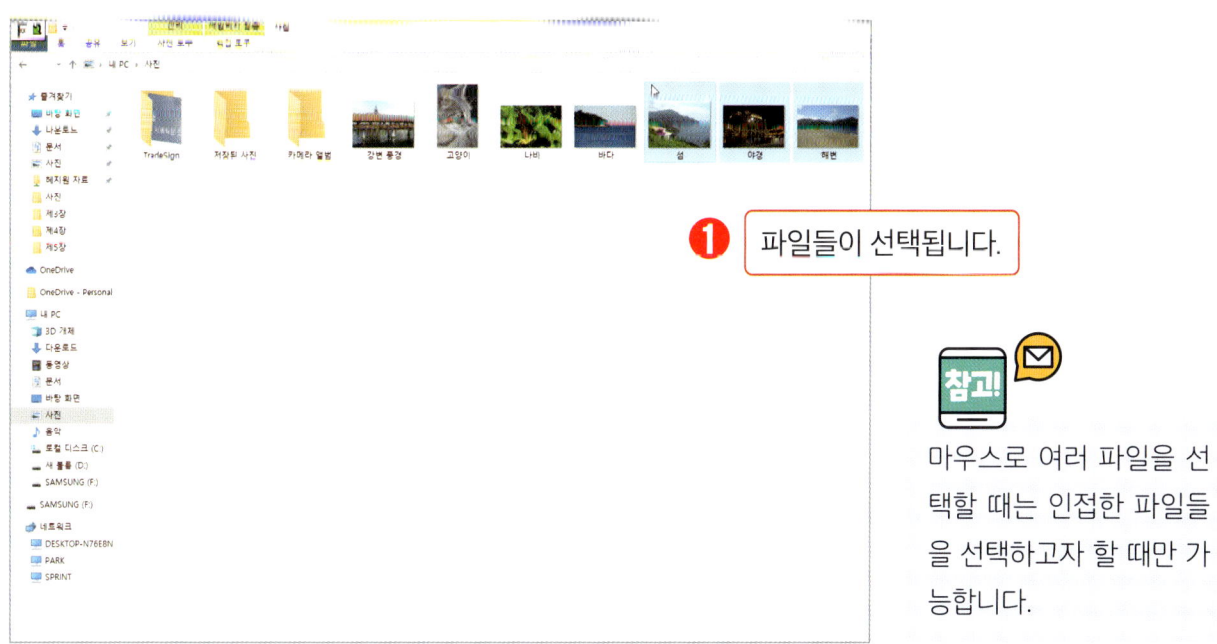

① 파일들이 선택됩니다.

참고! 마우스로 여러 파일을 선택할 때는 인접한 파일들을 선택하고자 할 때만 가능합니다.

04 이번에는 키보드를 이용해보겠습니다. 원하는 파일 하나를 클릭합니다.

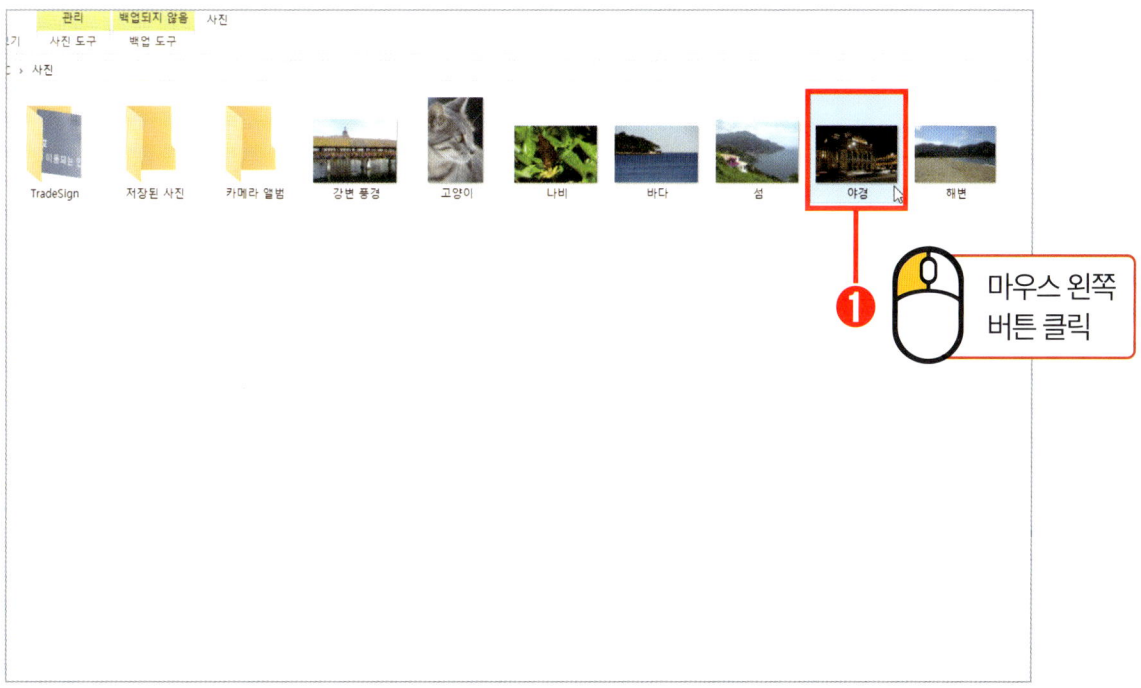

① 마우스 왼쪽 버튼 클릭

제 05장 파일/폴더 관리하기

05 Shift 키를 누른 채 다른 파일을 클릭합니다.

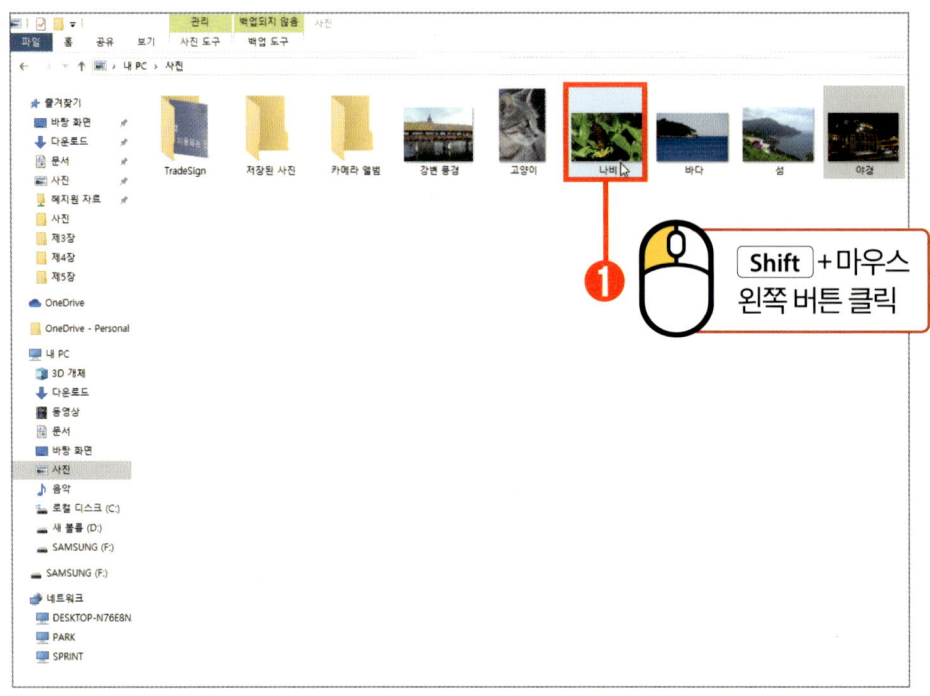

06 선택한 파일들의 구간에 있는 파일 전체가 선택됩니다. 빈 곳을 클릭해 선택을 해제합니다.

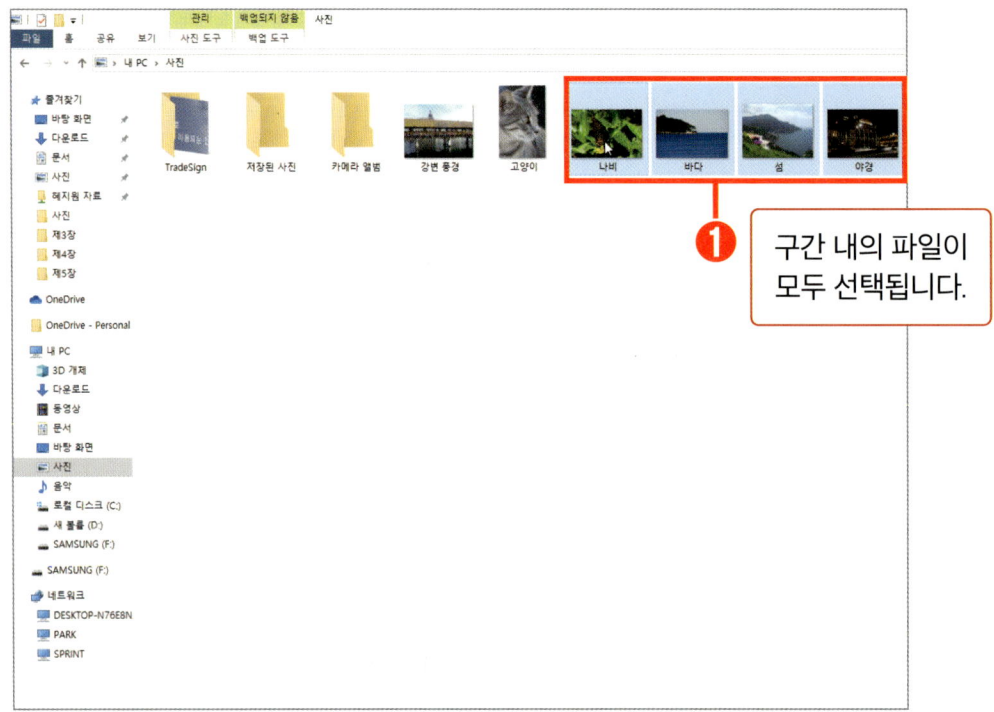

07 이번에는 Ctrl 키를 이용해보겠습니다. 파일 하나를 클릭합니다.

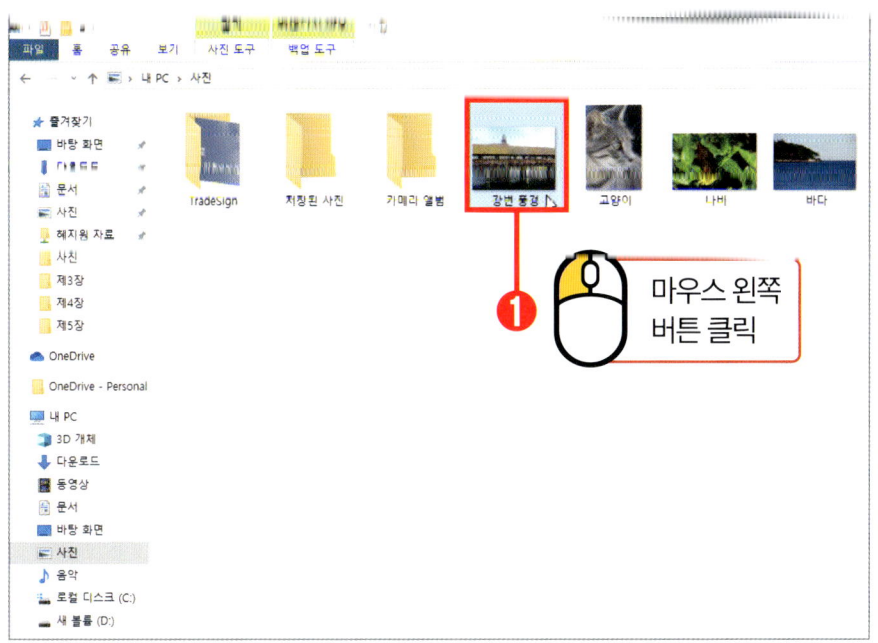

08 Ctrl 키를 클릭한 채 떨어진 다른 파일들을 클릭합니다.

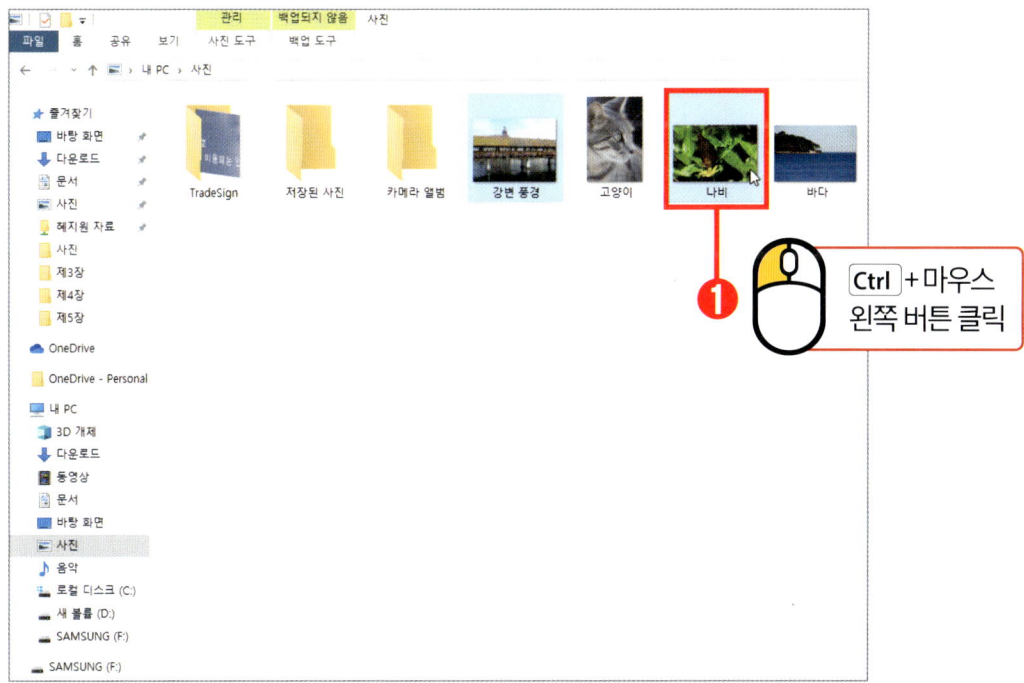

09 Ctrl 키를 누른 채 클릭하면 떨어져 있는 파일들의 선택이 가능합니다.

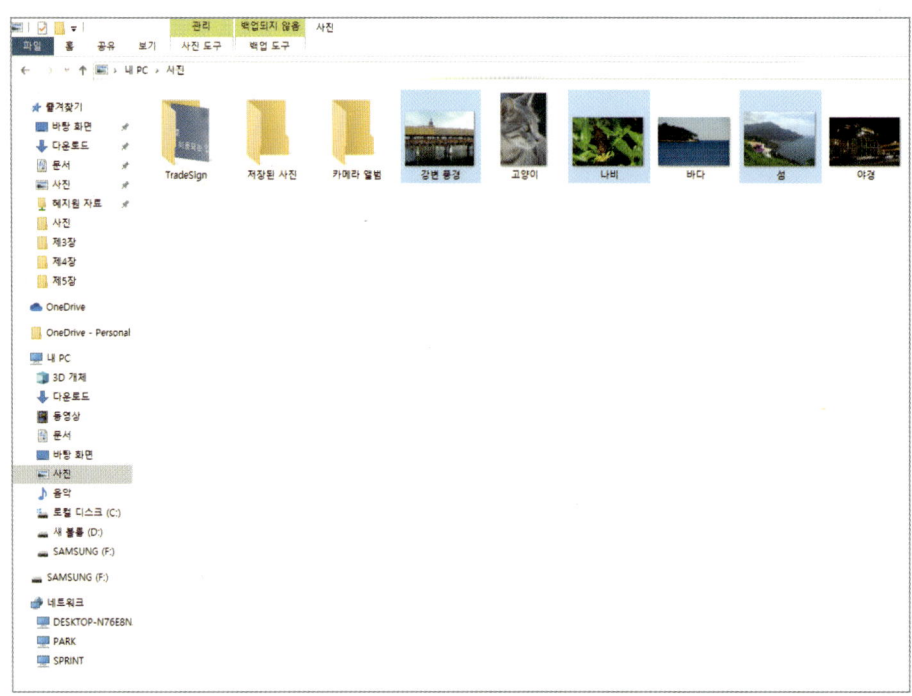

Section 06 새 폴더 만들기

새로운 폴더를 만들어서 사진 파일들을 옮겨보겠습니다.

01 [탐색기] 를 클릭합니다.

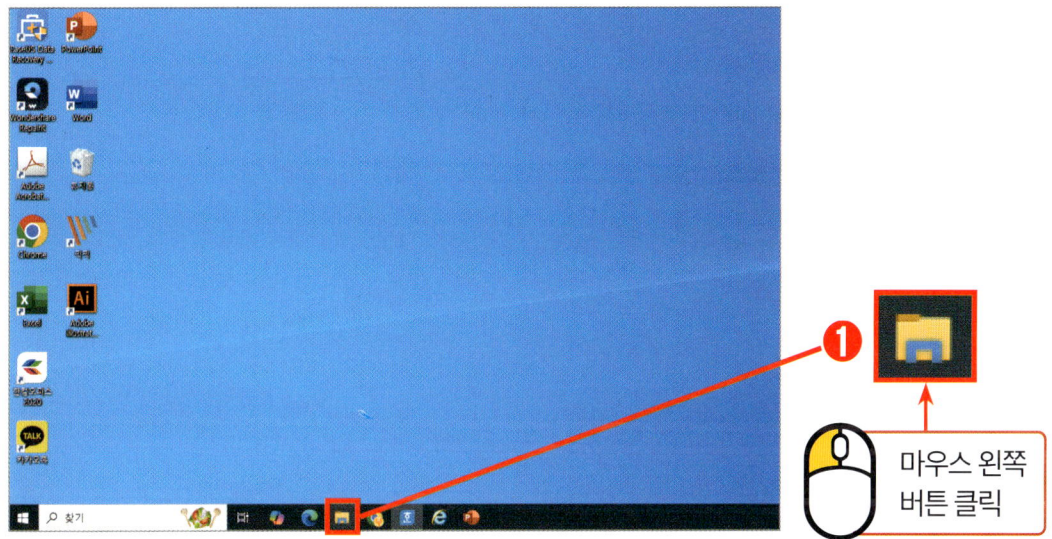

마우스 왼쪽 버튼 클릭

02 [사진]을 클릭합니다.

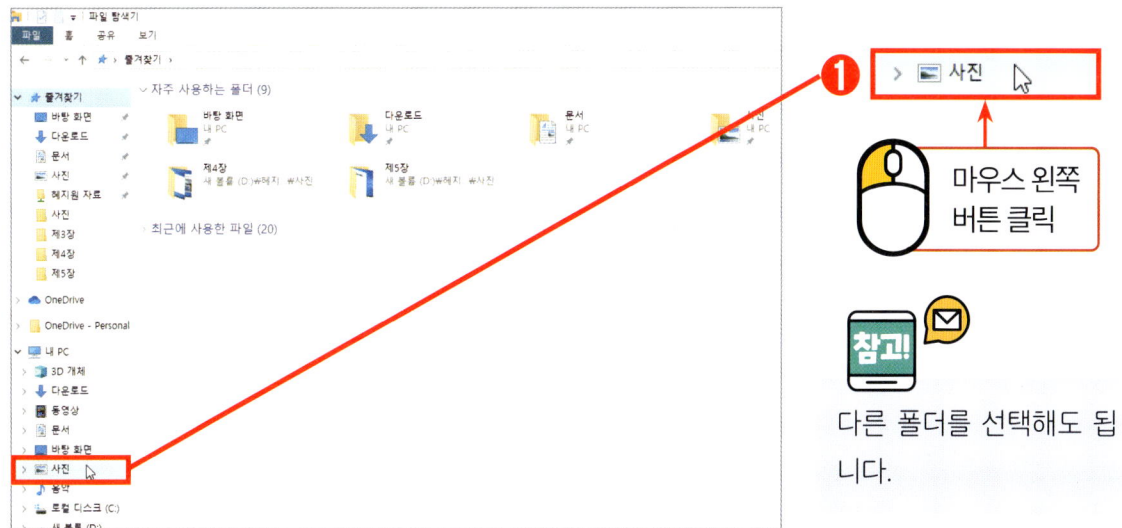

마우스 왼쪽 버튼 클릭

참고! 다른 폴더를 선택해도 됩니다.

03 마우스 오른쪽 버튼을 클릭합니다. [새 폴더]를 클릭합니다.

04 새로운 폴더가 만들어집니다.

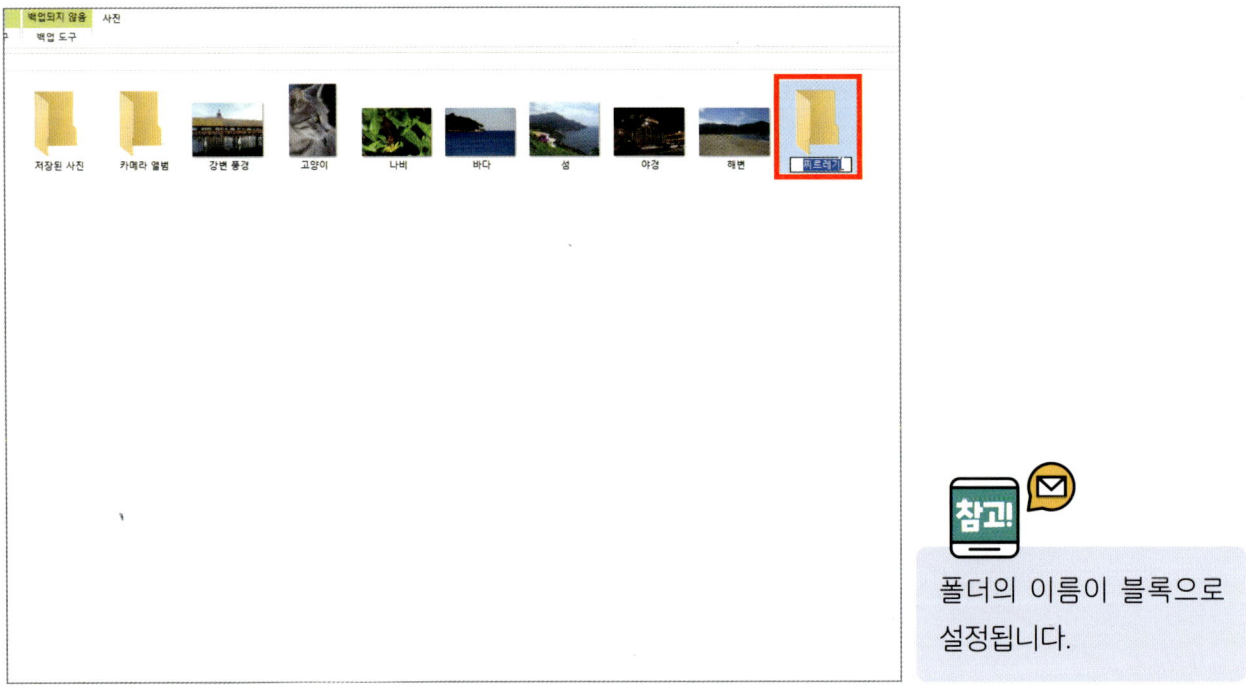

참고! 폴더의 이름이 블록으로 설정됩니다.

05 새로운 폴더의 이름을 입력합니다. 여기서는 '풍경사진'이라고 입력했습니다. Enter 키를 누릅니다.

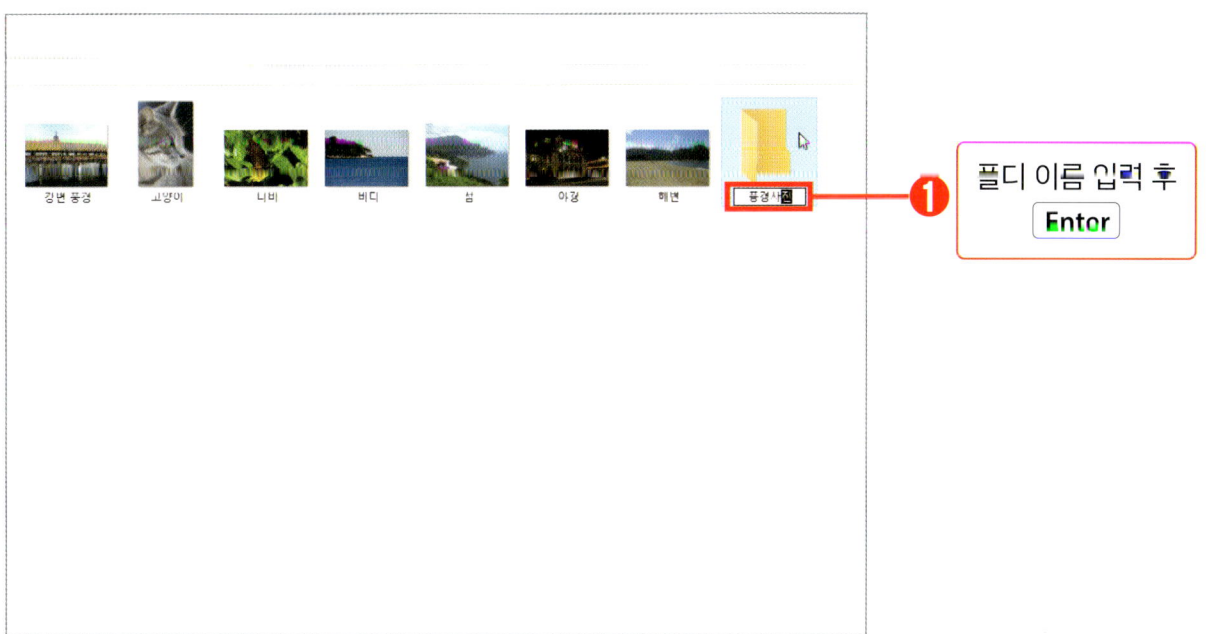

06 폴더의 이름이 변경되었습니다.

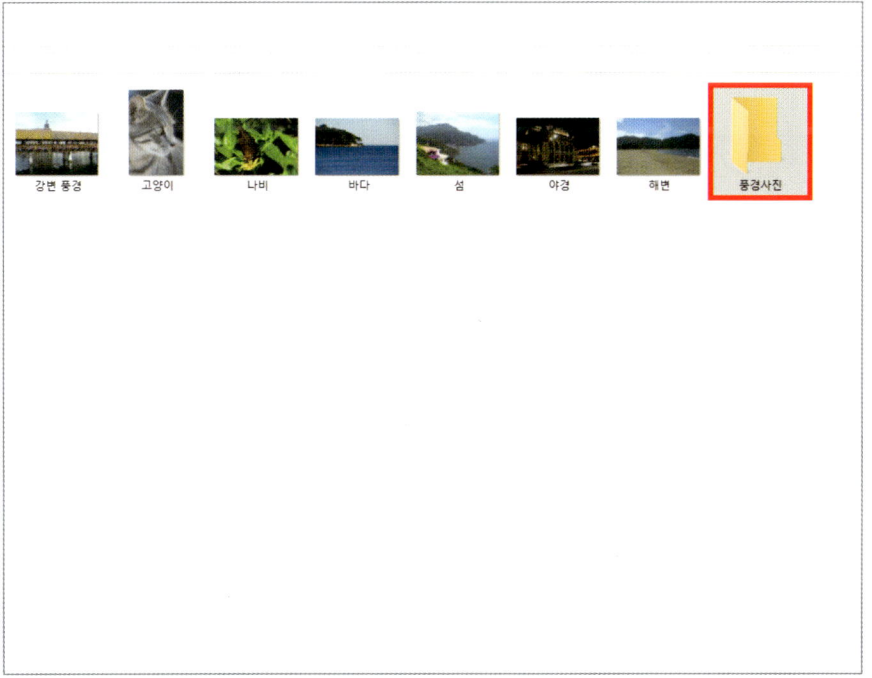

07 다른 방법으로 새 폴더를 만듭니다. [홈]을 클릭합니다. [새 폴더]를 클릭합니다.

08 새 폴더가 만들어졌습니다.

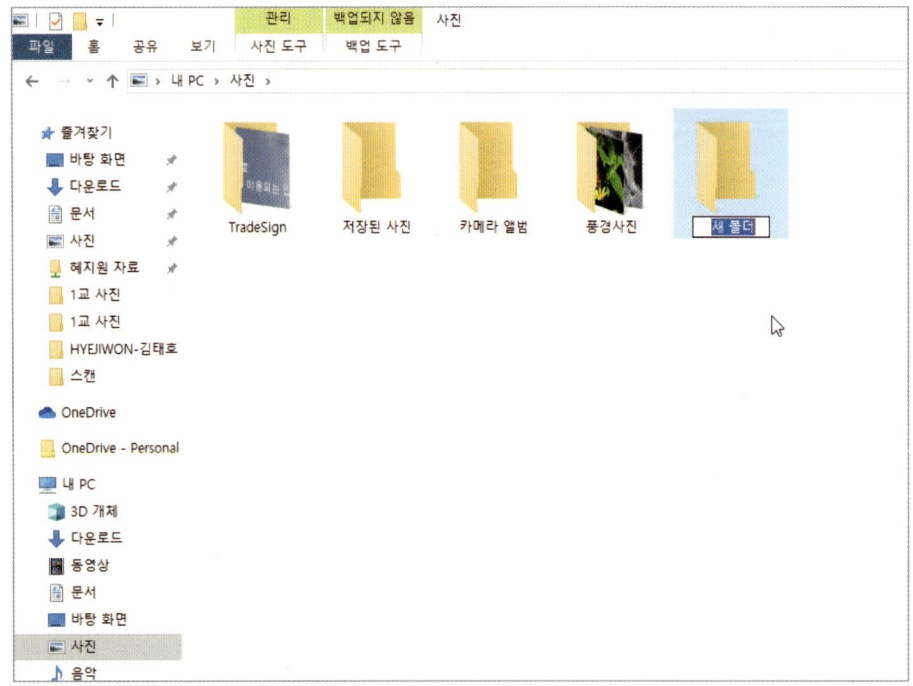

이름을 다시 바꾸기

이름을 바꾼 뒤에 다시 다른 이름으로 바꾸고 싶거나, 블록 설정이 해제 되었다면 폴더 위에서 마우스 오른쪽 버튼을 클릭한 후 [이름 바꾸기]를 클릭하면 됩니다.

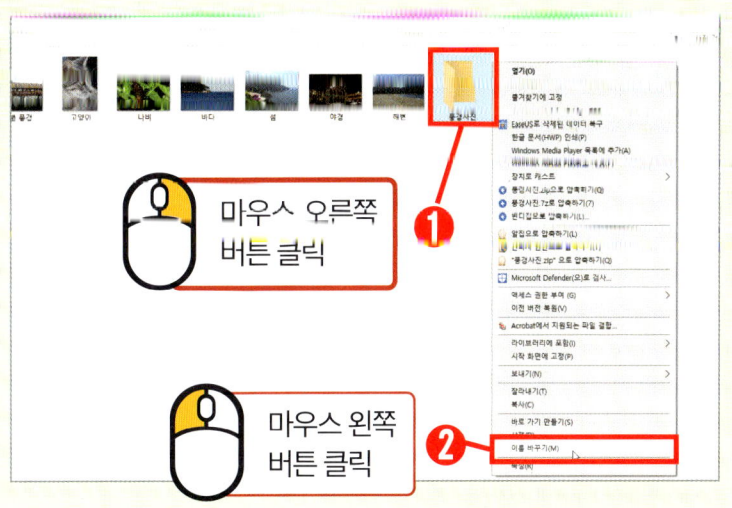

파일이나 폴더의 속성 정보 살펴보기

1. 파일이나 폴더 위에서 마우스 오른쪽 버튼을 클릭한 뒤 [속성]을 클릭합니다.

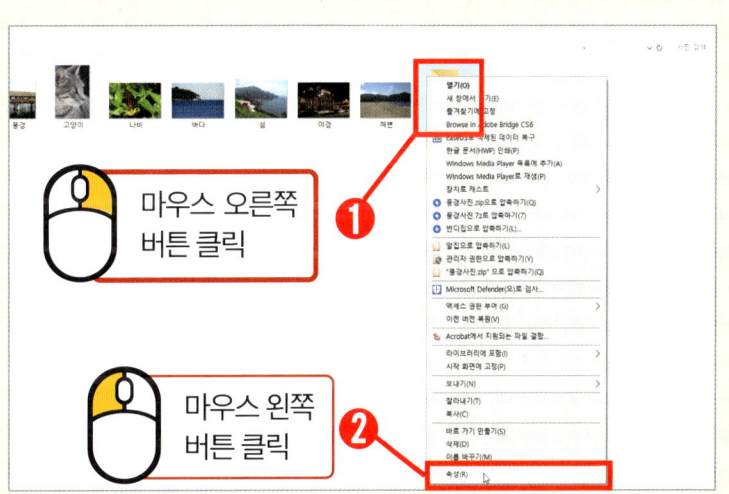

2. 폴더나 파일의 속성 정보를 확인할 수 있습니다.

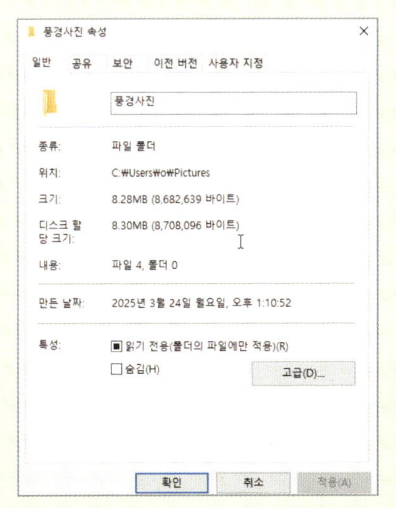

제 05장 파일/폴더 관리하기 / 125

Section 07 폴더에 파일 이동하기

폴더에 파일을 이동시키겠습니다.

01 이동할 파일들을 선택합니다.

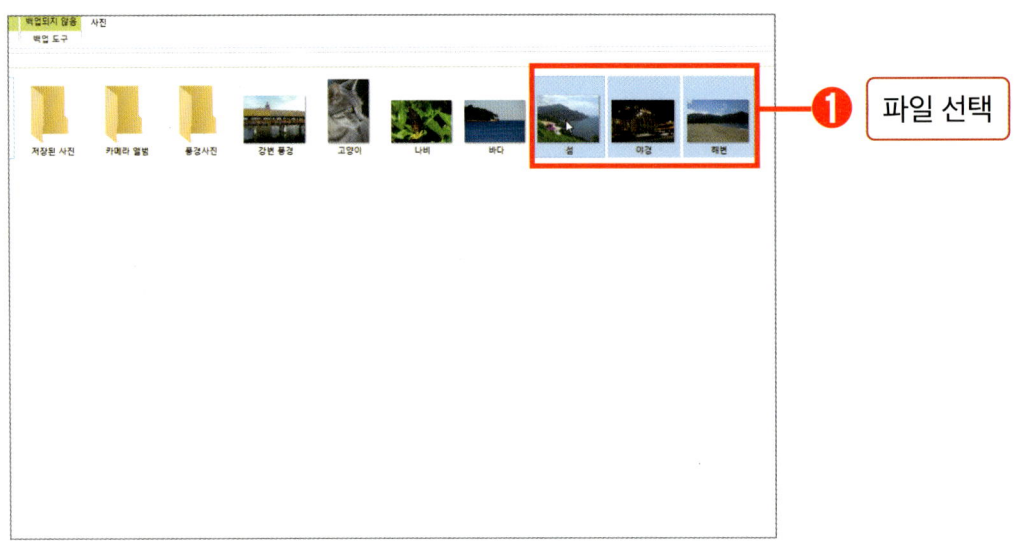

❶ 파일 선택

02 클릭한 채 폴더 위로 드래그합니다.

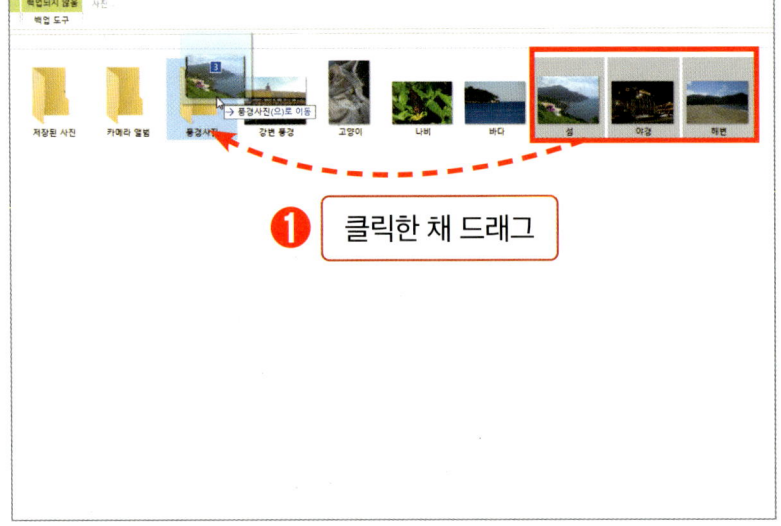

❶ 클릭한 채 드래그

03 마우스에서 손을 떼면 파일이 이동합니다. 빈 폴더였다면 옮긴 파일 중 제일 최근의 파일이 나타납니다.

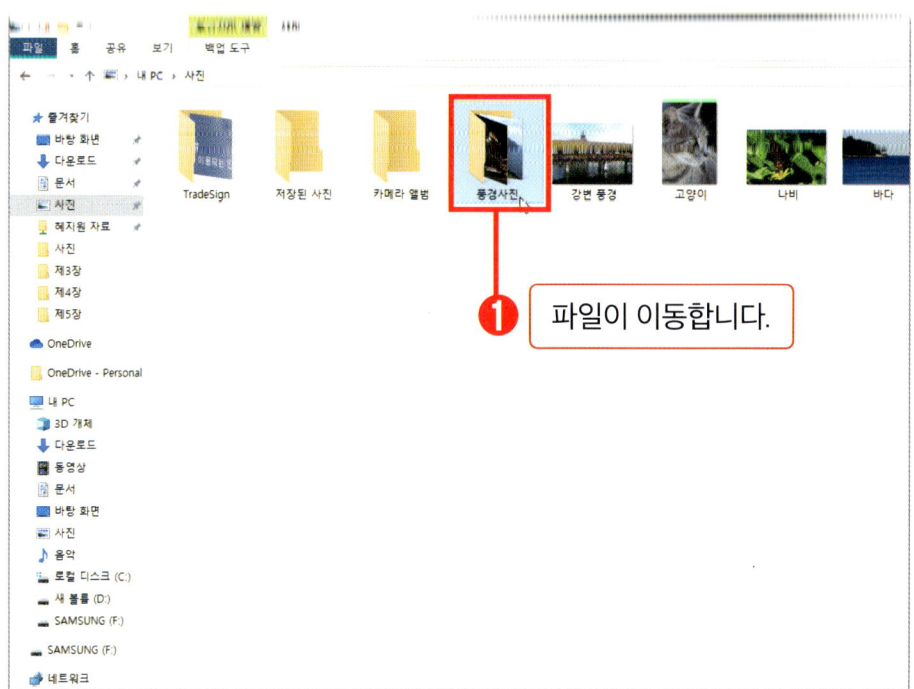

04 폴더를 더블클릭합니다.

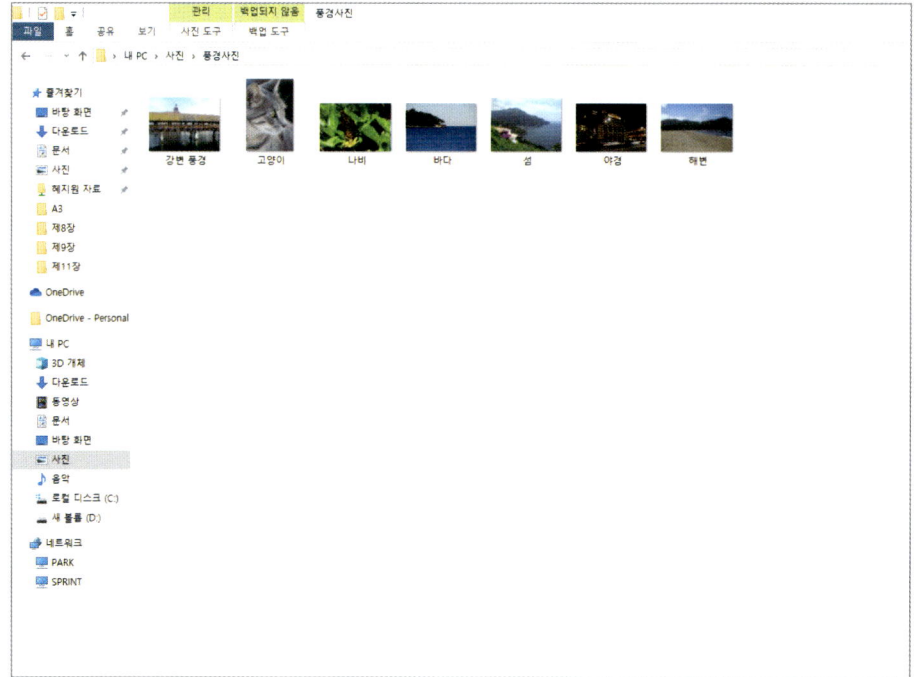

05 이동한 파일들이 보입니다. ← 를 클릭합니다.

06 폴더 위에서 마우스 오른쪽 버튼을 클릭합니다. [새 창에서 열기]를 클릭합니다.

07 기존의 창이 1대로 있고, 열고자 하는 폴더가 새로운 창으로 열려 창이 2개가 되었습니다.

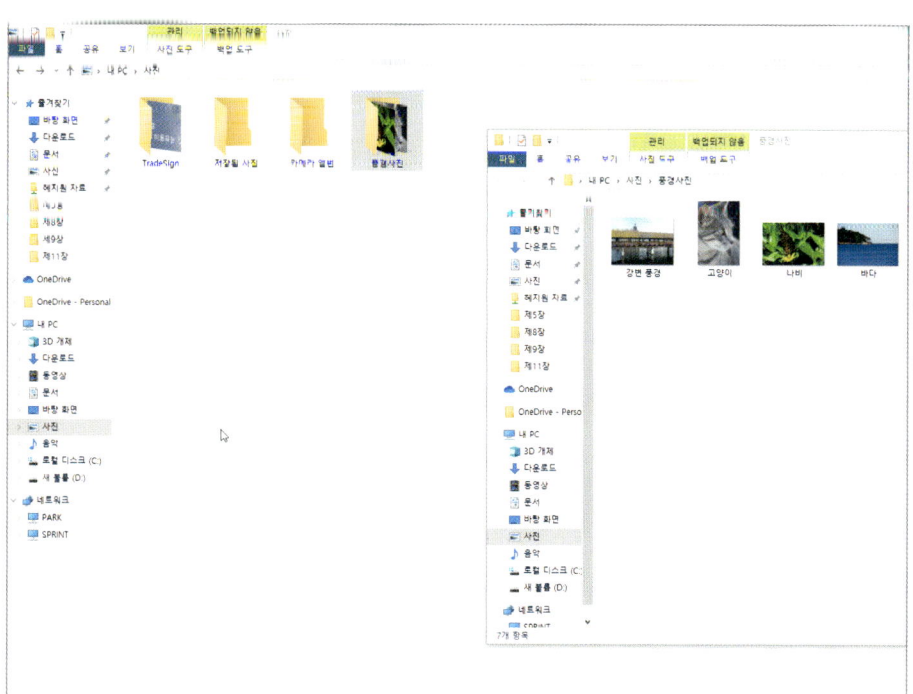

Section 08 폴더 즐겨찾기에 고정하기

내가 자주 찾는 폴더를 탐색기 왼쪽의 즐겨찾기에 고정해보겠습니다.

01 폴더 위에서 마우스 오른쪽 버튼을 클릭합니다.

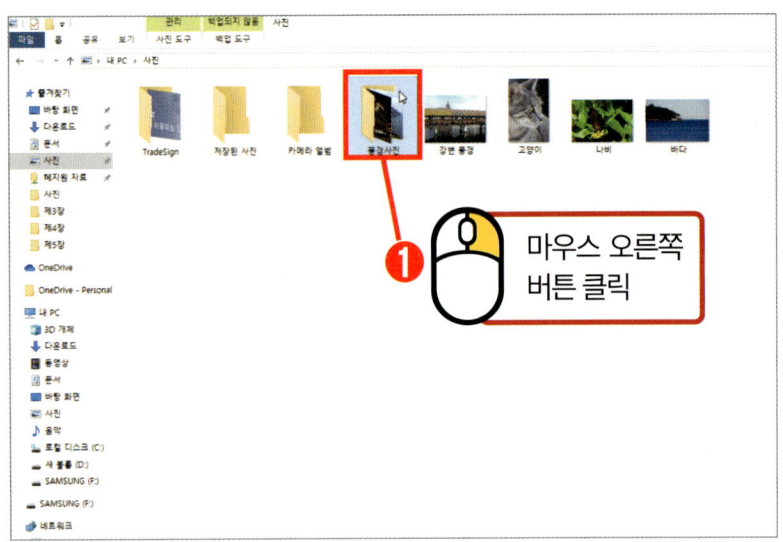

02 [즐겨찾기에 고정]을 클릭합니다.

03 왼쪽의 [즐겨찾기]에 폴더가 등록되었습니다. 탐색기 창을 연 뒤 클릭하면 해당 폴더로 바로 이동합니다.

04 이번에는 즐겨찾기에서 제거해보겠습니다. 마우스 오른쪽 버튼을 클릭한 후 [즐겨찾기에서 제거]를 클릭합니다.

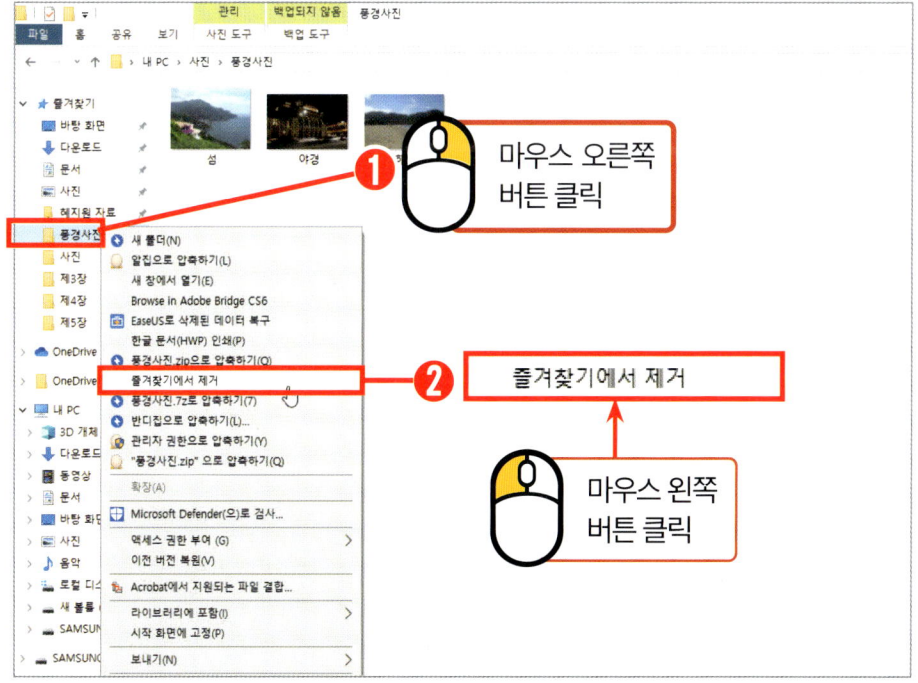

05 즐겨찾기에서 제거되었습니다.

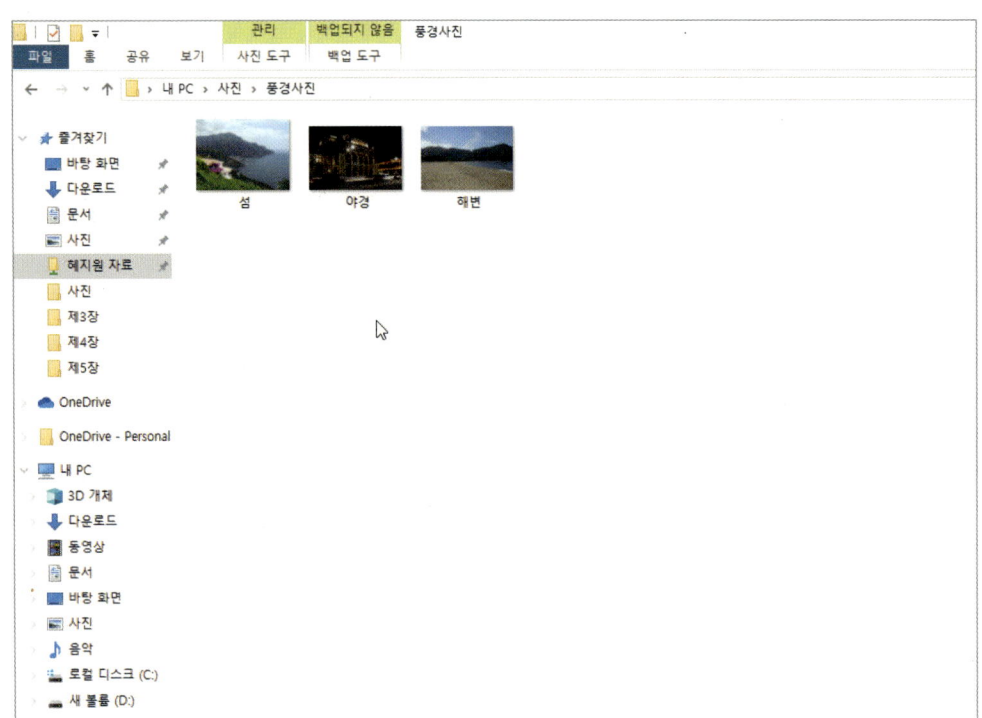

즐겨찾기에서 제거되었을 뿐, 파일이나 폴더가 삭제된 것은 아닙니다.

제 06 장

동영상, 사진 열어보기

동영상과 사진을 열고 사진을 편집하는 방법을 알아보겠습니다.

Section 01 동영상 파일 열기

저장되어 있는 동영상 파일을 열어보겠습니다.

01 열어보고 싶은 동영상 파일을 더블클릭합니다.

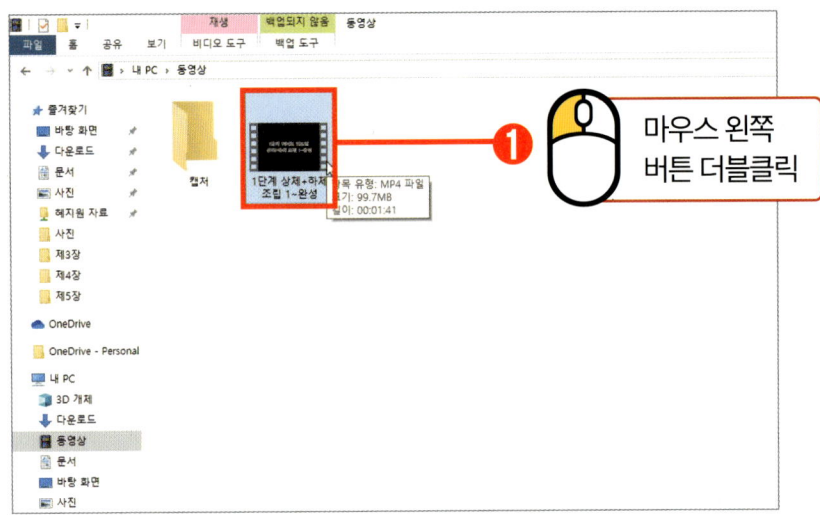

02 동영상 파일이 재생됩니다. 동영상 파일 창의 구성은 다음과 같습니다.

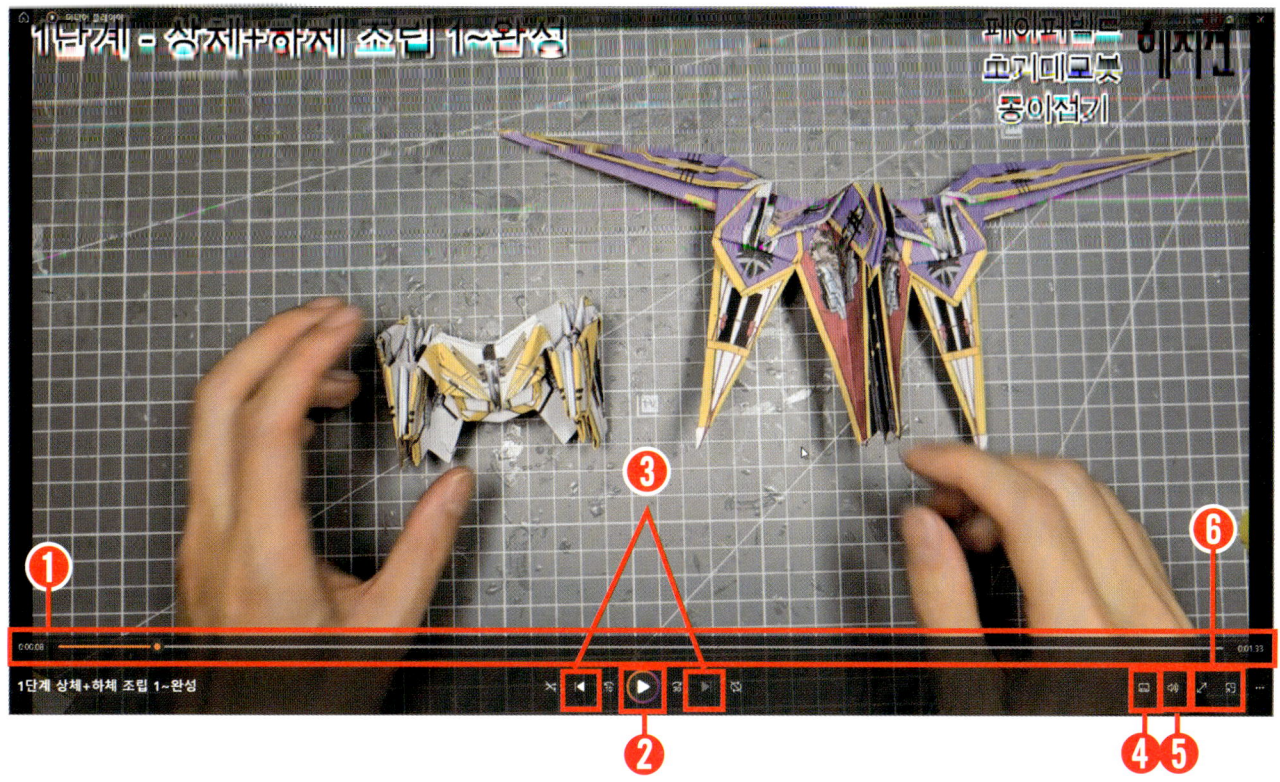

❶ **동영상 러닝타임** : 동영상의 전체 시간을 알 수 있습니다.

❷ **재생/일시정지** ▶ : 동영상 재생 중에는 일시정지, 정지 중에는 재생 버튼이 활성화됩니다.

❸ **동영상 앞으로/뒤로** ◀ ▶ : 앞으로는 10초, 뒤로는 30초 단위로 시간을 이동할 수 있습니다.

❹ **자막** : 자막을 표시할 수 있습니다. 자막은 완벽히 똑같지는 않습니다.

❺ **소리** : 소리를 키우거나 끌 수 있습니다.

❻ **전체 화면/미니 플레이어** : 전체 화면으로 볼지, 미니 플레이어 형태로 볼지 결정할 수 있습니다.

03 동영상을 재생시켜보겠습니다. 스페이스바를 누릅니다.

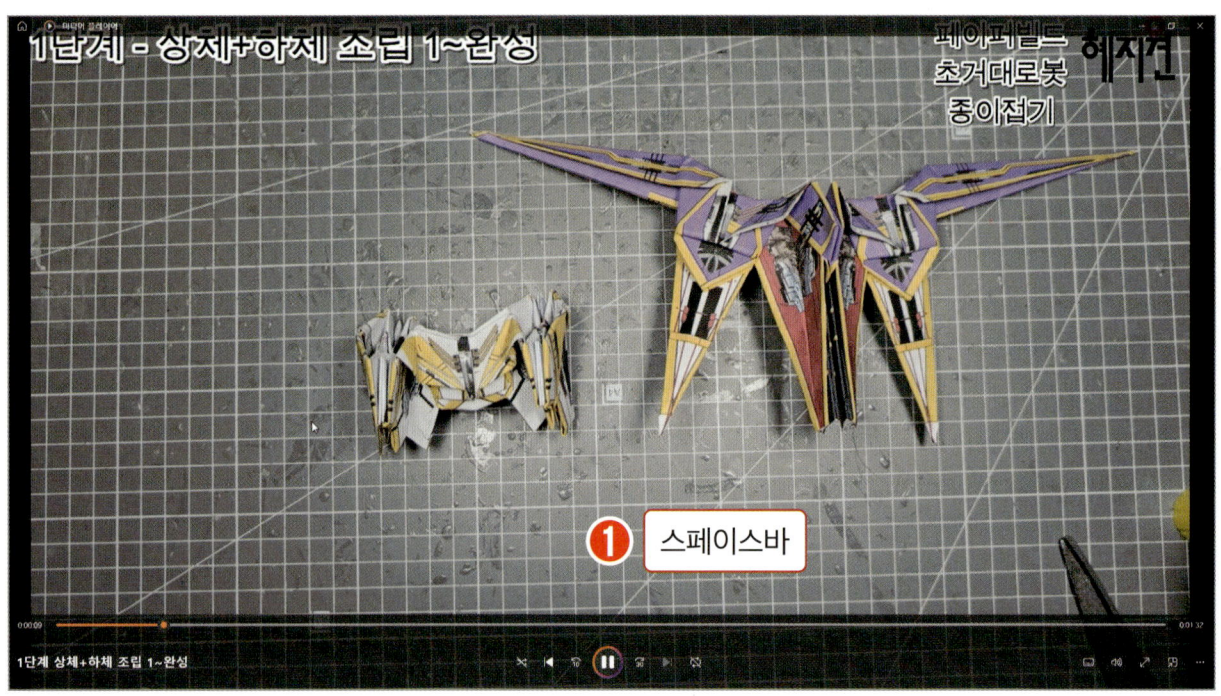

04 동영상의 재생 속도를 변경해보겠습니다. ■를 클릭합니다. [속도]를 클릭합니다.

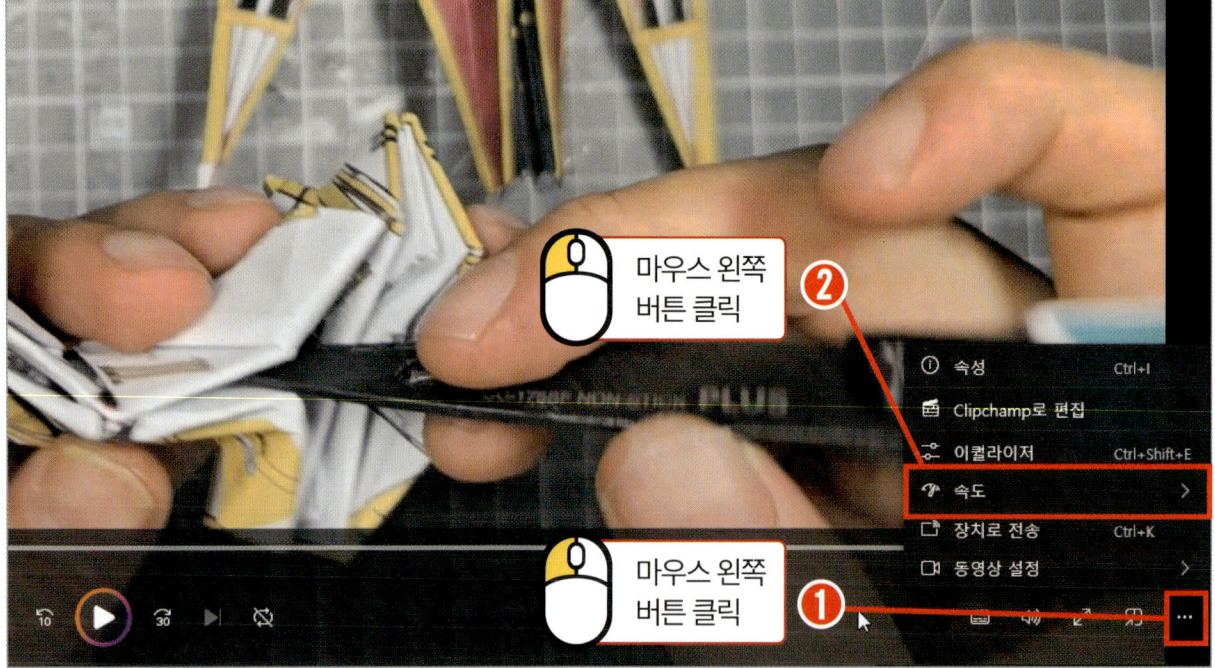

05 [2배속]을 클릭합니다.

06 동영상이 2배속으로 재생됩니다.

Section 02 인터넷에서 사진 다운로드받기

배경화면으로 쓸 사진을 다운로드받아보겠습니다.

01 [엣지] 를 클릭합니다.

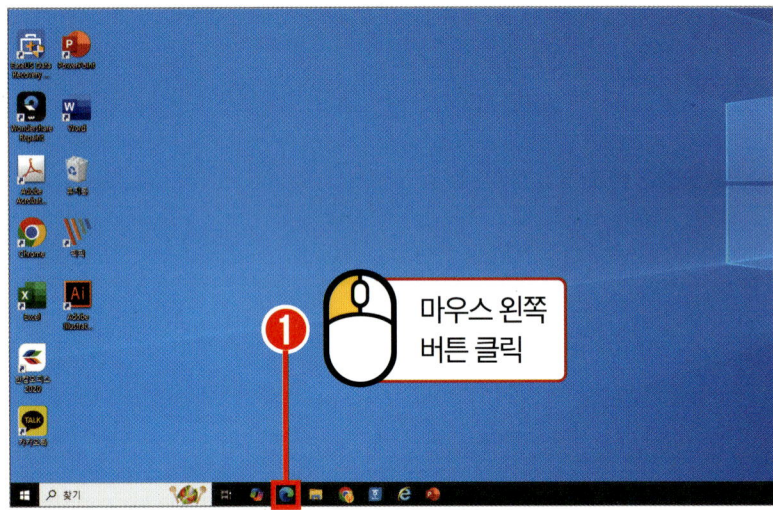

마우스 왼쪽 버튼 클릭

02 검색란에 '배경화면'이라고 입력하고 Enter 키를 누릅니다.

'배경화면' 입력 후 Enter

03 [이미지]를 클릭합니다.

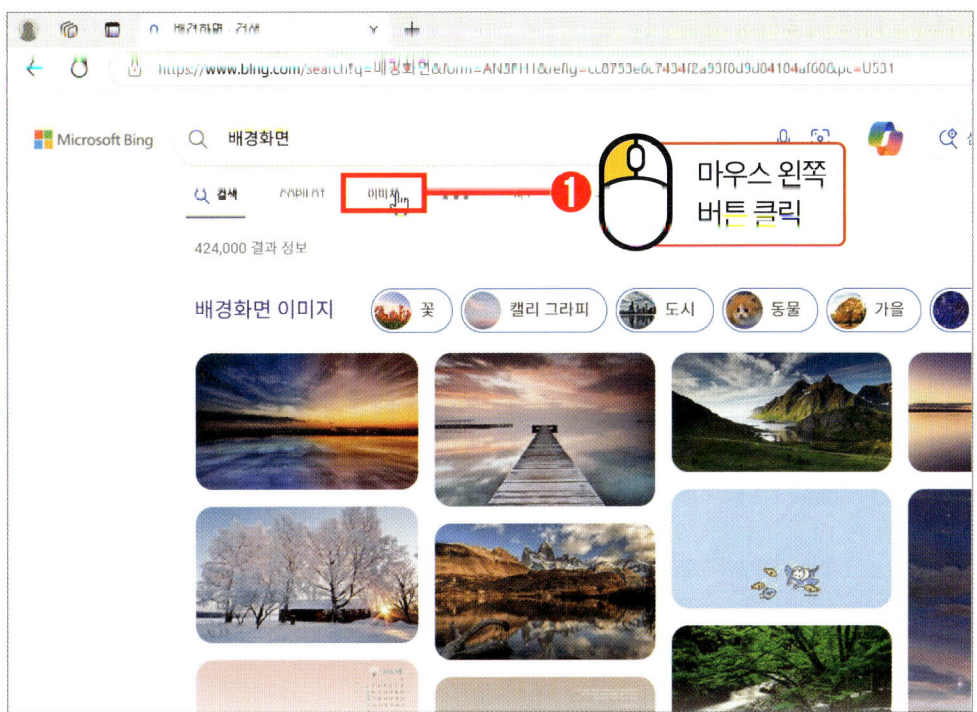

04 원하는 이미지 위에서 마우스 오른쪽 버튼을 클릭합니다.

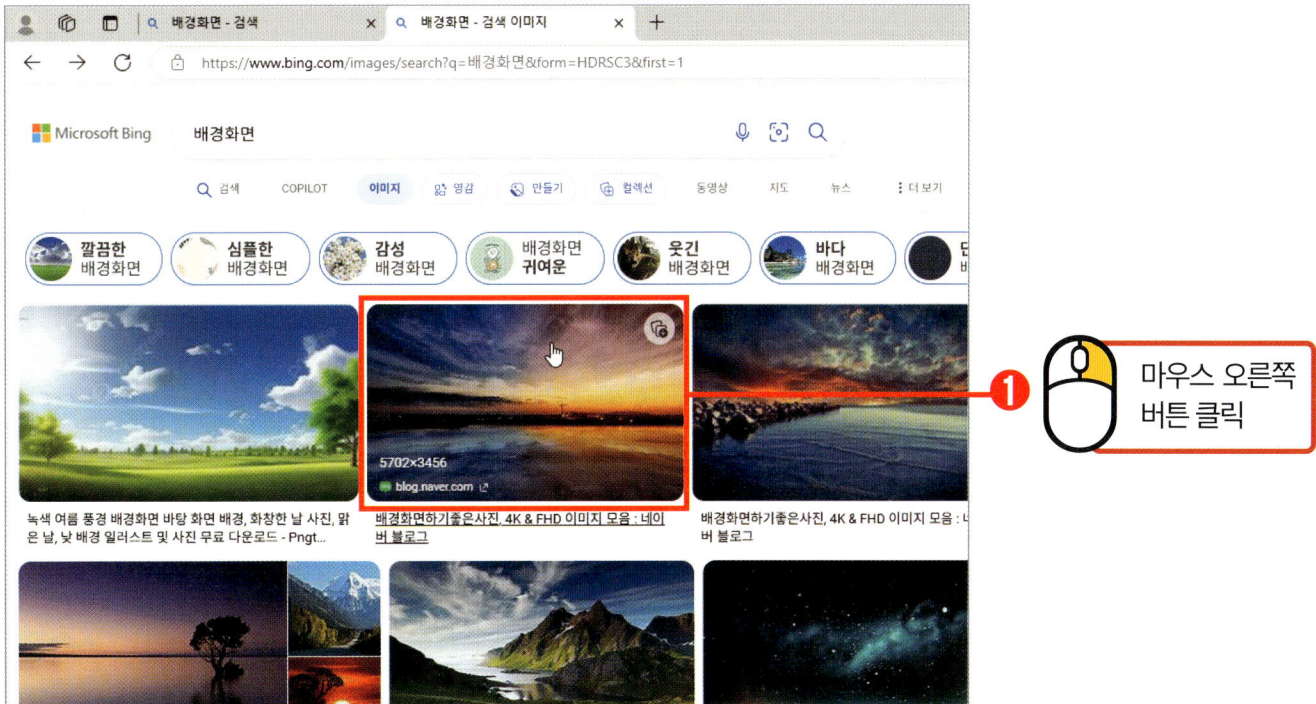

05 [다른 이름으로 사진 저장]을 클릭합니다.

참고! 사진에 따라서 저장이 불가능한 경우도 있습니다.

06 [바탕화면] 폴더를 클릭합니다. [저장]을 클릭합니다.

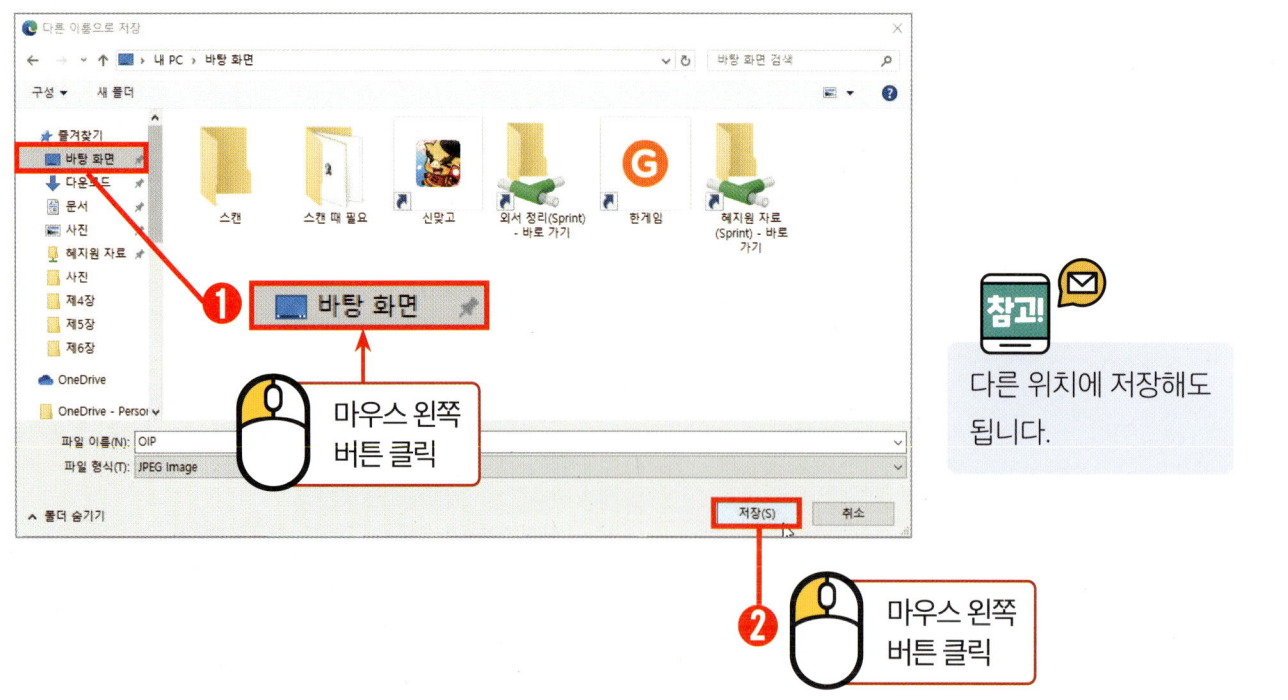

참고! 다른 위치에 저장해도 됩니다.

07 저장된 사진 위에서 마우스 오른쪽 버튼을 클릭합니다. [이름 바꾸기]를 클릭합니다.

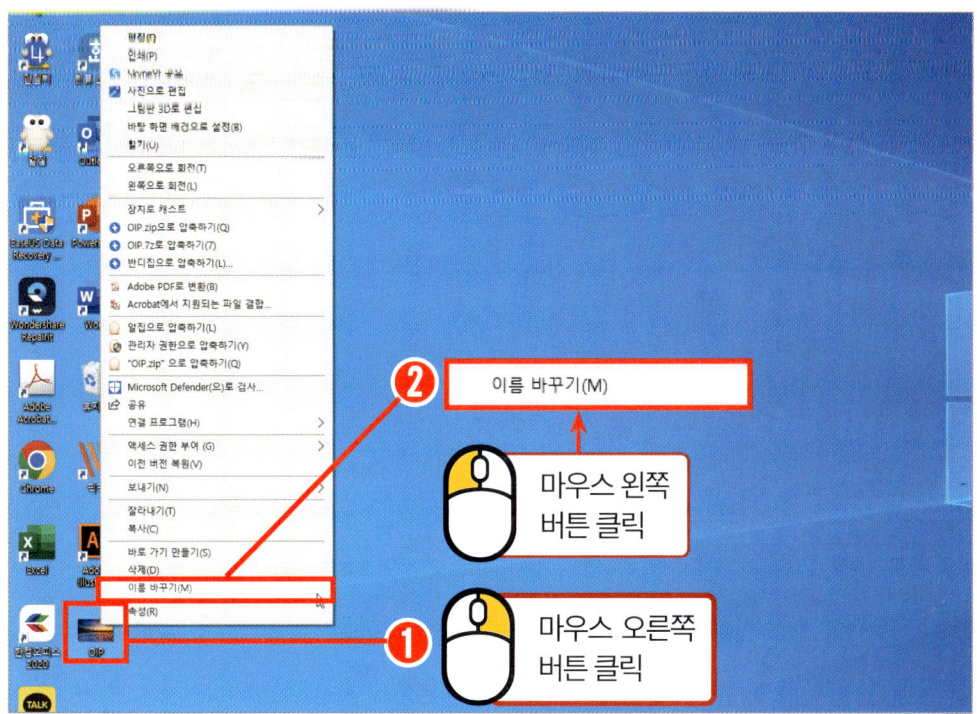

08 '바다'라고 입력하고 Enter 키를 누릅니다.

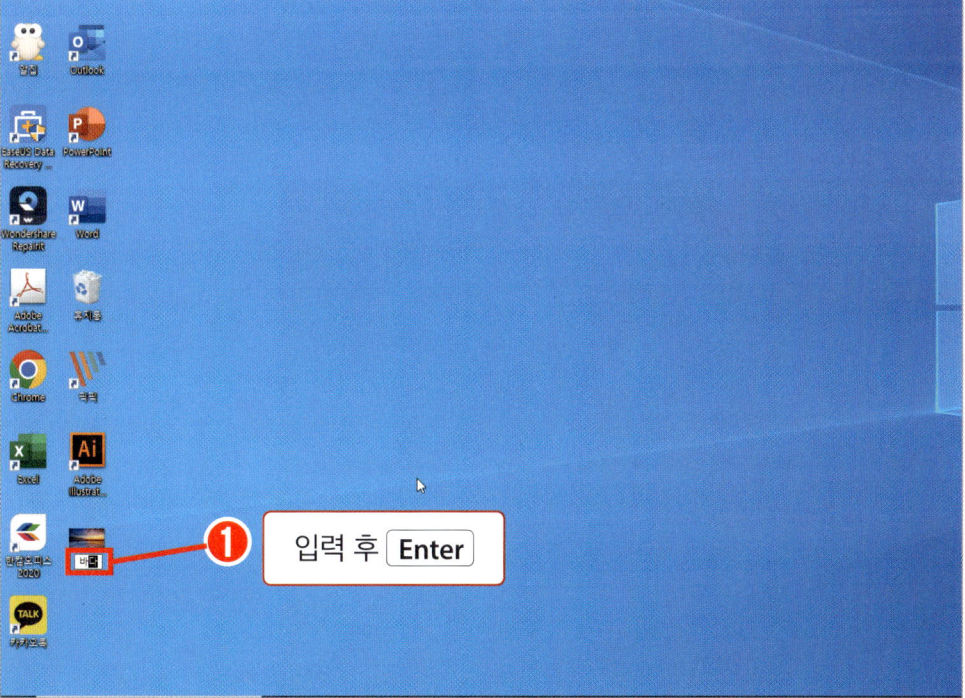

Section 03 사진 편집하기

윈도우의 기본 사진 편집 기능을 이용해 사진을 편집해보겠습니다.

01 편집하고 싶은 아무 사진이나 더블클릭하여 엽니다.

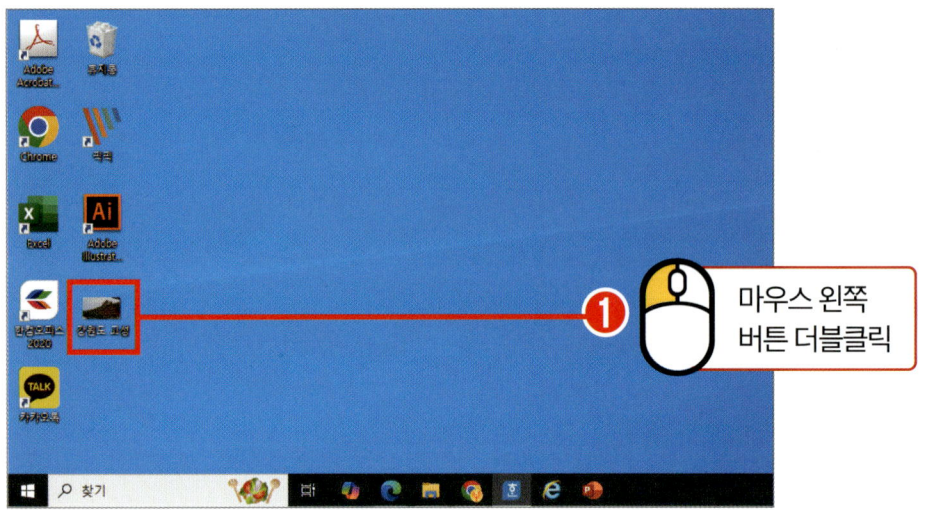

02 사진이 열립니다. [편집]을 클릭합니다.

03 편집 메뉴가 나타납니다. 편집 메뉴에서는 자르기, 색감 조정, 회전 등을 할 수 있습니다.

04 사진을 자르겠습니다. 마우스를 왼쪽 대각선으로 가져갑니다. 커서 모양이 ▨로 바뀌면 클릭한 채 드래그합니다.

05 마우스에서 손을 놓습니다. 다음으로 [조정]을 클릭합니다.

06 [조정]에서는 밝기, 대비 등을 바꿀 수 있습니다. [밝기]의 ●를 클릭한 후 오른쪽으로 드래그합니다.

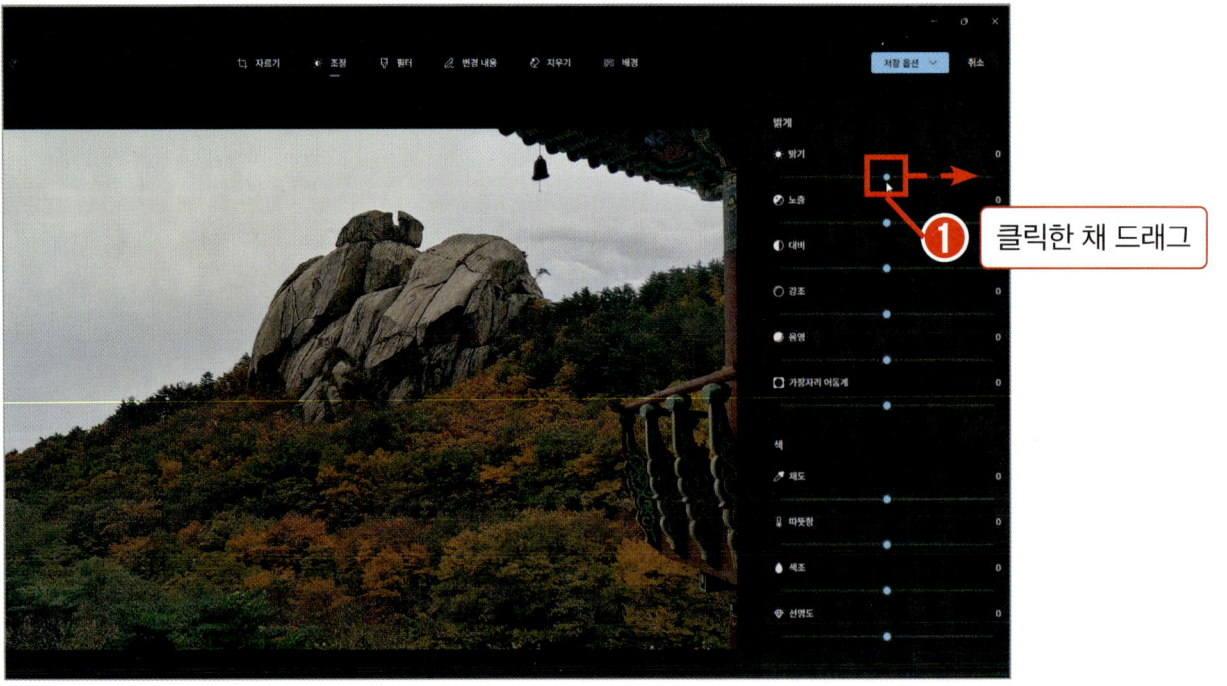

07 마우스에서 손을 떼니까 사진이 밝아졌습니다.

왼쪽으로 드래그하면 밝기가 어두워집니다. 오른쪽은 더 강하게, 왼쪽은 더 약하게 합니다.

08 이번엔 [가장자리 어둡게]의 ○를 클릭합니다. 클릭한 채 왼쪽으로 드래그합니다.

클릭한 채 드래그 ❶

09 가장자리가 밝아졌습니다. 이번엔 [필터]를 클릭합니다.

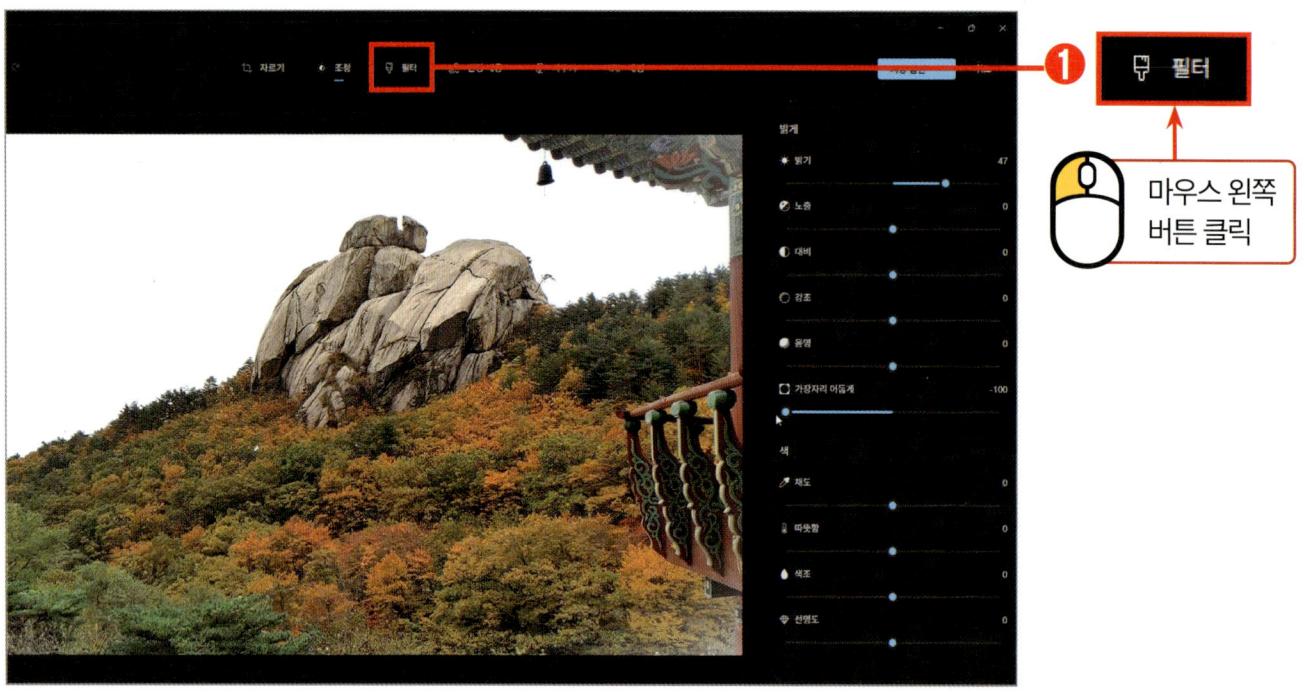

10 [필터]에서는 사진의 분위기를 전체적으로 바꾸는 필터를 적용할 수 있습니다. 필터를 클릭해보며 원하는 필터를 고릅니다.

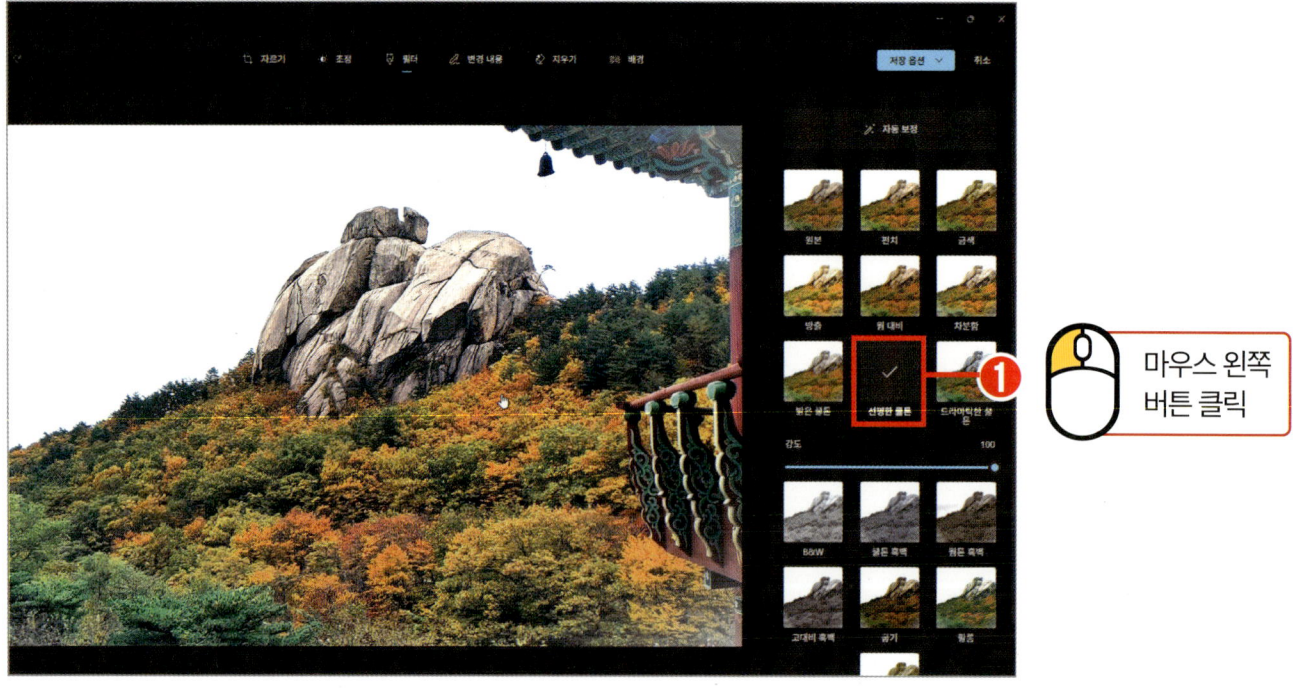

11 변경사항은 저장되었습니다. [저장 옵션]을 클릭합니다. [저장]을 클릭합니다.

12 사진이 저장되었습니다.

 **복사본으로 저장**

원래의 사진을 놔둔 채로, 적용한 사진을 따로 저장하고 싶을 때가 있습니다. 이럴 때 [복사본으로 저장]을 클릭하면 원본과 편집본을 같이 저장할 수 있습니다.

Section 04 사진 기타 옵션 알아보기

사진 회전, 확대/축소 등을 알아보겠습니다.

01 사진 회전입니다. 왼쪽 상단의 를 한 번 클릭합니다.

마우스 왼쪽 버튼 클릭

02 사진이 회전되었습니다. 세 번 더 클릭해서 원래대로 되돌아옵니다.

마우스 왼쪽 버튼 3번 클릭

03 사진을 확대해서 살펴보겠습니다. 오른쪽 하단의 ◉를 클릭한 채 오른쪽으로 드래그합니다.

클릭한 채 드래그

04 사진이 확대되었습니다. 왼쪽의 숫자 입력란을 클릭합니다.

마우스 왼쪽 버튼 클릭

참고! 혹은 마우스 휠을 위아래로 움직여서 확대/축소해도 됩니다.

05 100이라고 입력한 후 Enter 키를 누릅니다.

입력 후 Enter

06 사진이 축소됩니다.

 ## 기타 옵션

사진 파일을 열면 삭제, 인쇄, 다른 이름으로 저장, 배경으로 설정 등 다양한 옵션이 있습니다. 옵션들을 하나씩 클릭해보며 익히길 바랍니다.

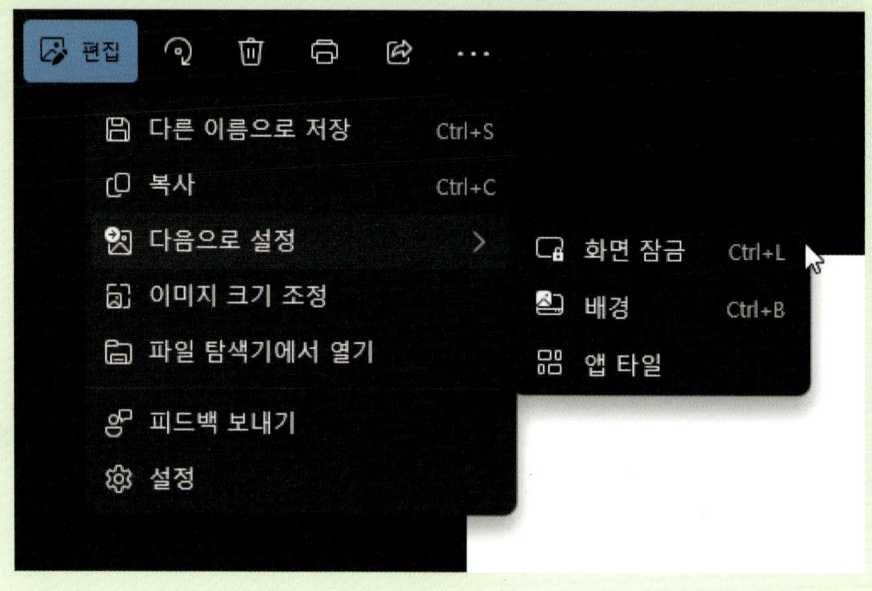

제 07 장
윈도우에서 제공하는 편리한 앱 알아보기

윈도우에 있는 앱들 중에는 일상생활에 편리하게 사용할 수 있는 앱들이 있습니다.

Section 01 [뉴스] 앱 알아보기

윈도우의 [뉴스] 앱으로 여러 뉴스를 읽어보겠습니다.

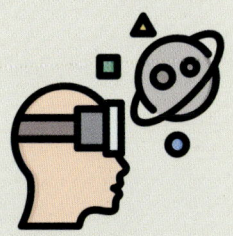

01 [시작] ⊞ 을 클릭합니다. [뉴스]를 클릭합니다.

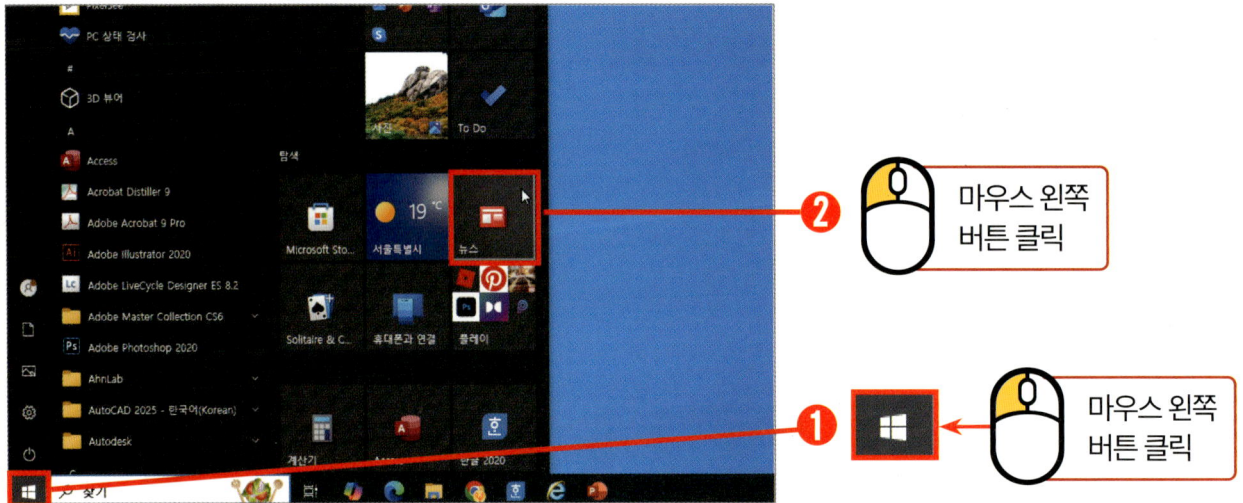

❶ 마우스 왼쪽 버튼 클릭
❷ 마우스 왼쪽 버튼 클릭

02 뉴스 창이 나타납니다. 읽고 싶은 기사를 클릭합니다.

❶ 마우스 왼쪽 버튼 클릭

03 기사가 나타납니다. [설정] ⚙ 을 클릭합니다.

04 다른 나라의 뉴스를 다른 나라 언어로 살펴보겠습니다. 버전 선택 옆의 ⌄ 를 클릭합니다.

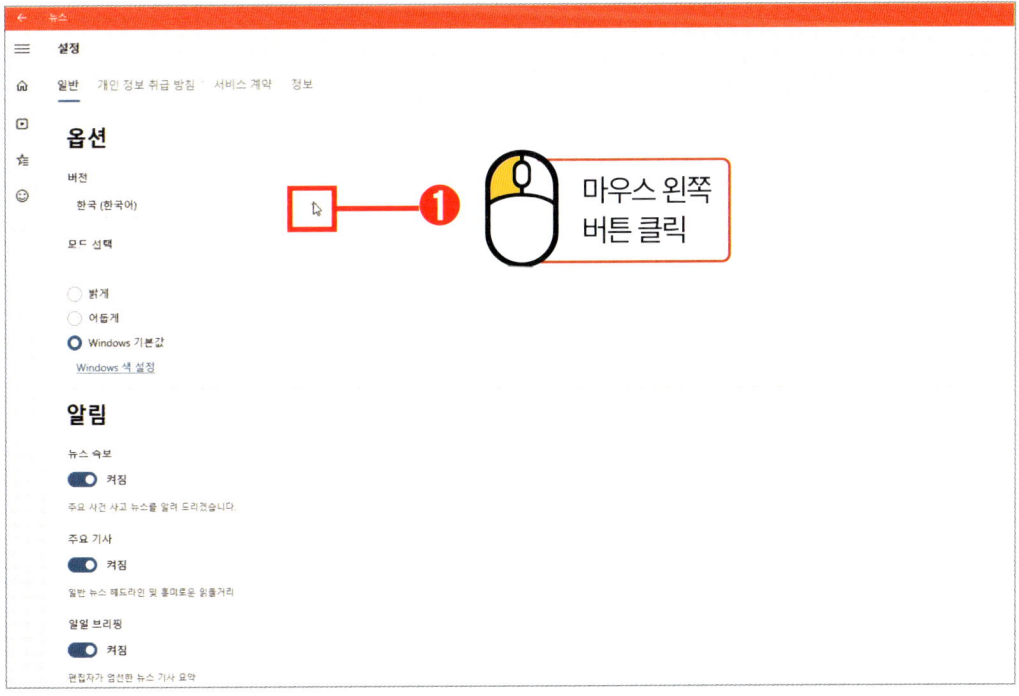

05 '미국(United States(English)'을 선택합니다.

06 [앱 닫기]를 클릭합니다. 다른 나라의 뉴스 버전을 실행하기 위해 [뉴스] 앱을 한 번 닫았다가 실행해야 합니다.

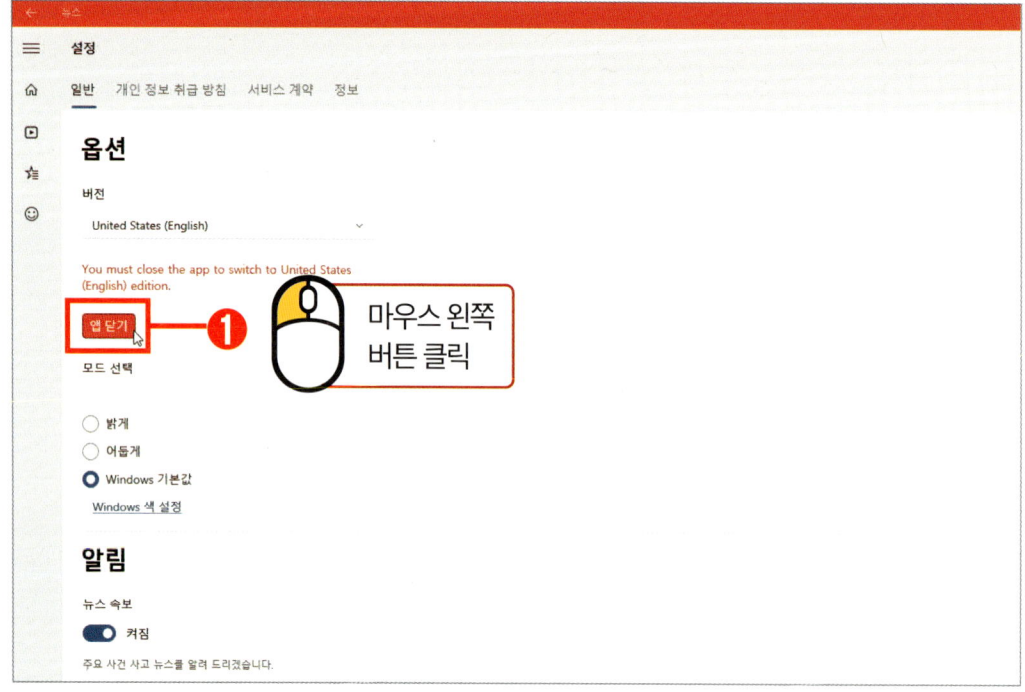

07 [뉴스] 앱을 다시 엽니다. 미국의 다양한 뉴스를 접할 수 있습니다.

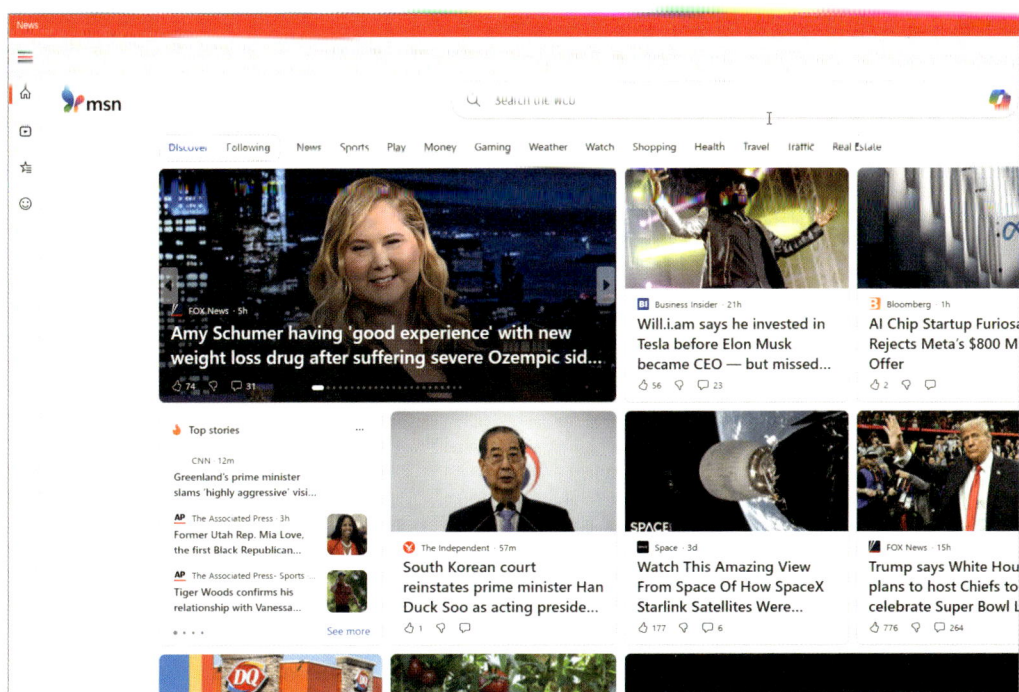

4~6번 과정을 반복해 '한국어'를 선택하면 다시 한국 뉴스를 볼 수 있습니다.

Section 02 [날씨] 앱 알아보기

기본적인 [날씨] 앱으로 날씨를 살펴보고 지역을 등록하겠습니다.

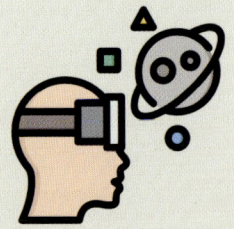

01 [시작] ⊞을 클릭합니다. [날씨]를 클릭합니다.

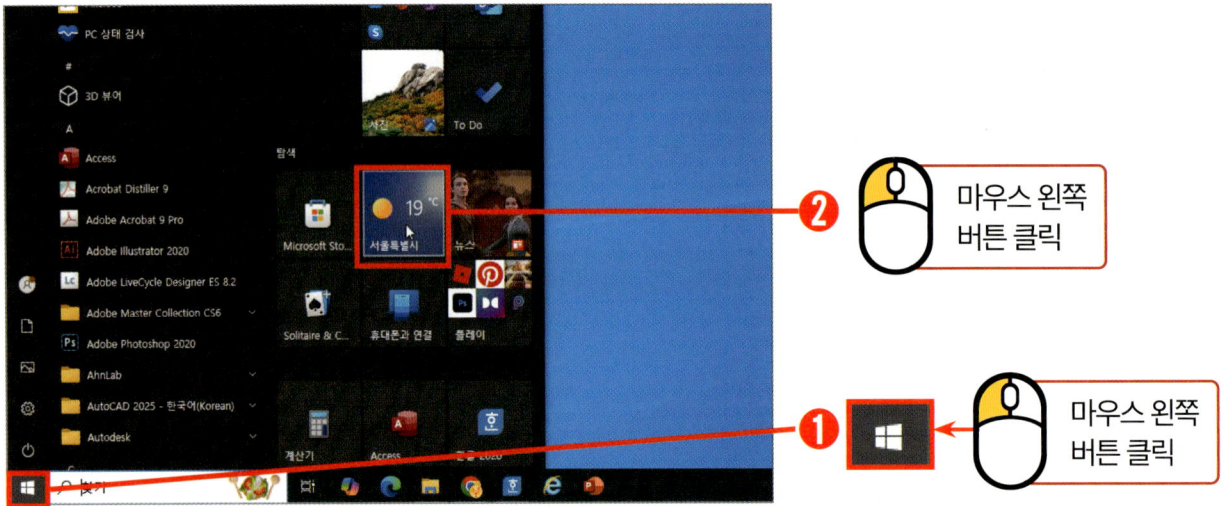

02 [날씨] 앱을 실행하면 날씨 보기와 설정 화면이 나옵니다. [위치 찾기]를 클릭합니다.

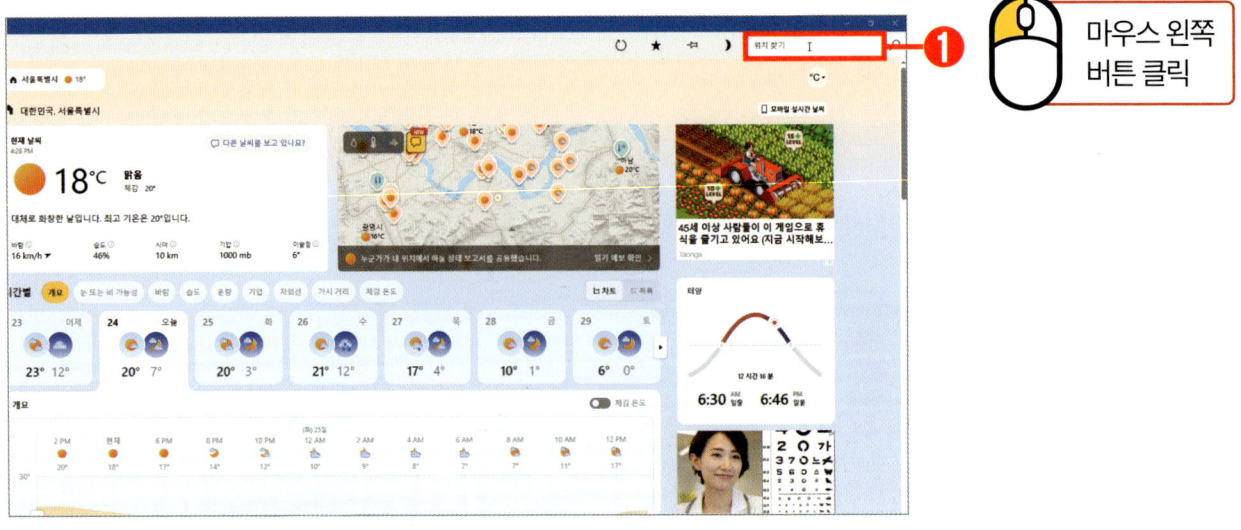

03 '부산'이라고 입력합니다. Enter 키를 누릅니다.

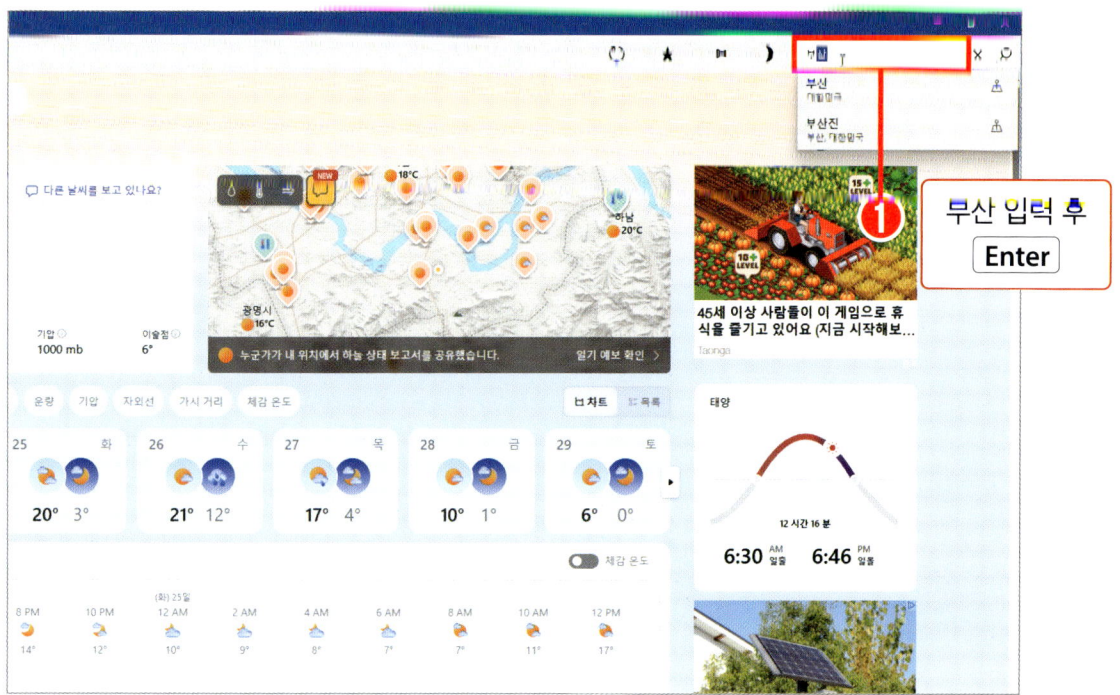

04 부산의 날씨가 나타납니다. ⌂를 클릭합니다.

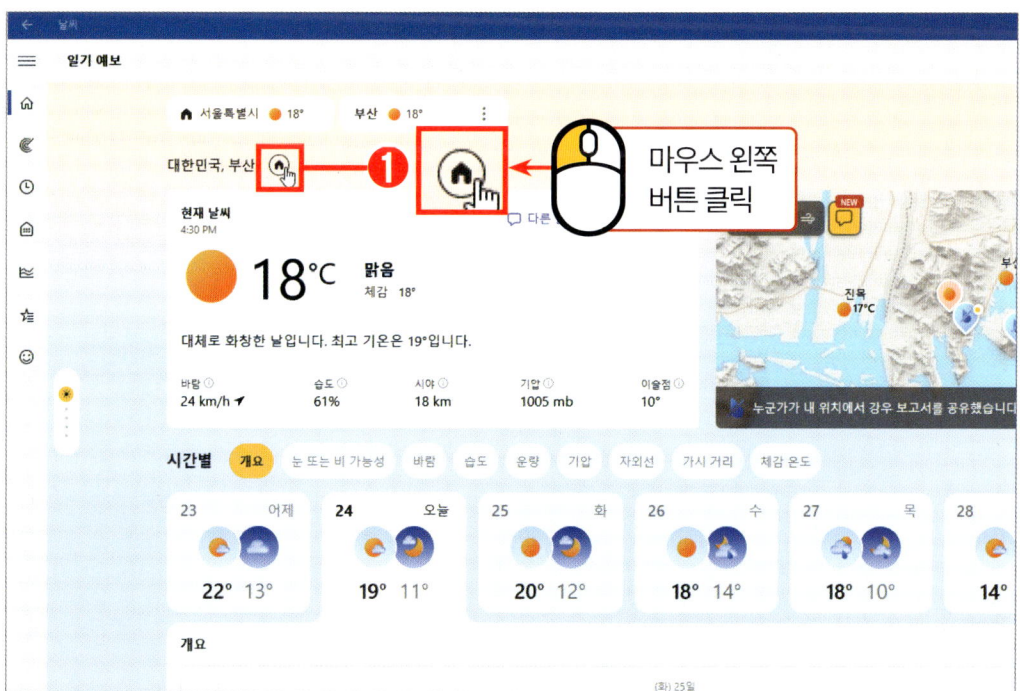

05 부산이 기본 지역으로 설정되었습니다.

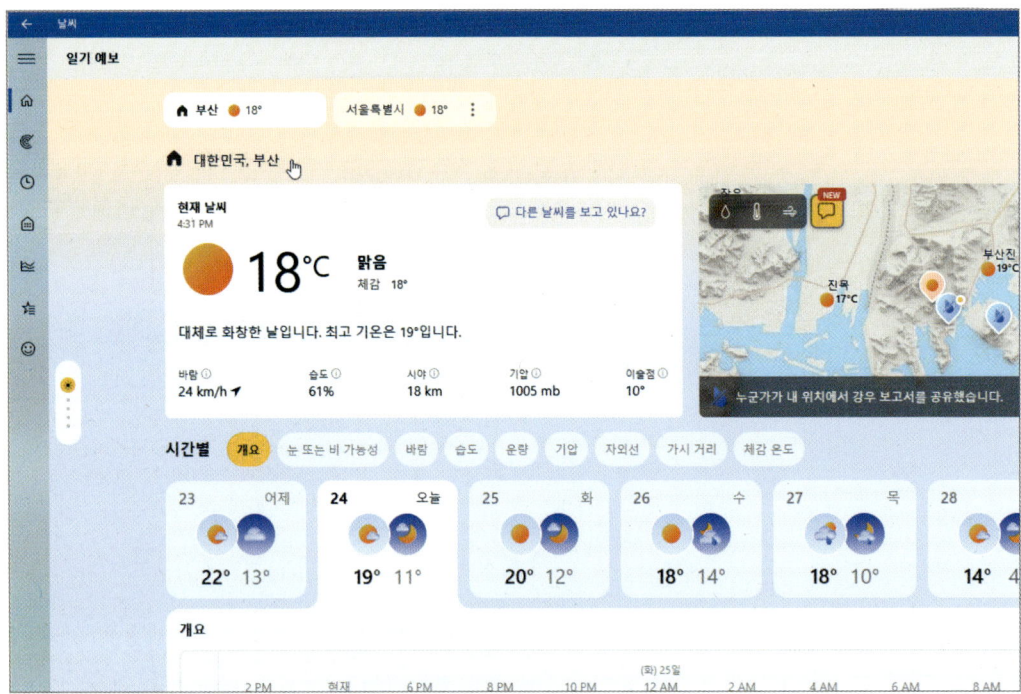

06 [지도] 를 클릭합니다. 지도와 함께 날씨를 보여줍니다.

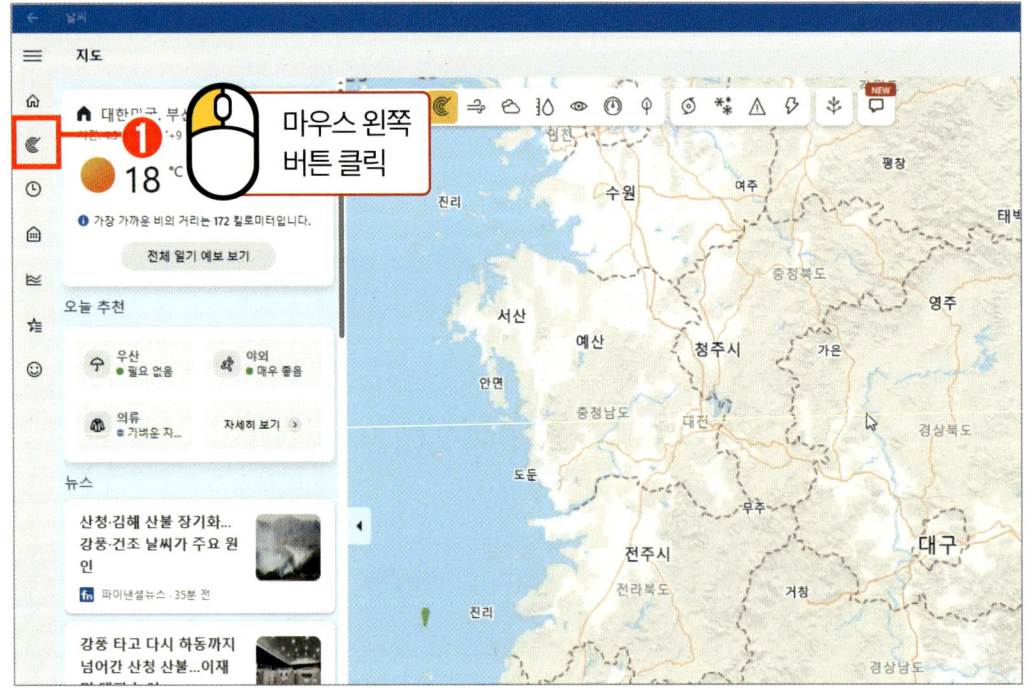

07 을 클릭합니다. 시간별 날씨를 표시해줍니다.

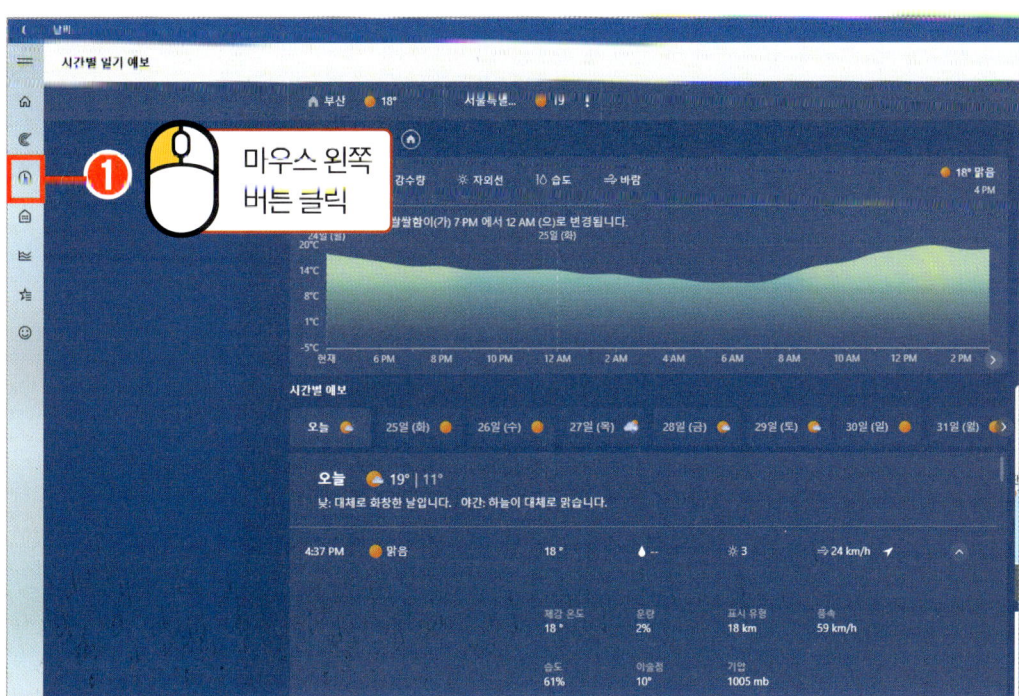

08 를 클릭합니다. 날씨와 함께 각종 생활정보를 알려줍니다.

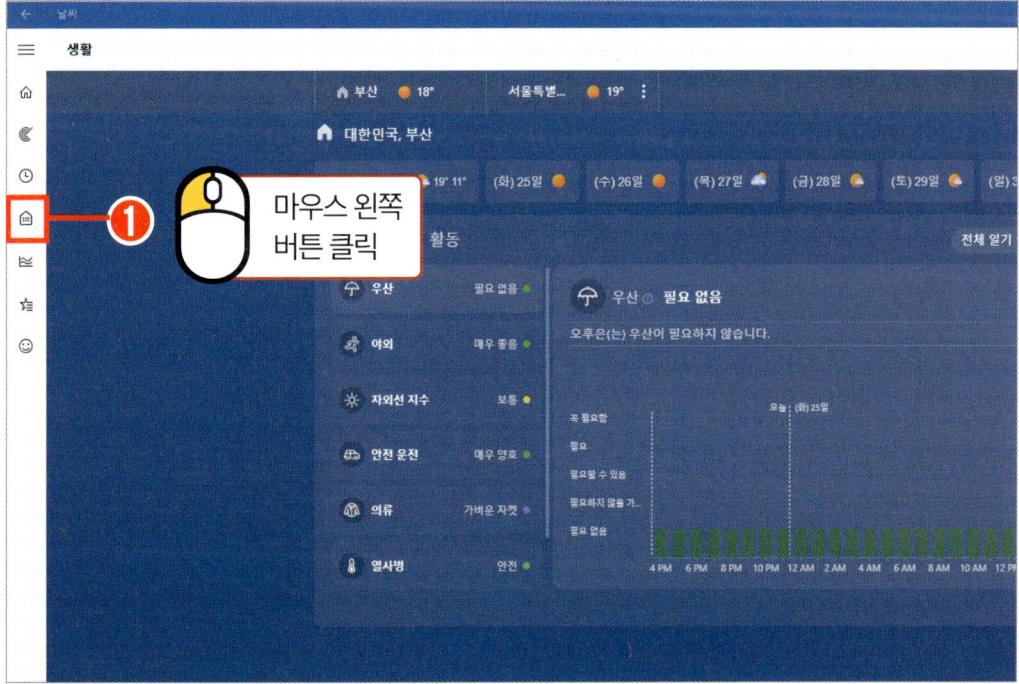

09 ≋를 클릭합니다. 해당 지역의 과거 날씨를 볼 수 있습니다.

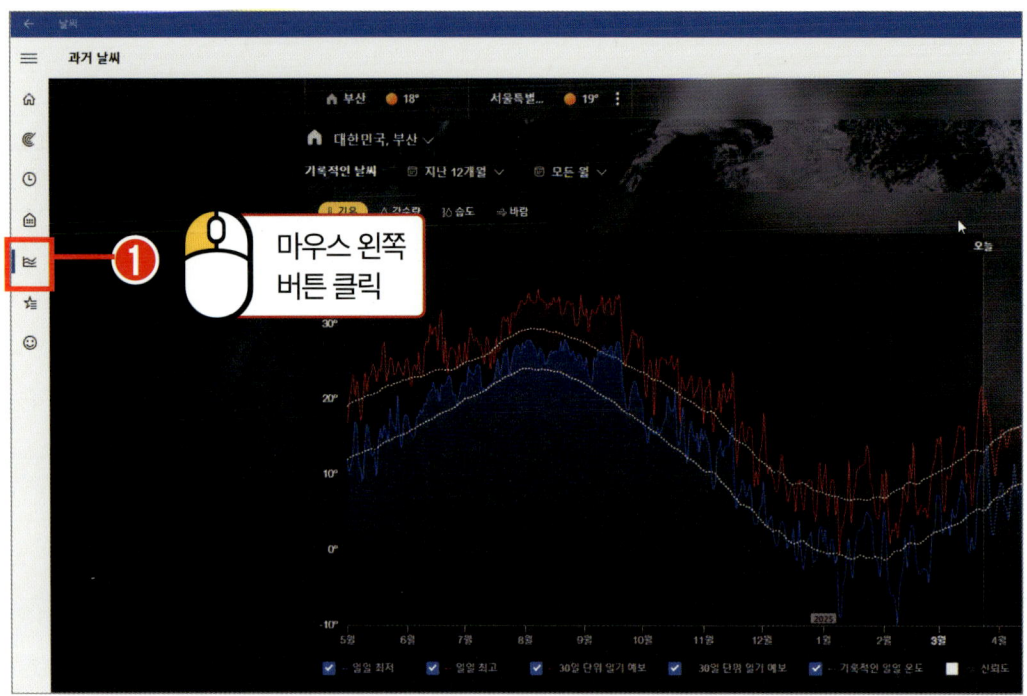

10 ☆를 클릭합니다. 자주 찾는 지역을 즐겨찾기로 저장할 수 있습니다. +를 클릭합니다.

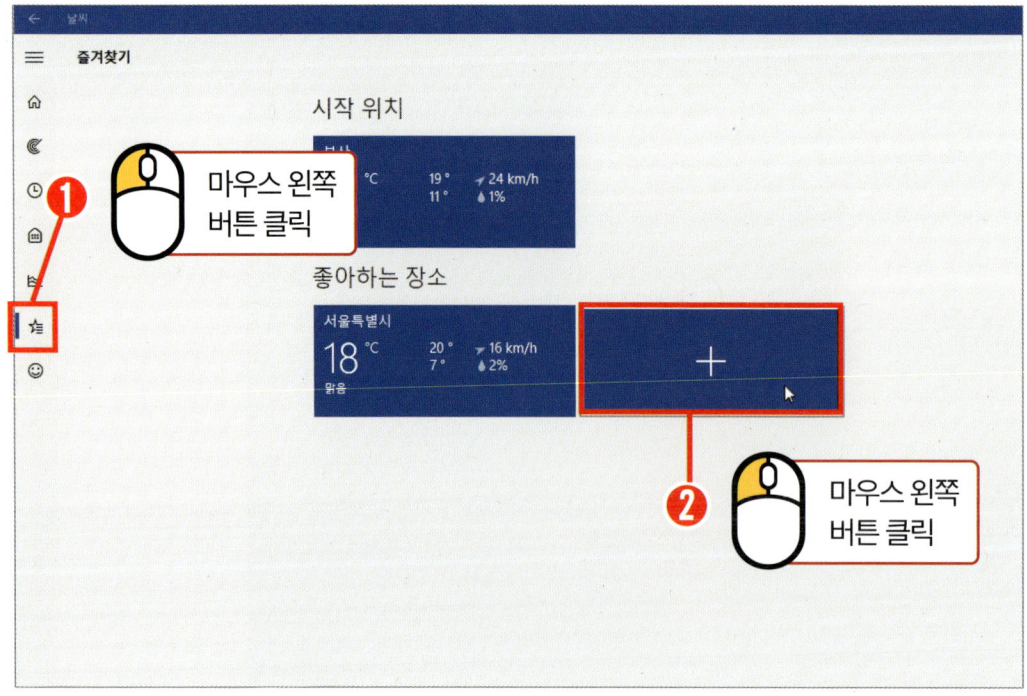

11
'수원'을 입력하고 Enter 키를 누릅니다.

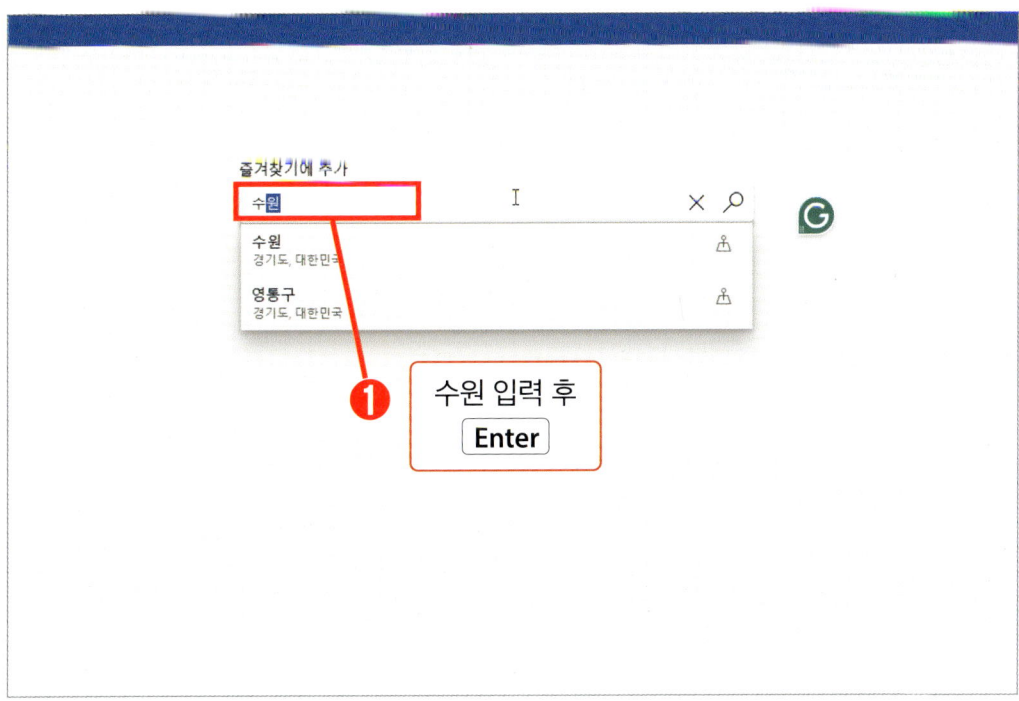

12
수원이 좋아하는 장소로 등록되었습니다.

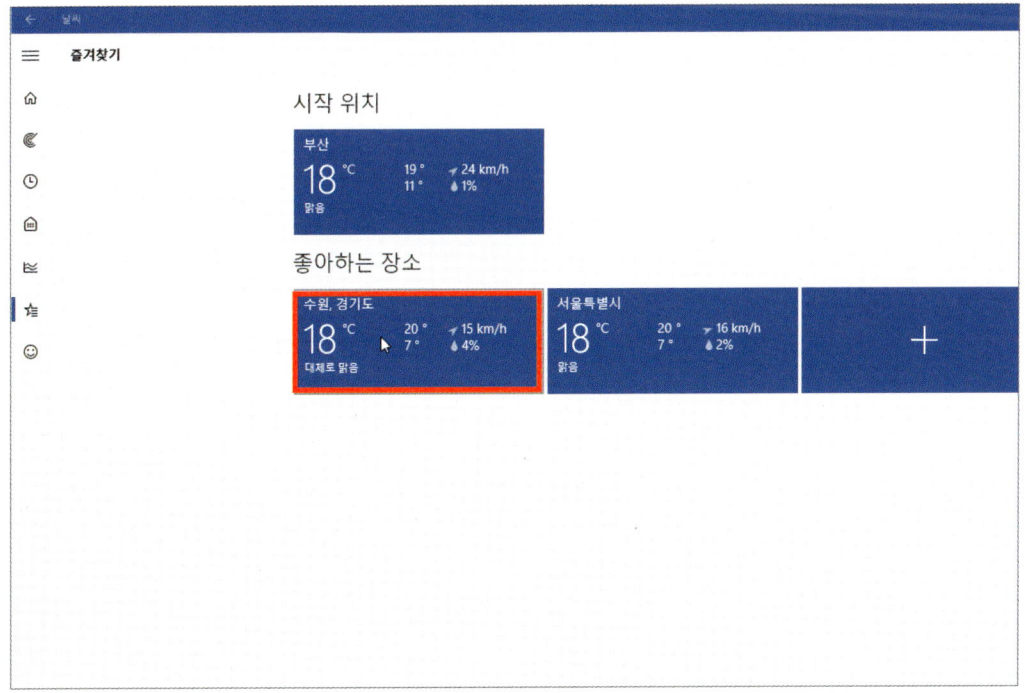

 **자세한 검색으로 내가 사는 곳의 정확한 날씨 알아보기**

큰 도시 이름으로 검색하지 않고, 더 작은 행정단위인 동으로도 검색할 수 있습니다.

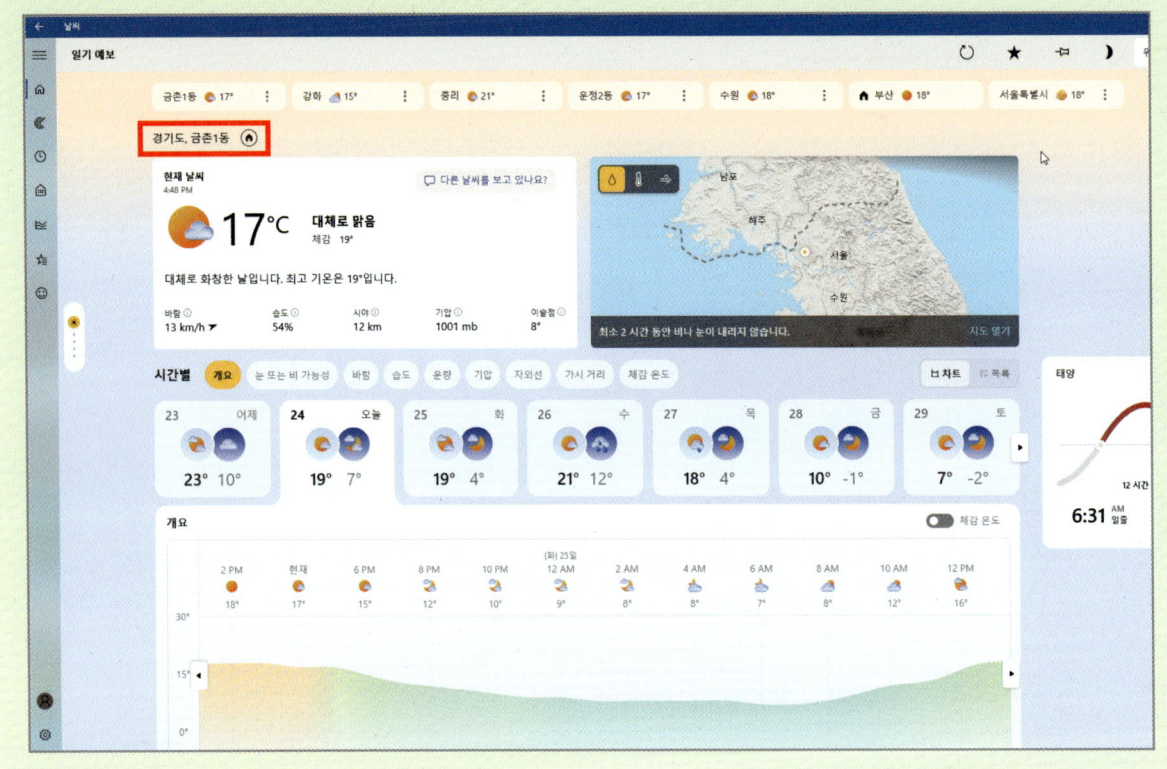

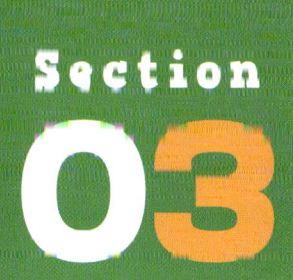

Section 03 [계산기] 앱 알아보기

계산을 쉽게 할 수 있도록 도와주는 [계산기] 앱을 실행해보겠습니다.

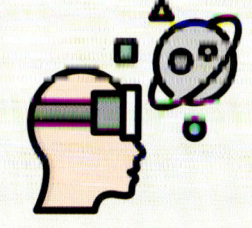

01 검색란에 [계산기]라고 입력합니다. [계산기] 앱을 클릭합니다.

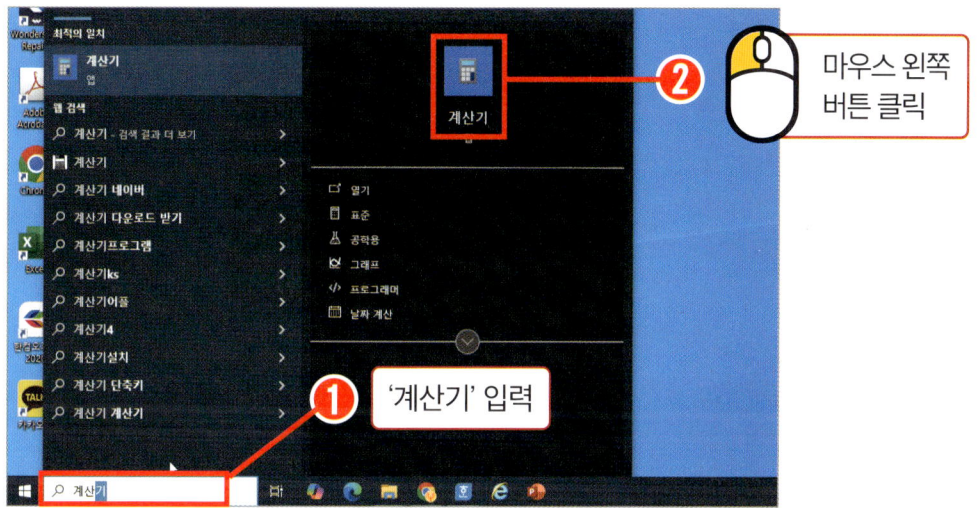

02 [계산기] 앱이 실행되었습니다. 숫자를 입력하고 부호를 클릭합니다.

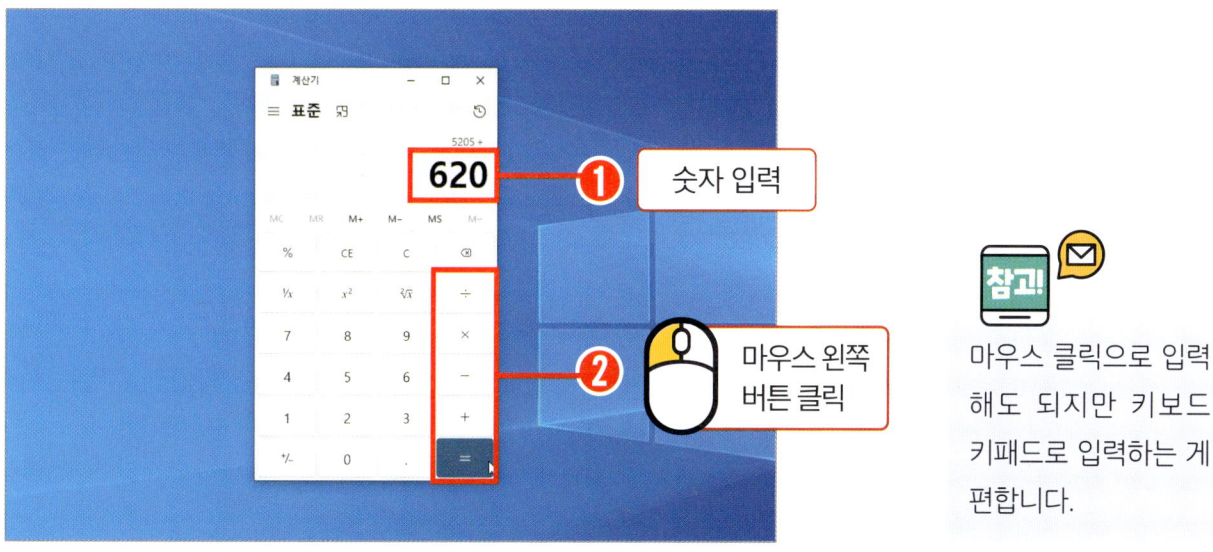

참고! 마우스 클릭으로 입력해도 되지만 키보드 키패드로 입력하는 게 편합니다.

제 07장 윈도우에서 제공하는 편리한 앱 알아보기 / **165**

03 계산을 자동으로 처리해줍니다.

팁! 전문 계산기

☰ 를 클릭하면 공학용, 그래프, 프로그래머 등 다양한 계산기를 이용할 수 있습니다.

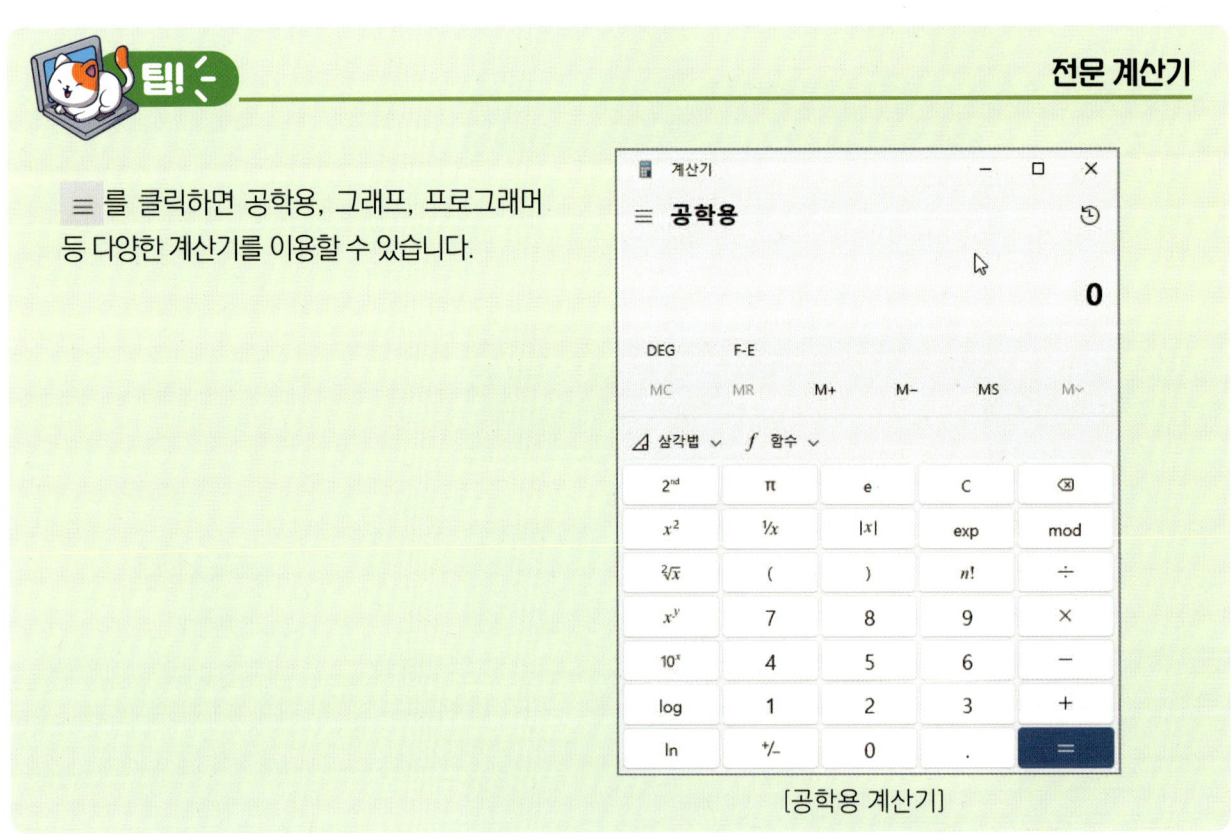

[공학용 계산기]

Section 04 보조프로그램 알아보기

윈도우에는 다양한 보조 기능들이 제공되고 있습니다. 이러한 기능들을 묶은 보조프로그램의 항목을 살펴보겠습니다.

01 [시작] ⊞ 을 클릭합니다. 스크롤바를 아래로 내려 [windows 보조프로그램] 을 클릭합니다.

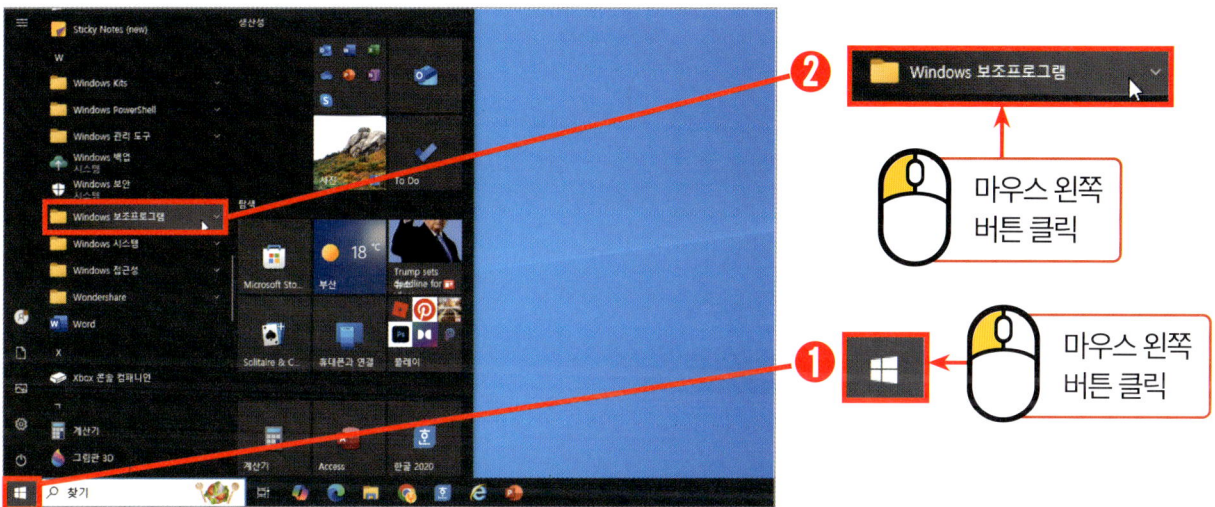

02 다양한 보조프로그램이 존재합니다. [메모장]을 클릭합니다.

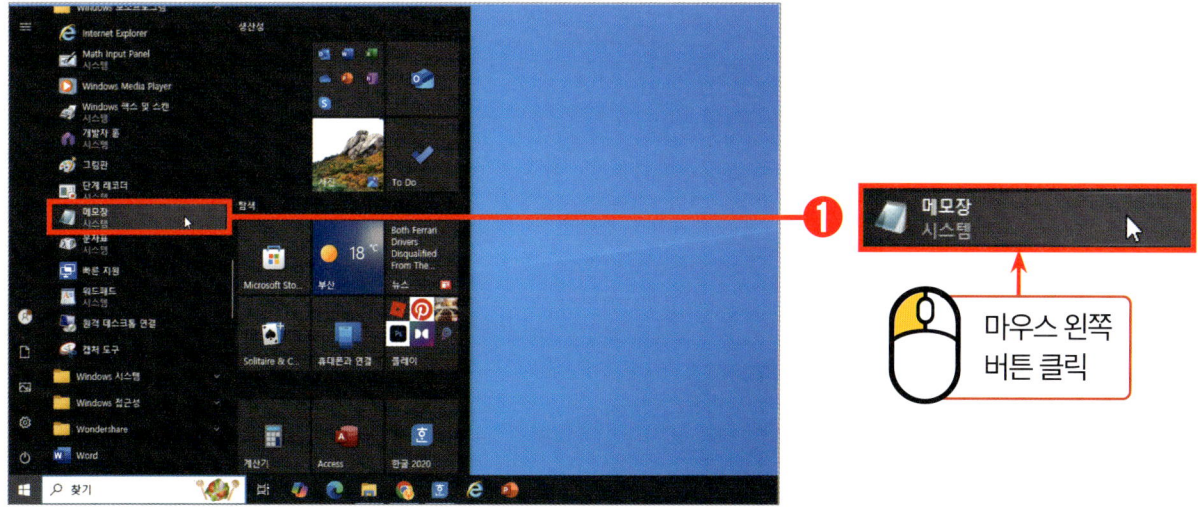

제 07장 윈도우에서 제공하는 편리한 앱 알아보기 / **167**

03
메모장이 실행되었습니다. 메모장은 텍스트만을 입력할 수 있는 간단한 문서 프로그램입니다. 내용을 입력해봅니다.

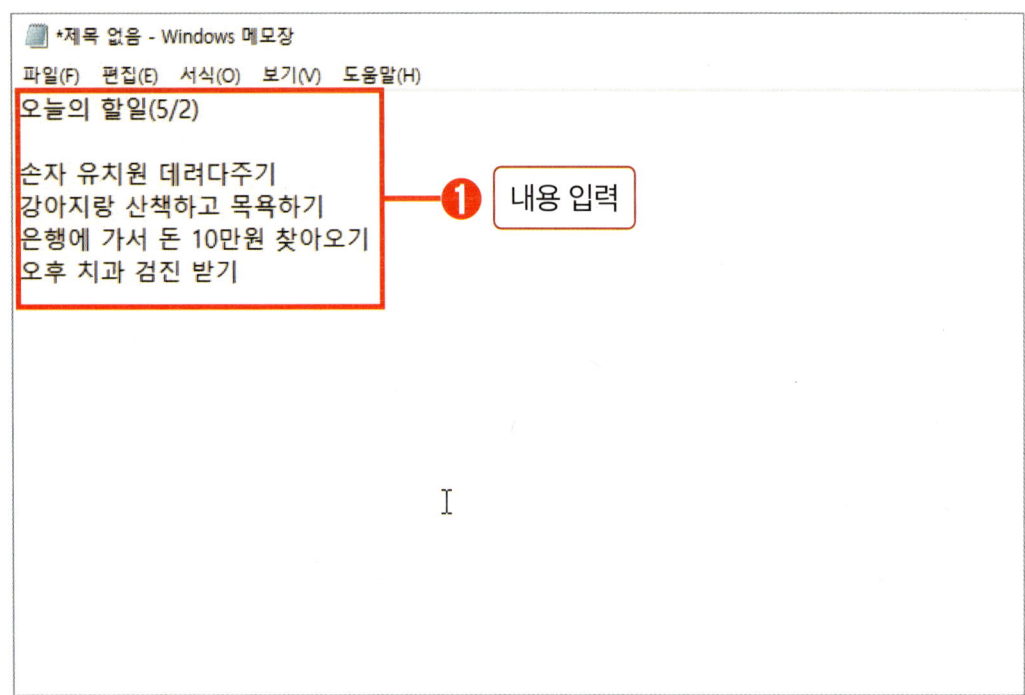

04
[파일]을 클릭합니다. [저장]을 클릭합니다.

05 저장할 위치를 선택합니다. 파일 이름을 입력하고 [저장]을 클릭합니다.

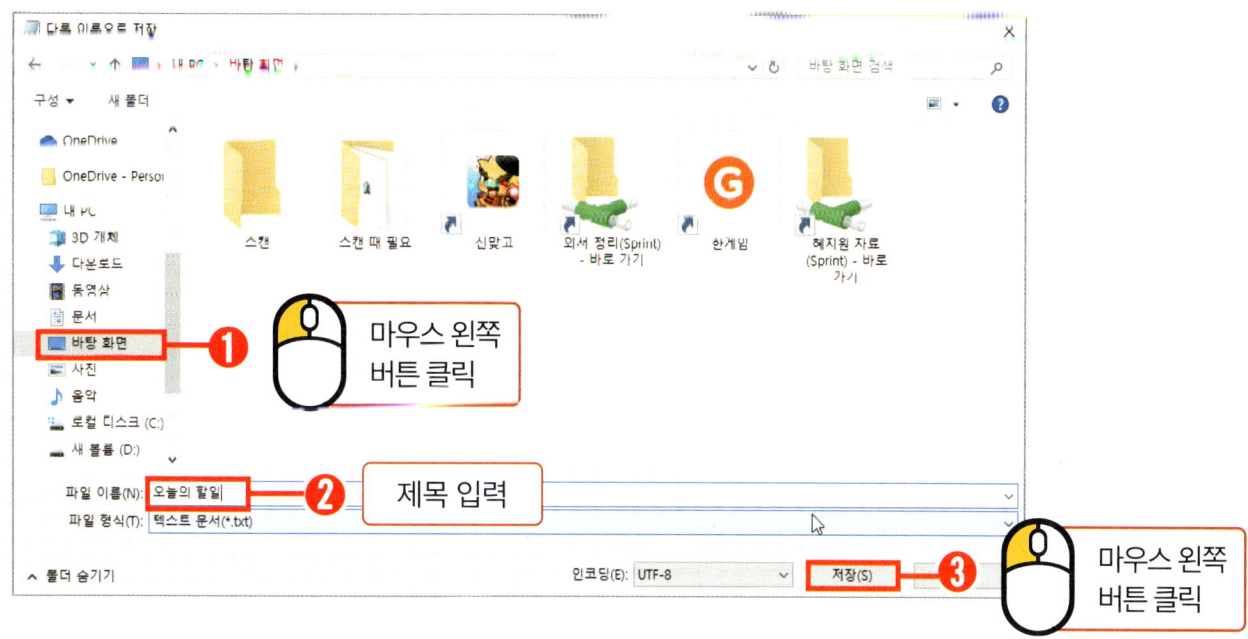

06 파일이 저장되었습니다. [닫기]를 클릭합니다.

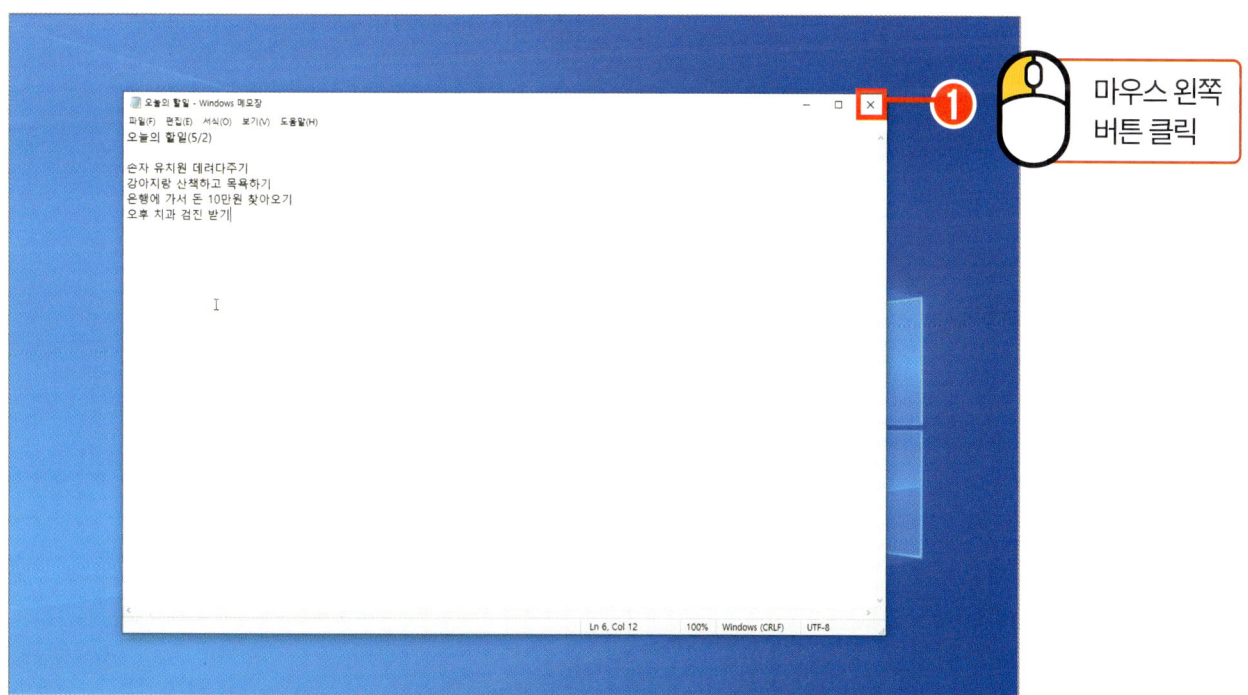

07 이번에는 [그림판] 앱을 실행해보겠습니다. [windows 보조프로그램]에서 그림판을 클릭합니다.

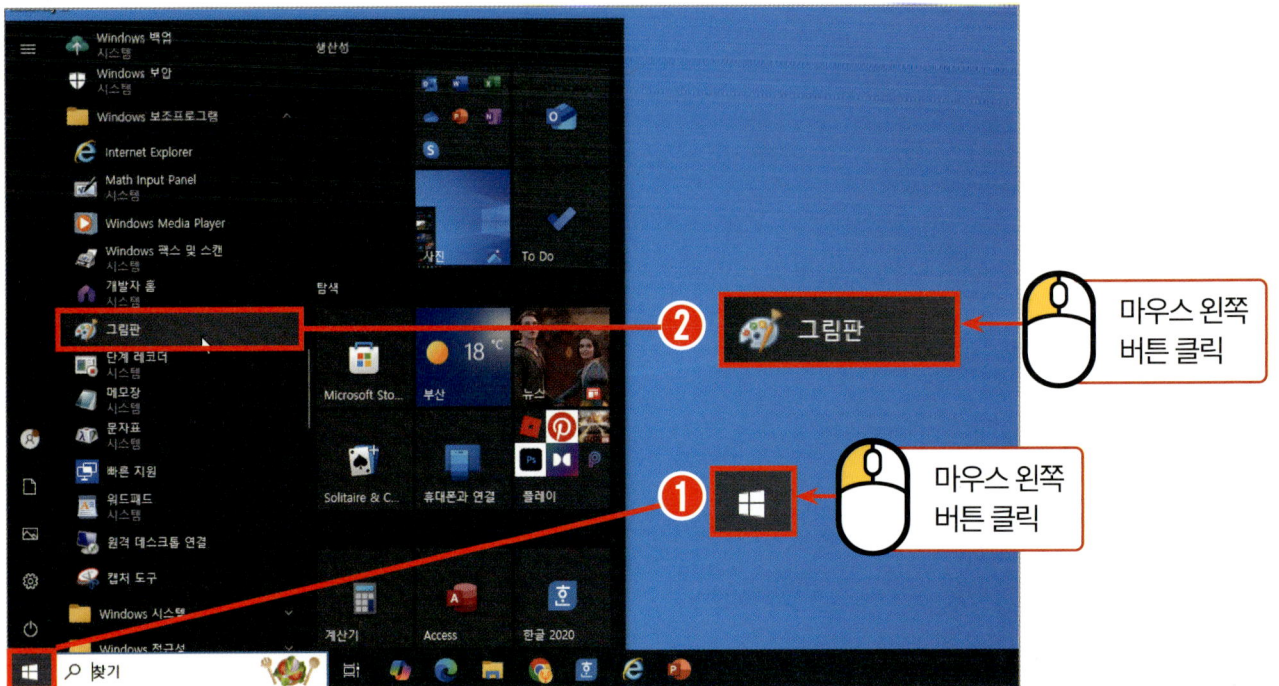

08 [그림판] 앱이 실행됩니다. 그림판에서는 간단한 이미지 편집 작업, 그림 그리기 작업 등을 할 수 있습니다.

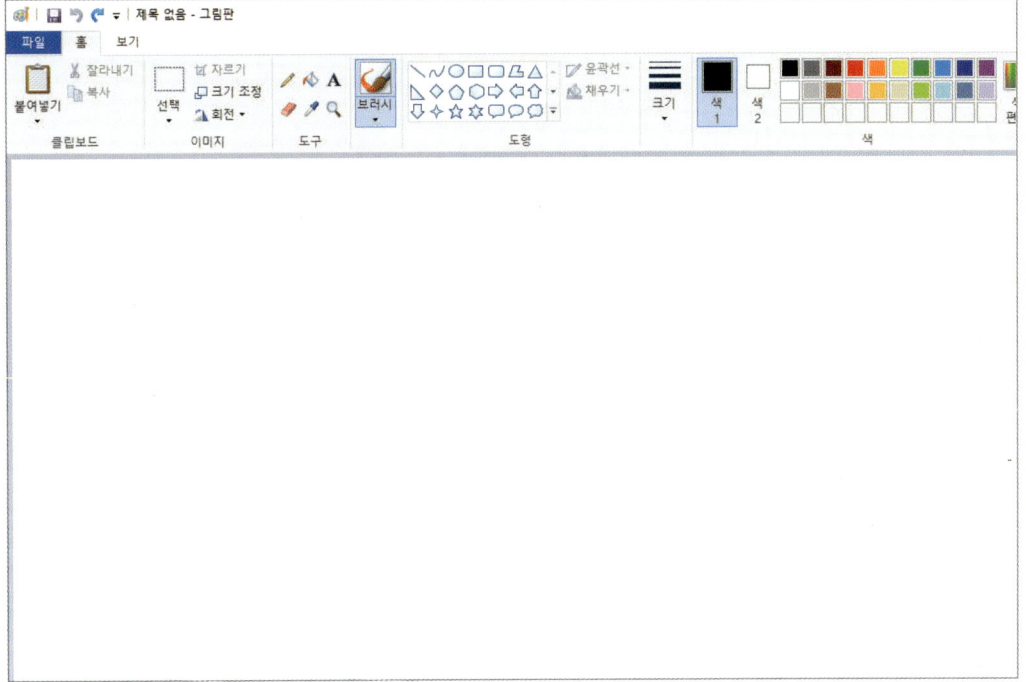

09 이번에는 [캡처 도구] 앱을 실행해보겠습니다. [windows 보조프로그램]에서 캡처 도구를 클릭합니다.

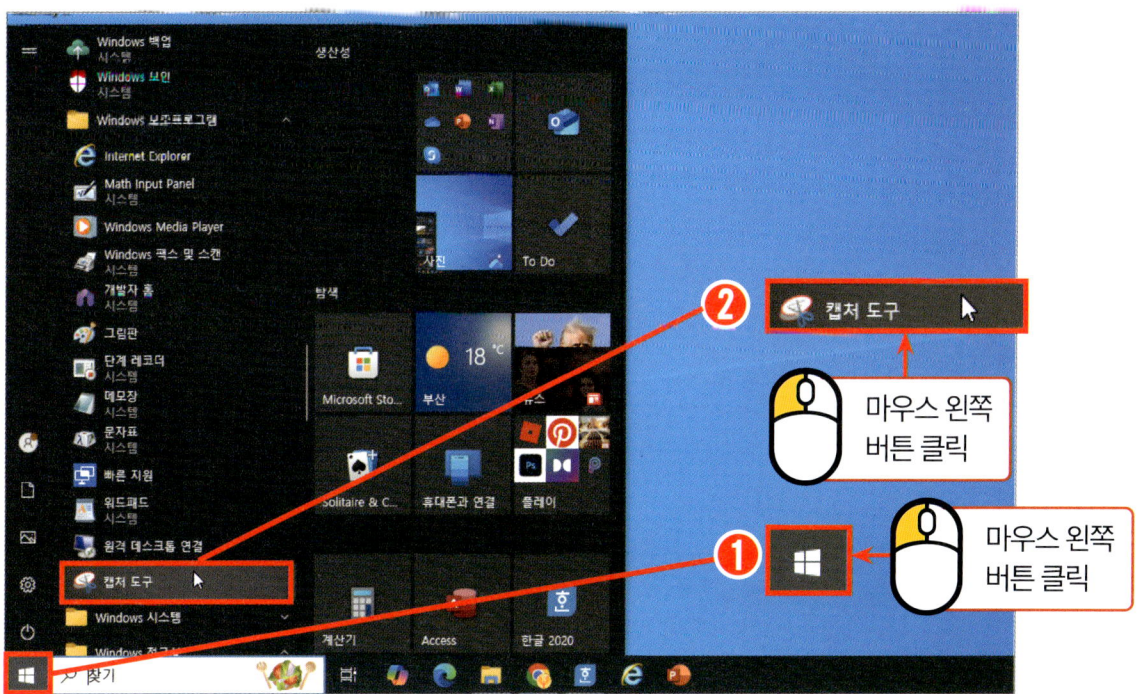

10 캡처 도구가 실행됩니다. [새로 만들기]를 클릭합니다.

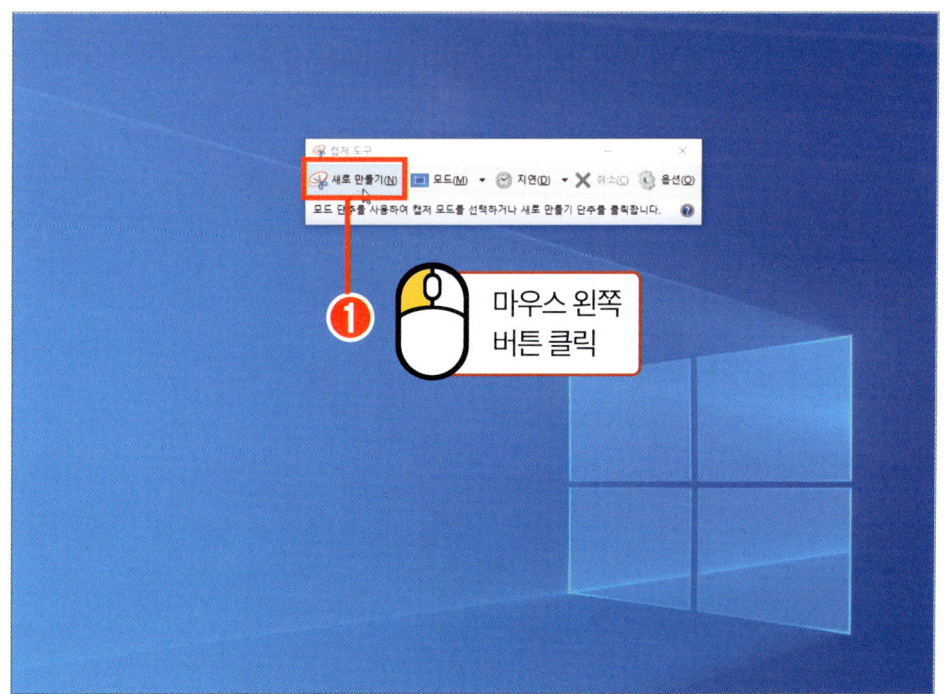

모드는 캡처 모드를 지정할 수 있는 기능입니다. 지연은 [새로 만들기]를 클릭한 후 몇 초 뒤에 캡처가 실시될지 지정할 수 있습니다.

11 화면이 투명해지며 캡처할 수 있는 상태가 됩니다. 마우스를 드래그하여 원하는 영역을 캡처하고 손가락을 뗍니다.

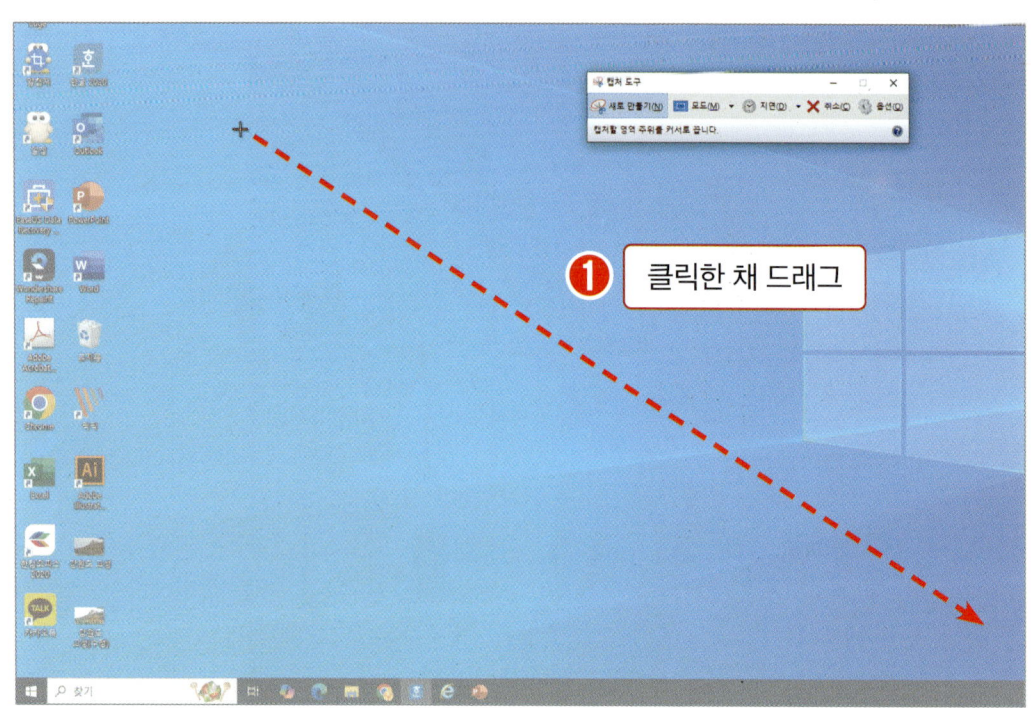

12 캡처가 되었습니다. [파일]-[다른 이름으로 저장]을 클릭하여 원하는 위치에 파일을 저장합니다.

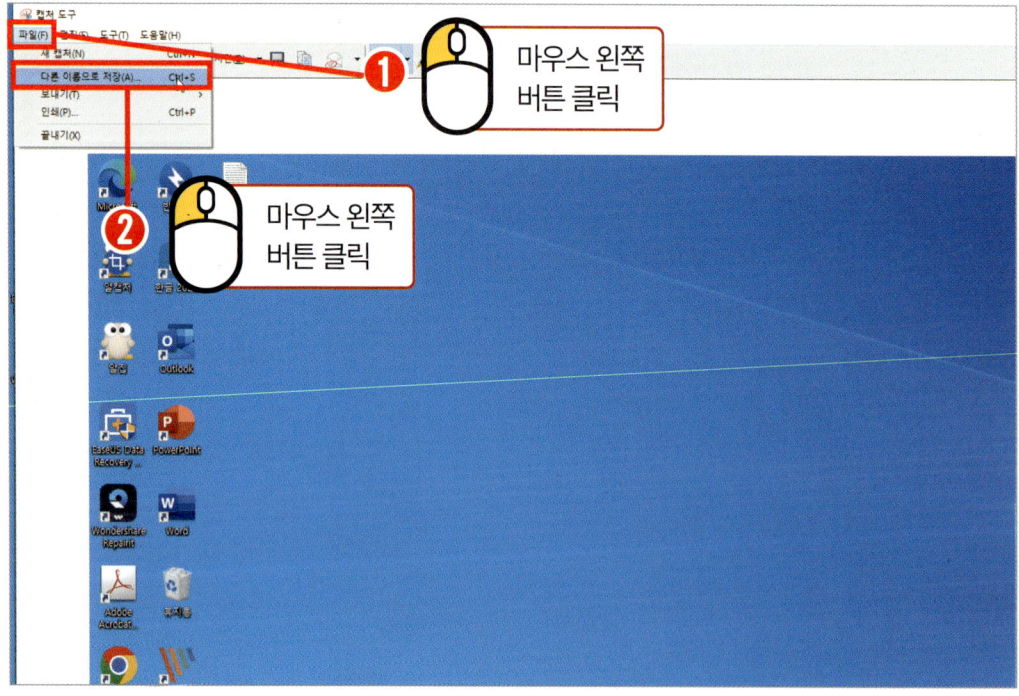

13 저장할 위치를 선택합니다. 파일 이름을 입력하고 [저장]을 클릭합니다.

캡처 파일의 경우 파일 이름에 기본적으로 '캡처'라고 입력되어 있습니다.

14 캡처 파일이 저장되었습니다.

 **원격 데스크톱 연결**

대표적으로 자주 쓰는 이 기능들 외에도, 보조 프로그램에는 여러 기능이 있습니다. 그중 원격 데스크톱 연결은 컴퓨터에 문제가 생겼을 때, 다른 컴퓨터에서 원격으로 연결하여 문제를 진단할 때 사용하는 기능입니다. 평소에는 사용하지 않지만 문제가 생길 때 이 기능을 통해 전문가의 도움을 받을 수 있습니다.

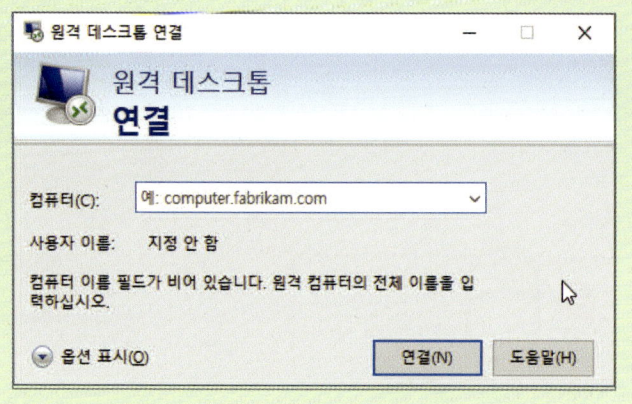

제 08 장
알집으로 압축 풀고 알약으로 검사하기

압축에 필요한 프로그램인 알집, 바이러스 검사를 해주는 프로그램인 알약을 설치하고 실행해보겠습니다.

Section 01 알집과 알약 프로그램 설치하기

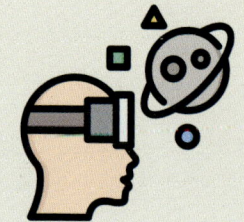

압축 프로그램인 알집, 바이러스 검사 프로그램인 알약을 한 번에 다운로드받아 설치해보겠습니다.

01 [엣지]를 클릭하여 실행합니다.

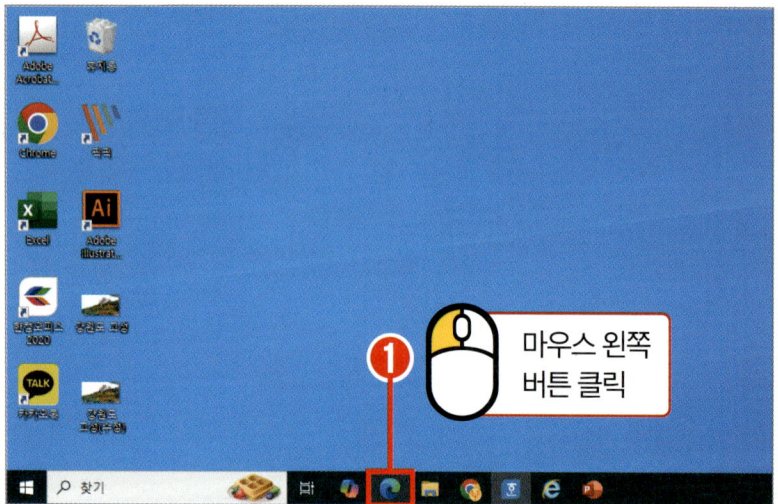

마우스 왼쪽 버튼 클릭

02 검색란에 '알집'이라고 입력하고 Enter 키를 누릅니다.

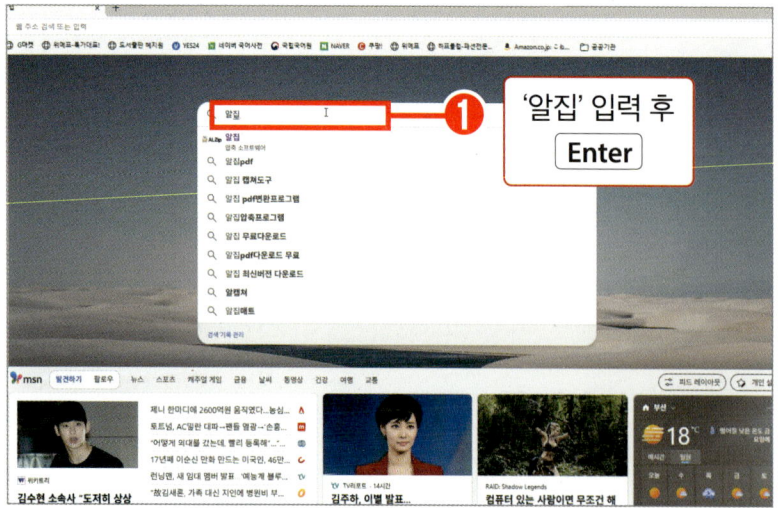

'알집' 입력 후 Enter

03 [알집 공식 다운로드-알툴즈]를 클릭합니다.

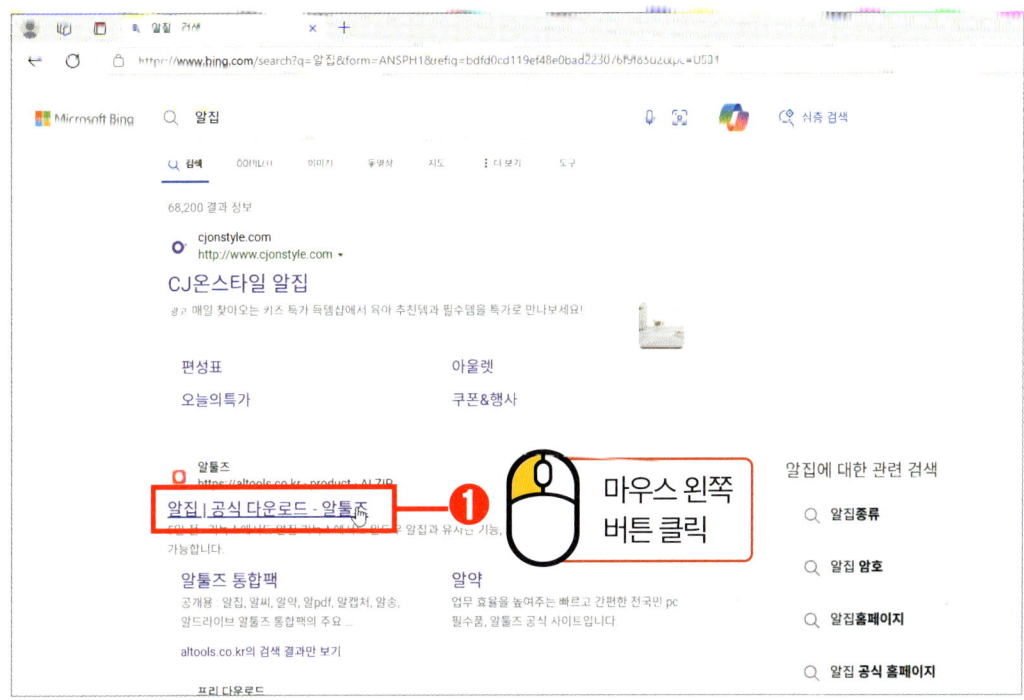

04 알집 다운로드에서 [다운로드]를 클릭합니다.

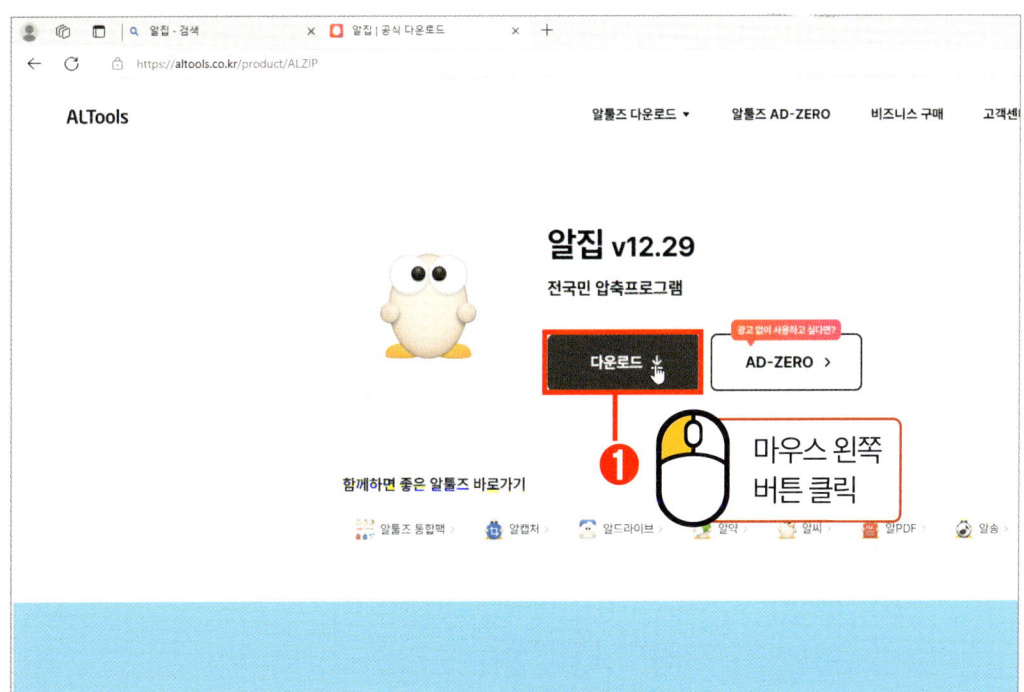

제 08장 알집으로 압축 풀고 알약으로 검사하기 / 177

05 파일 다운로드가 완료되면 [파일 열기]를 클릭합니다.

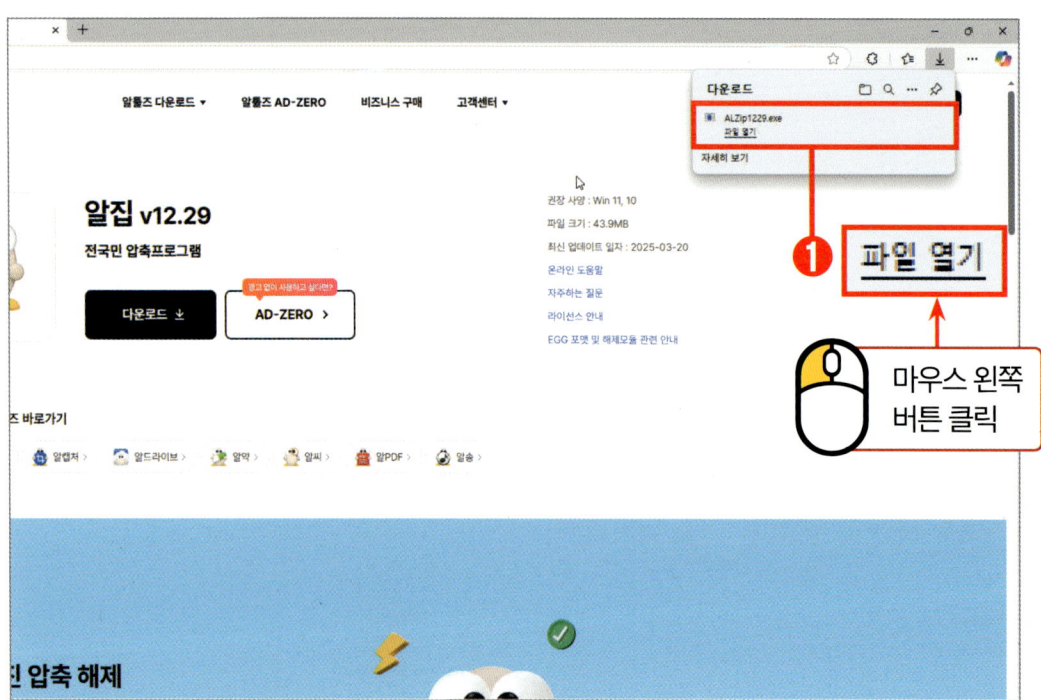

06 [동의]를 클릭합니다.

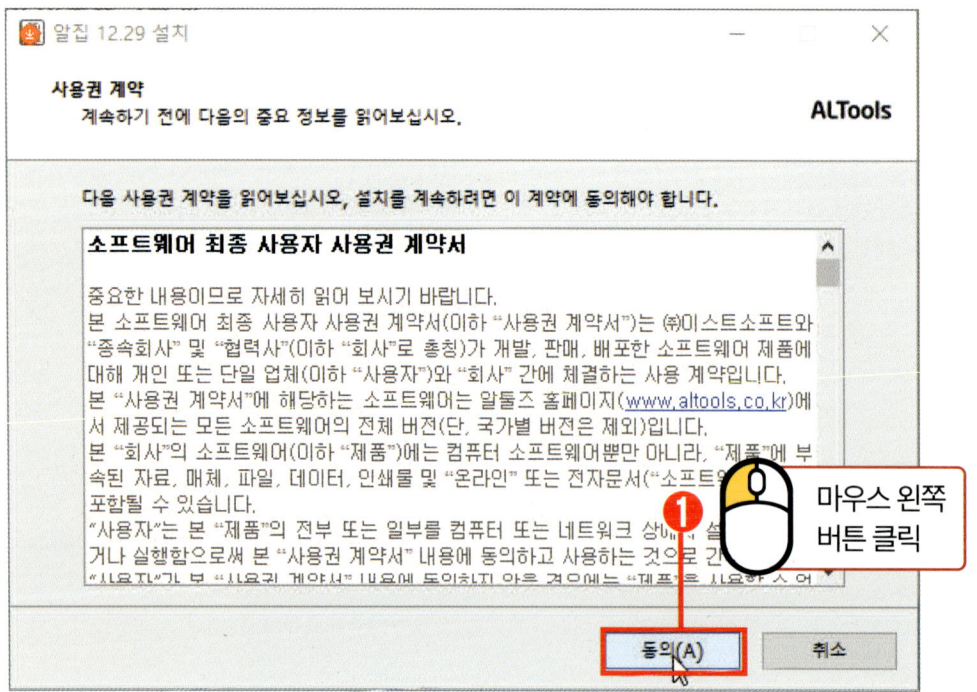

07 [제휴 추가]를 클릭하여 해제합니다. [설치를 시작합니다]를 클릭합니다.

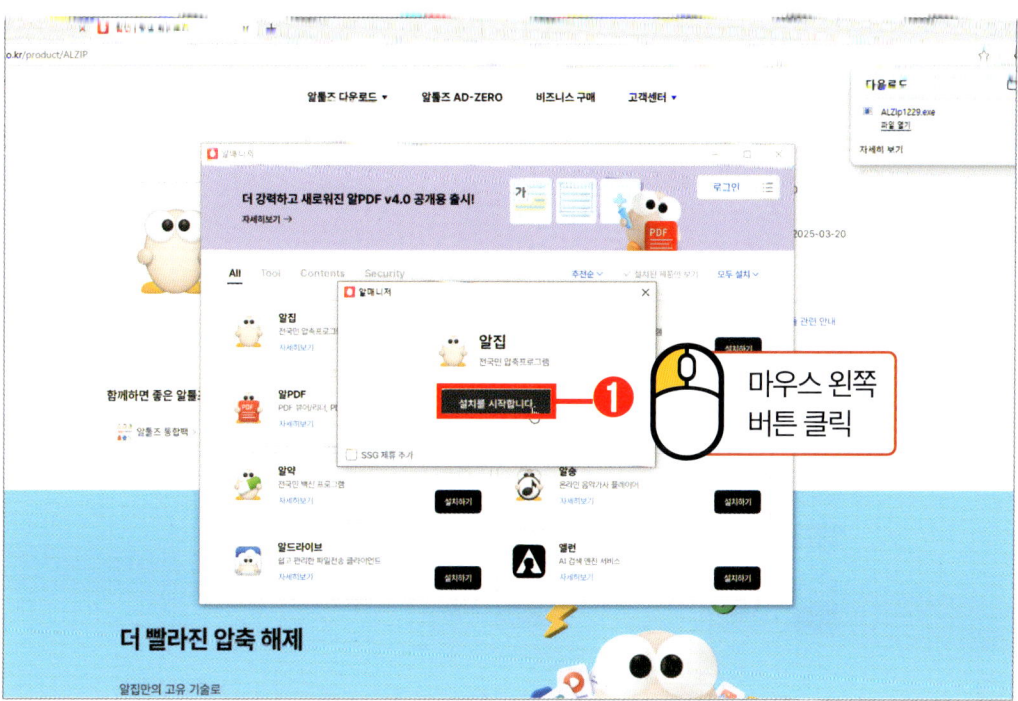

08 [동의]를 클릭합니다.

09 알집 설치가 완료되었다면 [확인]을 클릭합니다. 이어서 알약을 설치하겠습니다.

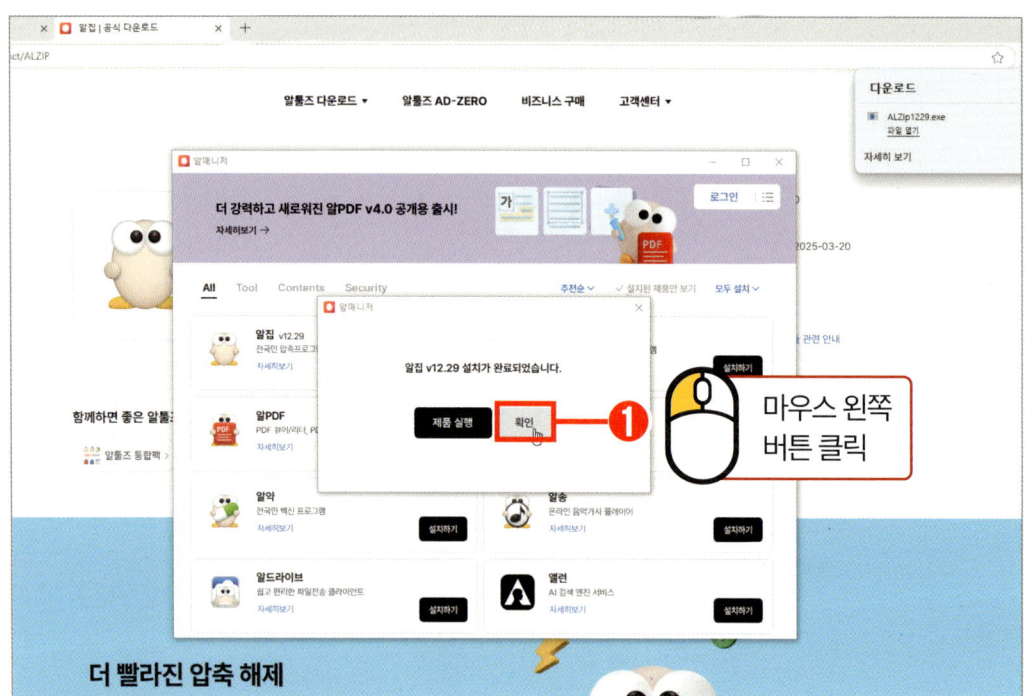

알집과 알약은 같은 알툴즈에서 만든 프로그램으로, 한 번에 다운로드가 가능합니다.

10 알약의 [설치하기]를 클릭합니다.

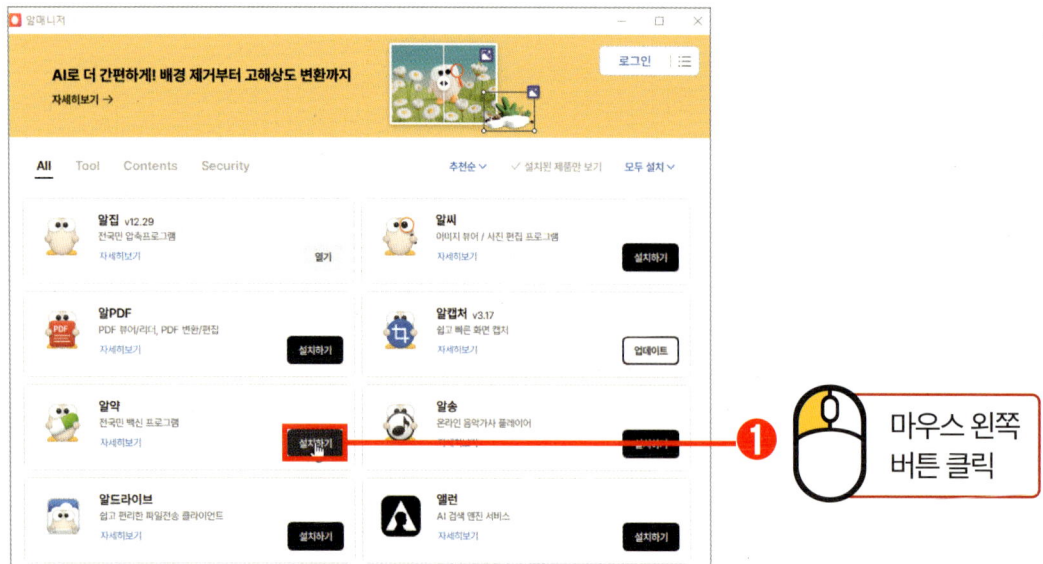

11 [제휴 추가]를 클릭하여 해제합니다. [설치를 시작합니다]를 클릭합니다.

12 설치가 진행됩니다. [동의]를 연달아 클릭합니다.

13 [빠른 설치]를 클릭합니다.

14 설치가 완료되며 바탕화면에 알집과 알약 아이콘이 생성되었습니다.

알툴즈 프로그램

알약, 알집 외에도 알툴즈에서 다운로드받아 사용할 수 있는 프로그램이 다양합니다.

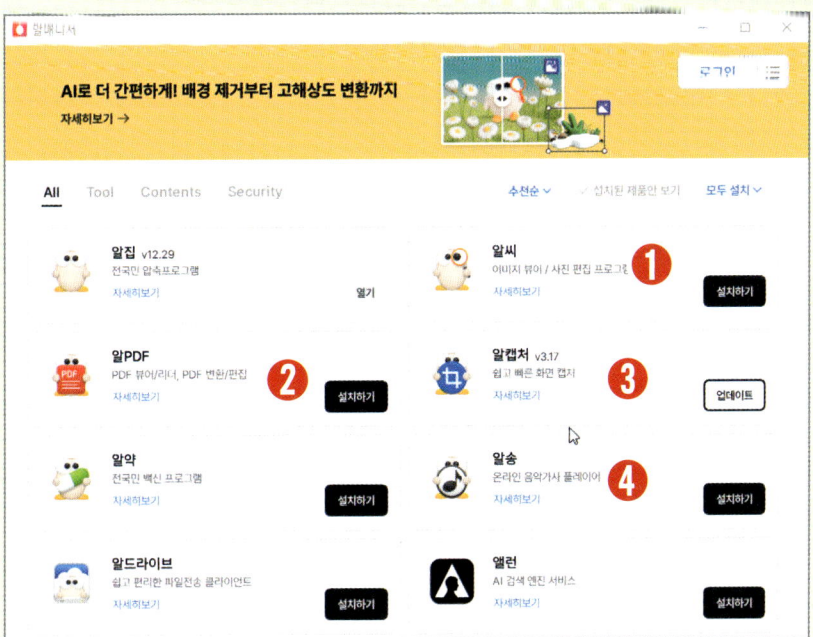

1. **알씨** : 이미지를 보고 편집할 수 있는 프로그램입니다.

2. **알PDF** : PDF문서를 읽을 때 사용하는 프로그램입니다.

3. **알캡처** : 기본 캡처 프로그램처럼 화면 캡처를 할 때 사용하는 프로그램입니다.

4. **알송** : 온라인 음악 가사를 플레이할 수 있는 프로그램입니다.

Section 02 폴더 압축하기

알집을 이용해 폴더를 압축해보겠습니다.

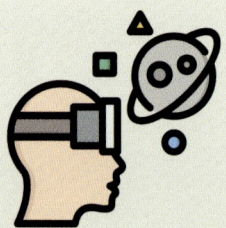

01 압축하고 싶은 폴더 위에서 마우스 오른쪽 버튼을 클릭합니다.

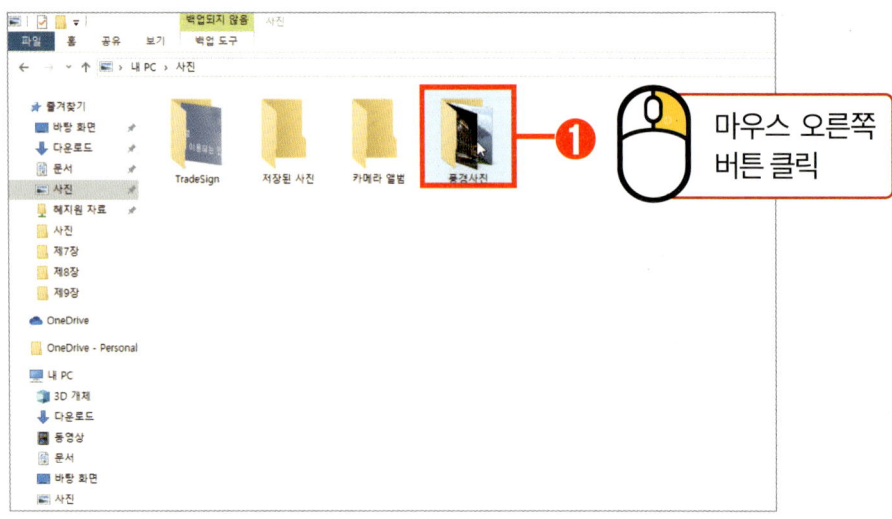

02 [알집으로 압축하기]를 클릭합니다.

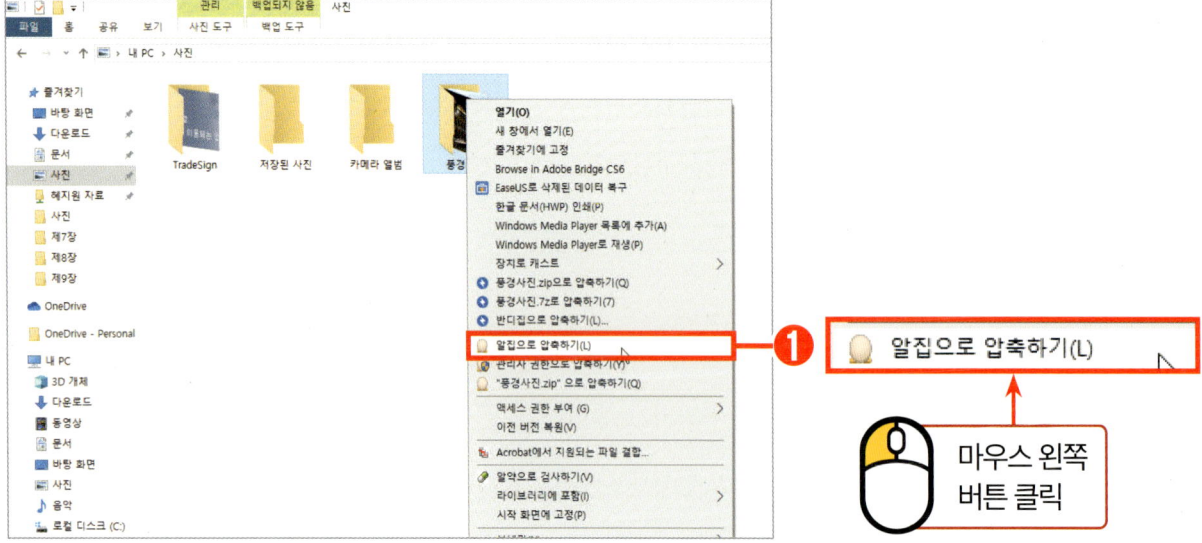

03 파일명 옆의 ... 를 클릭합니다.

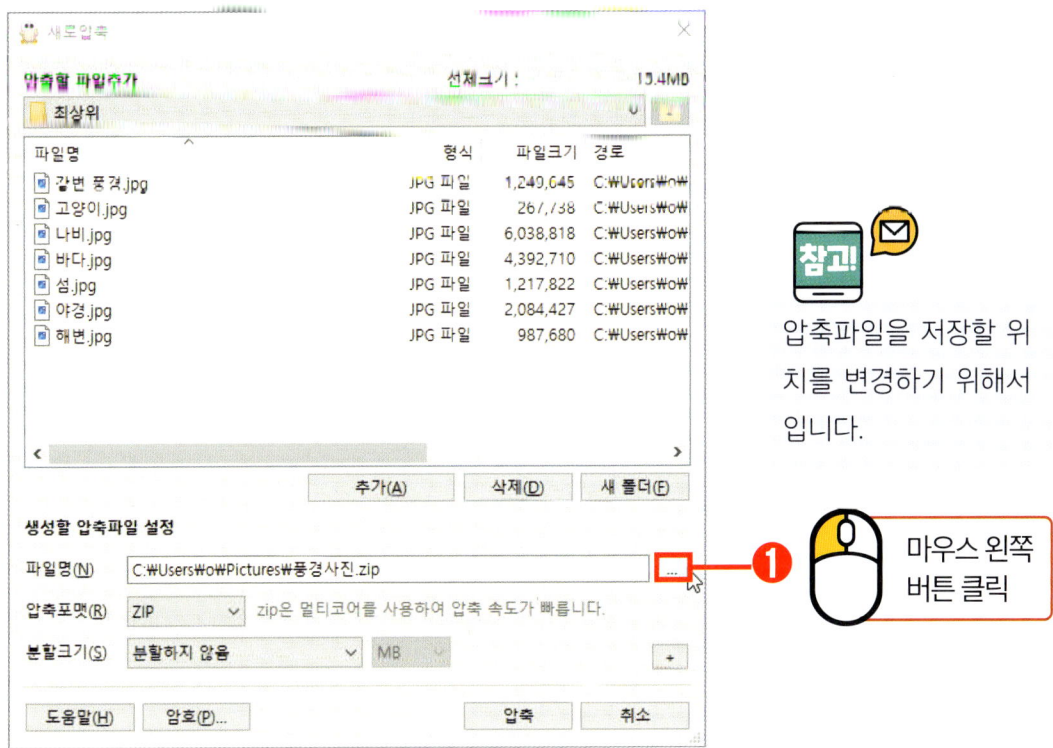

압축파일을 저장할 위치를 변경하기 위해서입니다.

04 저장할 위치를 지정하겠습니다. [바탕화면]을 클릭합니다. 파일 이름을 입력하고 [저장]을 클릭합니다.

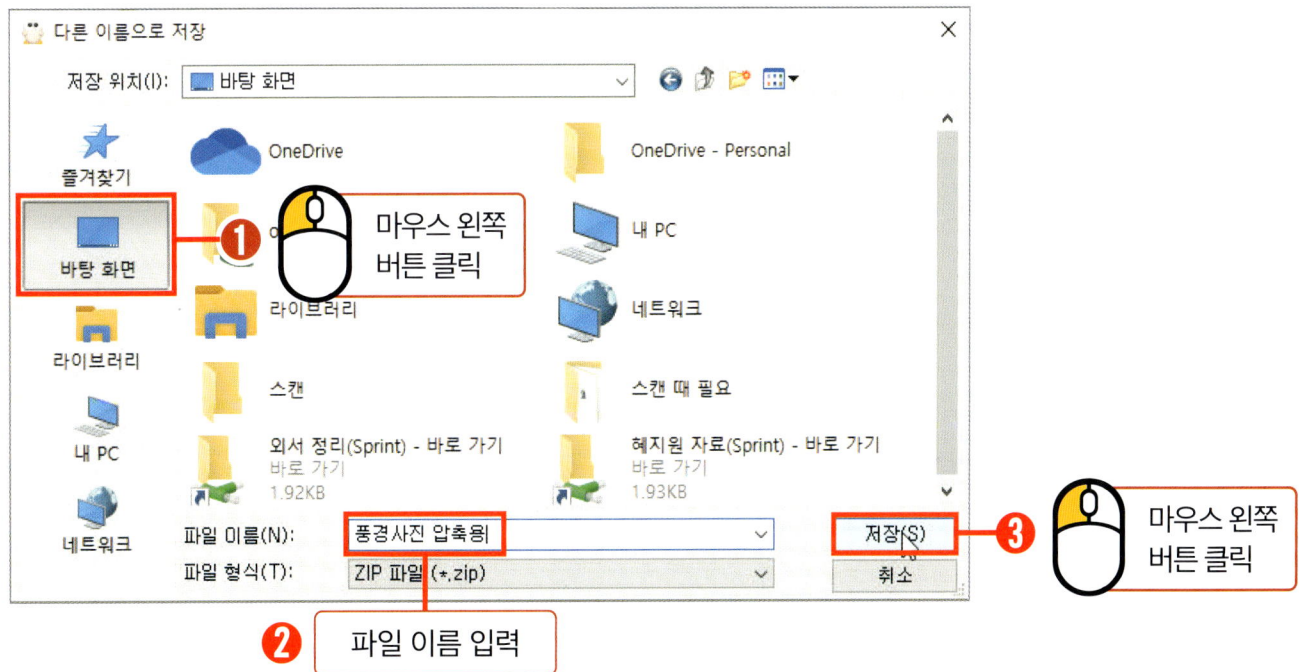

05 [압축]을 클릭합니다.

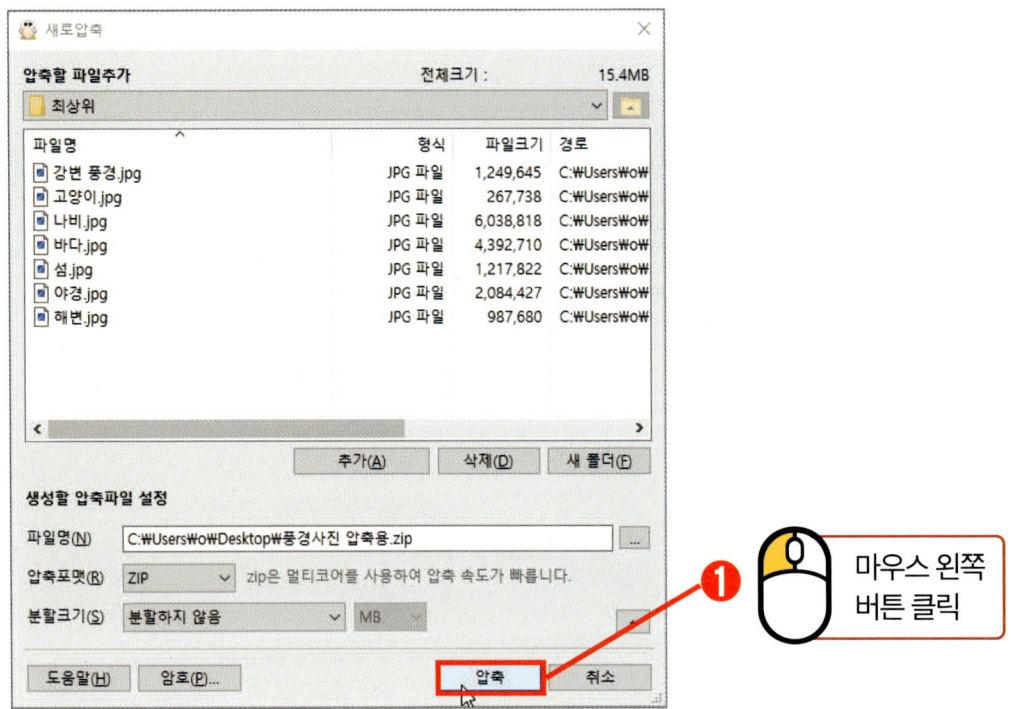

06 압축이 완료되었습니다. [폴더열기]를 클릭합니다.

07 바탕화면에 압축 파일이 생성되어 있는 것을 볼 수 있습니다.

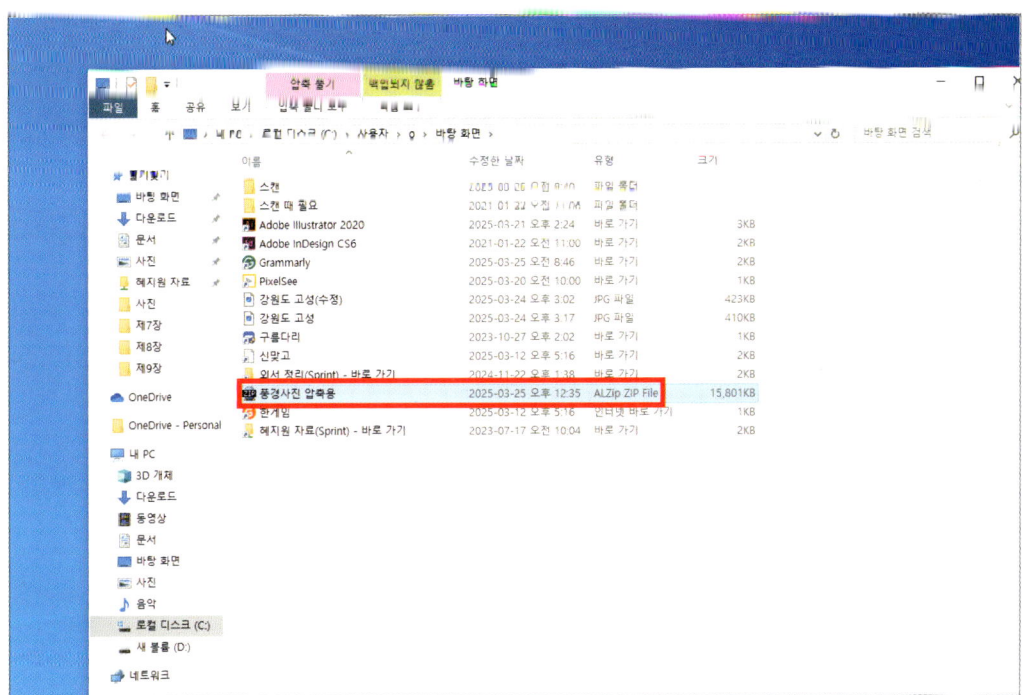

압축 파일이 있는 폴더의 경로를 기억해두어야 다음에 압축 파일을 쉽게 찾을 수 있습니다.

Section 03 압축 파일 열어보기

압축 파일에 있는 파일 각각을 열어보겠습니다.

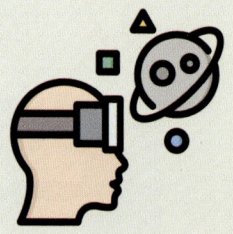

01 압축 파일을 더블클릭합니다.

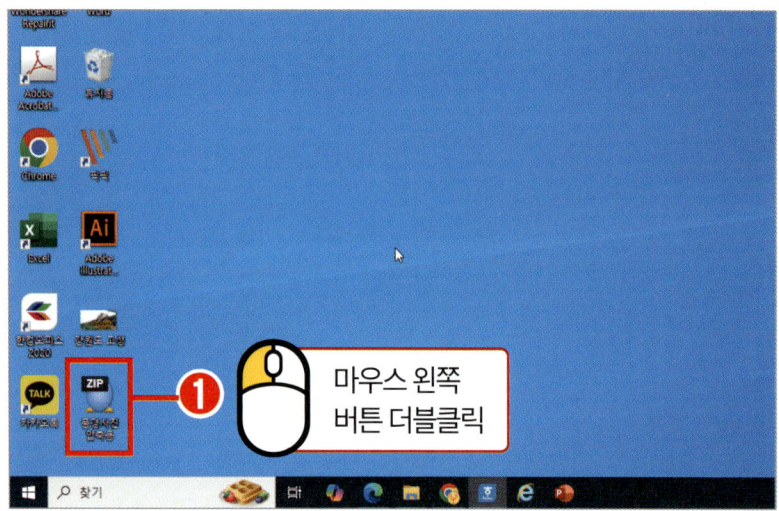

02 압축 폴더에서 보고 싶은 파일을 더블클릭합니다.

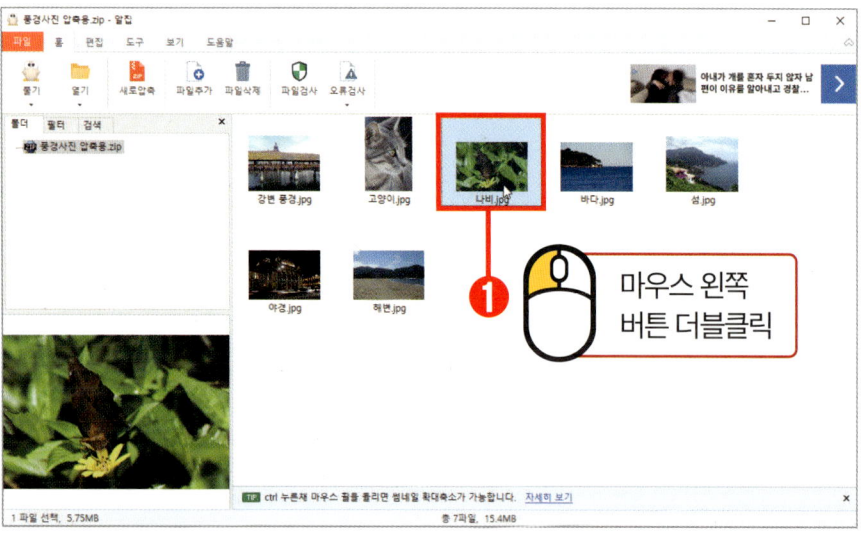

03 파일을 열어볼 수 있습니다. 압축을 풀지 않고 열면 파일 저장 및 편집에 제약이 있습니다. [닫기]를 클릭합니다.

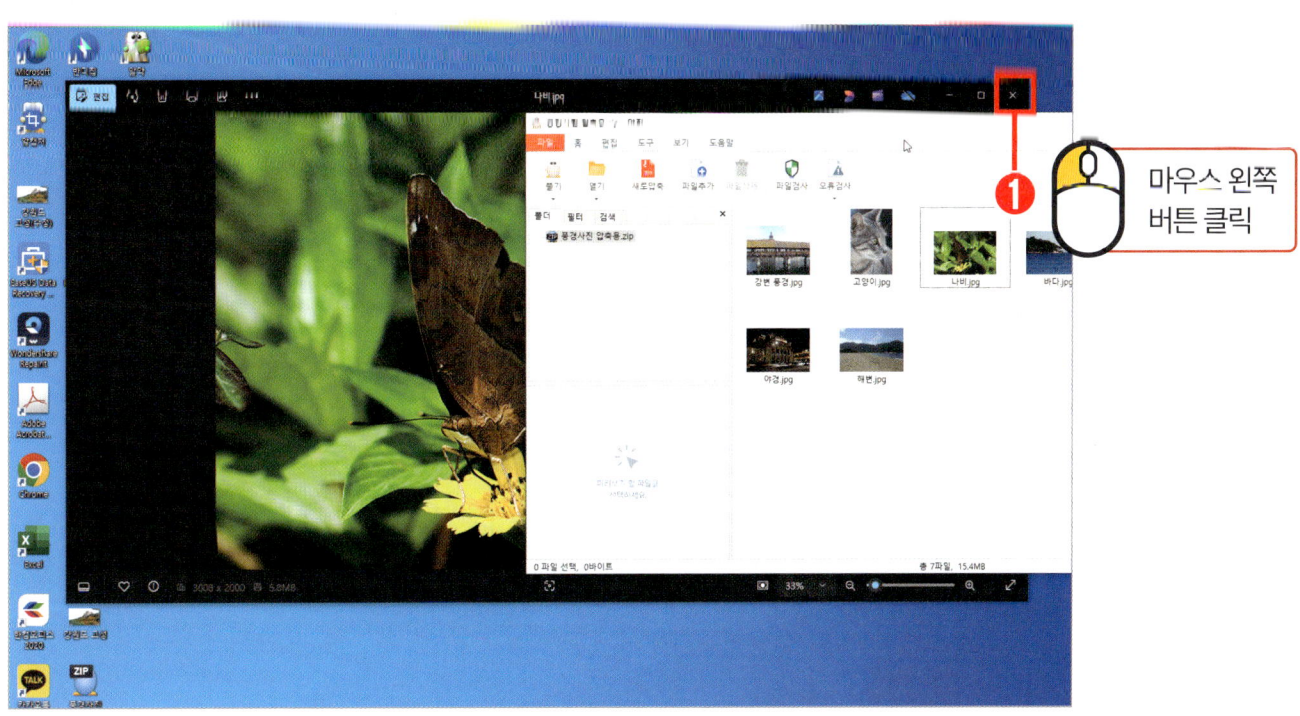

Section 04 파일 추가하여 압축하기

압축 시 미처 포함하지 못한 파일을 추가하여 압축할 수 있습니다.

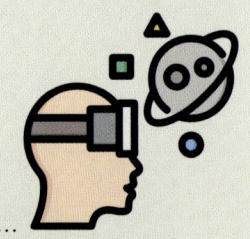

01 압축 폴더에서 [파일추가]를 클릭합니다.

02 [파일추가] 창이 열리면 [추가]를 클릭합니다.

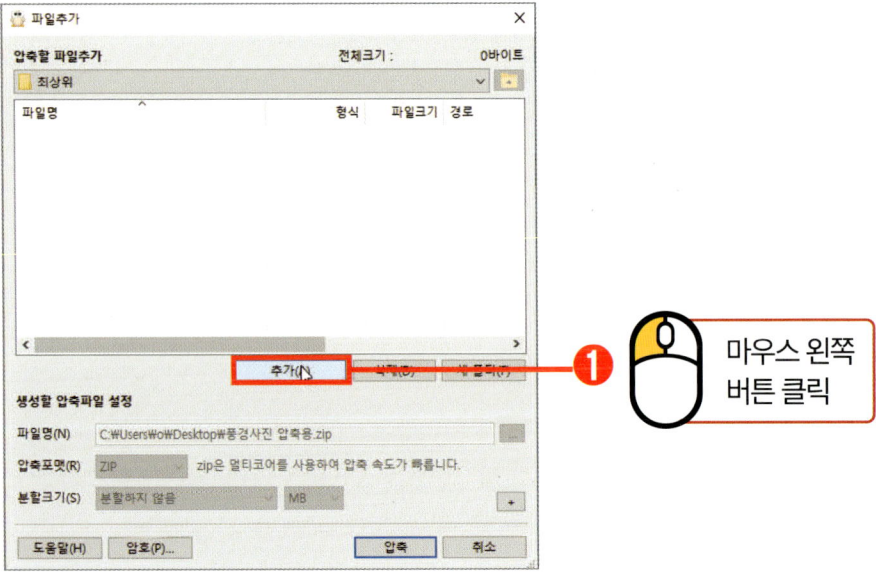

03 추가로 압축할 파일을 선택하고 [열기]를 클릭합니다.

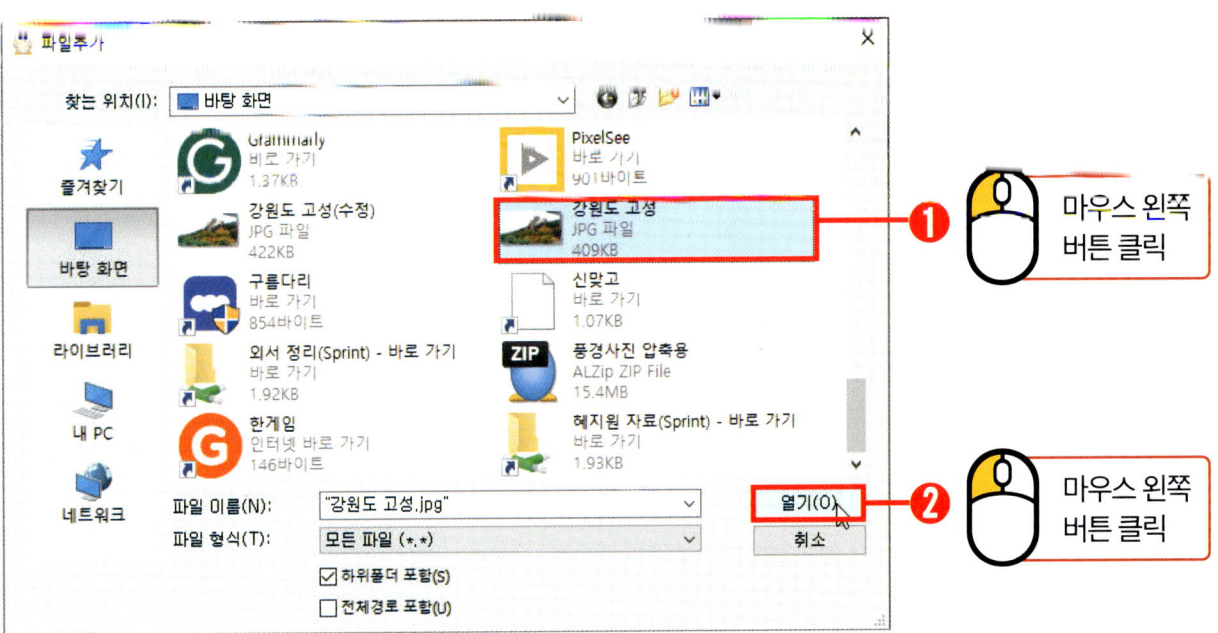

04 [압축]을 클릭합니다.

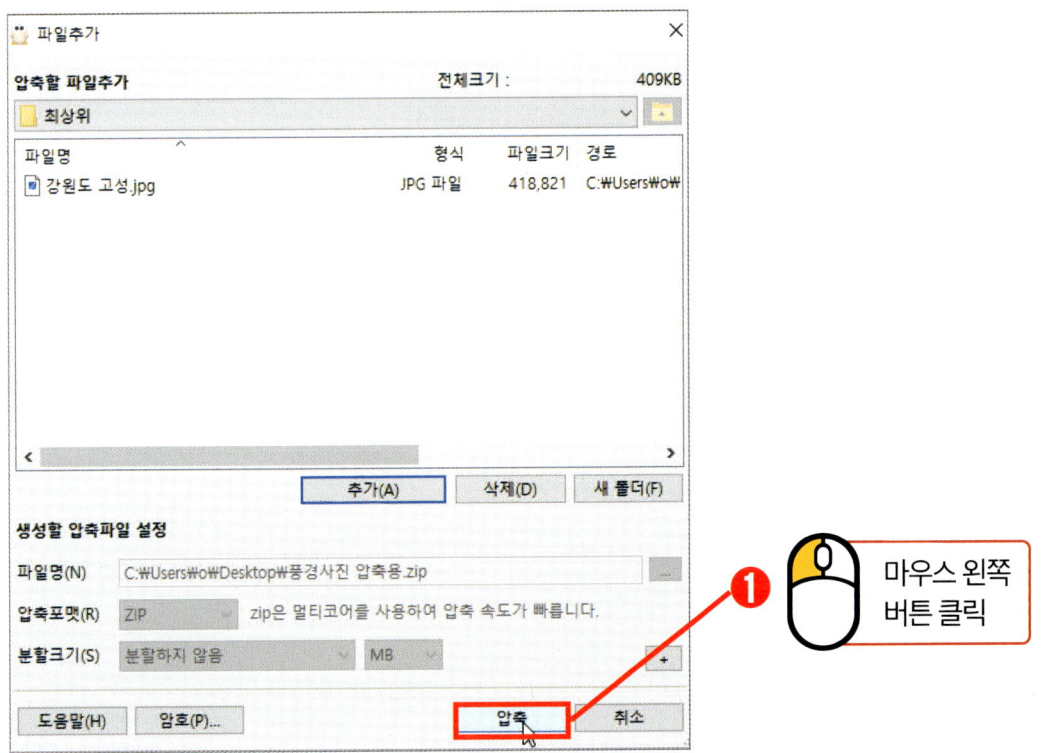

05 추가한 파일이 같이 압축되었습니다.

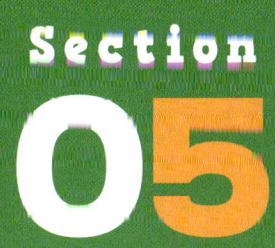

Section 05 압축 풀기

압축 파일의 압축을 풀어보겠습니다.

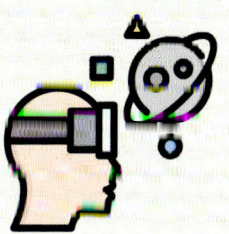

01 압축 파일 위에서 마우스 오른쪽 버튼을 클릭합니다. [알집으로 압축풀기]를 클릭합니다.

02 압축을 풀 위치를 지정합니다. [문서]를 클릭합니다. [확인]을 클릭합니다.

[압축풀기 후 폴더열기]를 체크하면 압축이 풀어진 후 해당 폴더가 자동으로 열립니다.

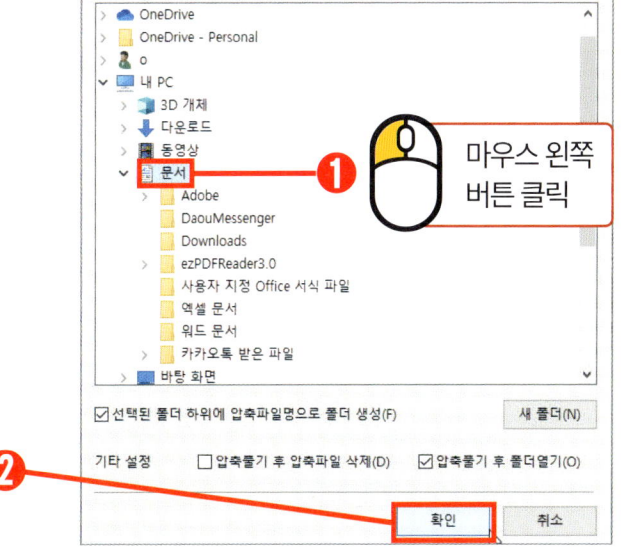

제 08장 알집으로 압축 풀고 알약으로 검사하기 / 193

03 압축이 풀리고 압축이 풀린 파일이 열립니다. [닫기]를 클릭합니다.

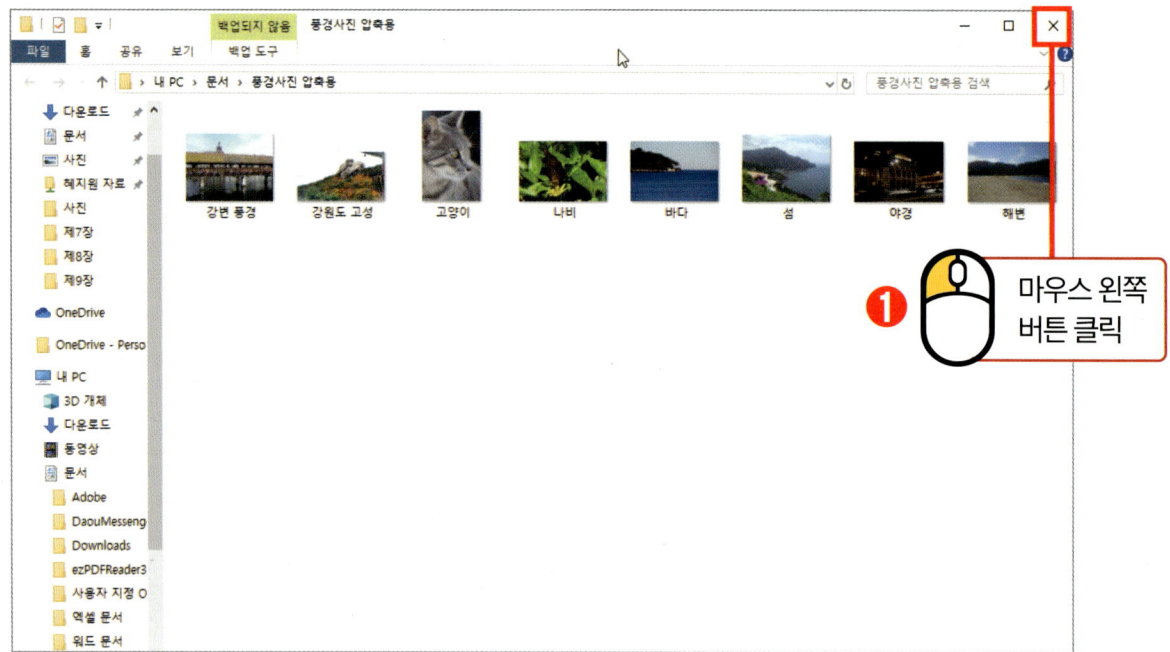

압축 파일과 압축 해제 파일의 위치를 다르게 지정한다면 두 파일의 위치를 잘 기억하도록 합시다.

Section 06 알약으로 바이러스 검사하기

알약으로 바이러스 검사를 해보겠습니다.

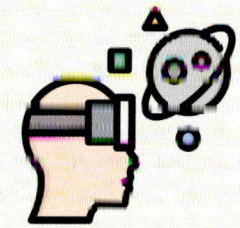

01 바탕화면에 설치된 [알약] 아이콘을 더블클릭합니다.

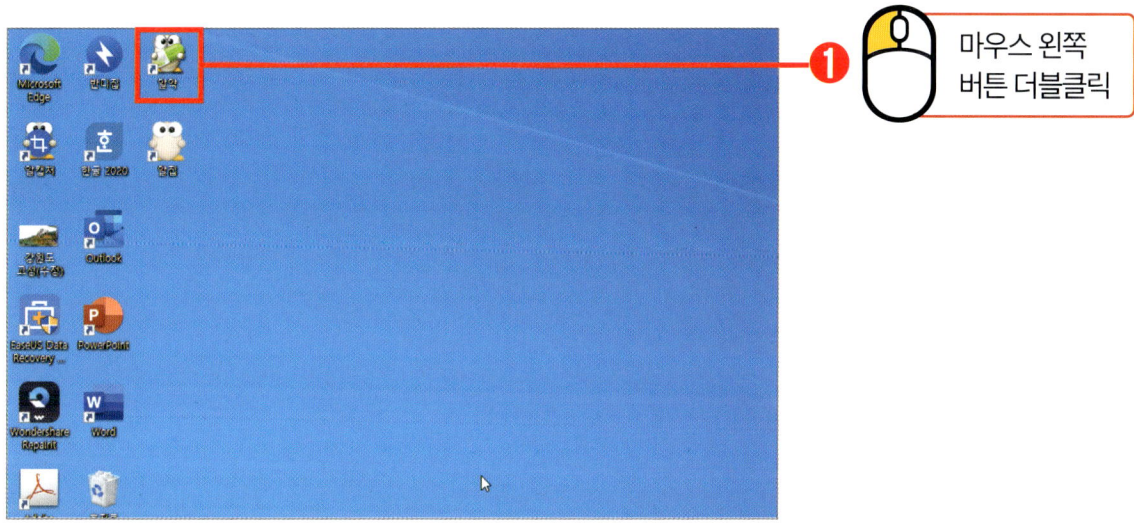

① 마우스 왼쪽 버튼 더블클릭

02 [빠른검사]를 클릭합니다.

참고! 정밀검사는 더욱 다양한 항목에 대해 정밀검사를 하는 기능입니다.

① 마우스 왼쪽 버튼 클릭

03 검사가 실행됩니다. 검사 결과에 문제가 없으면 [닫기]를 클릭합니다.

04 [PC최적화]를 클릭합니다.

05 [PC최적화]를 클릭합니다.

06 [검색시작]을 클릭합니다.

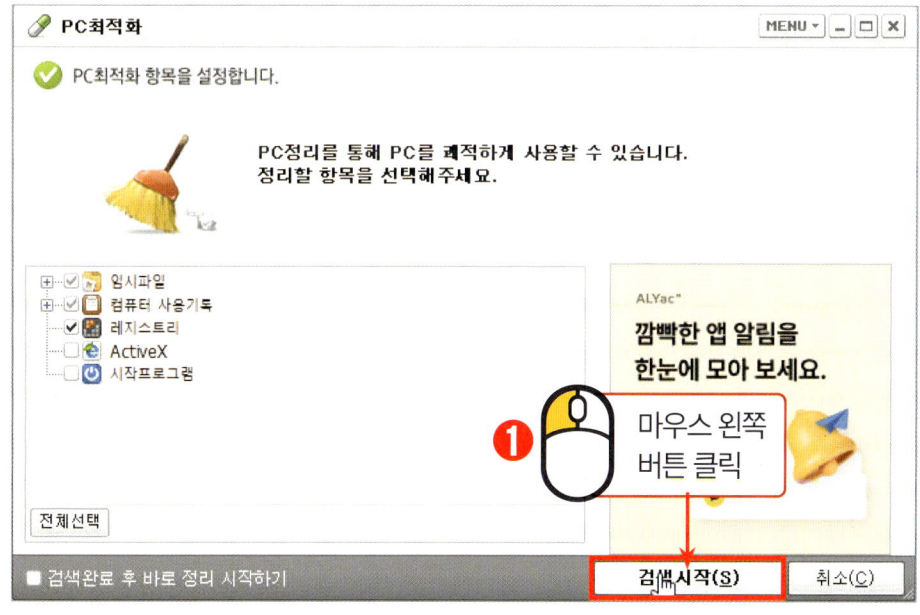

[검색완료 후 바로 정리 시작하기]를 체크하면 검색 완료와 동시에 자동으로 최적화를 진행합니다.

07 최적화 대상 검색을 시작합니다. 검색이 완료되면 [정리시작]을 클릭합니다.

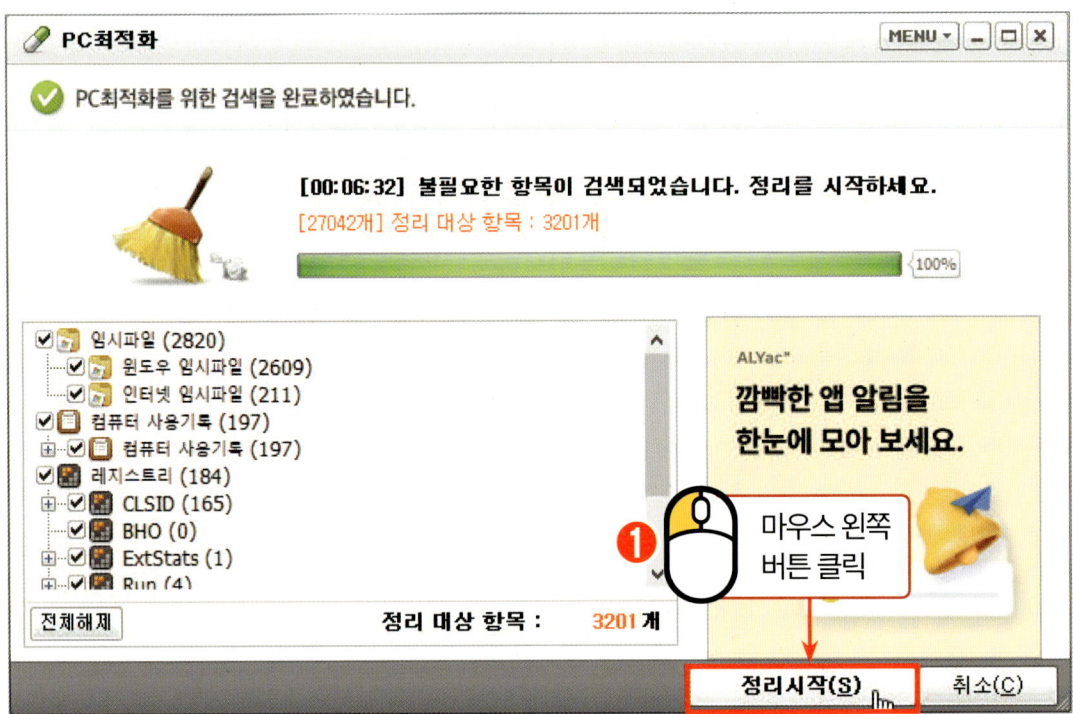

08 최적화가 진행됩니다.

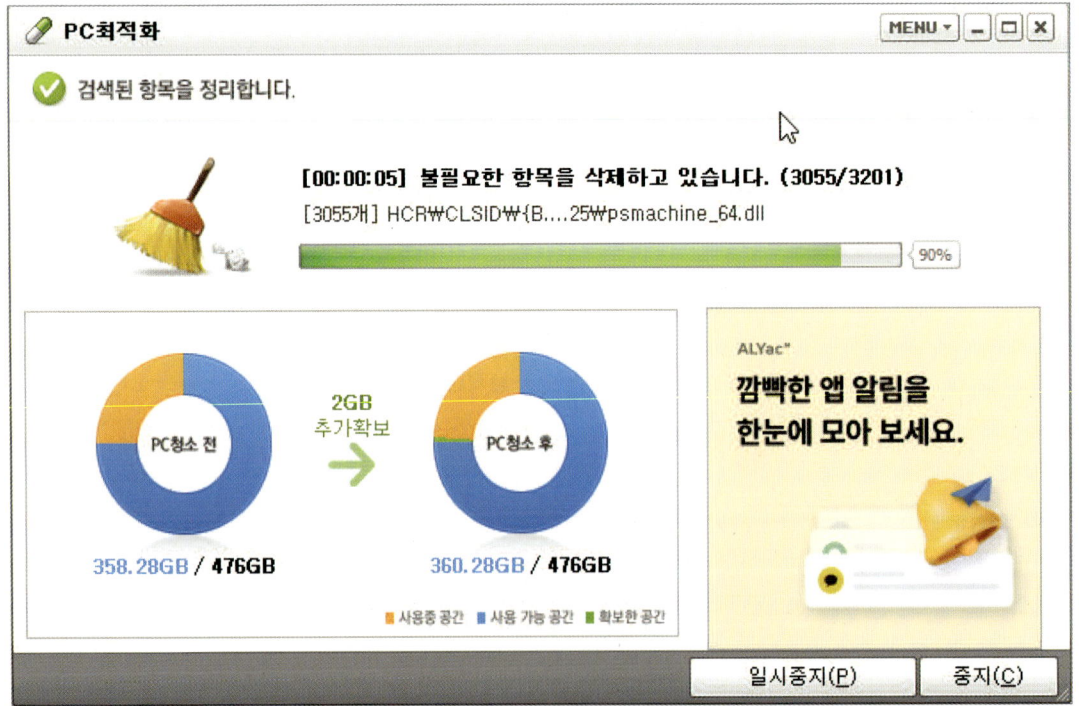

제 09 장

장치 연결하고 PC 관리하기

USB드라이브를 연결해보겠습니다. 하드디스크를 정리하고 필요 없는 프로그램을 제거하는 방법에 대해 알아봅니다.

Section 01 USB드라이브 연결하기

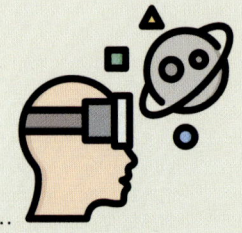

USB는 이동식 디스크로, 자주 쓰는 파일을 보관해 어디서든 컴퓨터에만 연결하면 사용할 수 있도록 하는 디스크입니다.

01 다음과 같은 USB드라이브를 준비합니다.

02 컴퓨터 본체의 다음과 같은 구멍에 USB드라이브를 꽂습니다.

① USB를 꽂습니다.

 본체 사양에 따라 꽂는 위치가 다를 수 있습니다.

03 USB드라이브 탐색기 창이 열립니다.

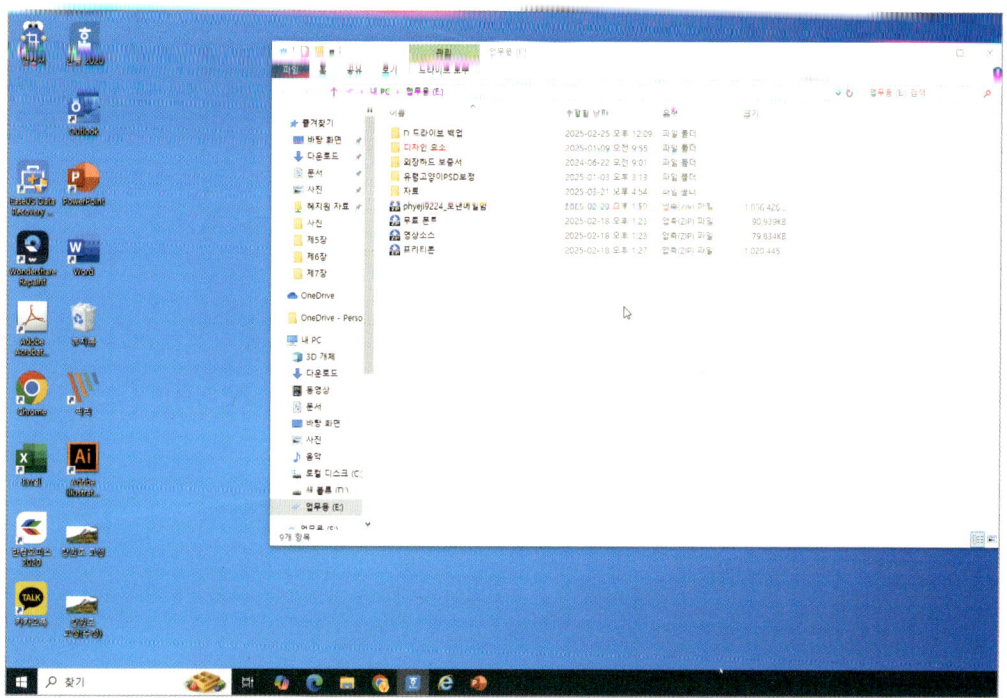

04 연결된 USB를 연결 해제하겠습니다. 오른쪽 하단의 ▲를 클릭합니다. 🔌를 클릭합니다.

> **참고!**
> USB드라이브를 그냥 바로 본체에서 빼도 되지만, 혹시 모를 손상을 방지하기 위해 안전하게 제거하는 방식입니다.

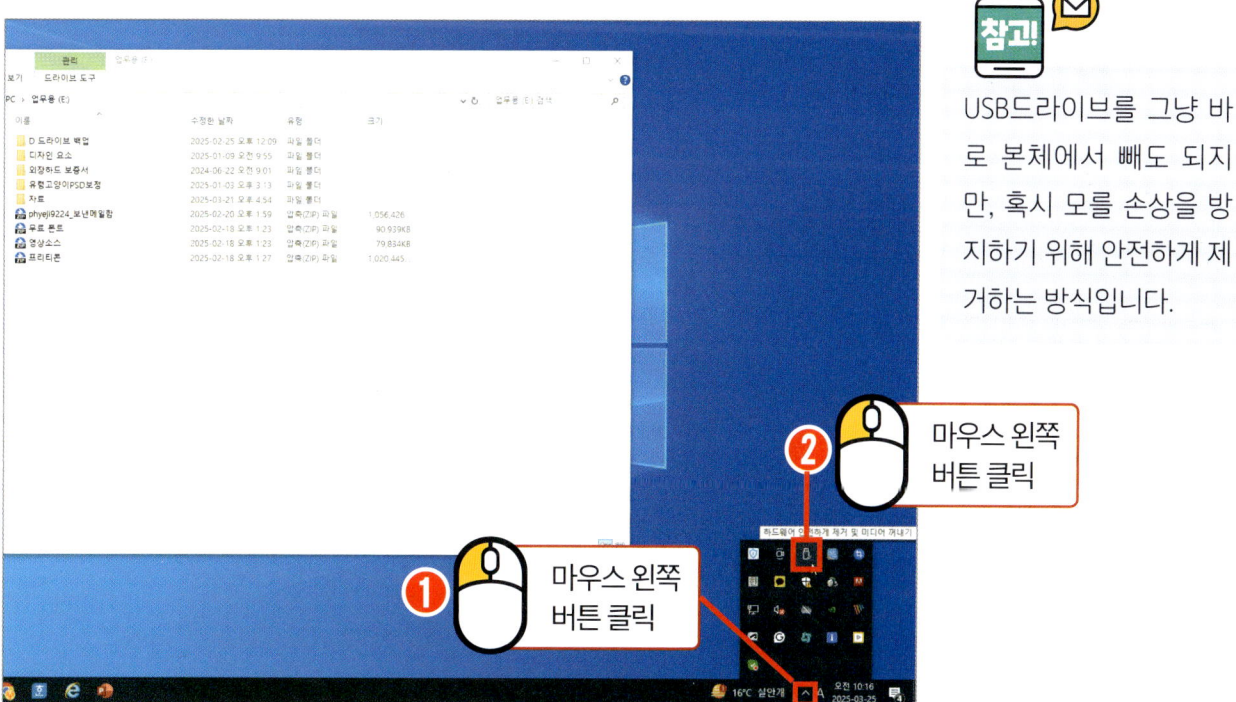

제 09장 장치 연결하고 PC 관리하기 / **201**

05 자신의 USB 이름을 확인하고 '꺼내기'를 클릭합니다.

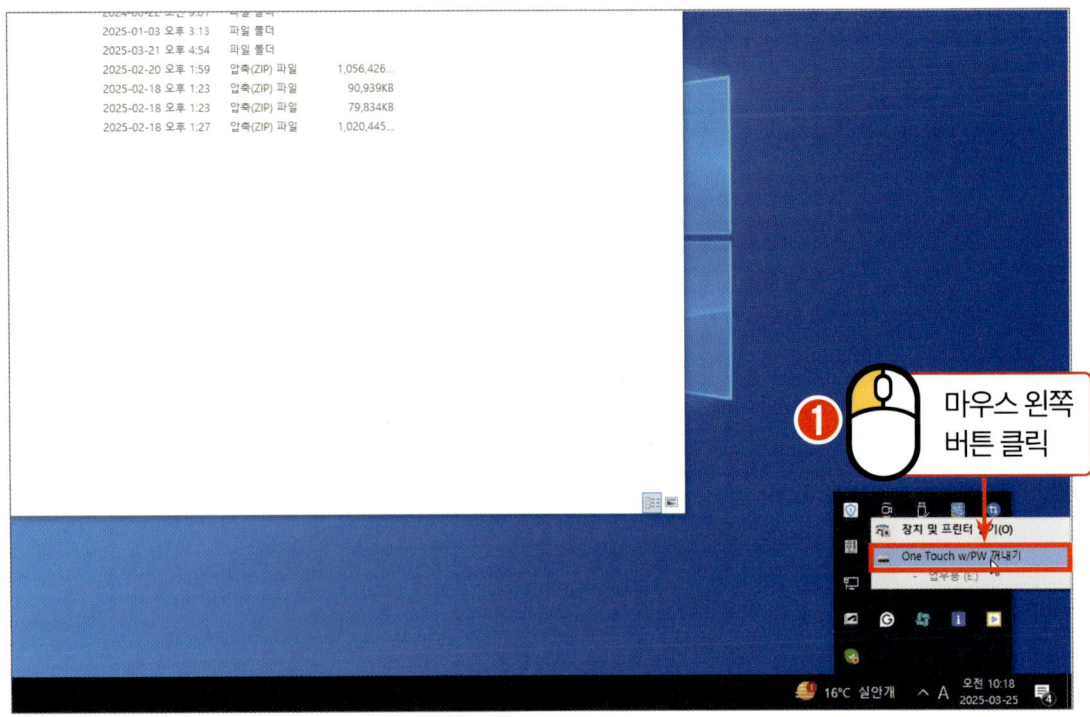

06 USB드라이브 창이 닫힘과 동시에 [하드웨어 안전하게 제거] 문구가 하단 오른쪽에 나타납니다.

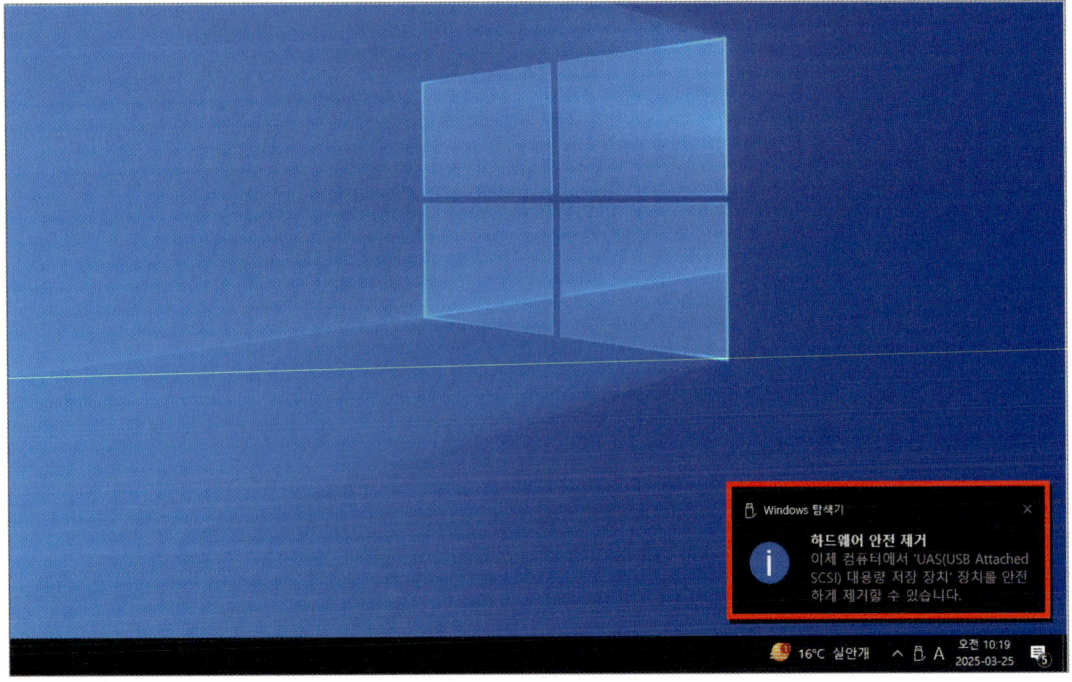

Section 02 디스크 정리하기

디스크를 정리하여 드라이브의 속도를 높일 수 있습니다.

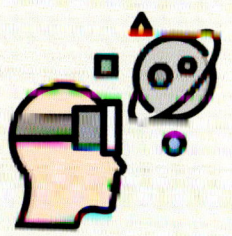

01 [탐색기]를 클릭하여 탐색기 창을 엽니다.

02 [로컬 디스크(C)] 위에서 마우스 오른쪽 버튼을 클릭합니다. [속성]을 클릭합니다.

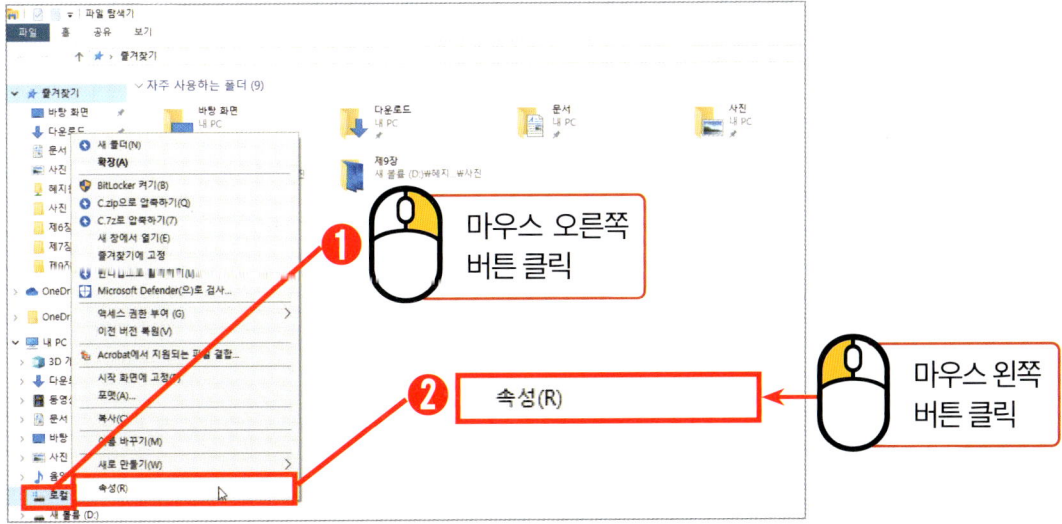

03 [디스크 정리]를 클릭합니다.

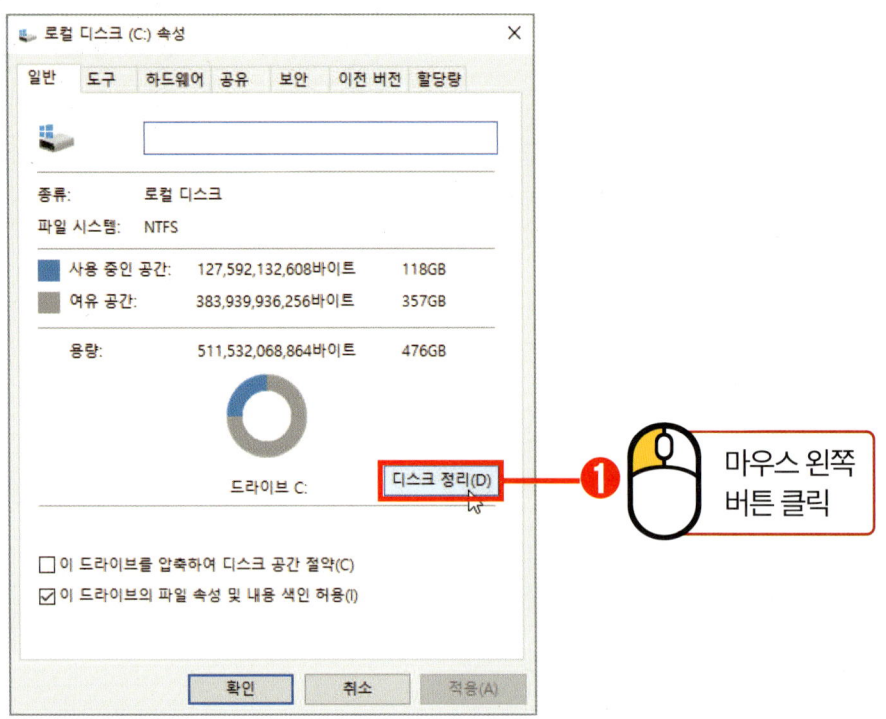

팁! 드라이브 도구

[탐색기] 창에서 [드라이브 도구] 탭을 클릭한 다음 [정리] 를 클릭해도 됩니다.

04 정리할 수 있는 파일을 검색합니다. 잠시 기다리면 대화상자가 나타나면서 삭제했을 때 확보할 수 있는 공간이 표시됩니다. [삭제할 파일]에서 삭제할 항목을 선택합니다. [확인]을 클릭합니다.

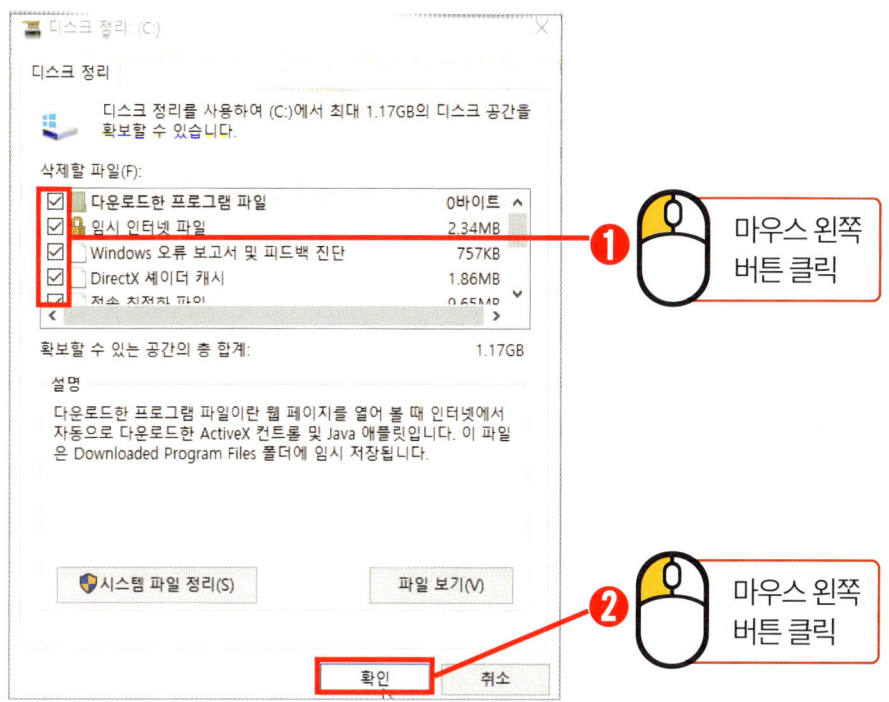

05 파일을 완전히 삭제할지 여부를 묻는 창이 나타나면 [파일 삭제]를 클릭합니다. 파일 삭제가 진행되는 동안 삭제를 취소하려면 [취소]를 클릭합니다. 다만 이미 지워진 파일은 되돌릴 수 없습니다.

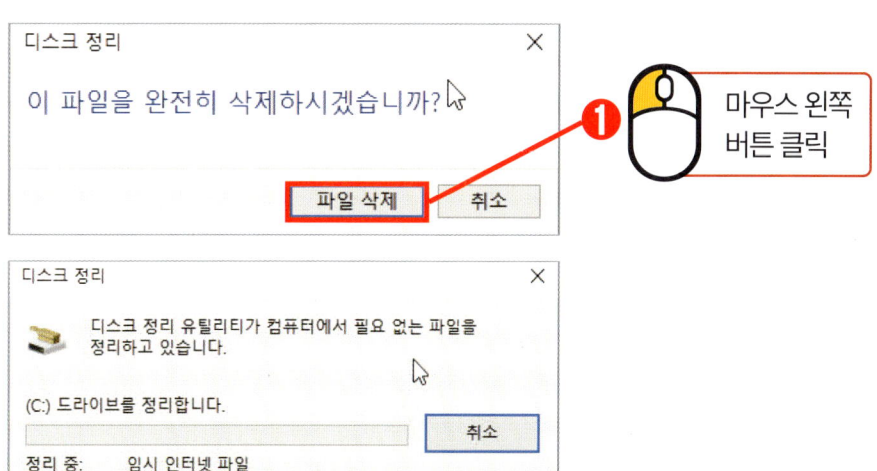

[디스크 속성]의 [일반] 탭

[디스크 속성]을 처음 실행했을 때 보이는 [일반] 탭에는 자신의 시스템 하드웨어에 관한 정보가 표시됩니다. 하드디스크와 관련한 정보가 필요할 때 유용하므로 잘 알아두도록 합시다.

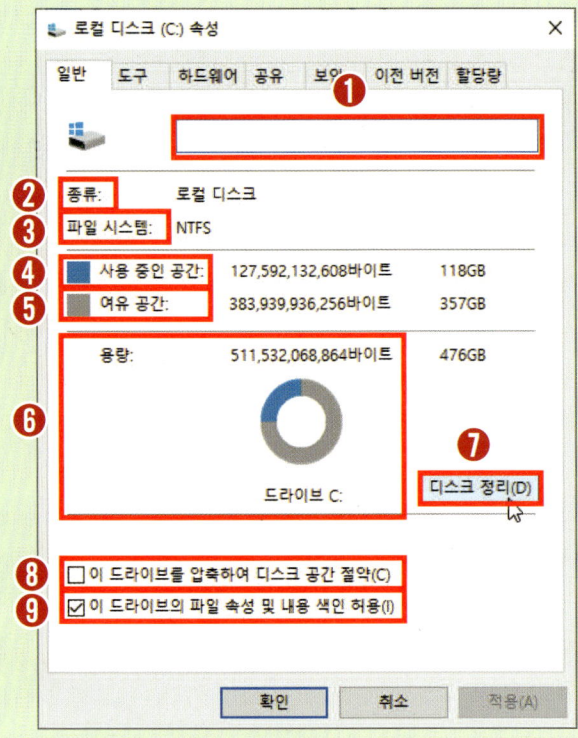

1. 하드디스크 이름 : 현재 하드디스크의 이름이 표시됩니다. 하드디스크 이름을 클릭해 새로운 이름을 입력하고 [적용]을 클릭하면 이름을 바꿀 수 있습니다.

2. 종류 : 로컬 디스크와 CD 드라이브, 이동식 하드디스크와 같이 드라이브의 종류가 표시됩니다.

3. 파일 시스템 : 하드디스크의 파일 시스템은 FAT32와 NTFS로 나뉘는데, NTFS가 파일이나 폴더의 권한, 파일 압축, 암호화 등에서 뛰어납니다.

4. 사용 중인 공간 : 현재 컴퓨터에서 사용 중인 하드디스크 공간의 총 크기가 표시됩니다.

5. 여유 공간 : 현재 컴퓨터에서 사용할 수 있는 하드디스크 공간의 크기가 표시됩니다.

6. 용량 : 하드디스크의 전체 크기가 표시됩니다.

7. 디스크 정리 : 디스크 정리를 클릭하면 하드디스크 안에 있는 불필요한 파일을 지울 수 있습니다.

8. 이 드라이브를 압축하여 디스크 공간 절약 : 하드디스크에 파일을 저장할 때 파일을 압축하여 저장합니다. 파일을 압축하면 하드디스크의 공간을 넓힐 수 있지만 압축과 압축 해제 때 사용하는 시간이 필요해 컴퓨터 속도가 느려집니다. 그러므로 여유 공간이 있다면 이 옵션은 사용하지 않는 것이 좋습니다.

9. 이 드라이브의 파일 속성 및 내용 색인 허용 : 파일의 속성과 내용을 색인으로 만듭니다. 윈도우의 검색 기능을 자주 이용한다면 이 항목을 선택하는 것이 좋지만, 검색 기능을 자주 사용하지 않는다면 이 기능을 해제하는 것이 좋습니다.

06 이번에는 하드디스크를 검사하는 방법입니다. [로컬 디스크 속성] 창에서 [도구]를 클릭합니다. [검사]를 클릭합니다.

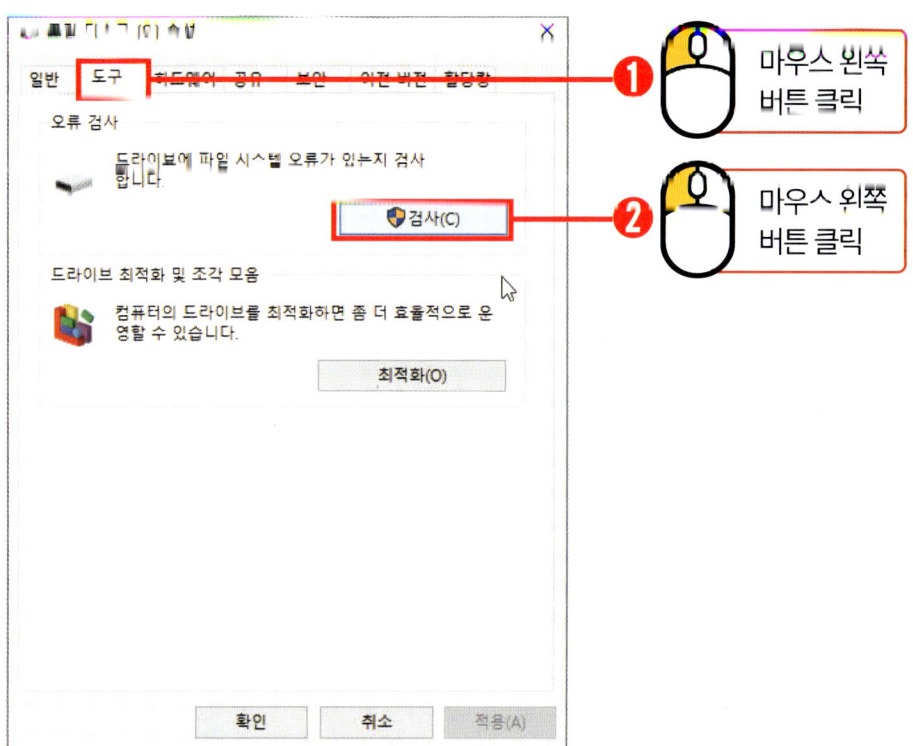

07 [드라이브 검사]를 클릭합니다.

08 디스크 검사를 시작합니다. 오류 검사가 끝나면 [닫기]를 클릭합니다.

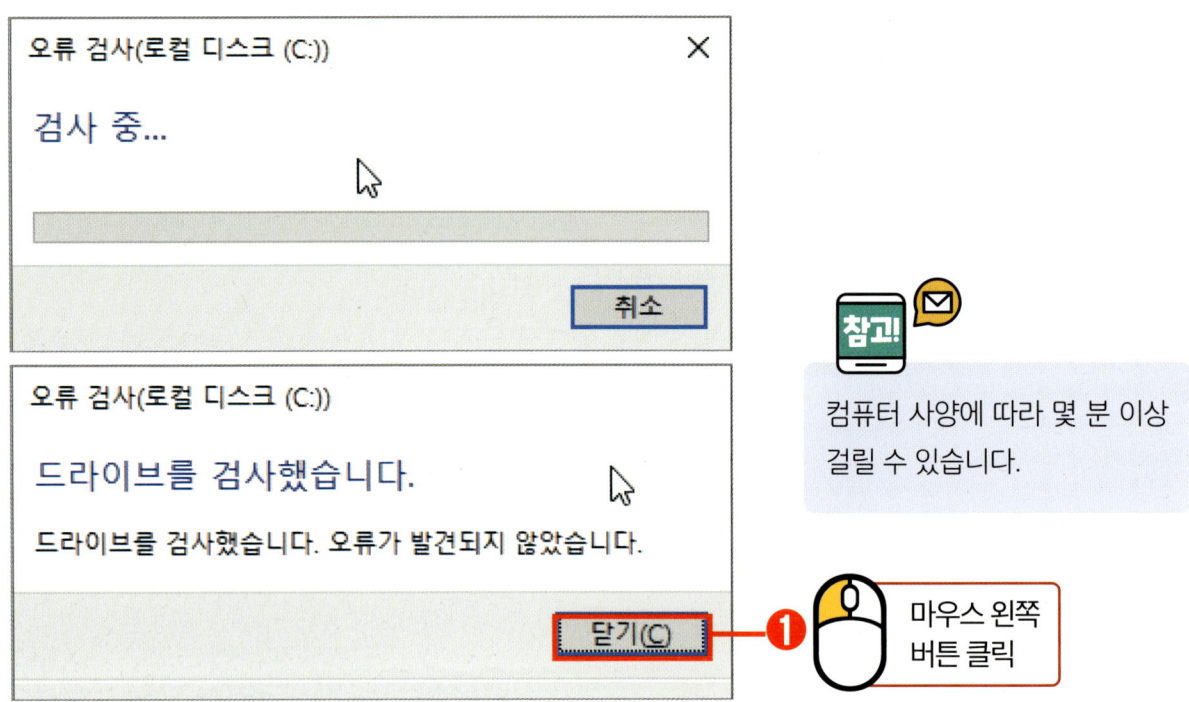

> 컴퓨터 사양에 따라 몇 분 이상 걸릴 수 있습니다.

09 이번에는 최적화를 통해 하드디스크의 속성을 높이는 방법에 대해 알아보겠습니다. [최적화]를 클릭합니다.

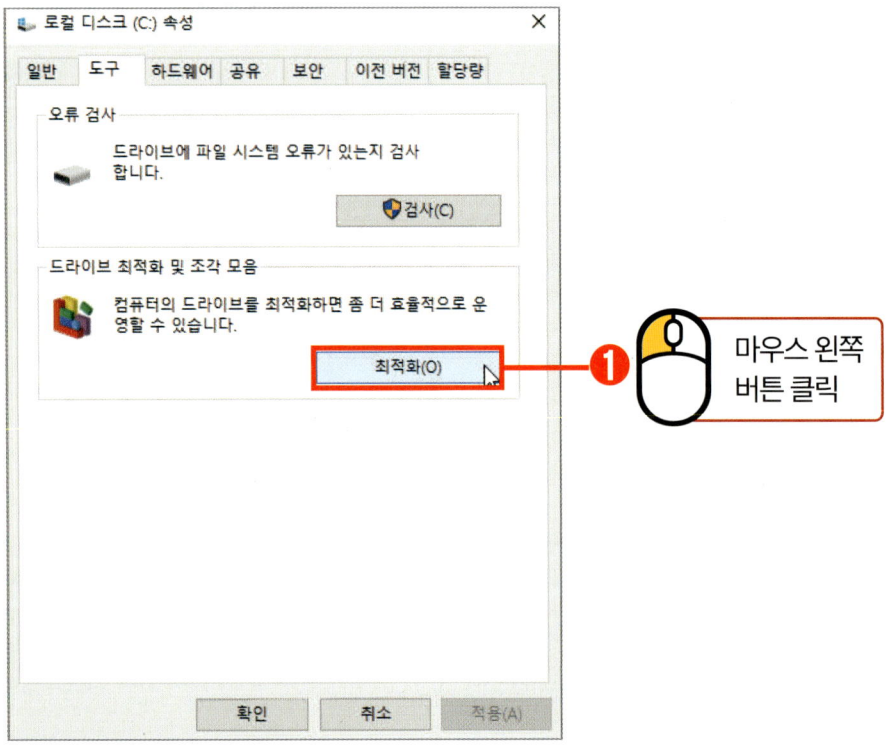

10 [드라이브 최적화] 창이 나타나면 최적화할 드라이브를 선택하고 [최적화]를 클릭합니다.

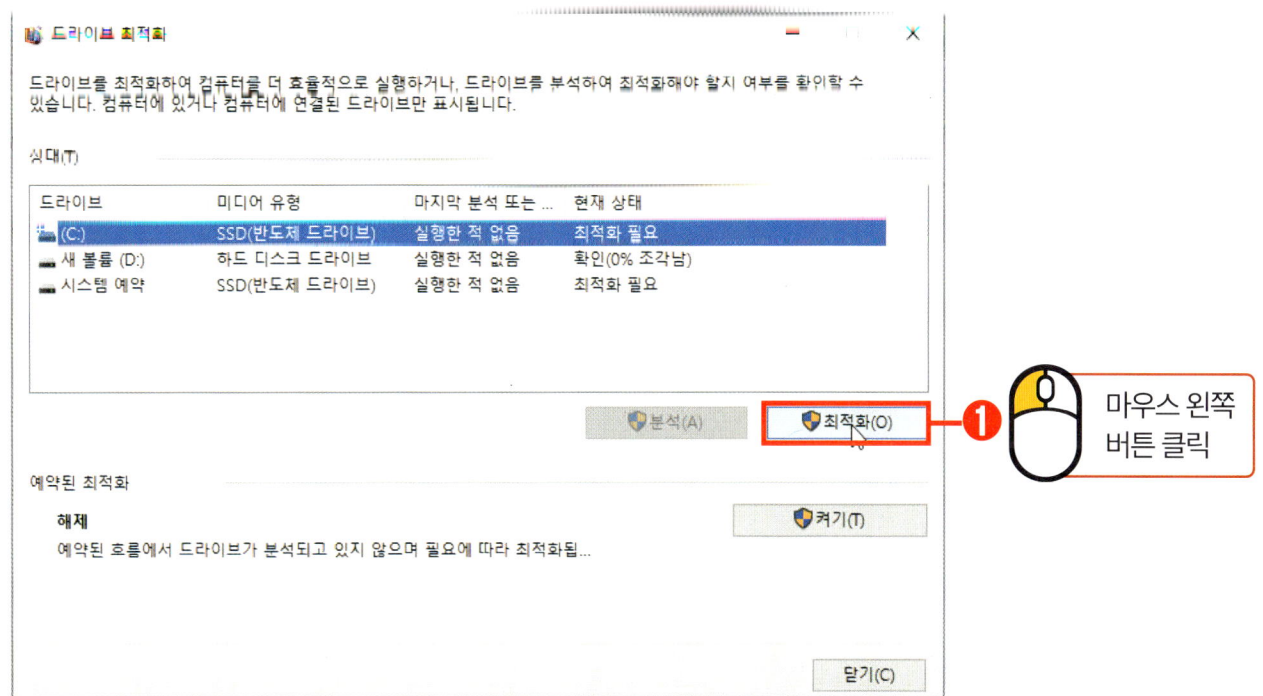

11 드라이브 분석이 끝나면 최적화가 시작됩니다. 최적화가 완료되면 [닫기]를 클릭합니다.

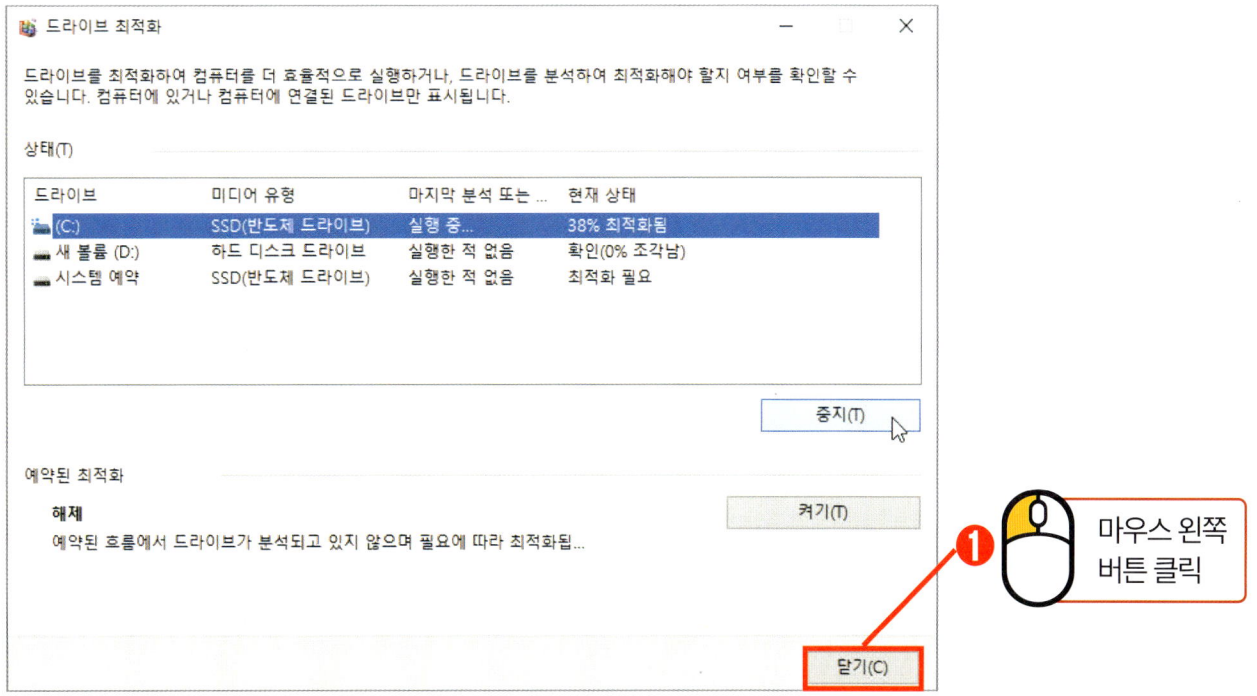

Section 03 제어판 기능 알아보기

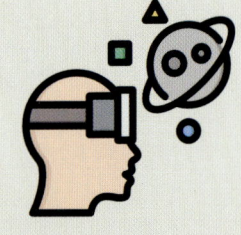

제어판은 기본적인 시스템 설정을 확인하고 변경할 수 있는 기능입니다. 제어판의 주요 기능인 장치 및 프린터, 마우스 등에 대해 알아보겠습니다.

01 검색란에 '제어판'이라고 입력합니다. [제어판] 앱을 클릭합니다.

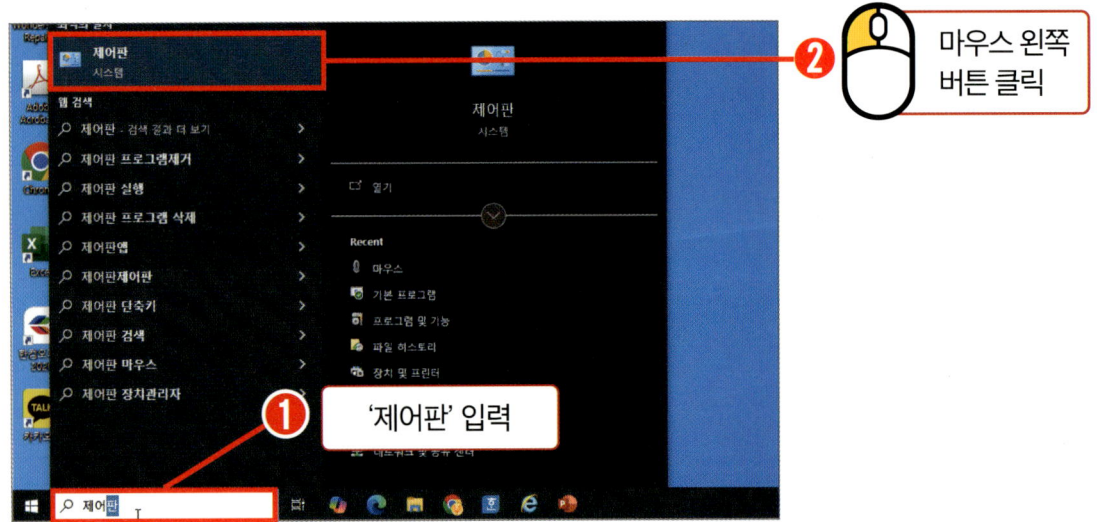

02 다양한 제어판 항목을 살펴볼 수 있습니다. 몇 가지 항목만 살펴보겠습니다. [장치 및 프린터]를 클릭합니다.

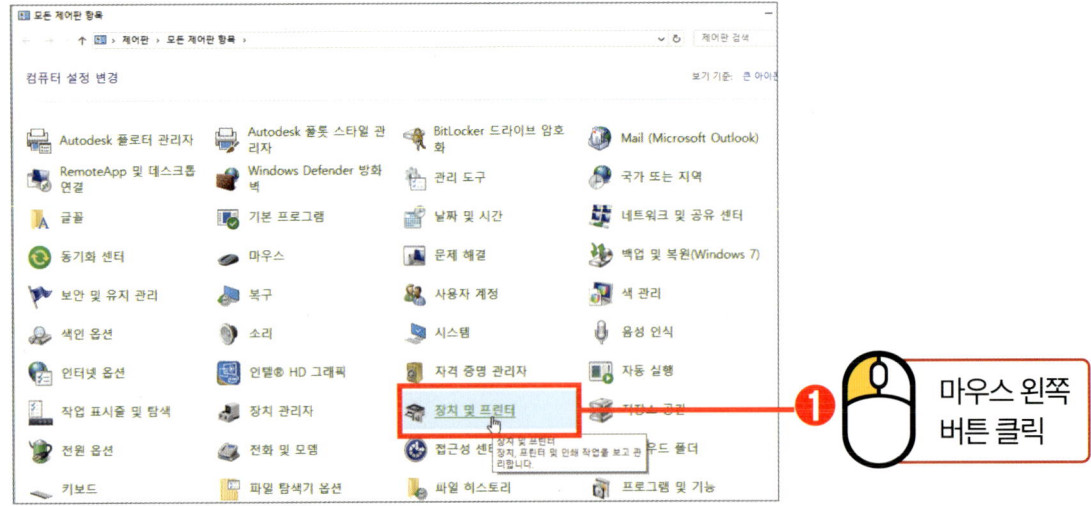

03 [장치 및 프린터]에서는 키보드, 마우스 등 컴퓨터에 연결된 장치들과 프린터를 확인할 수 있습니다. 또한 장치와 프린터를 추가 및 제거할 수 있습니다.

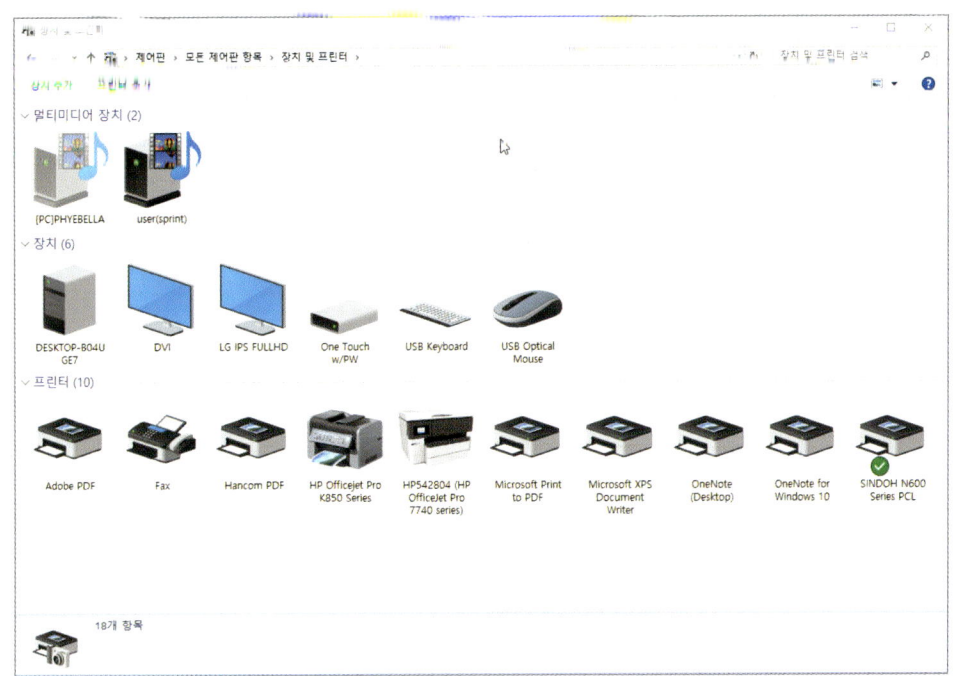

04 기본 프린터를 변경해보겠습니다. 변경을 원하는 프린터 위에서 마우스 오른쪽 버튼을 클릭합니다. [기본 프린터로 설정]을 클릭합니다.

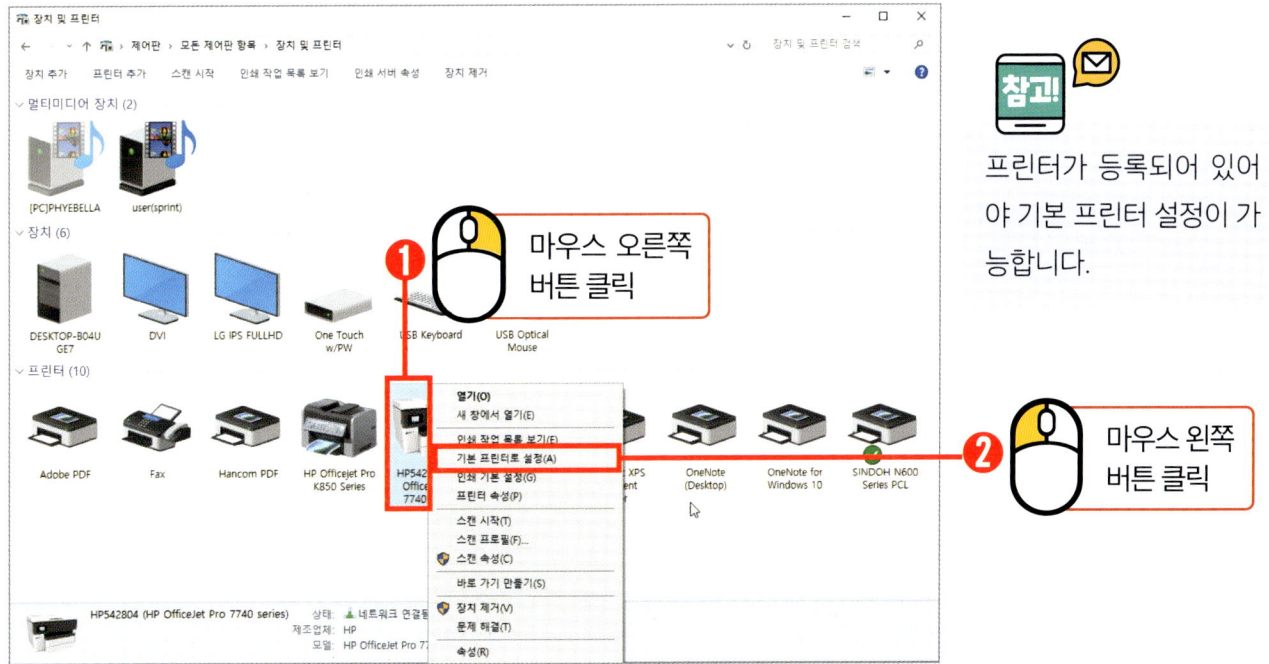

참고! 프린터가 등록되어 있어야 기본 프린터 설정이 가능합니다.

05 변경이 완료되면 초록색 체크가 이동하여, 설정한 프린터에 표시됩니다.

06 ←를 클릭하여 다시 제어판 화면으로 돌아옵니다. 이번에는 [마우스]를 클릭합니다.

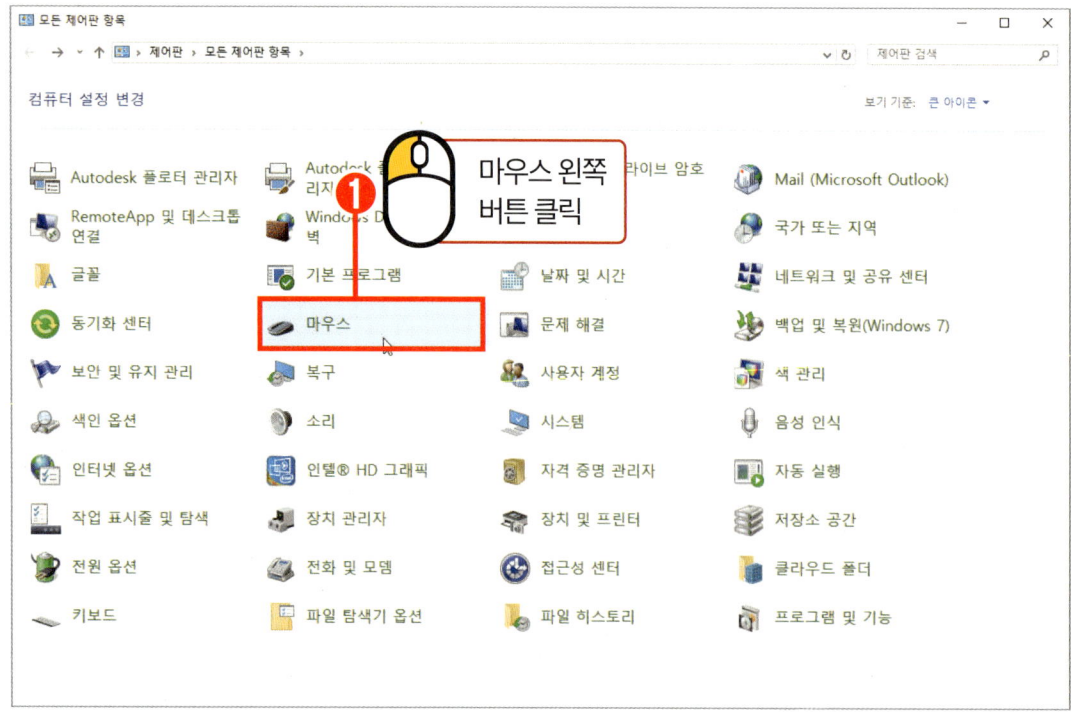

07 [포인터]를 클릭합니다. [포인터]에서는 포인터를 지정하고 그림자 사용 유무를 지정할 수 있습니다. [포인터 그림자 사용]을 클릭합니다.

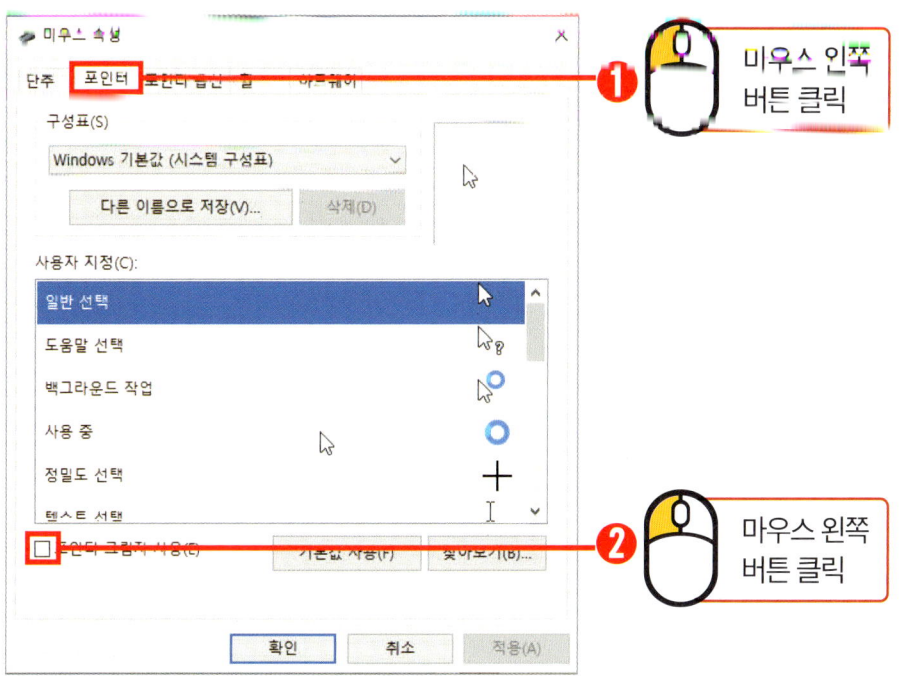

08 [포인터 옵션]을 클릭합니다. [포인터 옵션]에서는 포인터 속도와 자국 표시 유무 등을 설정할 수 있습니다. [포인터 자국 표시]를 클릭합니다. [확인]을 클릭합니다.

09 이번에는 [시스템]을 클릭합니다.

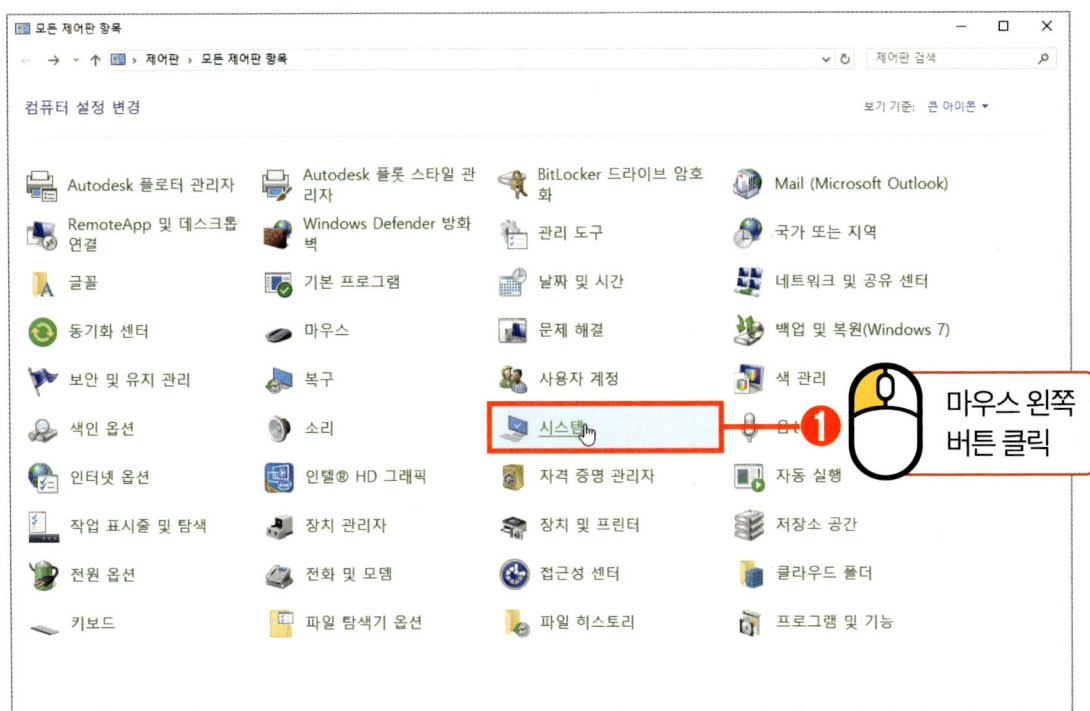

10 PC와 윈도우의 기본 사양을 알 수 있습니다. [닫기]를 클릭합니다.

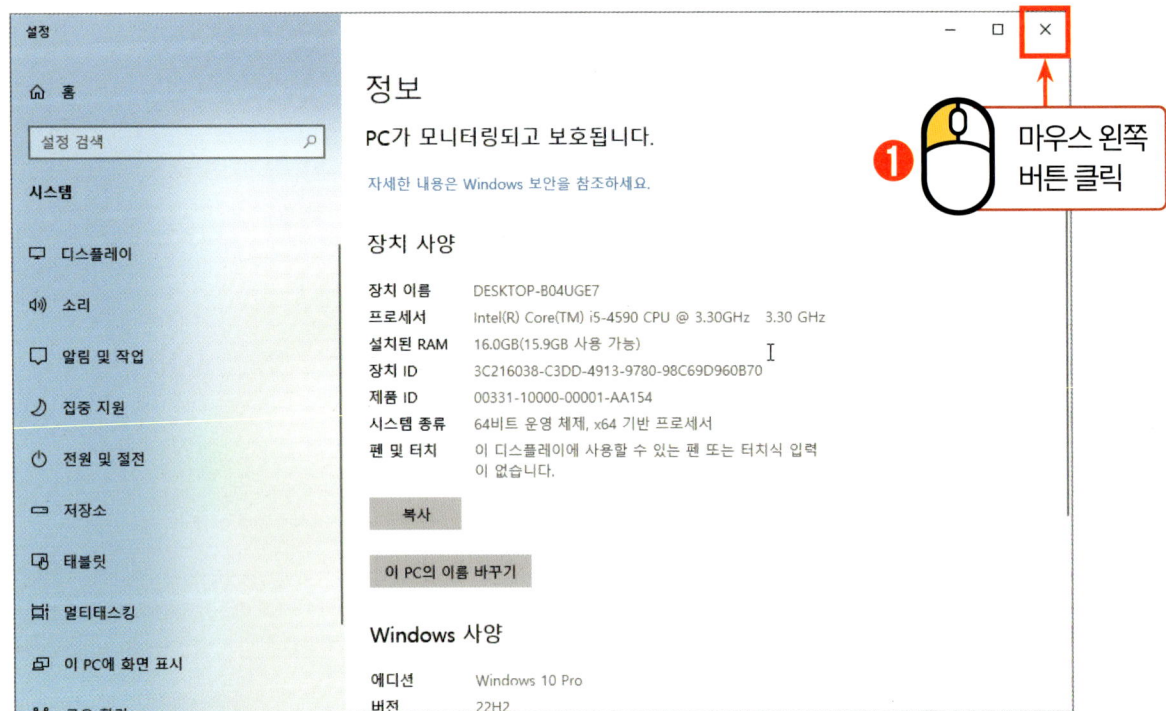

11 마지막으로 [기본 프로그램]을 클릭합니다.

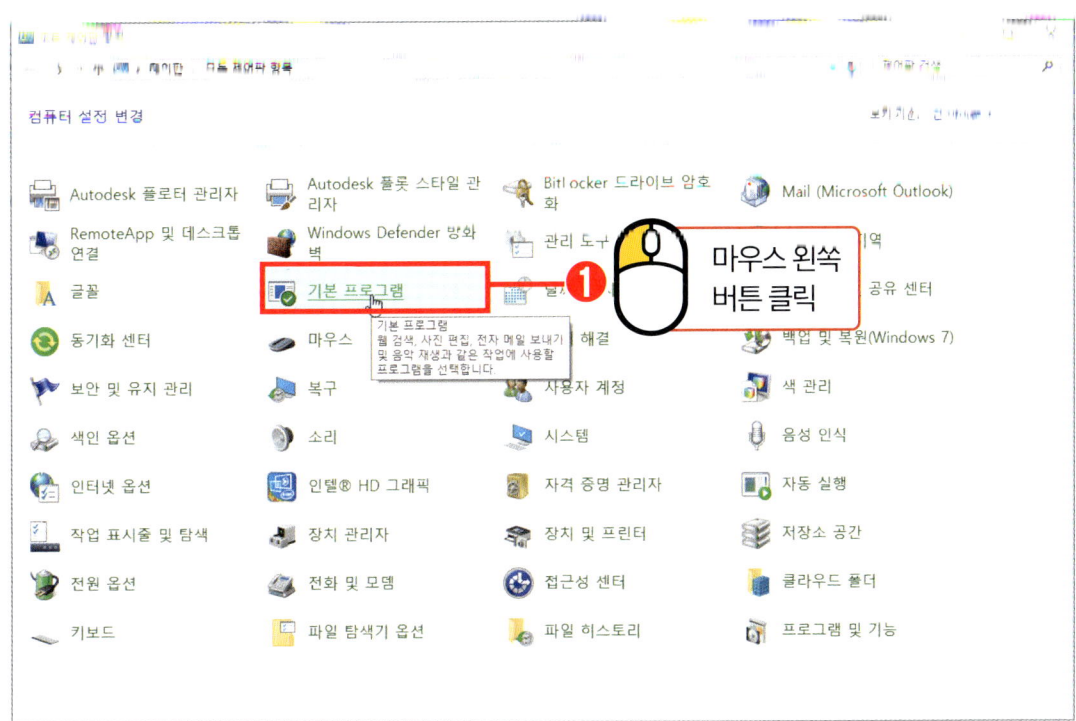

12 [기본 프로그램]에서는 파일 및 인터넷 등을 열 때 사용할 기본 프로그램을 지정할 수 있습니다. [기본 프로그램 설정]을 클릭합니다.

13 [기본 앱 선택] 창이 나타납니다. 사진을 열 때 사용하는 프로그램을 바꿔보겠습니다. [사진 뷰어]의 [사진]을 클릭합니다.

14 [그림판]을 클릭합니다.

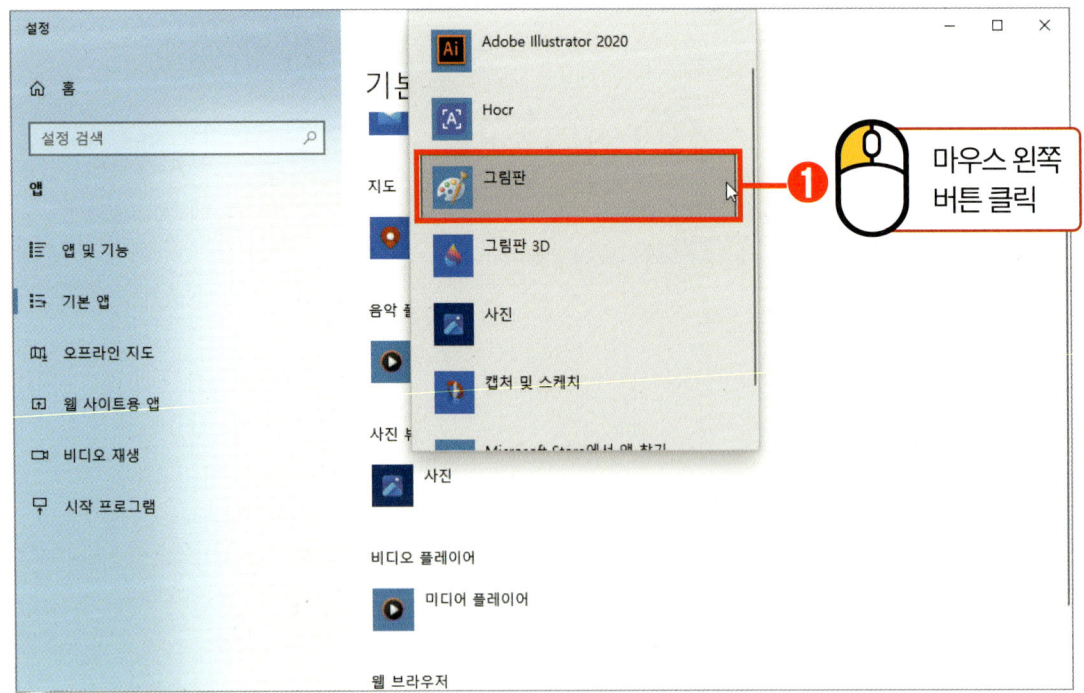

15 그림판으로 기본 앱이 바뀌었습니다. 아무 사진이나 더블클릭하면 그림판 앱으로 열립니다.

16 다시 변경하려면 [기본 앱]에서 사진 뷰어의 [그림판]을 클릭하고 [사진]을 클릭합니다.

참고!
윈도우 시스템에 맞도록 기본 설정이 되어 있기 때문에, 그런 앱들은 바꾸면 더 비효율적일 때도 있습니다. 상황에 따라서 바꿔 가며 사용하시길 바랍니다.

 **다양한 제어판 기능**

이외에도 [네트워크 및 공유 센터], [글꼴] 등 다양한 제어판 기능이 있습니다. 클릭해보며 다양한 기능을 알아봅시다.

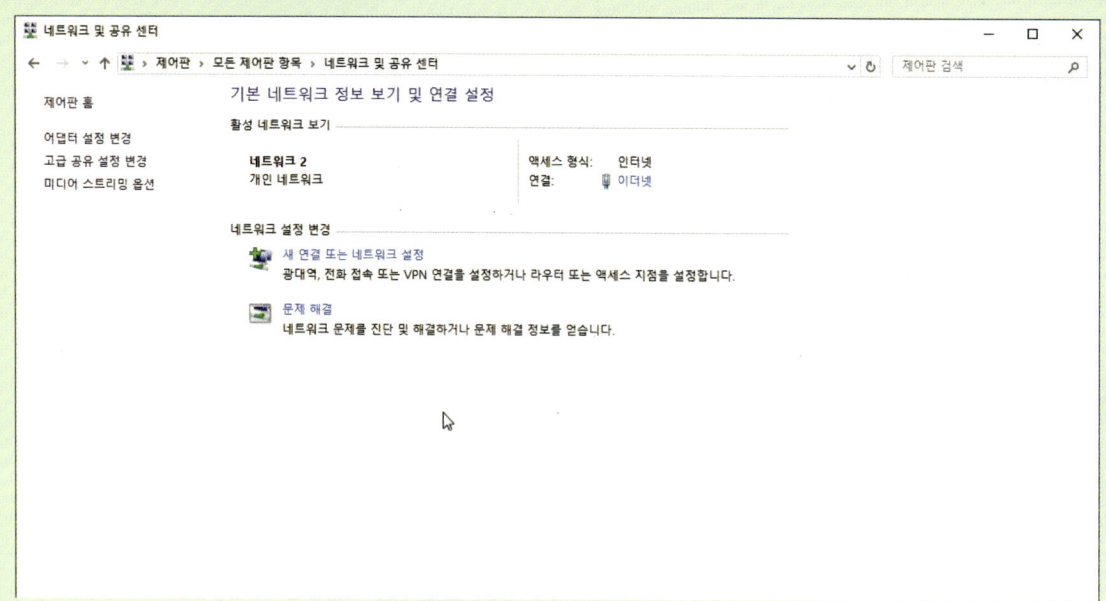

[네트워크 및 공유 센터]

[글꼴]

Section 04 프로그램 제거하기

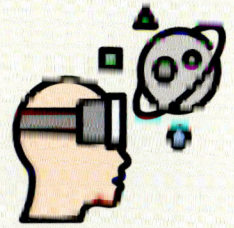

사용하지 않는 프로그램은 [프로그램 제거]를 통해 제거할 수 있습니다.

01 제어판에서 [프로그램 및 기능]을 클릭합니다.

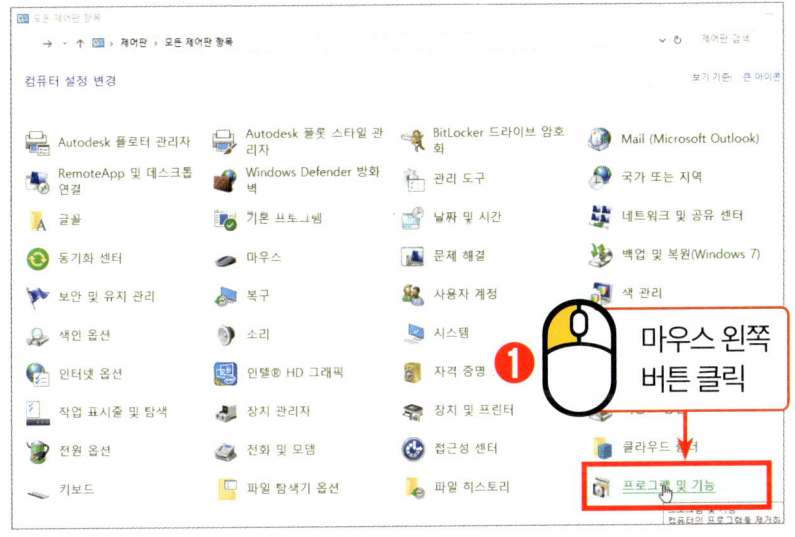

02 현재 컴퓨터에 설치된 모든 프로그램 항목이 나타납니다. 필요 없는 프로그램을 삭제해보겠습니다. 원하는 프로그램을 클릭합니다. [제거/변경](또는 [제거])을 클릭합니다.

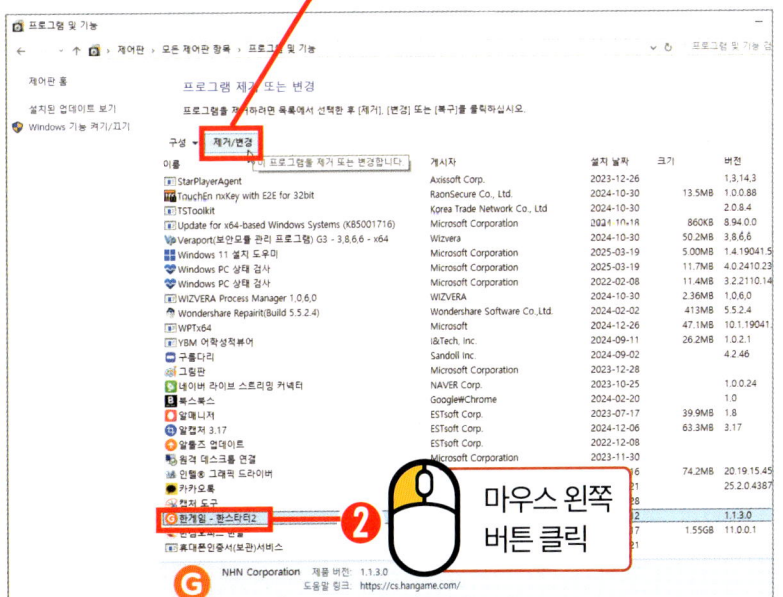

제 09장 장치 연결하고 PC 관리하기 / **219**

03 다음의 창이 나타나면 [예]를 클릭합니다.

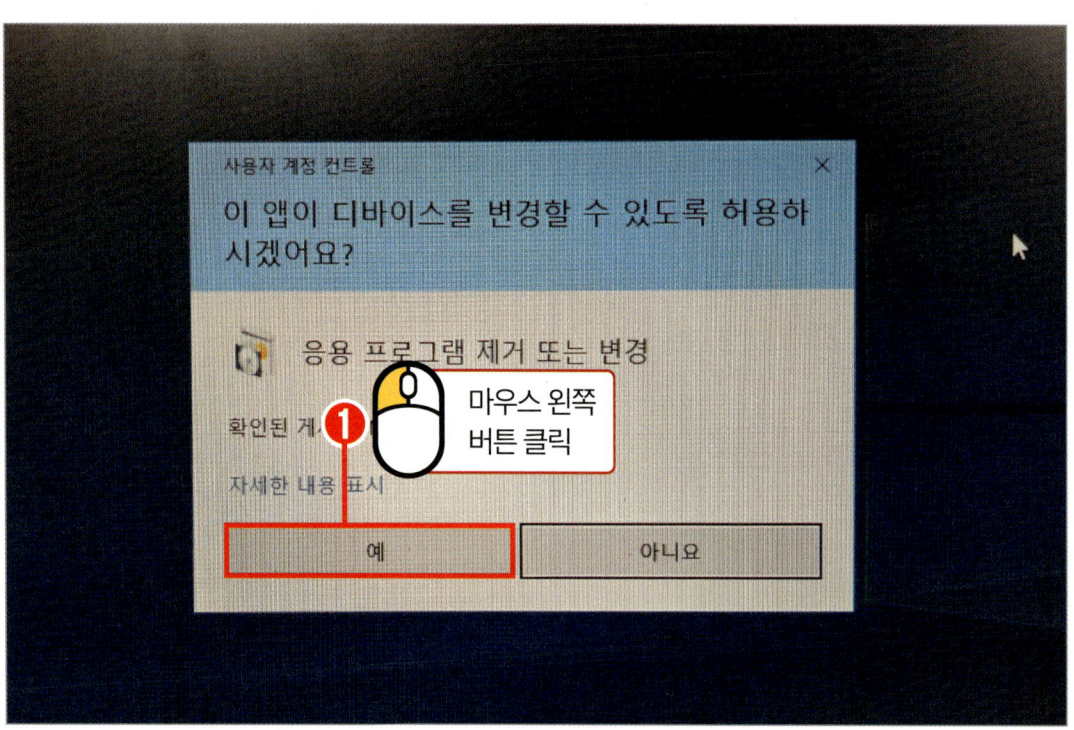

04 주의사항을 읽고 [삭제하기]를 클릭합니다.

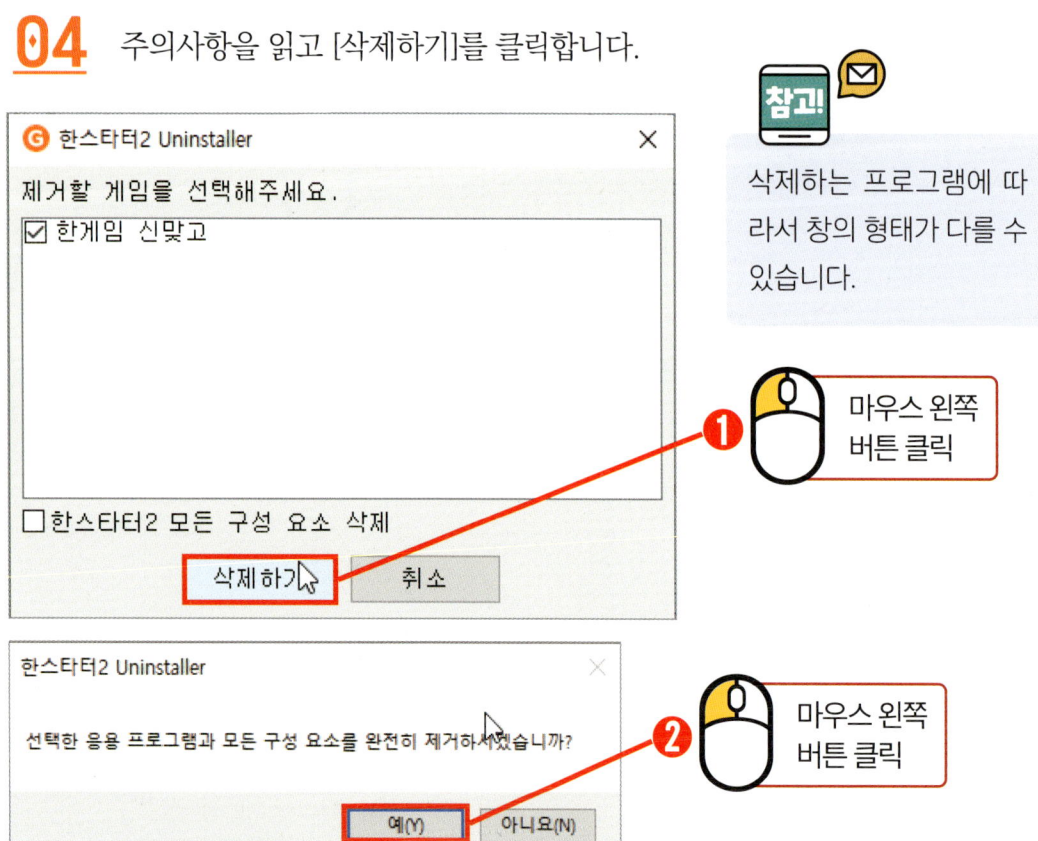

참고! 삭제하는 프로그램에 따라서 창의 형태가 다를 수 있습니다.

Section 05 [설정] 메뉴 알아보기

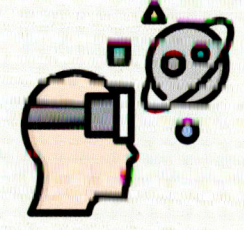

[설정]은 시스템의 기본사항들을 확인하고 변경할 수 있는 기능입니다. 제어판과도 연계되어 있습니다.

01 [시작] ⊞ 을 클릭합니다. [설정] ⚙ 을 클릭합니다.

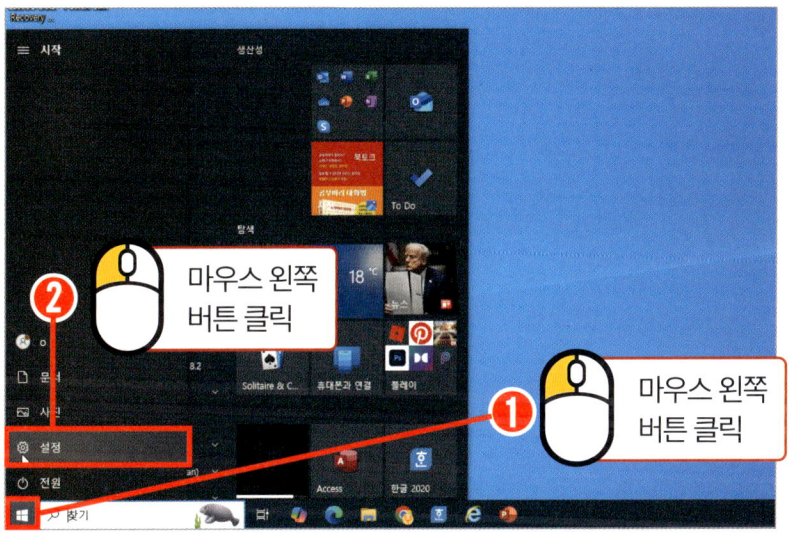

02 [설정]의 주요 메뉴입니다. [시스템]을 클릭합니다.

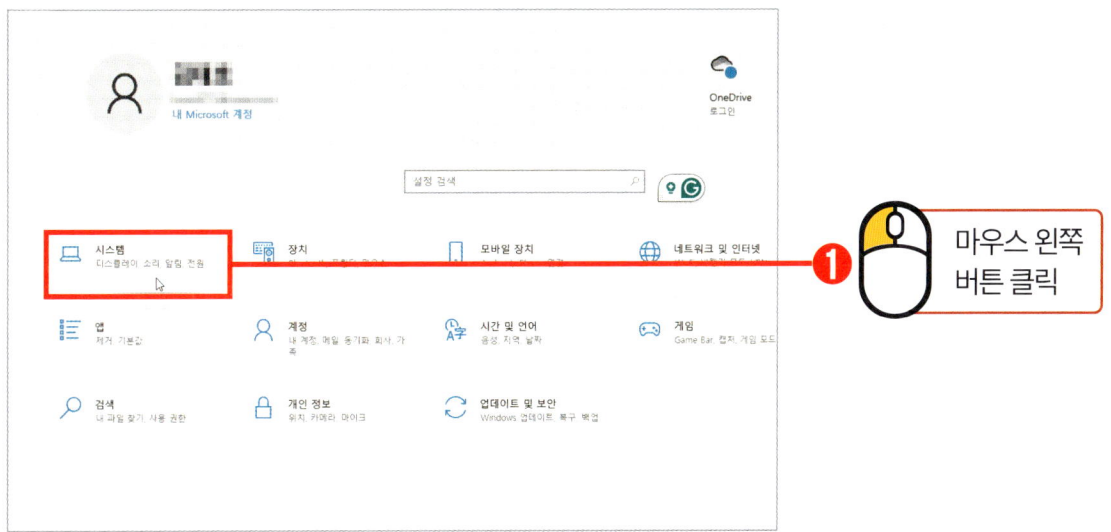

03 화면 해상도 및 멀티 모니터를 설정할 수 있습니다.

04 이번에는 [전원 및 절전]을 클릭합니다. [전원 사용 시 다음 시간이 경과하면 끄기]를 클릭합니다.

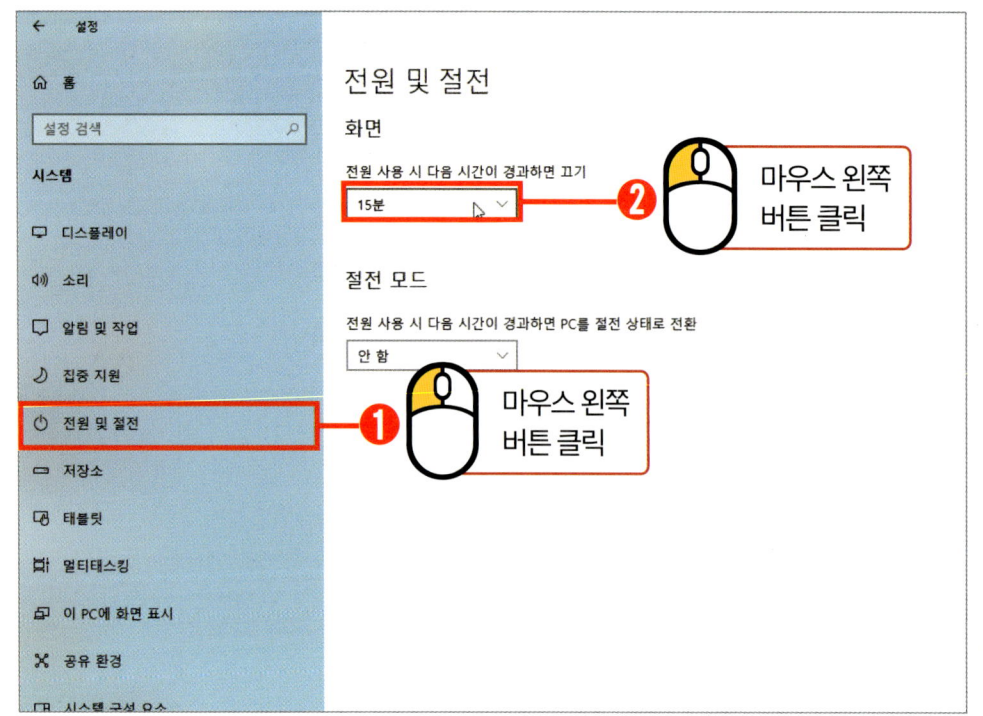

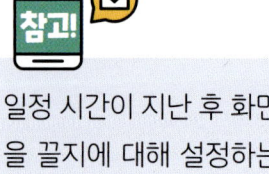

일정 시간이 지난 후 화면을 끌지에 대해 설정하는 기능입니다.

05 [안 함]을 클릭합니다.

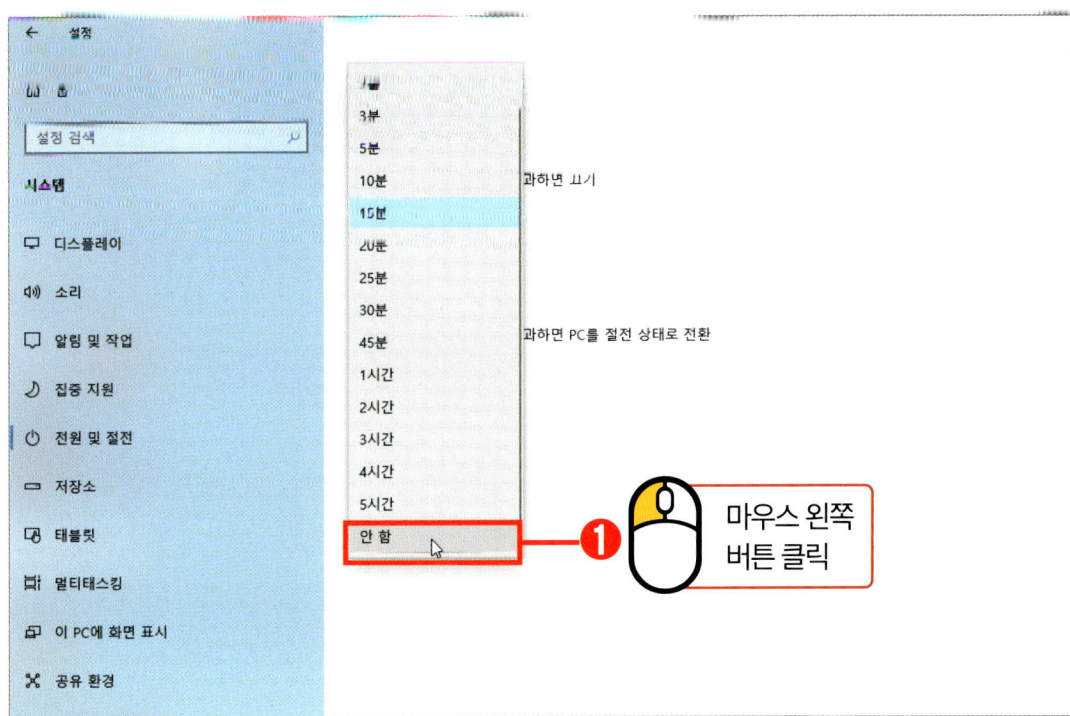

06 [안 함]으로 설정하면 컴퓨터를 사용하지 않아도 화면이 꺼지지 않고 켜진 상태를 유지합니다.

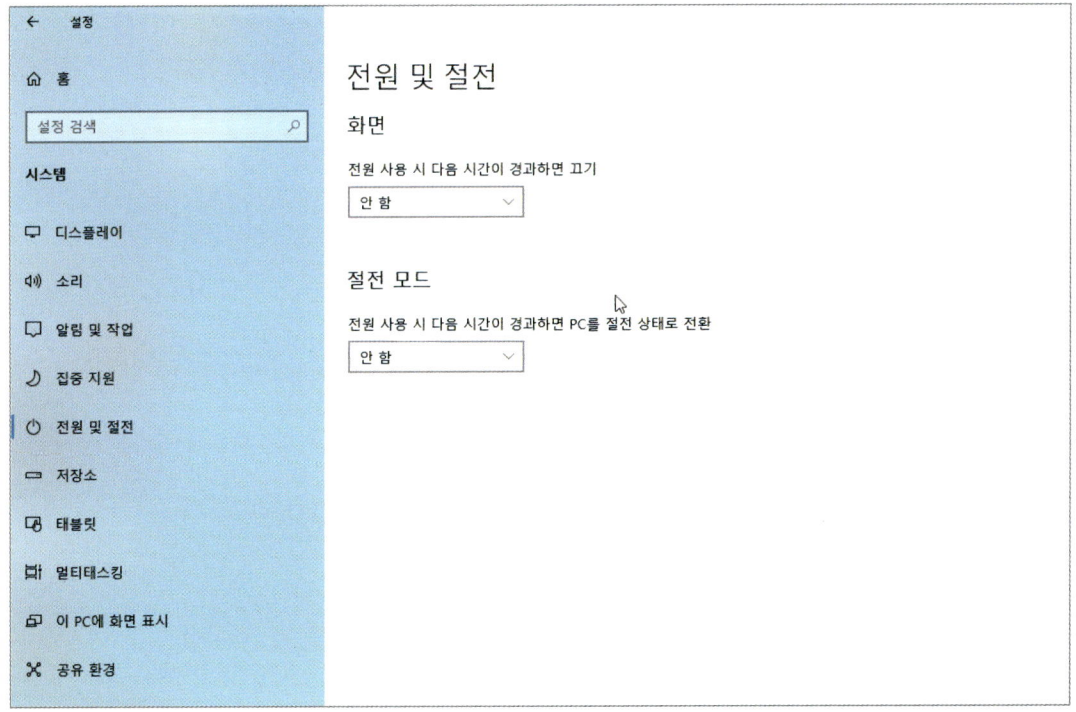

07 이번에는 [소리]를 클릭합니다. 소리에서는 현재 연결된 스피커의 소리를 조절할 수 있습니다.

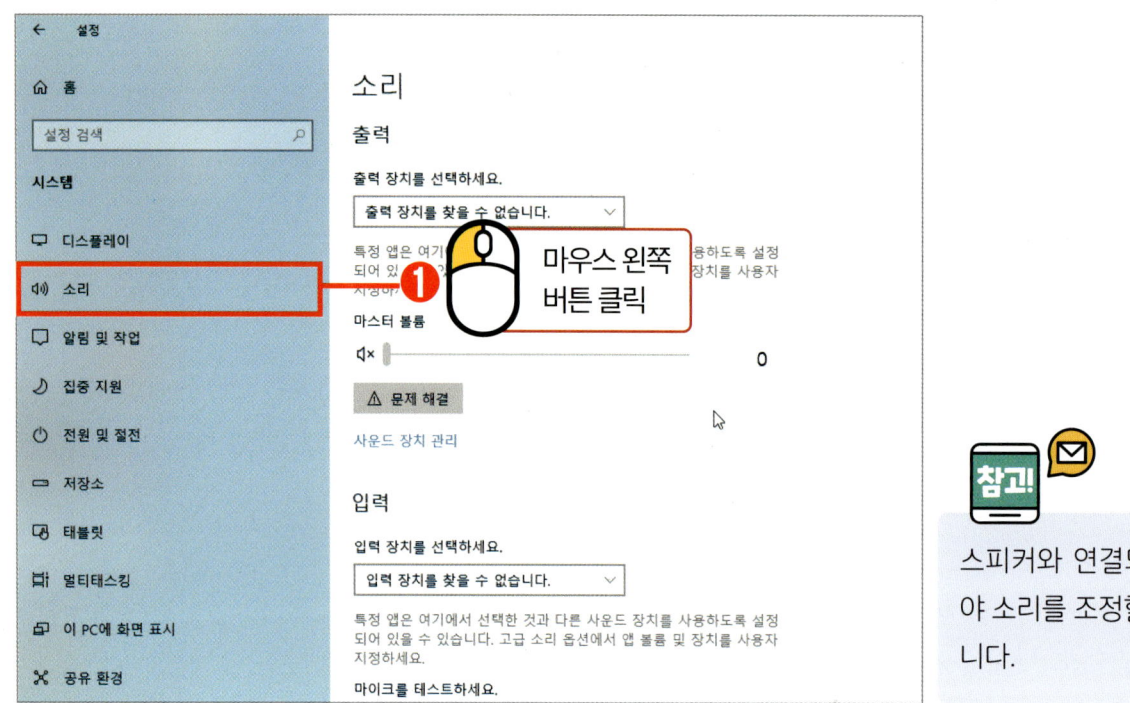

참고! 스피커와 연결되어 있어야 소리를 조정할 수 있습니다.

제 10 장

인터넷 기초 익히기

인터넷을 통해 많은 정보를 얻을 수 있고, 다양한 편의를 누릴 수 있습니다. 인터넷을 이용하기 위해서는 엣지, 크롬 같은 웹브라우저를 잘 다룰 수 있어야 합니다.

Section 01 인터넷으로 할 수 있는 것은?

인터넷으로 할 수 있는 대표적인 것들을 알아보겠습니다.

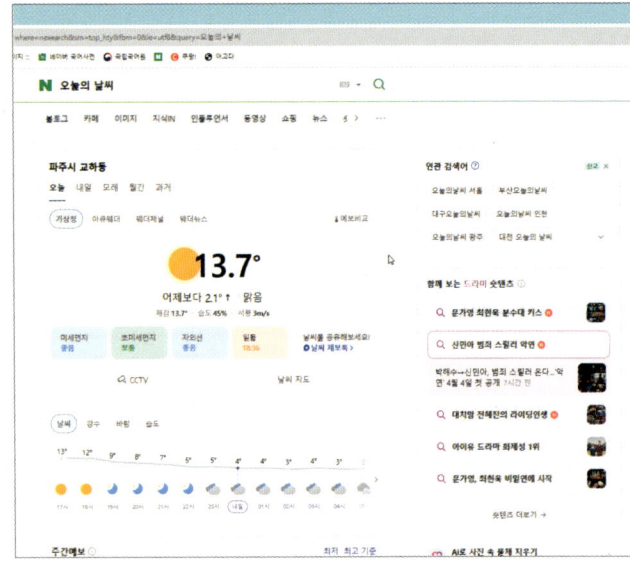

정보 검색

메일 주고받기

쇼핑

카카오톡

게임하기

스포츠 중계

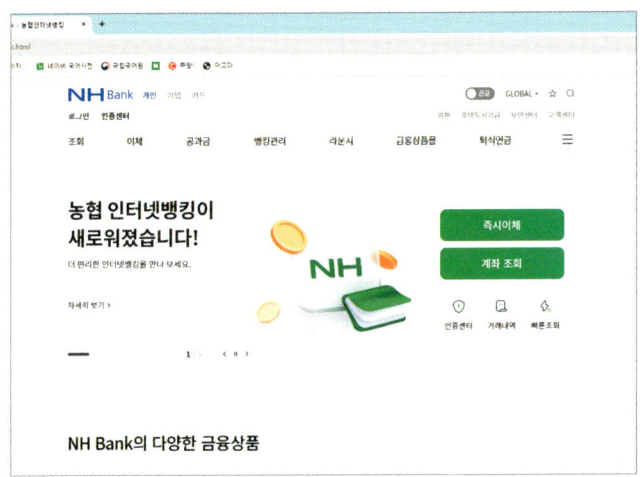
인터넷 뱅킹

증명 서비스

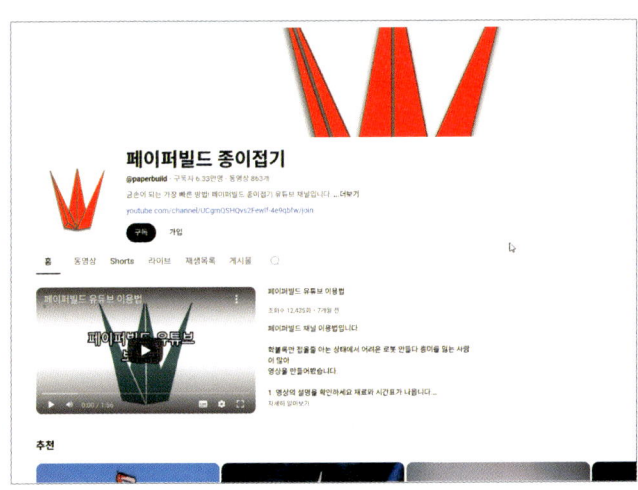
유튜브 영상 시청

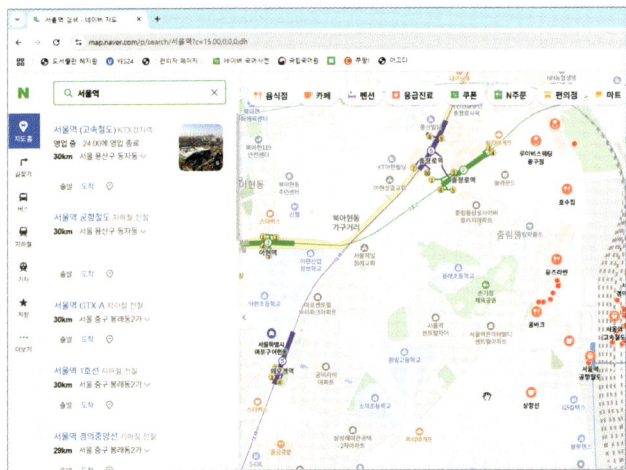
지도 찾기

제 10장 인터넷 기초 익히기 / 227

이외에도 다양한 기능을 인터넷을 통해 이용할 수 있습니다. 인터넷으로 할 수 있는 것들은 무궁무진합니다.

인터넷 용어와 주소 보는 법

1. 인터넷을 하면서 자주 사용하는 용어에 대해서 알아보겠습니다.

① **홈페이지, 웹사이트** : 인터넷을 실행하면 볼 수 있는 화면입니다. 개인, 회사, 공공기관 등 다양한 곳에서 만든 것입니다.

② **링크** : 인터넷 홈페이지에서 특정 문자, 이미지 등을 클릭하면 다른 사이트로 이동할 수 있게 해주는 기능입니다. 링크에 커서를 대면 커서가 손가락 모양으로 바뀝니다.

③ **URL(주소)** : 모든 웹사이트에는 고유의 주소가 있는데 이를 URL이라고 합니다.

④ **이메일(e-mail)** : 인터넷으로 메일을 보내는 것을 이메일이라고 합니다.

⑤ **로그인** : 아이디와 비밀번호를 입력해서 특정 사이트에 자신의 계정으로 들어가는 것을 로그인이라고 합니다. 반대로 특정 사이트에서 나가는 것은 로그아웃이라고 합니다.

2. 인터넷 주소 보는 법

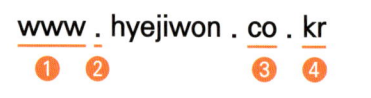

❶ **www** : 인터넷이 거미줄처럼 복잡하다는 의미로 월드와이드웹이라고 합니다.

❷ **닷(dot)** : 점입니다. 이름과 성격, 국가 도메인 등을 구분할 때 점을 찍습니다.

❸ **co** : 성격이 학교인지, 회사인지, 국가기관인지를 알려줍니다.

❹ **kr** : 국가명을 나타내며 한국은 Korea의 약자인 kr, 일본은 jp, 중국은 cn으로 표시합니다. 미국은 국가명이 없습니다.

Section 02 엣지 실행하기

인터넷 웹브라우저는 엣지(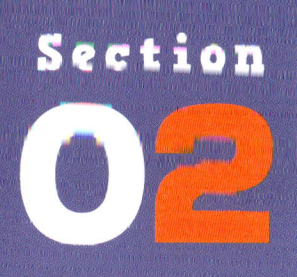), 크롬() 등이 있습니다. 이 책에서는 엣지를 기본으로 사용할 것이므로 엣지를 실행해보겠습니다.

01 [시작] 을 클릭합니다.

02 마우스 휠을 내려 Microsoft Edge를 찾습니다. 클릭합니다.

제10장 인터넷 기초 익히기 / **229**

03 혹은 [찾기]에 edge라고 입력해도 엣지가 나옵니다.

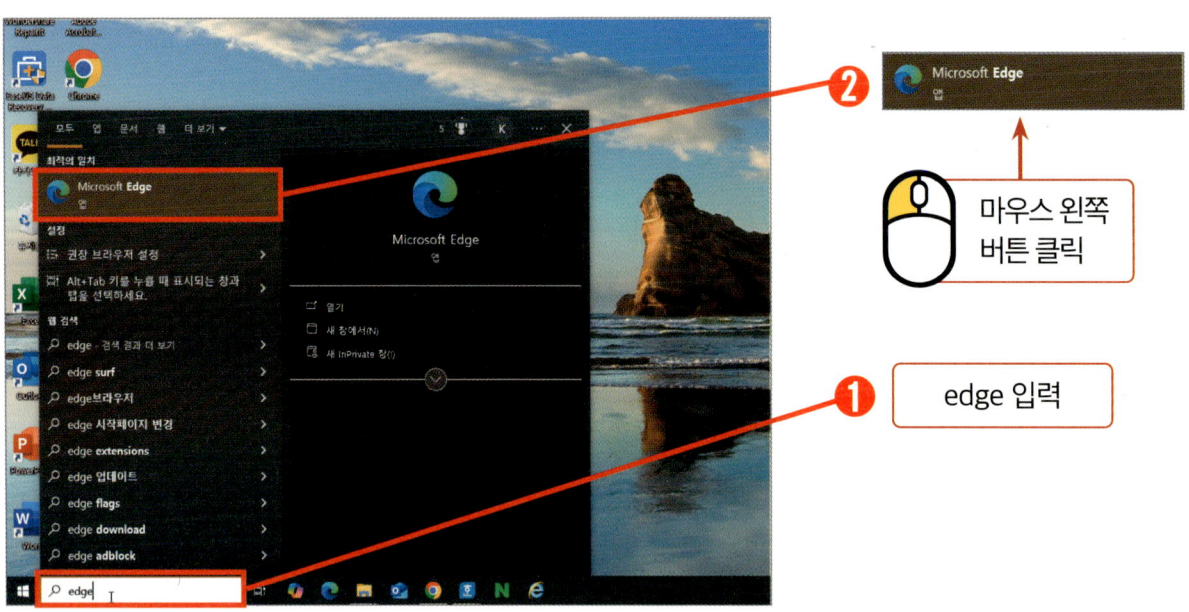

04 엣지가 실행되었습니다.

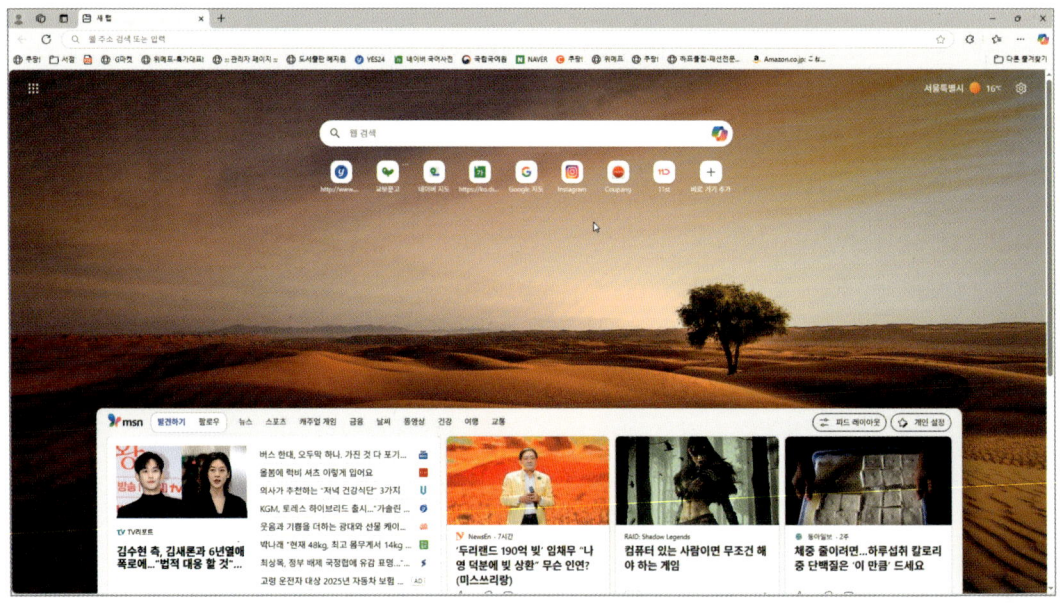

포털사이트의 종류

포털사이트는 정보 검색과 서비스, 이메일 계정 서비스, 뉴스 서비스 등 사용자가 필요한 서비스를 제공하는 사이트입니다. 네이버(www.naver.com), 다음(www.daum.net), 네이트(www.nate.com) 등이 있습니다.

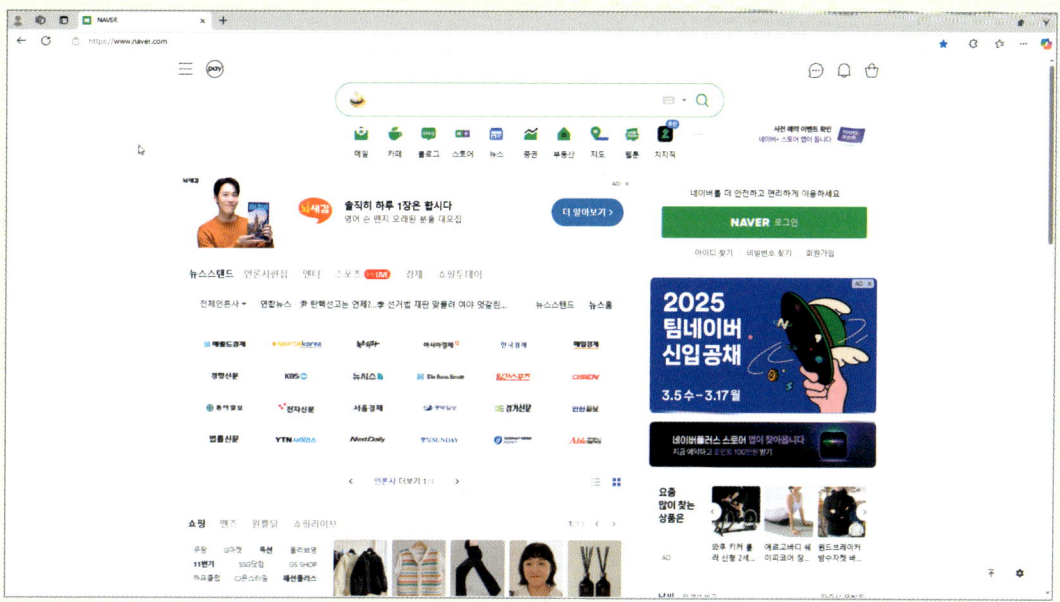

[네이버]

[네이트]

Section 03 엣지 화면 구성

엣지 화면 구성을 살펴보겠습니다. 사용자의 컴퓨터 환경에 따라 화면이 조금 다를 수 있습니다.

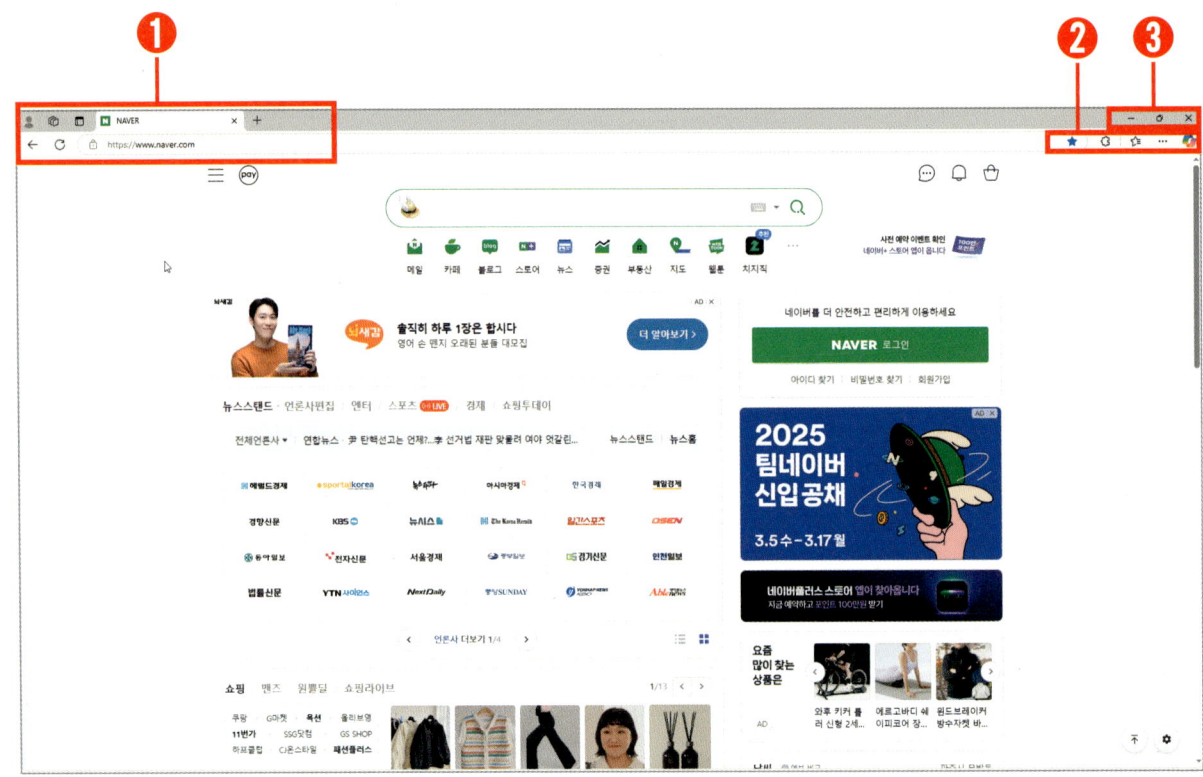

❶ **주소 표시줄과 제목 표시 탭** : 현재 보고 있는 인터넷 사이트의 주소를 표시합니다.

- **이전(←)** : 이전에 방문했던 곳으로 되돌아가고 싶을 때 클릭합니다.
- **새로고침(↻)** : 사이트를 새로고침하고 싶을 때 사용합니다.
- **탭 추가(+)** : 새로운 탭을 추가하여 열고 싶을 때 사용합니다.

❷ 기본 도구 모음 탭 - 즐겨찾기 추가, 설정께 같은 기본 기능을 이용할 수 있습니다.

- **소리내어 읽기**(A˻) : 페이지의 내용을 소리내어 읽게 해주는 기능입니다.
- **즐겨찾기에 추가**(☆) : 즐겨찾기 목록에 해당 페이지를 추가할 수 있습니다.
- **즐겨찾기**(☆≡) : 즐겨찾기로 설정해놓은 주소들의 목록입니다.
- **설정**(⋯) : 방문 기록, 인쇄, 분할 화면 등 여러 설정을 할 수 있는 기능입니다.

❸ **창 설정** : 왼쪽부터 순서대로 최소화, 확대/축소, 닫기 기능입니다.

엣지 화면에서 Ctrl 키를 누른 채 휠을 위아래로 움직이면 확대/축소 아이콘(🔍)과 함께 화면이 확대/축소됩니다.

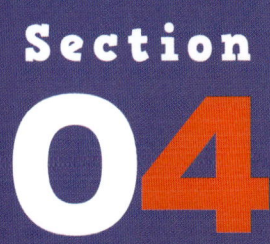

Section 04 주소 입력해서 페이지 이동하기

인터넷 주소 표시줄에 주소를 입력해서 해당 사이트에 찾아갈 수 있습니다.

01 엣지의 주소 표시줄을 클릭합니다.

마우스 왼쪽 버튼 클릭

02 네이버(www.naver.com)를 입력한 후 Enter 키를 누릅니다.

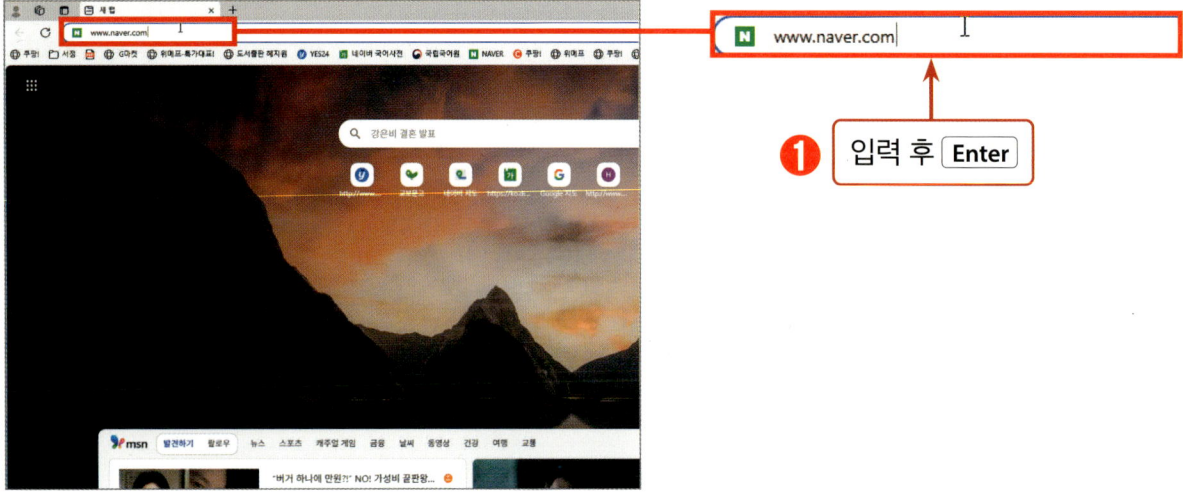

❶ 입력 후 Enter

03 네이버의 홈페이지가 열립니다.

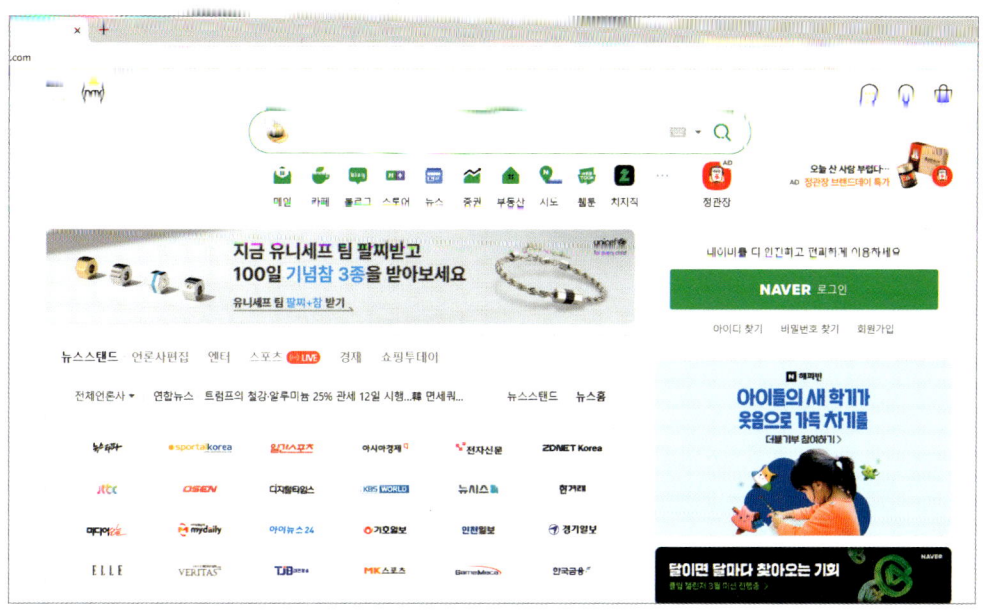

04 다시 표시줄을 클릭합니다. 클릭하면 주소 전체가 파랗게 선택됩니다. 서울특별시(www.seoul.go.kr)를 입력하고 Enter 키를 누릅니다.

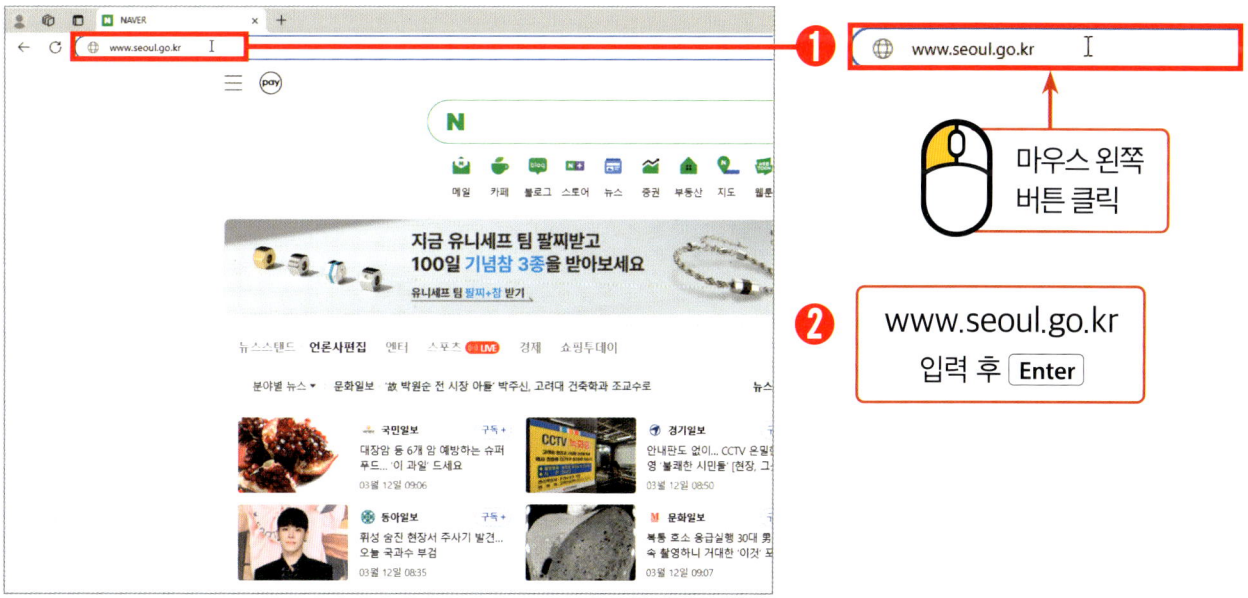

05 서울특별시 홈페이지로 이동했습니다.

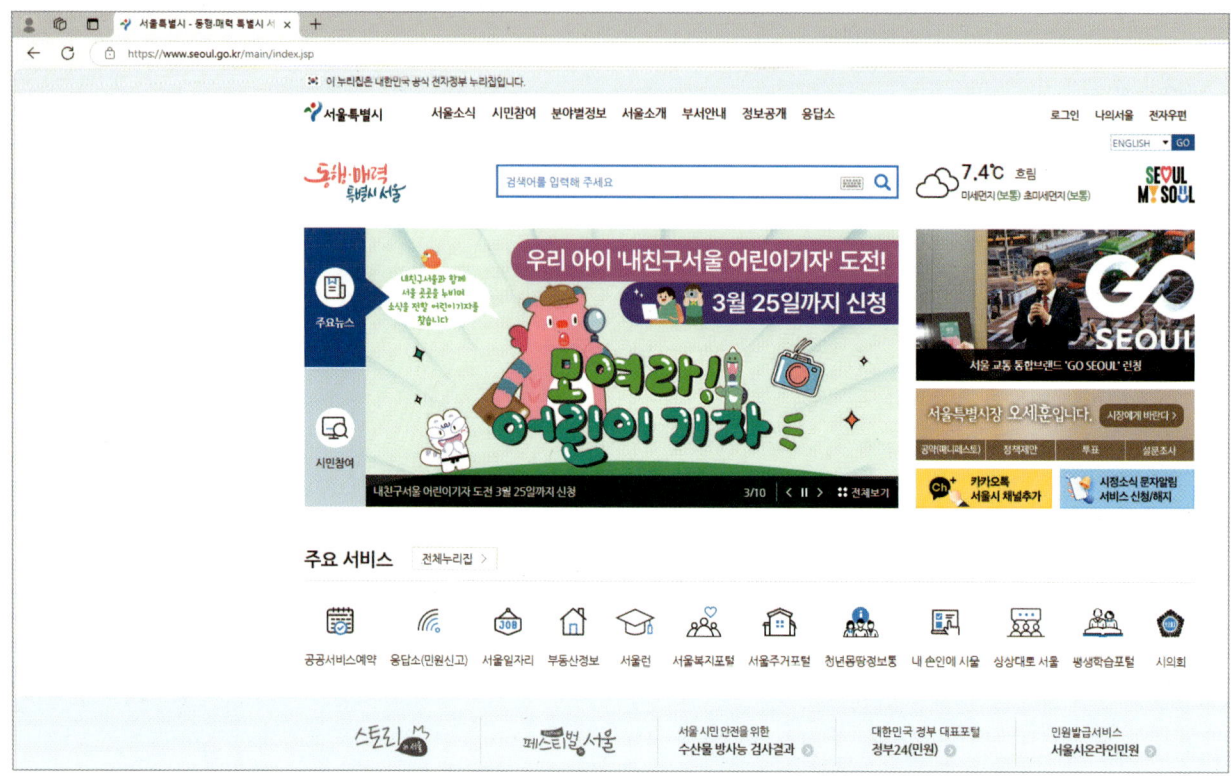

Section 05 링크 클릭해서 이동하기

인터넷의 어느 영역 위에서 마우스를 움직이면 마우스 커서의 모양이 화살표( )에서 🖑 모양으로 바뀝니다. 이때 클릭을 하면 연관된 페이지로 이동합니다. 이를 링크라고 합니다.

01 엣지를 실행합니다. 보고 싶은 내용이 있는 곳에 마우스를 이동합니다. 커서 모양이 🖑 로 바뀌면 클릭합니다.

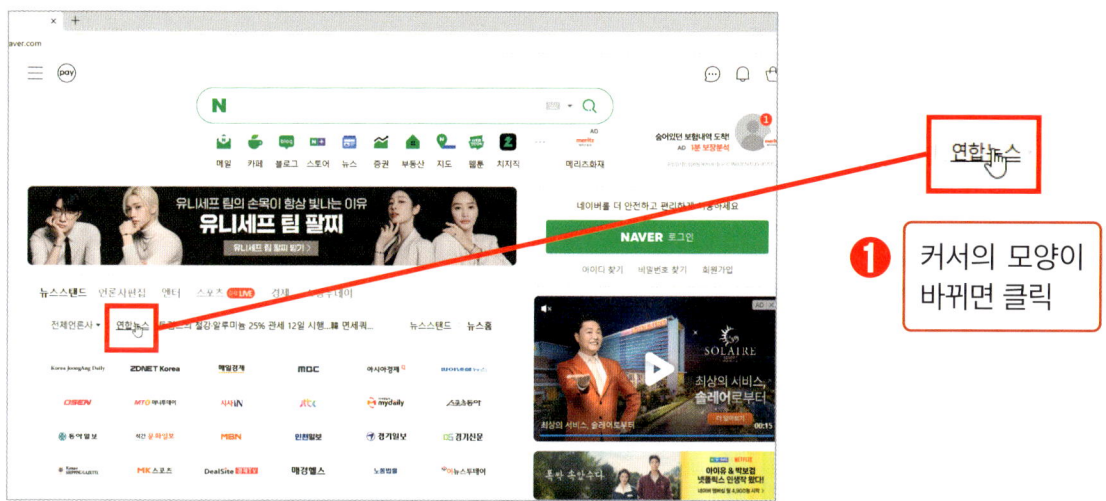

❶ 커서의 모양이 바뀌면 클릭

02 읽고 싶은 내용이나 항목을 클릭합니다.

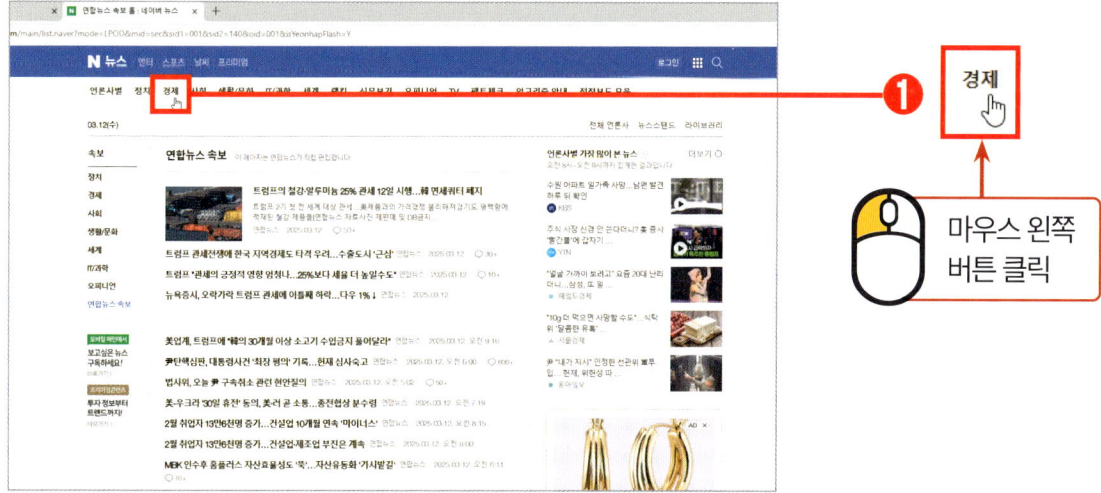

❶ 마우스 왼쪽 버튼 클릭

제 10장 인터넷 기초 익히기 / 237

03 다시 읽고 싶은 내용을 클릭합니다.

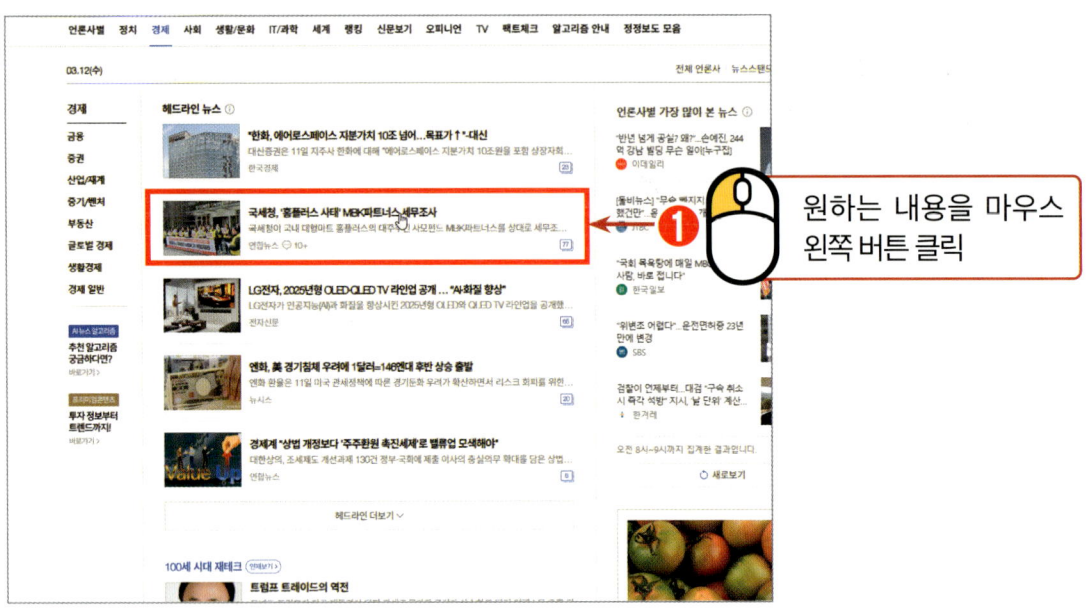

04 내용을 읽은 후에 바로 직전에 보았던 페이지로 되돌아가기 위해 [뒤로가기] ← 버튼을 클릭합니다.

참고! 한 페이지를 뒤로 이동하면 [앞으로 가기] → 버튼이 활성화됩니다.

화면 확대/축소하기

화면을 확대/축소하는 방법을 안내해드리겠습니다. 마우스와 키보드를 사용하는 방법, 설정에서 조정하는 방법을 알아보겠습니다.

01 Ctrl 키를 누른 채로 마우스 휠을 위로 올립니다. 화면이 확대되면서 오른쪽 상단에 확대/축소 배율이 나타납니다.

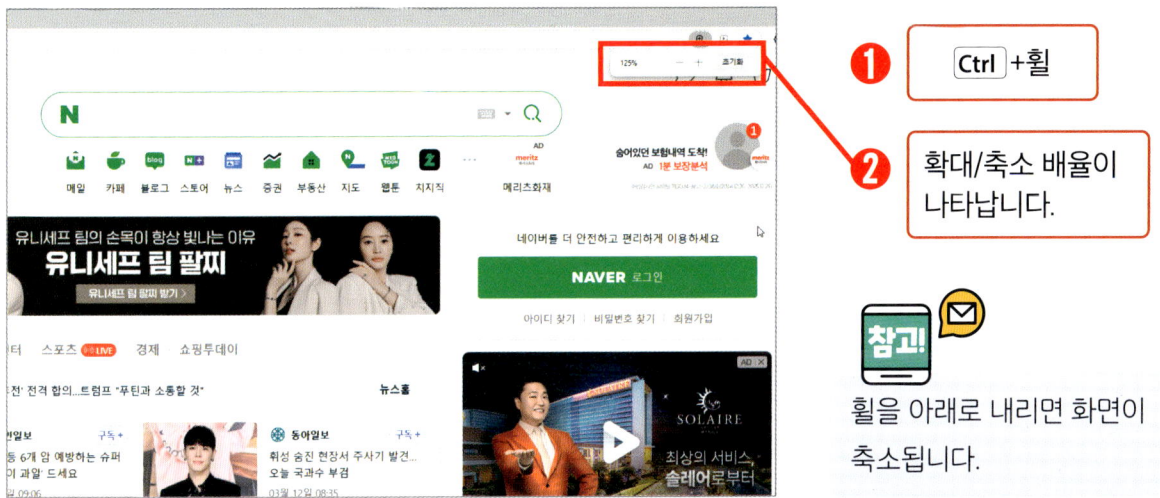

❶ Ctrl + 휠

❷ 확대/축소 배율이 나타납니다.

참고!
휠을 아래로 내리면 화면이 축소됩니다.

02 확대한 화면을 축소해보겠습니다. [설정] … 을 클릭합니다.

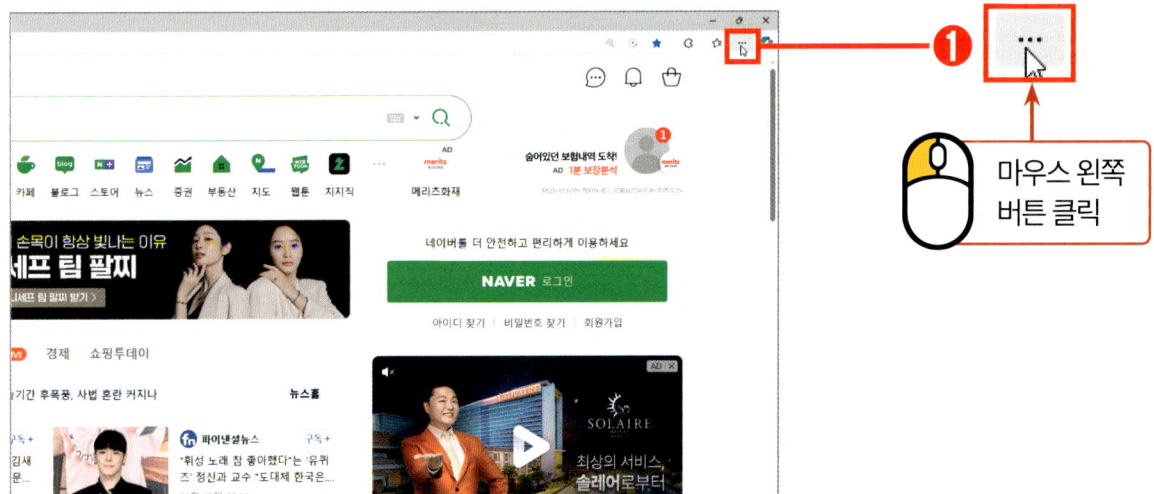

❶ 마우스 왼쪽 버튼 클릭

제 10장 인터넷 기초 익히기 / **239**

03 확대/축소에서 ─ 를 클릭하면 화면이 축소됩니다.

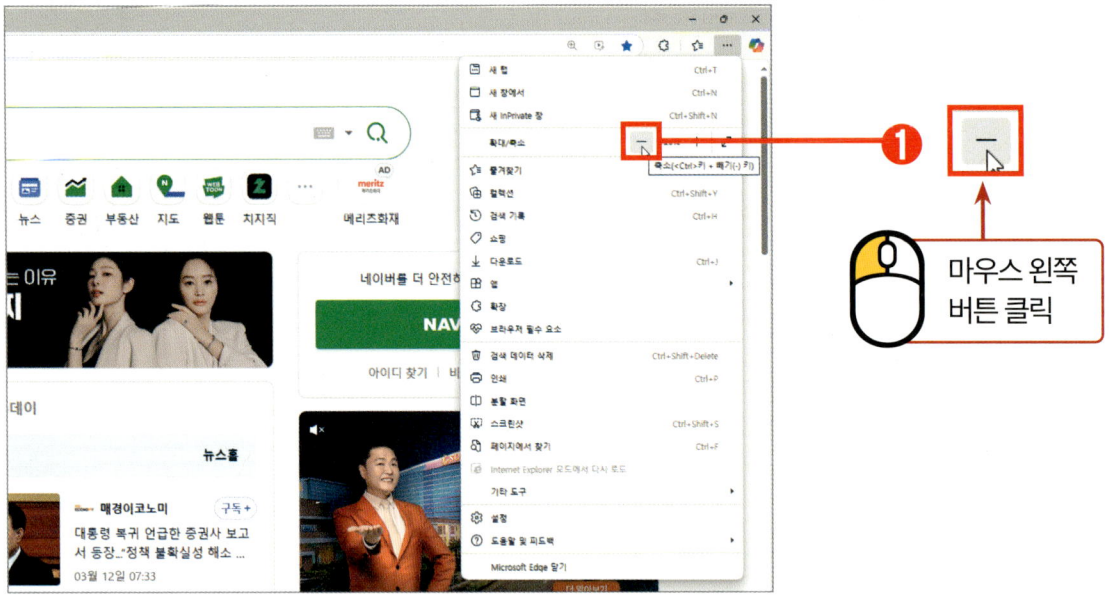

04 축소된 모습입니다.

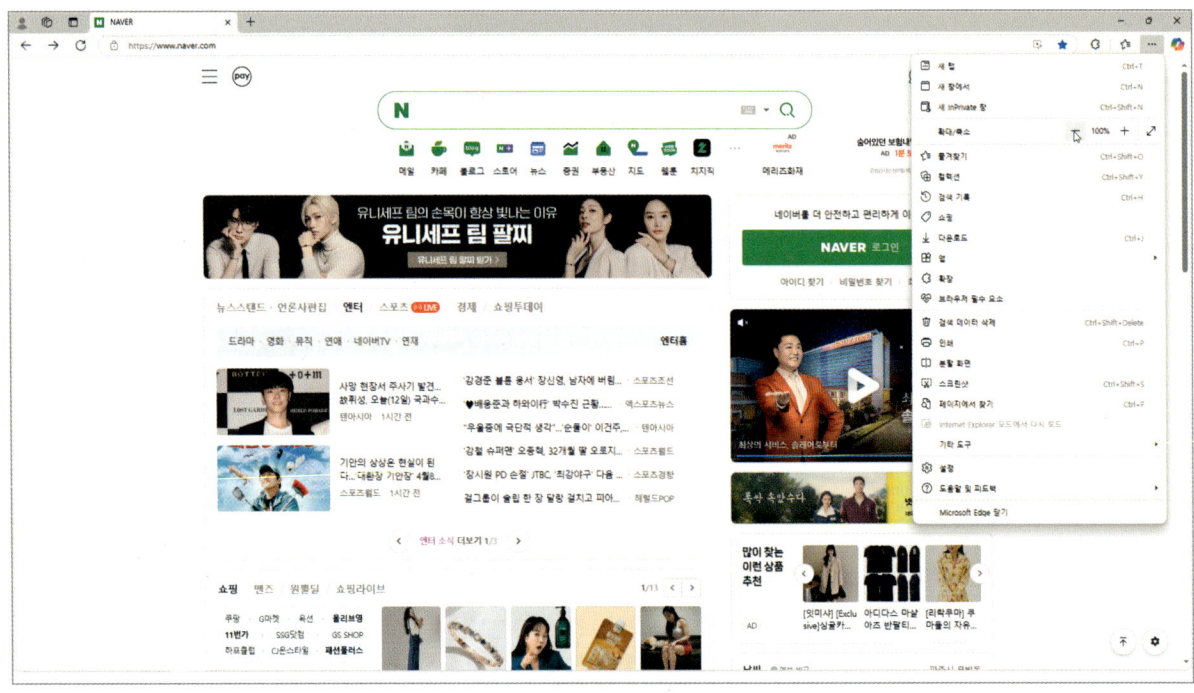

Section 07 기본 사이트 설정하기

엣지가 열리면 나타나는 기본 사이트를 네이버로 설정해보겠습니다.

01 엣지를 열고 [설정] … 을 클릭합니다. [설정] 메뉴를 클릭합니다.

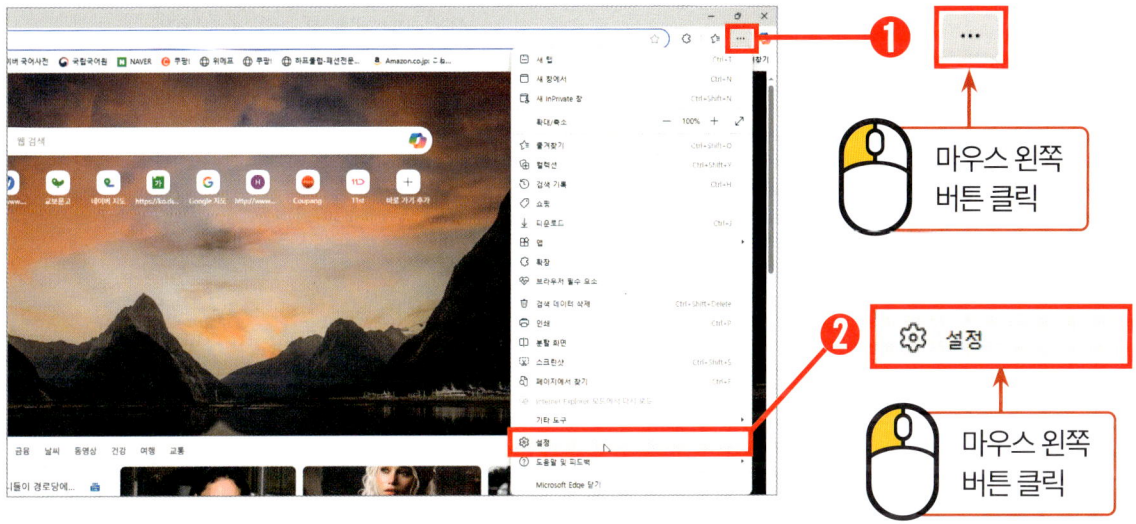

02 [시작, 홈 및 새 탭 페이지]를 클릭합니다.

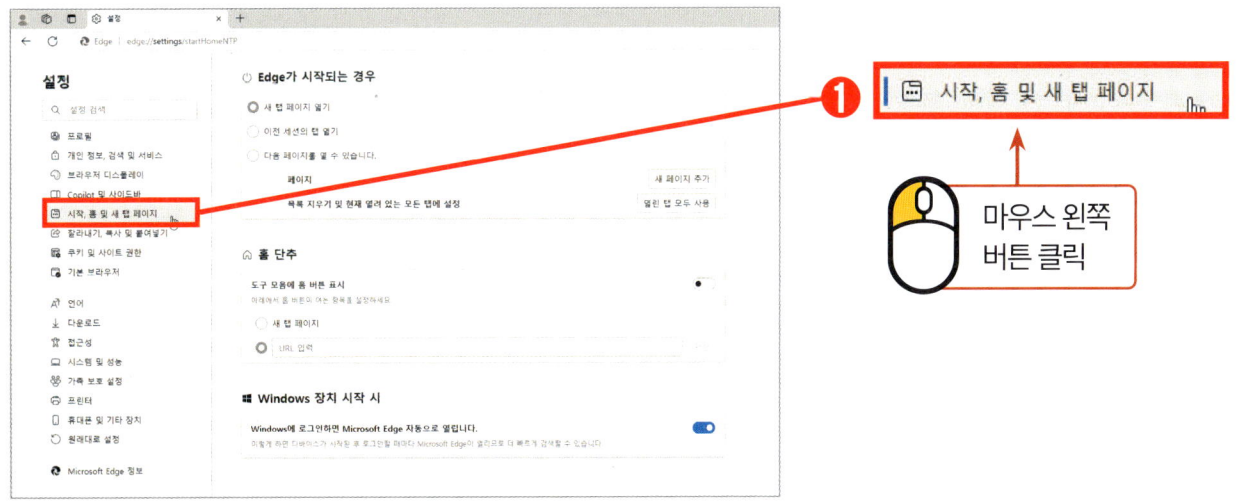

03 [다음 페이지를 열 수 있습니다]를 클릭합니다. [새 페이지 추가]를 클릭합니다.

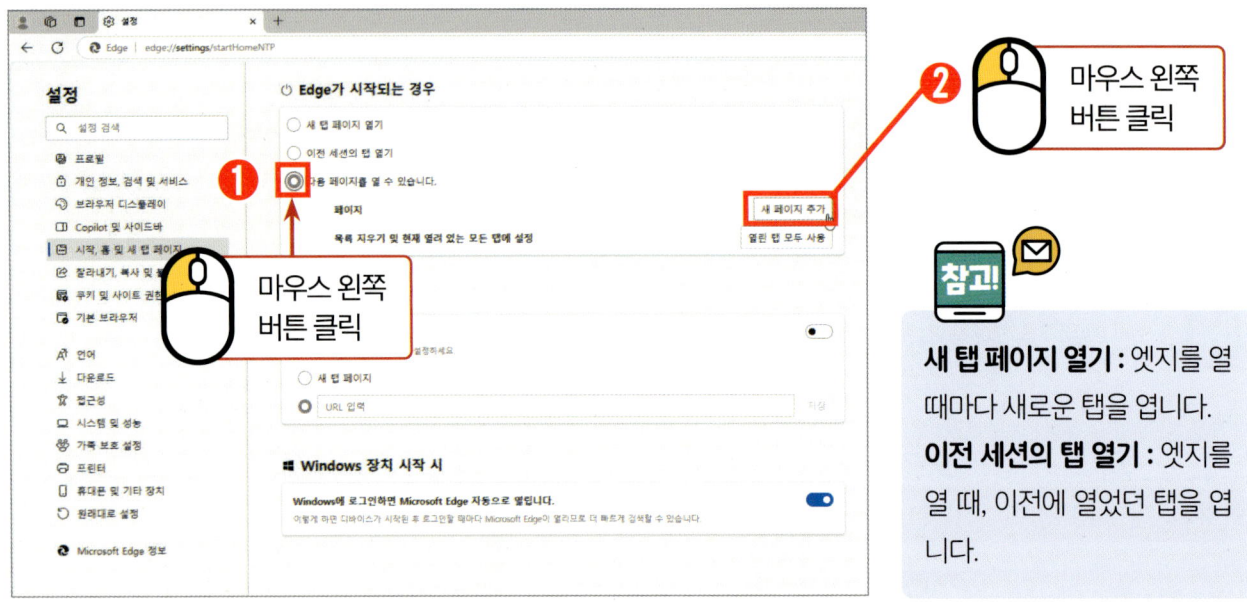

새 탭 페이지 열기 : 엣지를 열 때마다 새로운 탭을 엽니다.
이전 세션의 탭 열기 : 엣지를 열 때, 이전에 열었던 탭을 엽니다.

04 [URL 입력]란에 www.naver.com을 입력합니다. [추가]를 클릭합니다.

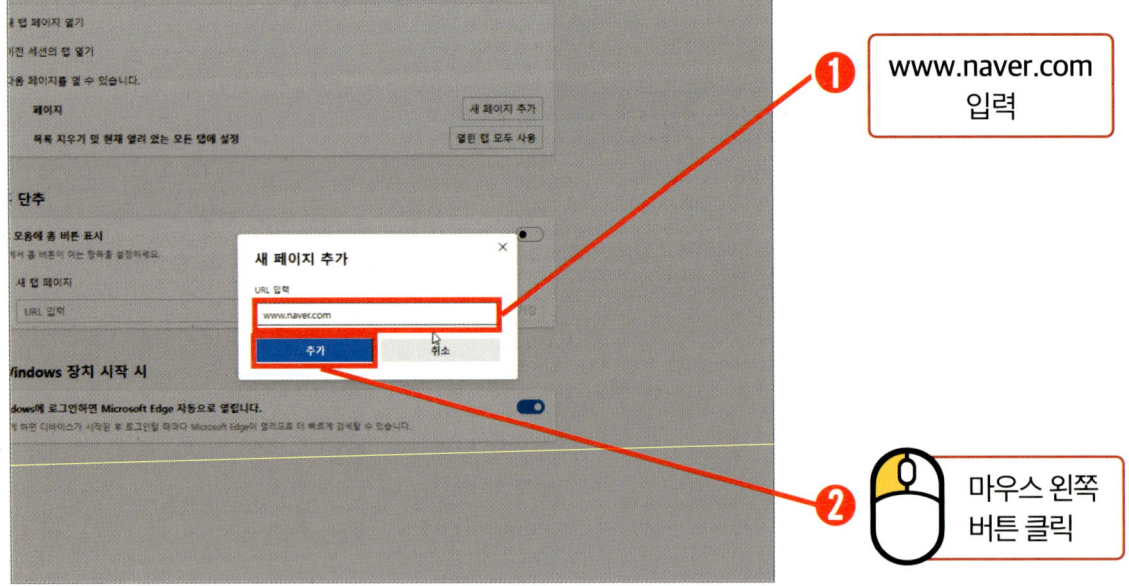

05 앞서 화면을 닫았다가 다시 열면 네이버가 시작 페이지로 나타나는 것을 확인할 수 있습니다.

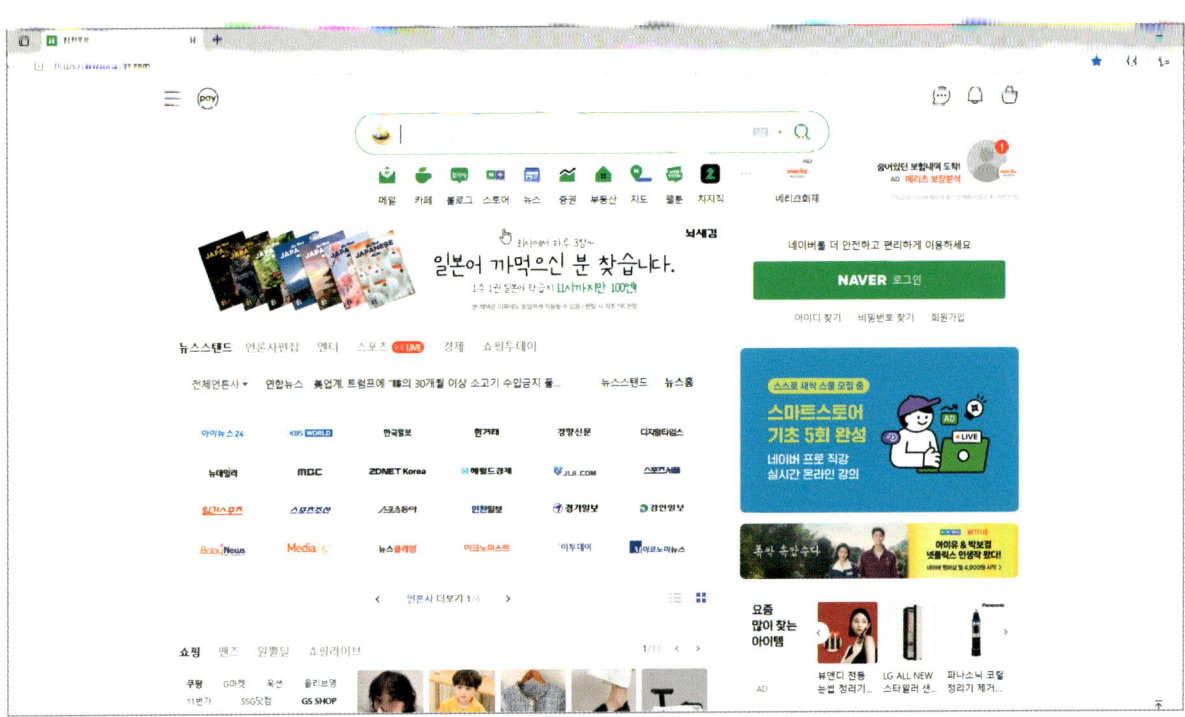

Section 08 즐겨찾기 추가하기

자주 방문하는 페이지는 즐겨찾기에 추가하여 쉽게 찾아갈 수 있습니다. 정부24 홈페이지를 추가해보겠습니다.

01 주소 표시줄에 www.gov.kr을 입력한 후 Enter 키를 누릅니다. 주소 표시줄 오른쪽을 보면 ☆ 아이콘이 있습니다. 클릭합니다.

02 즐겨찾기가 추가되며 폴더를 지정할 수 있습니다. [더 보기]를 클릭합니다.

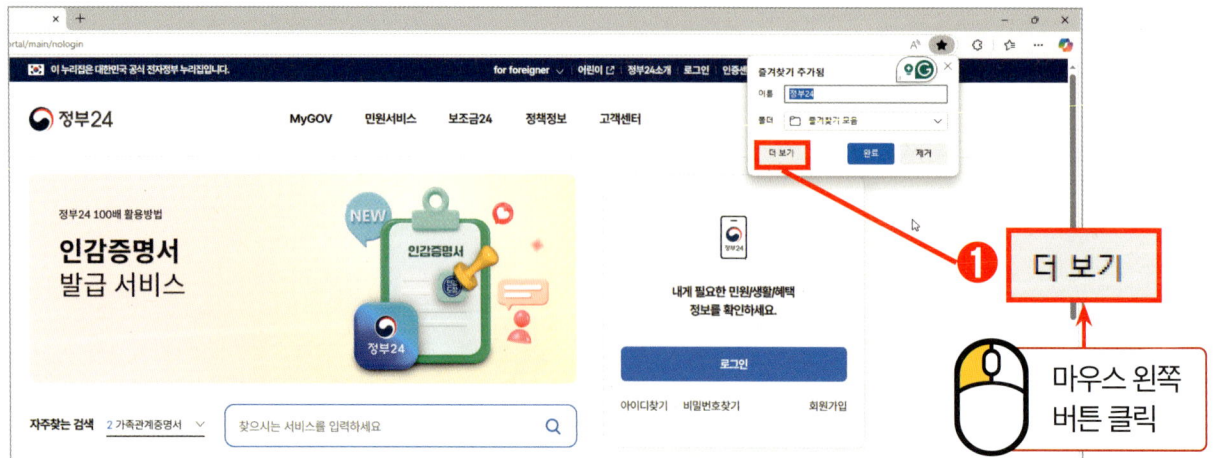

03 [새 폴더]를 클릭합니다.

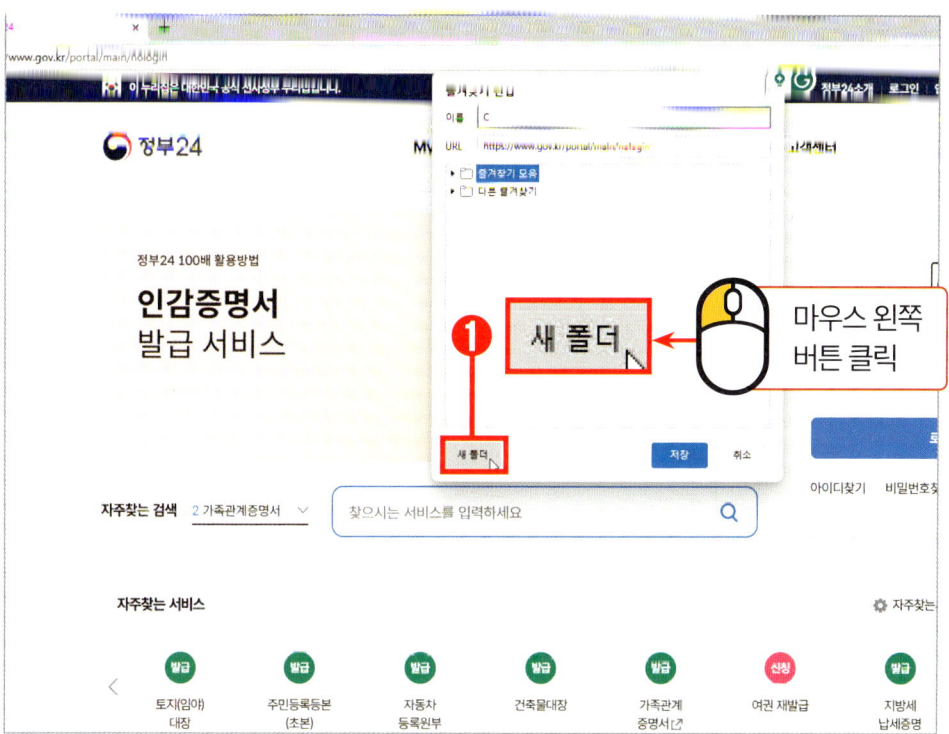

04 '공공기관'이라고 입력합니다. [저장]을 클릭합니다.

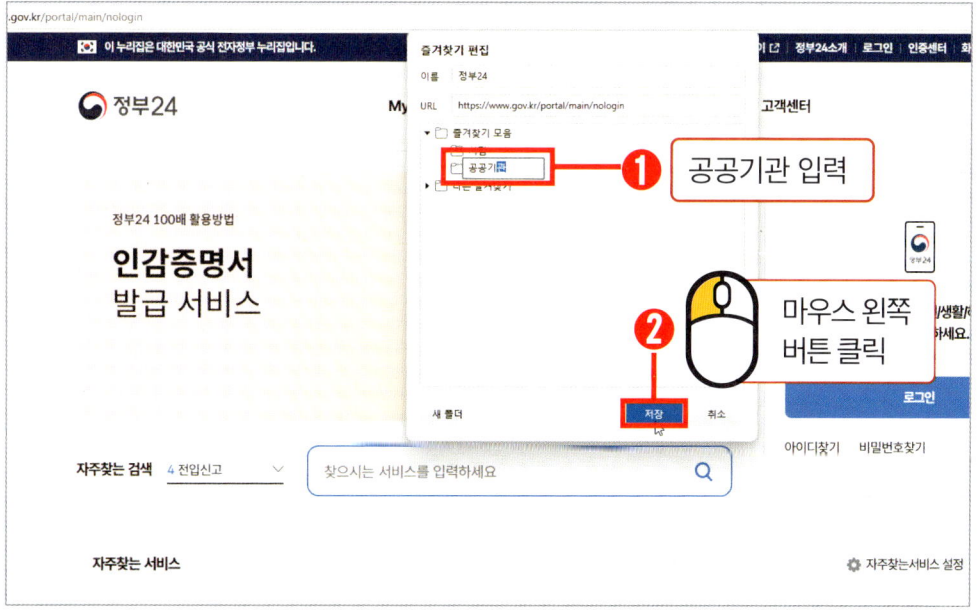

05 즐겨찾기 아이콘이 ★ 로 바뀝니다. 즐겨찾기 저장이 정상적으로 이뤄졌다는 의미입니다. ⭐☰를 클릭합니다.

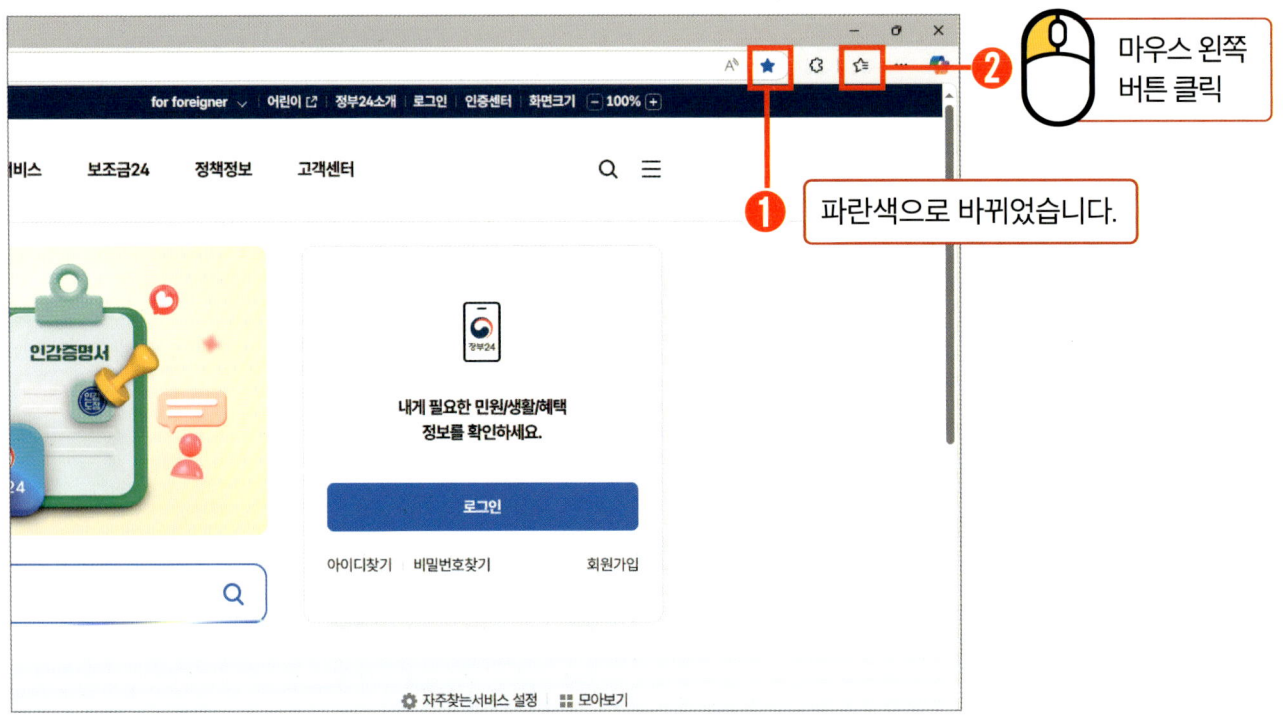

06 [즐겨찾기 모음]-[공공기관]을 클릭합니다. 정부24 홈페이지가 등록되었습니다.

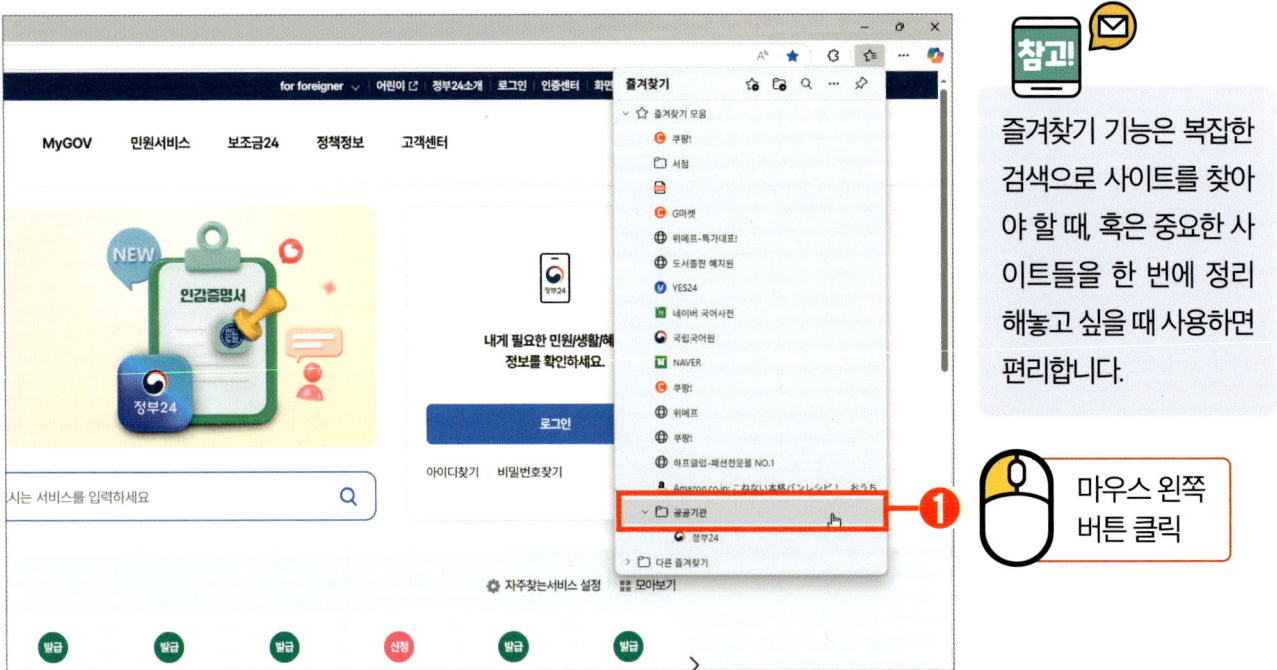

참고! 즐겨찾기 기능은 복잡한 검색으로 사이트를 찾아야 할 때, 혹은 중요한 사이트들을 한 번에 정리해놓고 싶을 때 사용하면 편리합니다.

07 삭제를 하고 싶거나 사세하고 싶은 사이트 위에서 마우스 오른쪽 버튼을 클릭합니다. [삭제]를 클릭합니다.

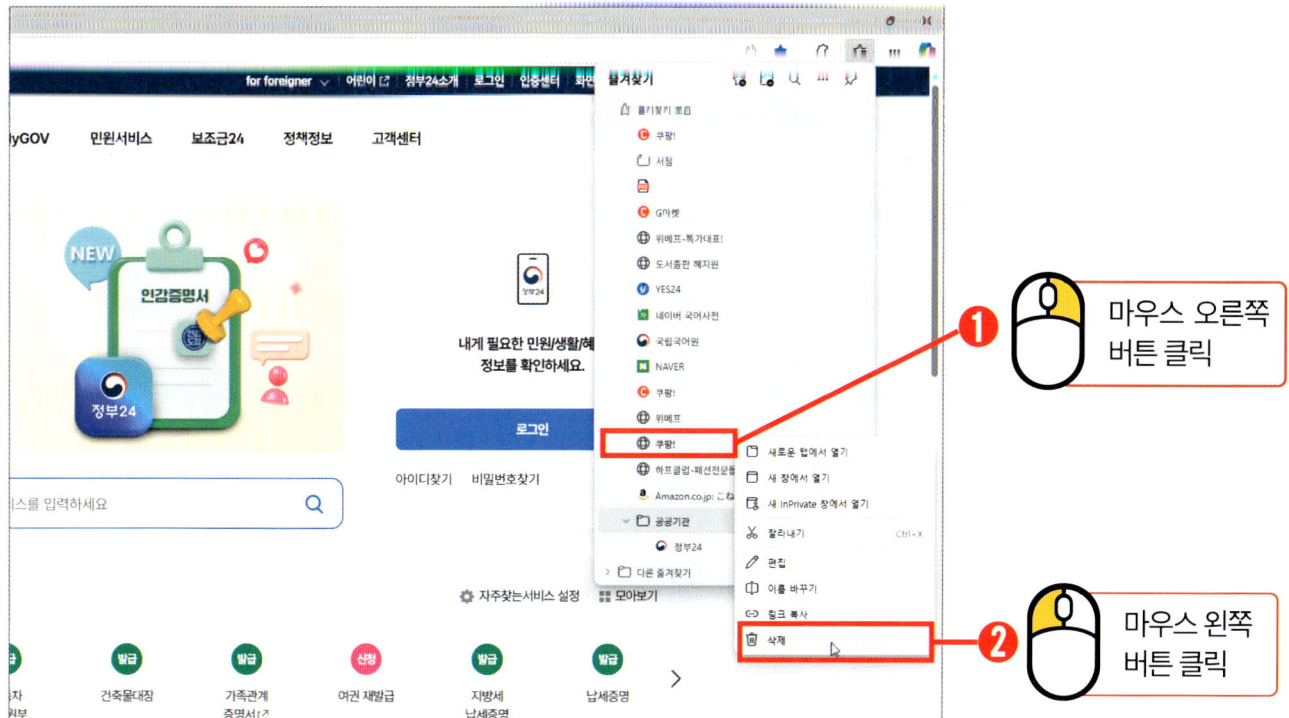

08 선택한 사이트가 삭제되었습니다.

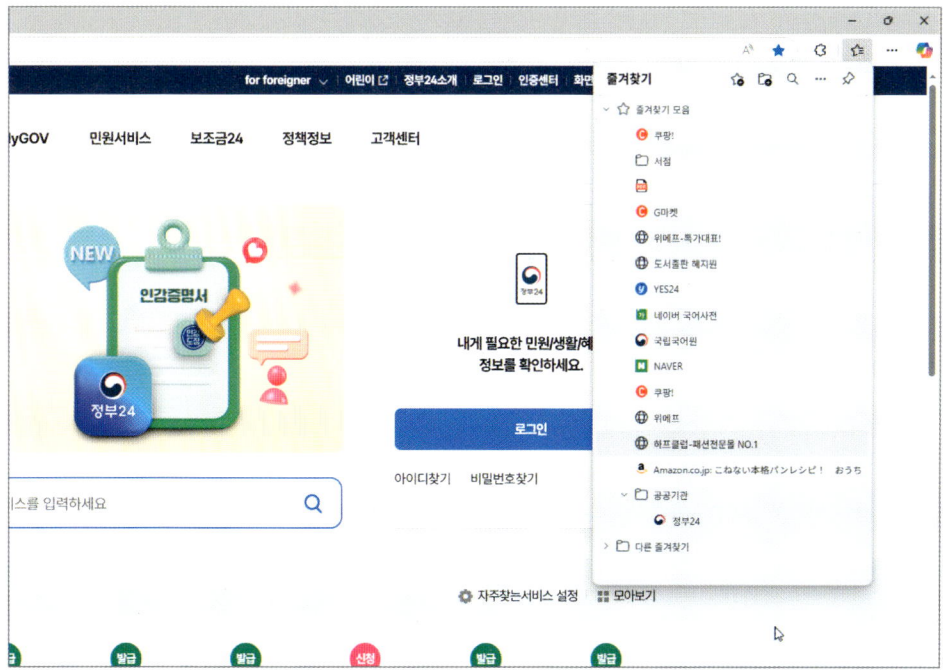

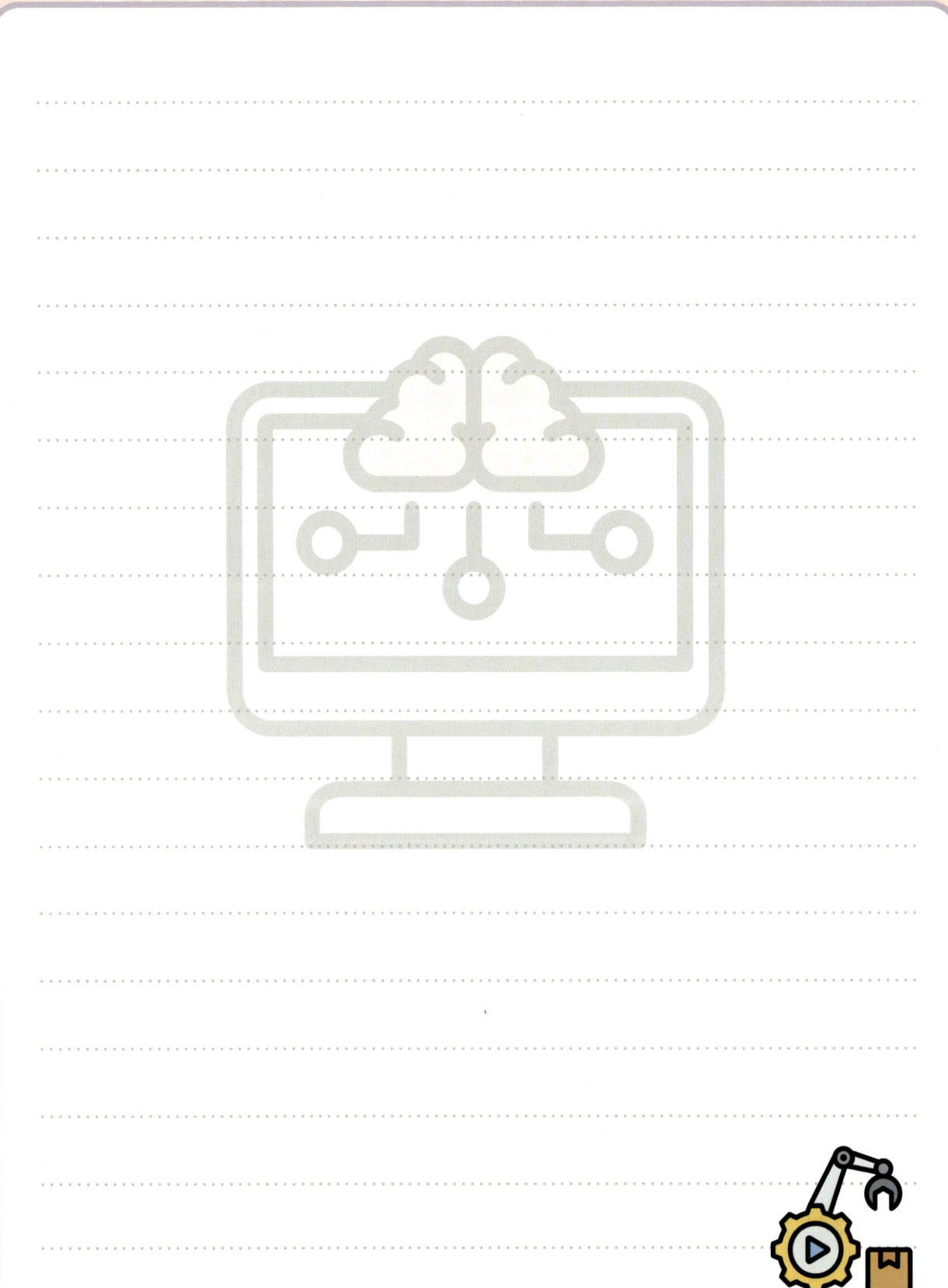

제 11 장

네이버, 다음 사용하기

네이버와 다음으로 뉴스, 정보 검색, 메일 작성 등 다양한 활동을 할 수 있습니다. 회원가입을 하고 이용하면 더 많은 활동이 가능합니다.

Section 01 네이버에 회원가입하기

네이버는 회원가입을 하지 않고도 충분히 이용할 수 있지만 회원가입을 하면 메일 보내기, 카페 가입하기 등 더 많은 기능을 이용할 수 있습니다. 회원가입을 해보겠습니다.

01 엣지를 실행합니다. 주소 표시줄에 www.naver.com을 입력하고 Enter 키를 누릅니다.

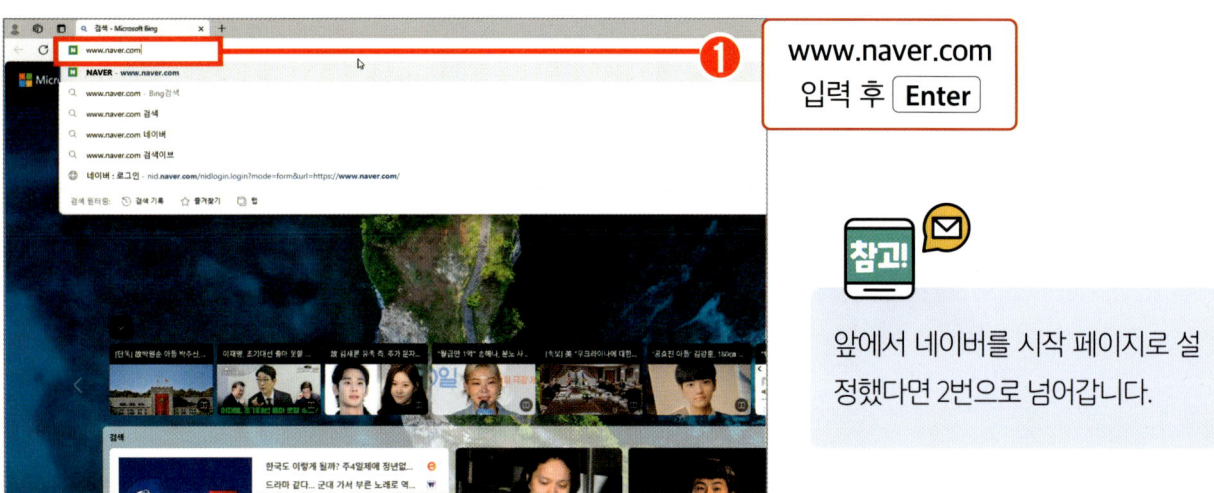

참고! 앞에서 네이버를 시작 페이지로 설정했다면 2번으로 넘어갑니다.

02 오른쪽의 로그인 부분에서 [회원가입]을 클릭합니다.

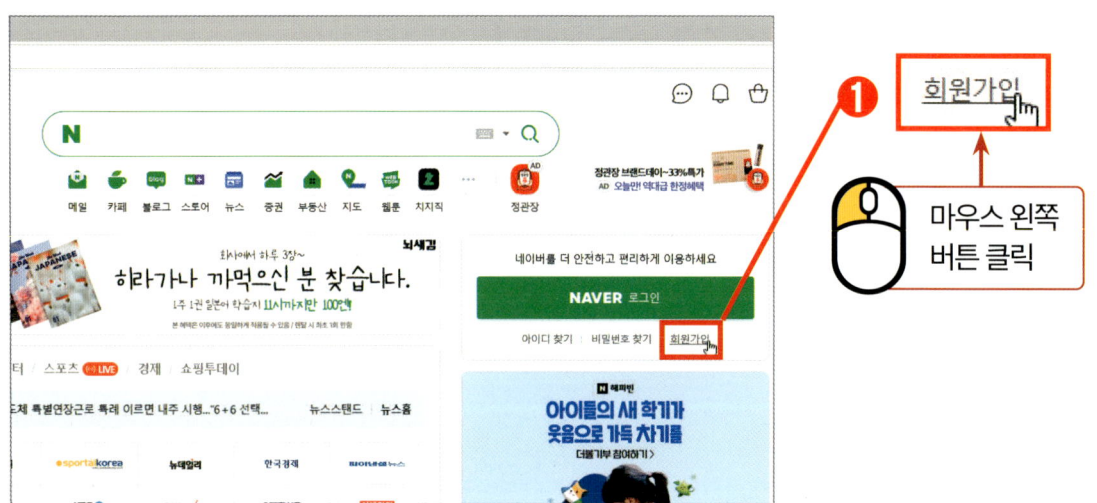

03 회원가입을 위한 절차를 진행합니다. [전체 동의하기]를 클릭하고 [다음]을 클릭합니다.

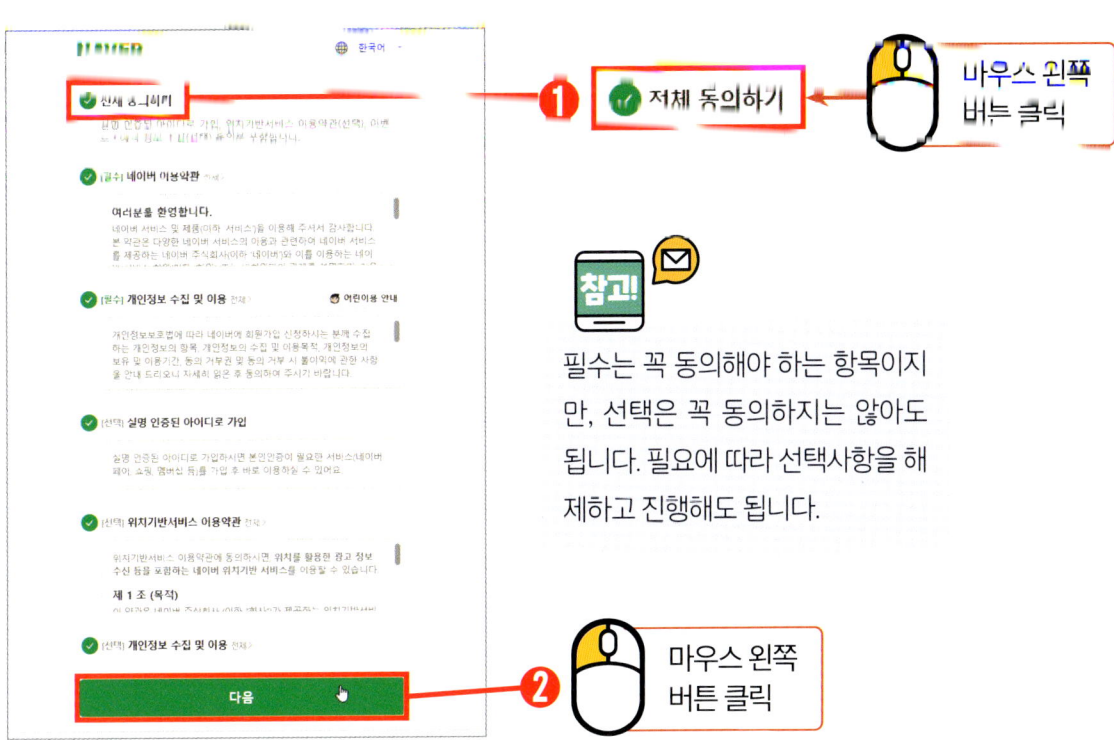

04 개인정보를 입력하는 창이 나옵니다. 일단 아이디, 비밀번호를 입력합니다. 아이디는 중복되지 않은 아이디어야 가입이 가능합니다.

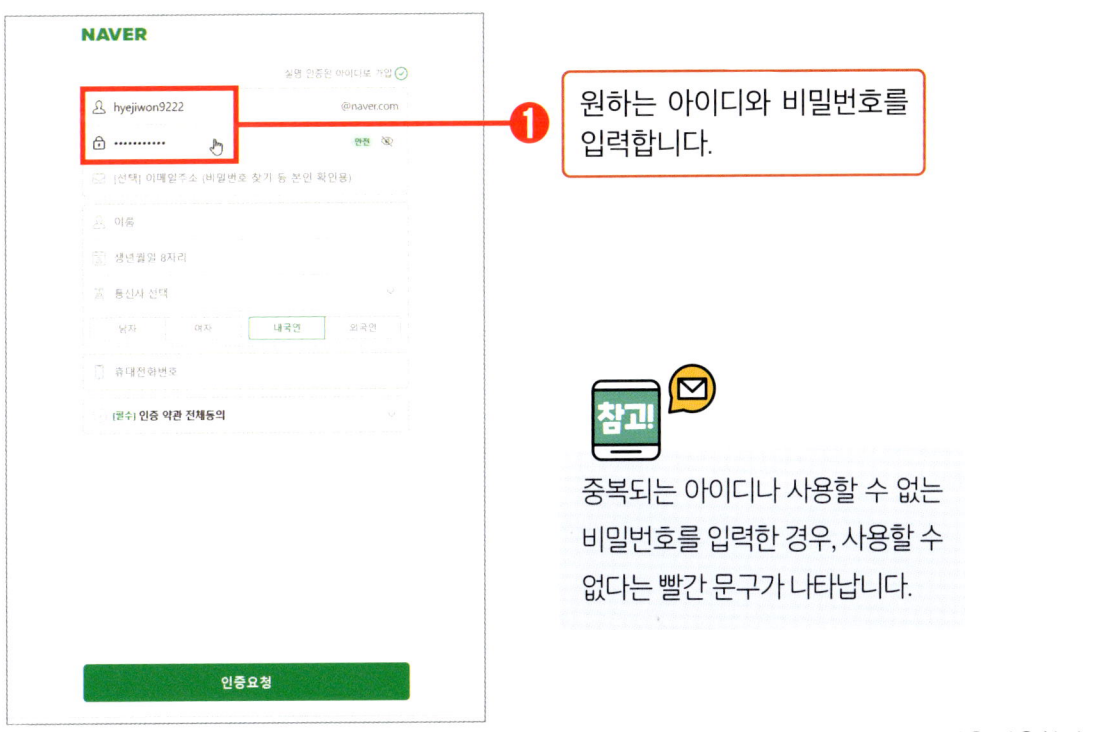

05 다음으로 이름, 생년월일 8자리를 입력합니다. 그리고 [통신사 선택]을 클릭합니다. 자신이 가진 휴대폰의 통신사를 선택합니다.

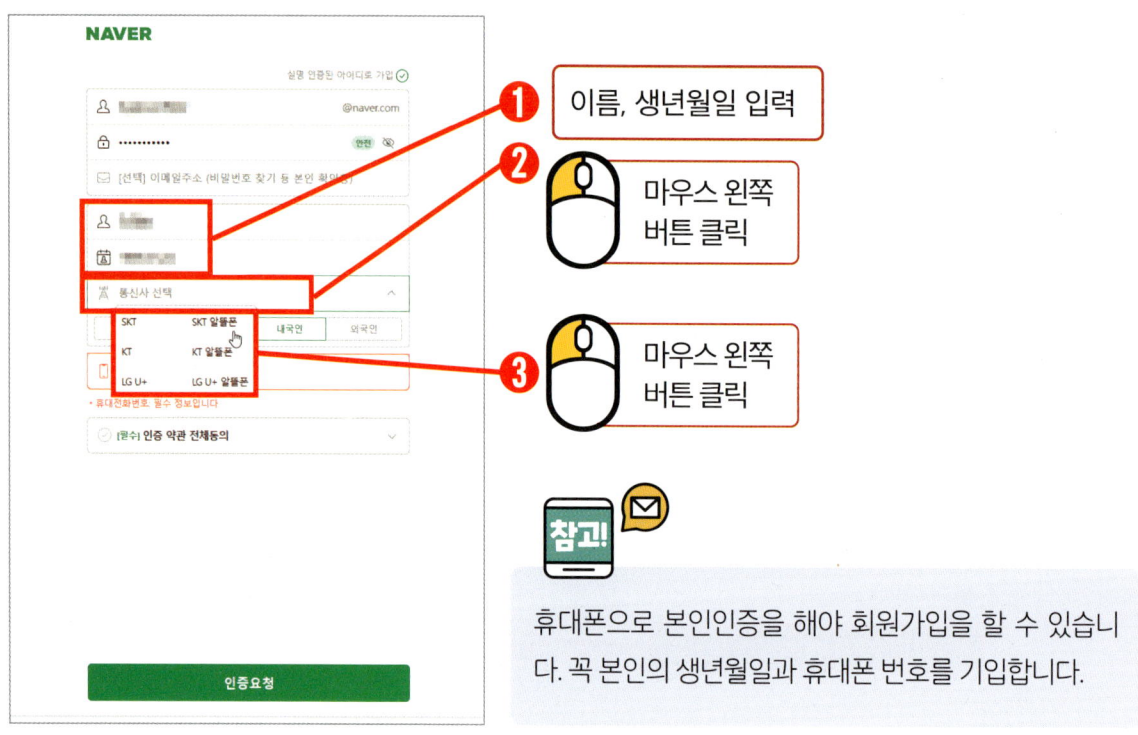

06 [성별]을 선택합니다. 그리고 휴대전화 번호를 입력합니다.

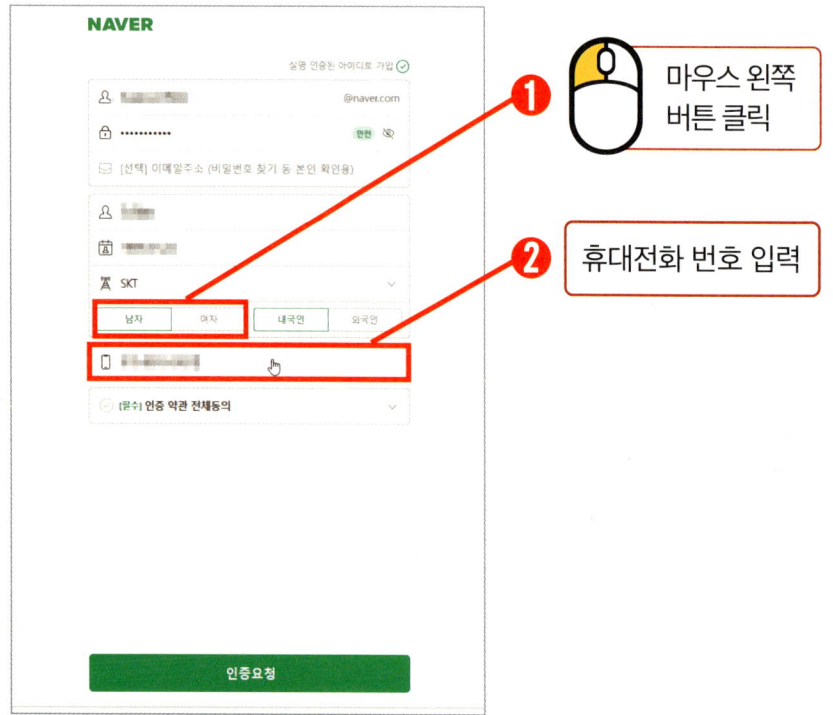

07 [인증 약관 전체동의]에 체크합니다. [인증요청]를 클릭합니다.

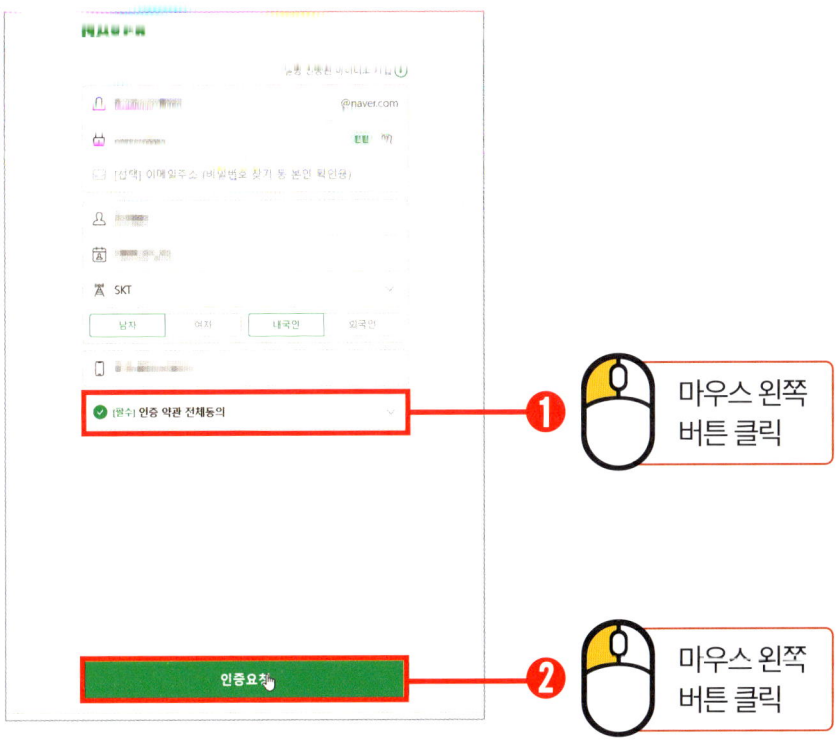

08 자신의 휴대폰으로 인증번호 메시지가 옵니다. 인증번호 6자리를 확인한 후 입력합니다. [가입하기]를 클릭합니다.

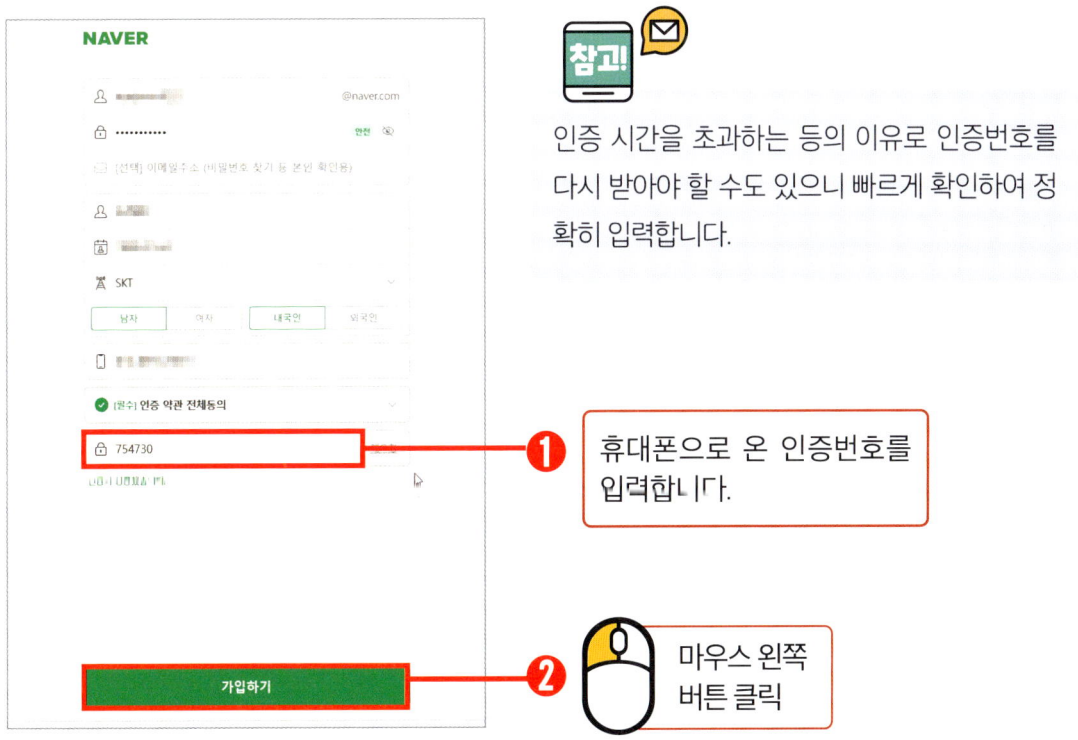

참고! 인증 시간을 초과하는 등의 이유로 인증번호를 다시 받아야 할 수도 있으니 빠르게 확인하여 정확히 입력합니다.

제11장 네이버, 다음 사용하기 / **253**

09 가입이 완료되었습니다. 쇼핑, 카페, 메일 등의 서비스를 더욱 편리하게 이용할 수 있습니다.

 **회원가입을 할 때와 안 할 때의 차이**

회원가입을 안 할 때와 할 때의 구체적인 차이는 다음과 같습니다. 네이버, 다음과 같은 포털사이트는 회원가입을 하고 이용하기를 추천드립니다.

1) 회원가입을 안 하고 네이버를 이용하면 네이버 활동 기록이 저장되지 않습니다. 대표적으로 검색 기록이 저장되지 않습니다.

2) 메일 쓰기, 카페 가입하기와 같이 나의 정보를 드러내야 하는 활동을 할 수 없습니다. 네이버 쇼핑 역시 이용에 제한이 발생합니다.

3) 네이버를 통한 인증 서비스를 받을 수 없습니다.

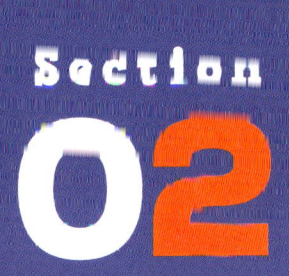

네이버로 메일 보내기

네이버로 메일을 작성하고 보내는 법에 대해 알아보겠습니다.

01 네이버 홈페이지에서 [로그인]을 클릭합니다.

참고! 로그인이 되어 있다면 3번 과정으로 넘어갑니다.

02 아이디와 비밀번호를 입력하고 [로그인]을 클릭합니다.

제 11장 네이버, 다음 사용하기 / **255**

03 [메일]을 클릭합니다.

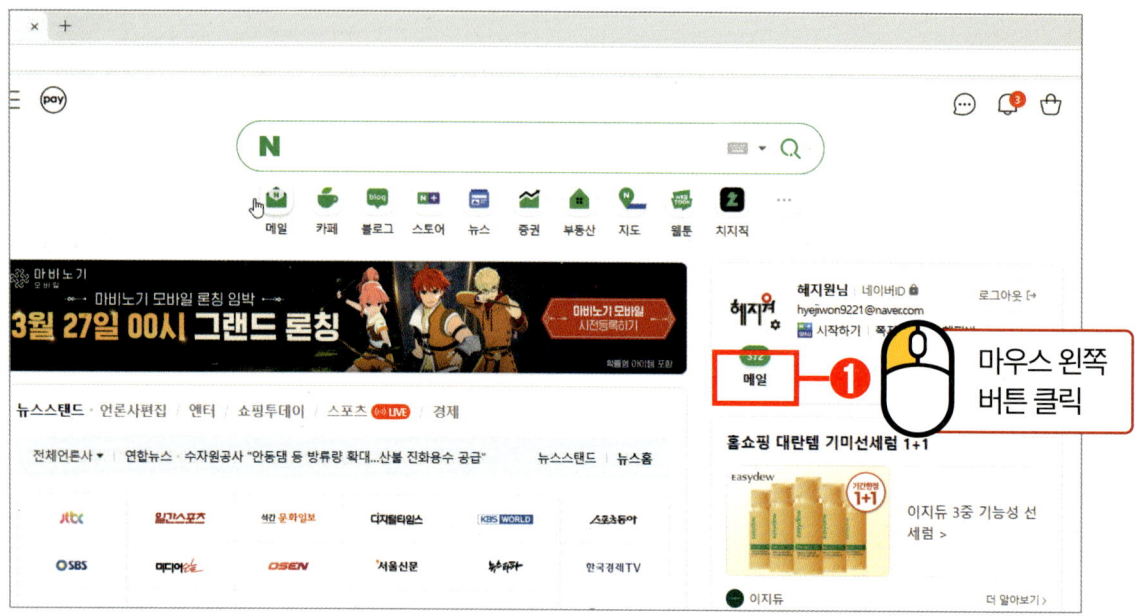

04 [메일 쓰기]를 클릭합니다.

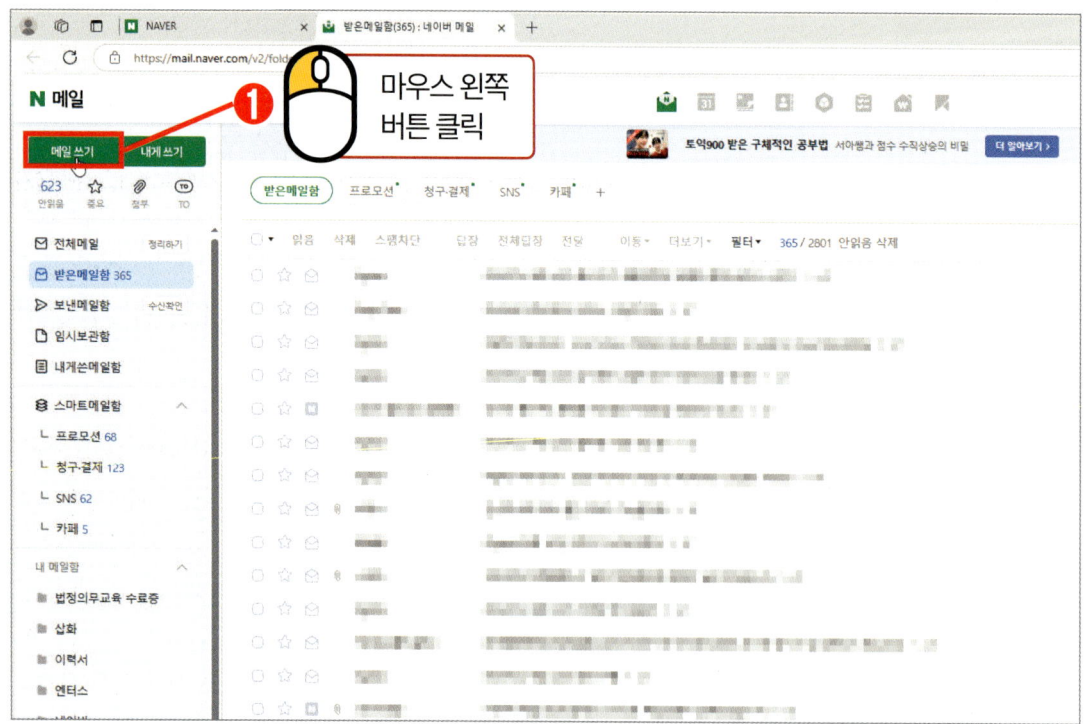

메일 주요 항목

메일의 주요 항목은 다음과 같습니다.

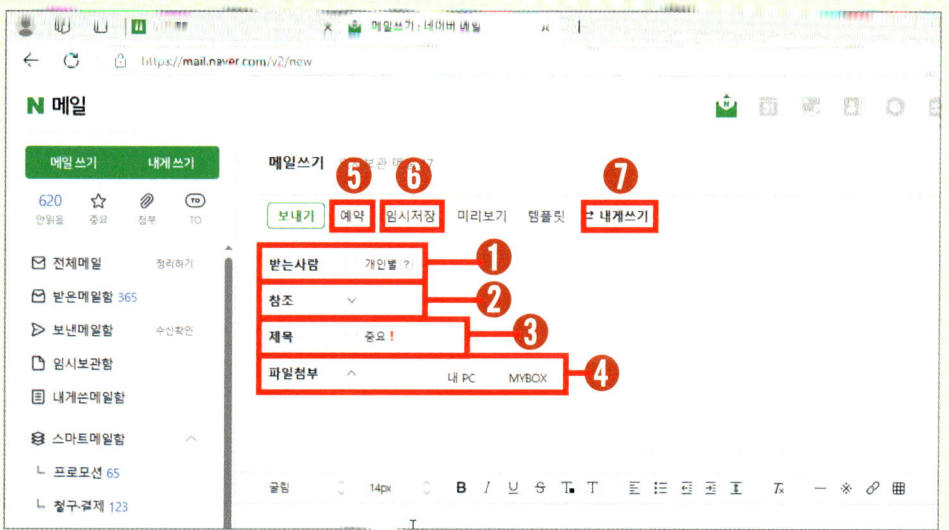

① **받는 사람** : 받는 사람의 메일 주소를 입력하는 곳입니다.

② **참조** : 참조할 사람의 메일 주소를 입력하는 곳입니다.

③ **제목** : 메일 제목을 입력하는 곳입니다. [중요]에 체크하면 중요 아이콘이 생성됩니다.

④ **파일첨부** : 같이 보낼 문서, 사진 등의 파일을 첨부할 수 있습니다.

⑤ **예약** : 작성한 메일을 바로 보내지 않고 보낼 날짜와 시간을 지정할 수 있습니다.

⑥ **임시저장** : 메일을 임시로 저장합니다.

⑦ **내게쓰기** : 메일을 내게 보냅니다. 내가 필요할 때 볼 수 있도록 할 수 있습니다.

05 받는 사람, 제목, 내용을 입력합니다.

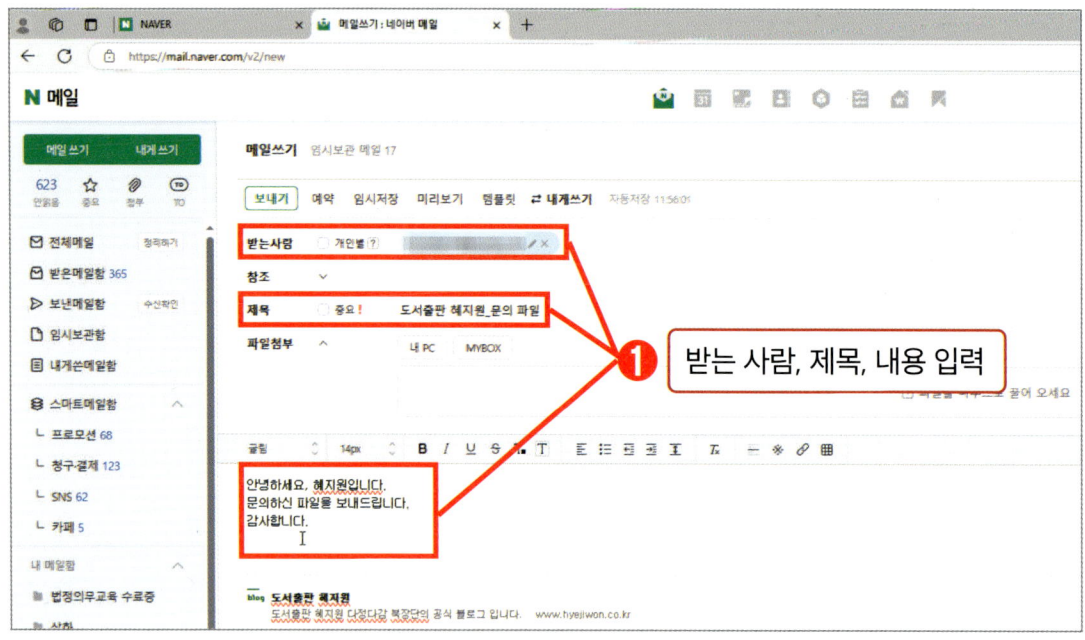

06 첨부파일을 추가하겠습니다. 파일첨부 옆의 [내 PC]를 클릭합니다.

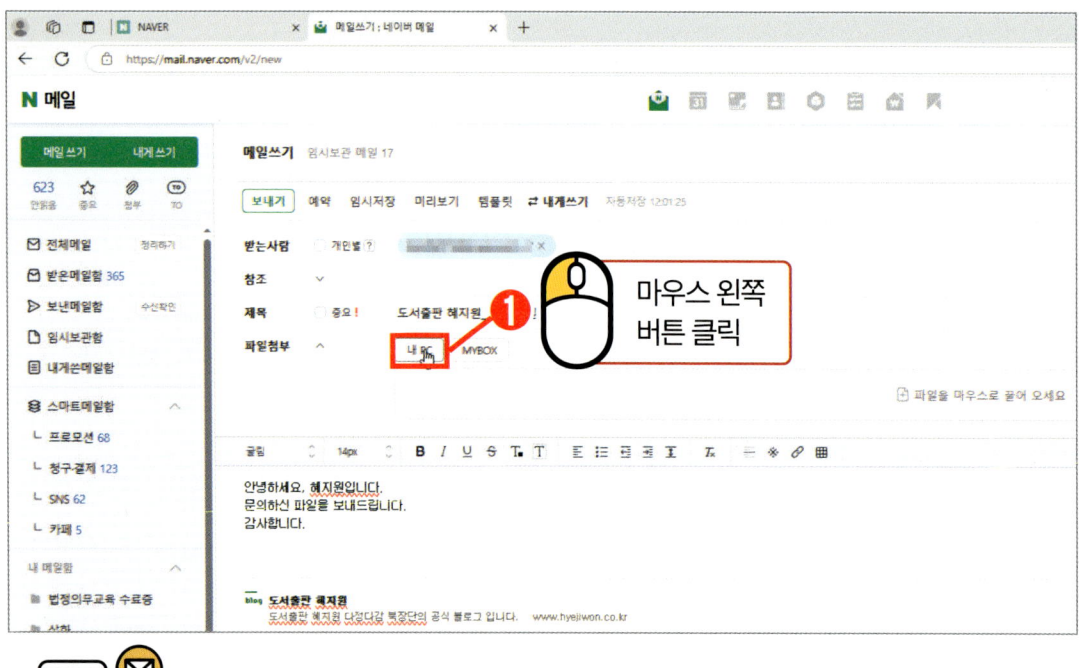

> 참고! 첨부파일은 마우스로 드래그하여 첨부할 수도 있습니다.

07 같이 보낼 파일을 선택합니다. [열기]를 클릭합니다.

08 파일이 첨부되었습니다. [보내기]를 클릭합니다.

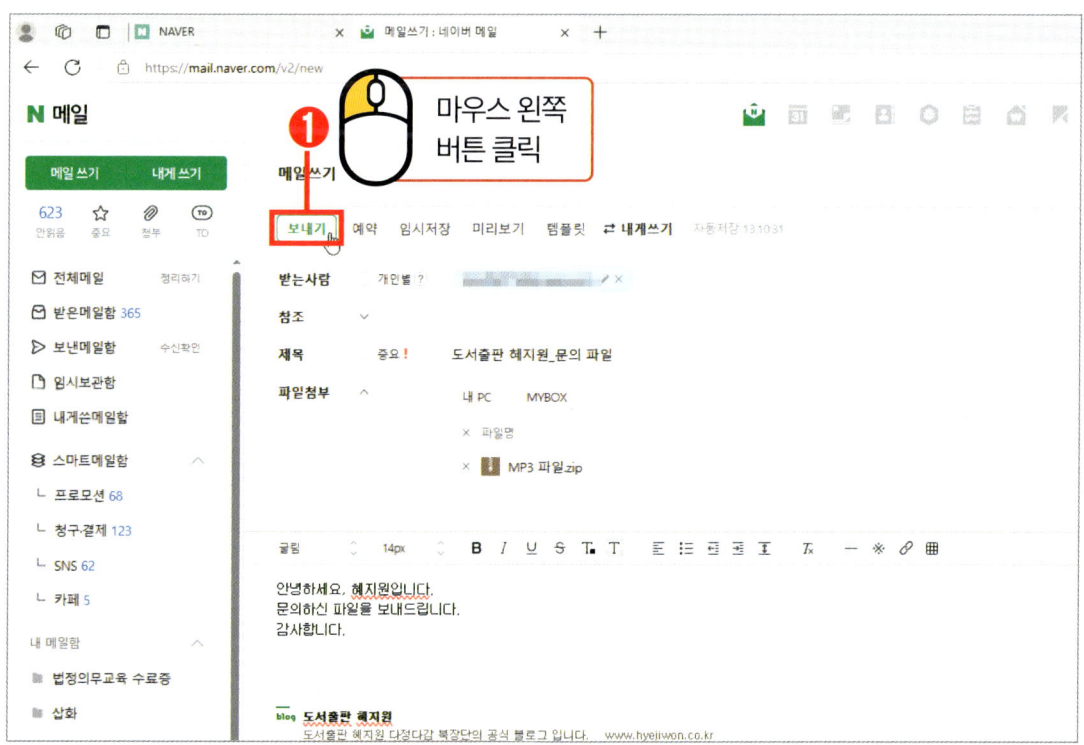

09 메일이 보내집니다.

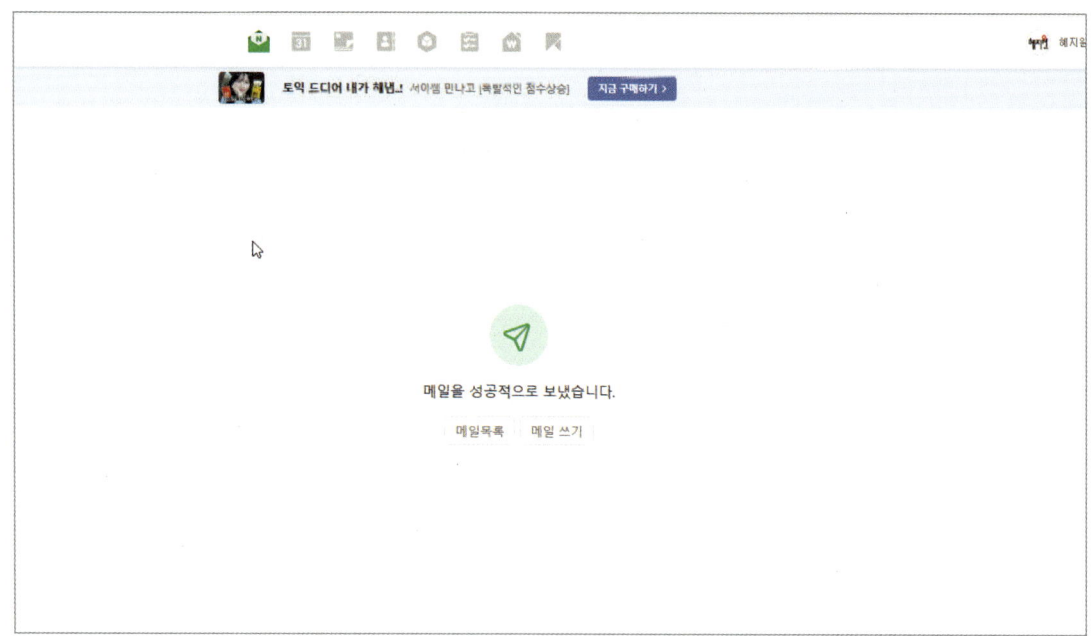

임시저장은 작성한 메일을 잠시 보관할 때 사용하는 기능입니다. [임시보관함]에서 마저 작성할 수 있습니다.

Section 03 메일 읽고 답장하기

메일을 읽은 다음 에야 메시지로 답장을 보내놓겠습니다.

01 받은메일함에서 읽지 않은 메일을 클릭합니다.

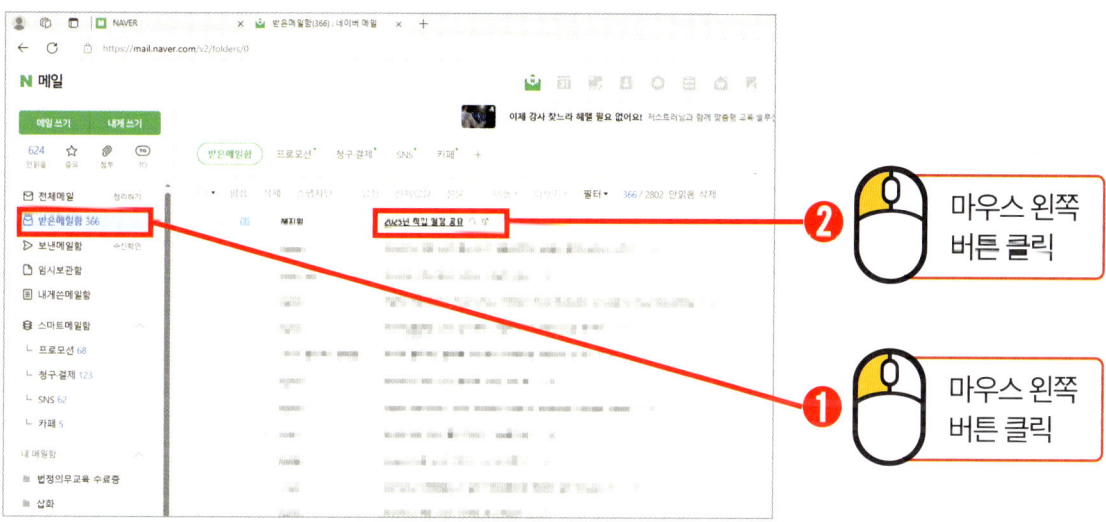

02 [답장]을 클릭합니다.

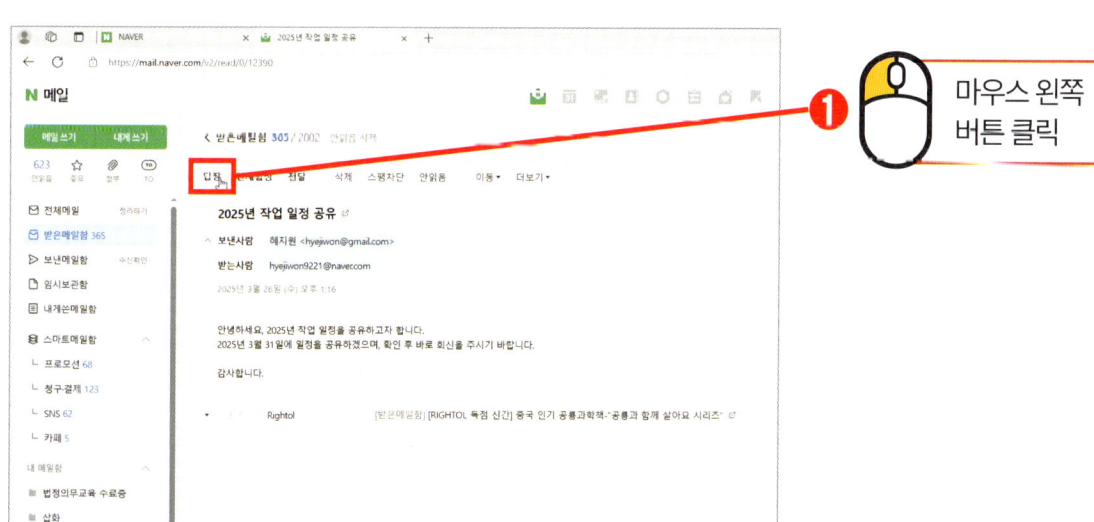

제11장 네이버, 다음 사용하기 / 261

03 답장은 수신받은 메일 제목과 함께 제목 앞에 'RE'가 입력됩니다. 내용을 입력하고 [예약]을 클릭합니다.

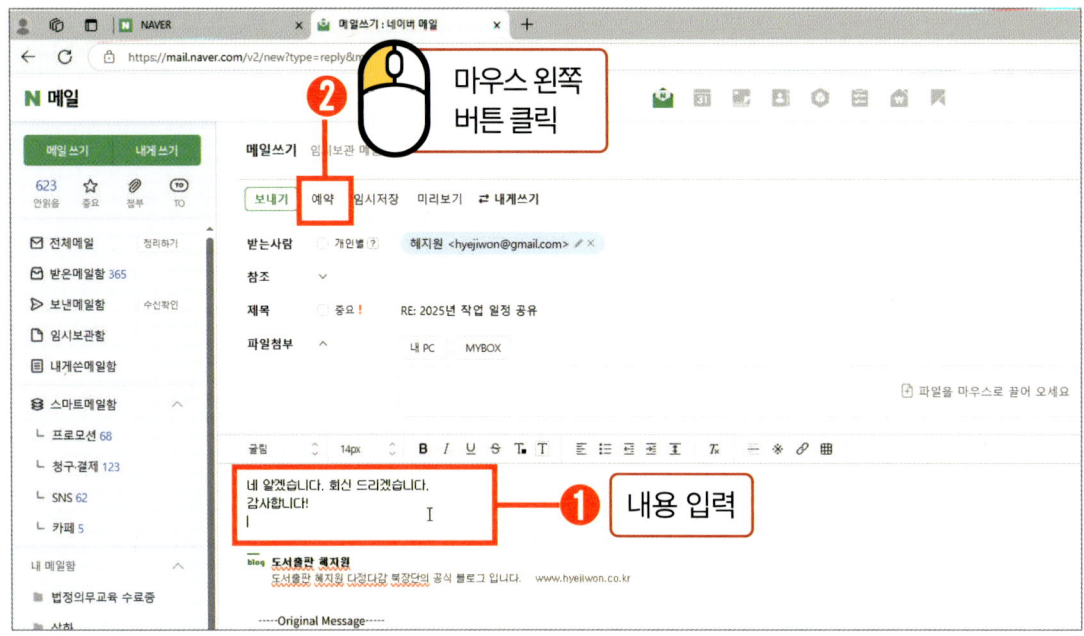

04 예약 기능은 메일을 원하는 시간에 보낼 수 있도록 예약하는 기능입니다. [예약시간]을 클릭하여 원하는 날짜를 선택합니다.

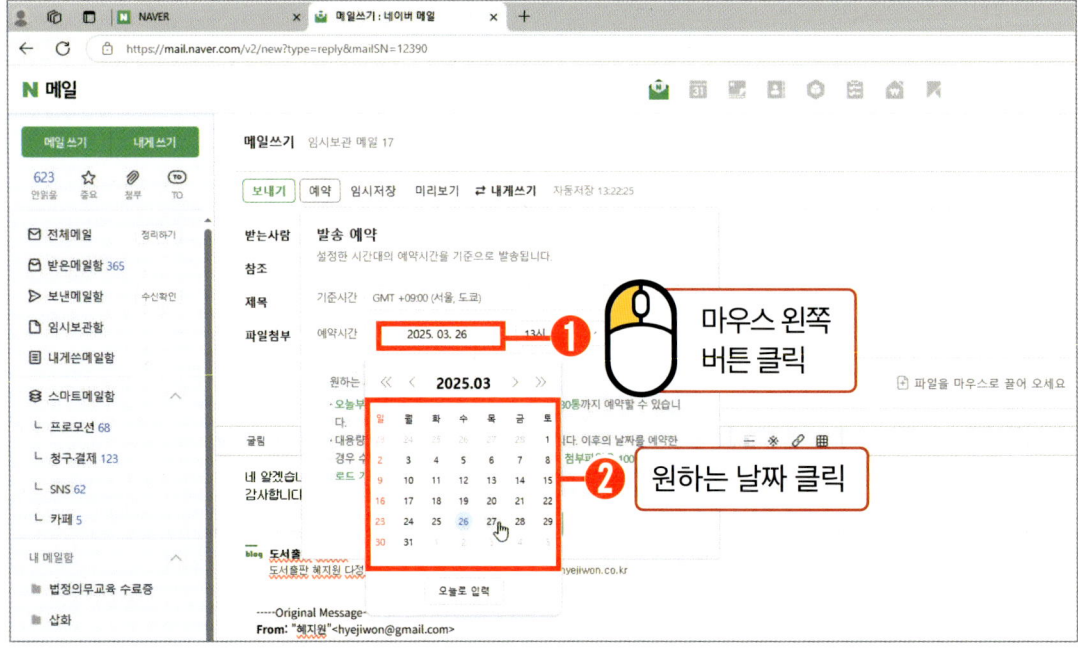

05 시와 분을 각각 클릭하여 원하는 시간을 입력합니다. [확인]을 클릭합니다.

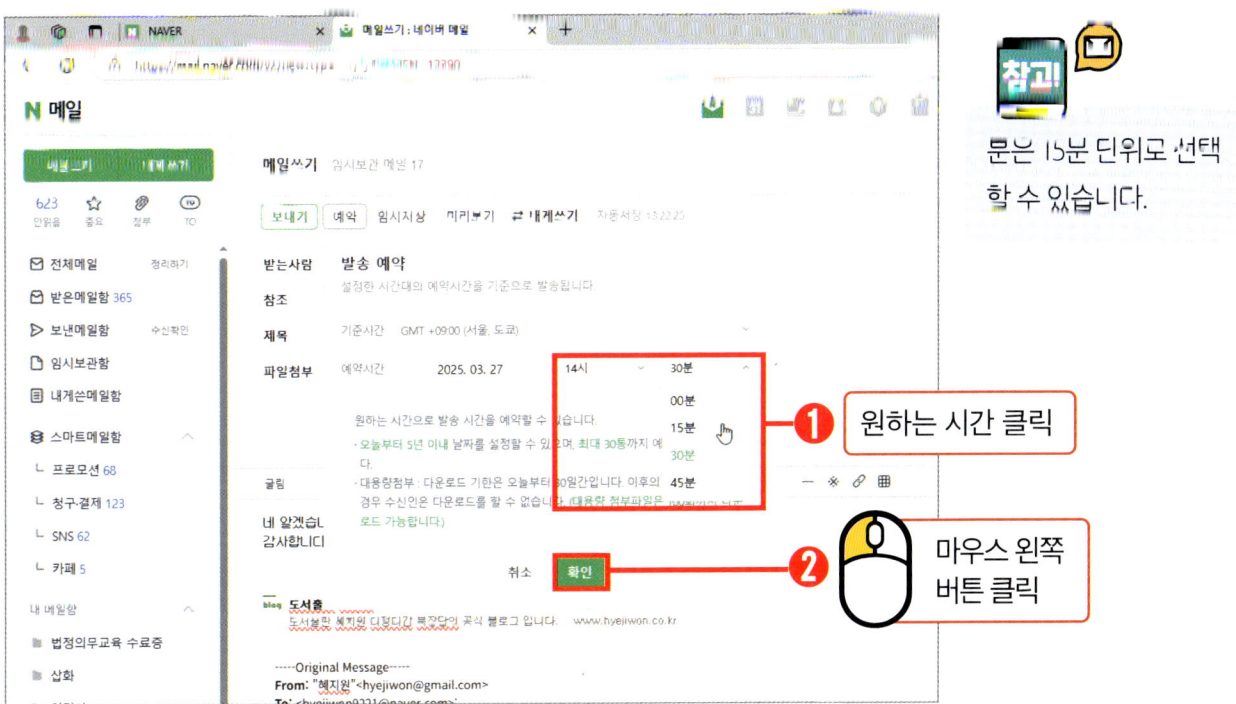

참고! 분은 15분 단위로 선택할 수 있습니다.

06 예약 일시가 위에 나타납니다. [보내기]를 클릭합니다.

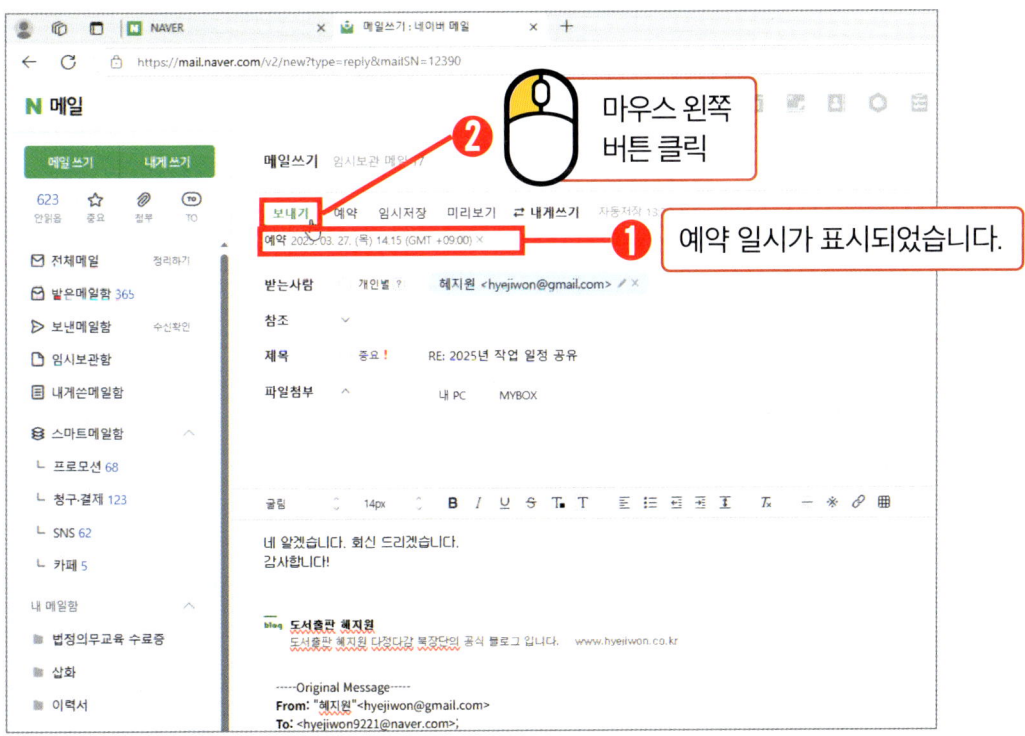

07 메일 예약이 완료되었습니다.

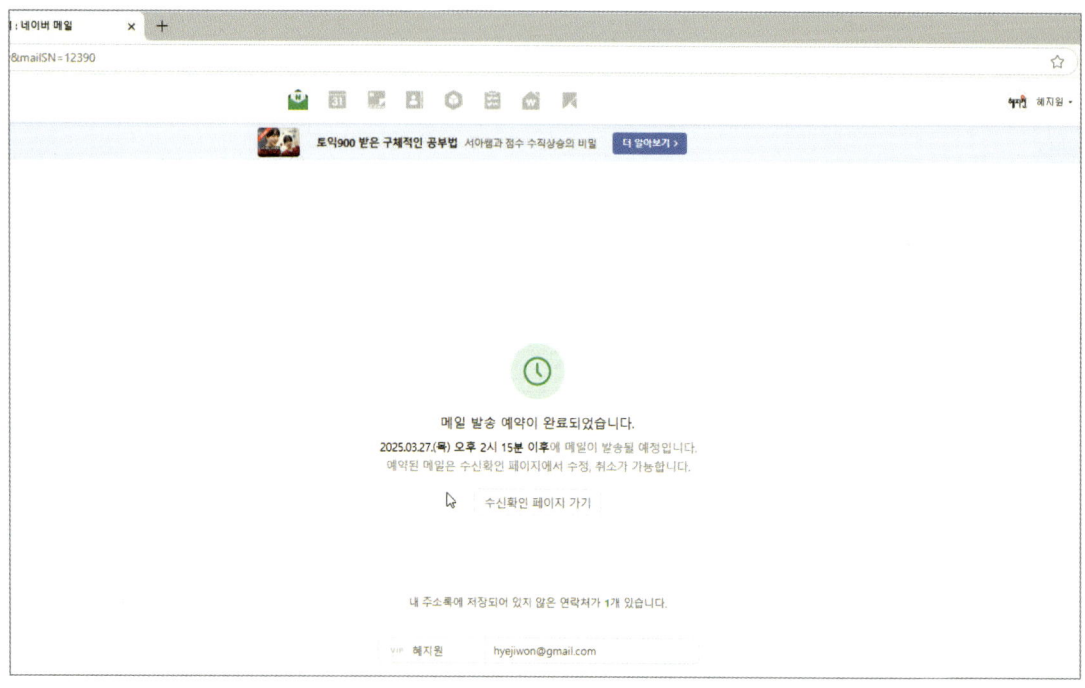

수신확인

왼쪽의 [보낸메일함] 옆에 있는 [수신확인]을 클릭하면 내가 보낸 메일을 상대방이 읽었는지 등을 확인할 수 있습니다. 이때 아직 읽지 않았다면, [발송취소]를 클릭해 발송을 취소할 수 있습니다. 단, [발송취소]는 같은 네이버 메일로만 보냈을 때 취소할 수 있습니다.

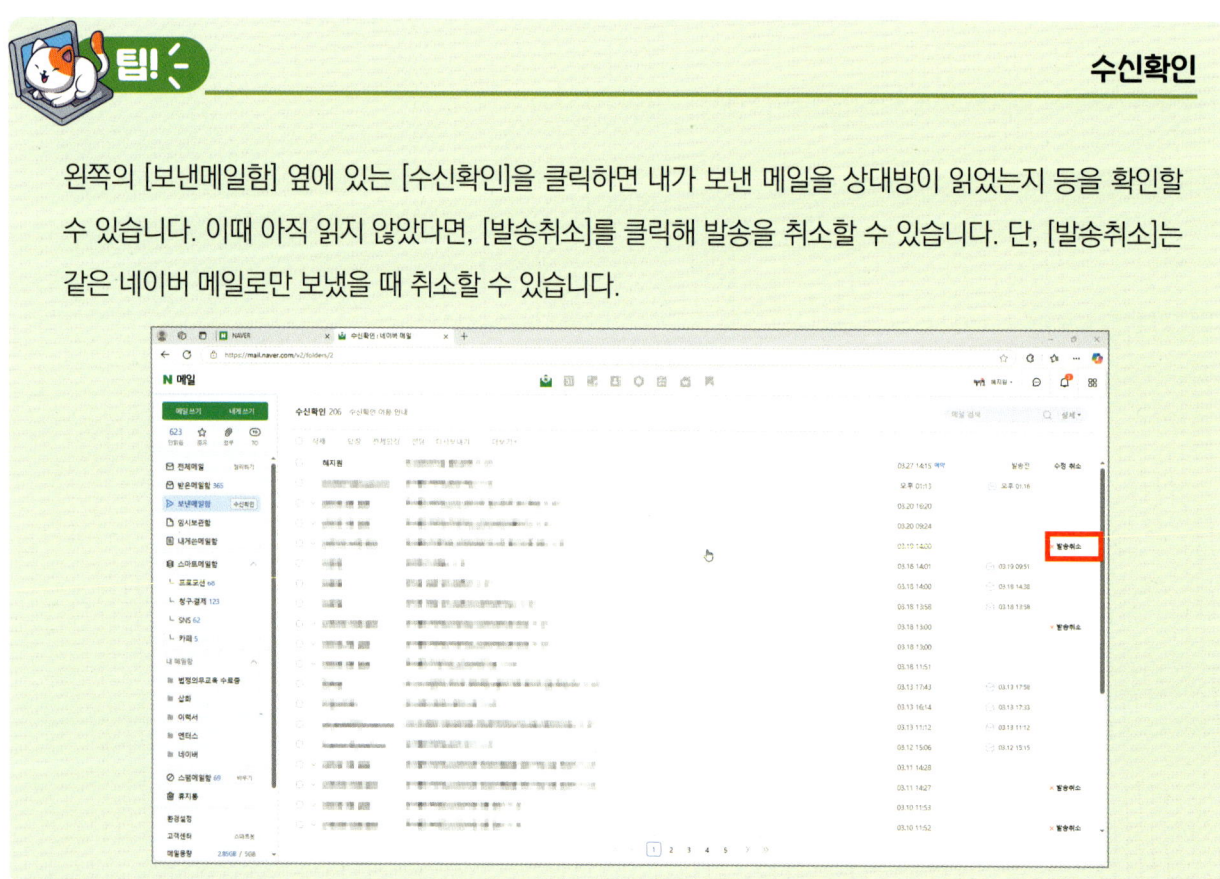

네이버 길 찾기 기능 이용하기

네이버 지도를 이용해서 길 찾기 기능을 이용해보겠습니다.

01 네이버 홈페이지에서 [지도]를 클릭합니다.

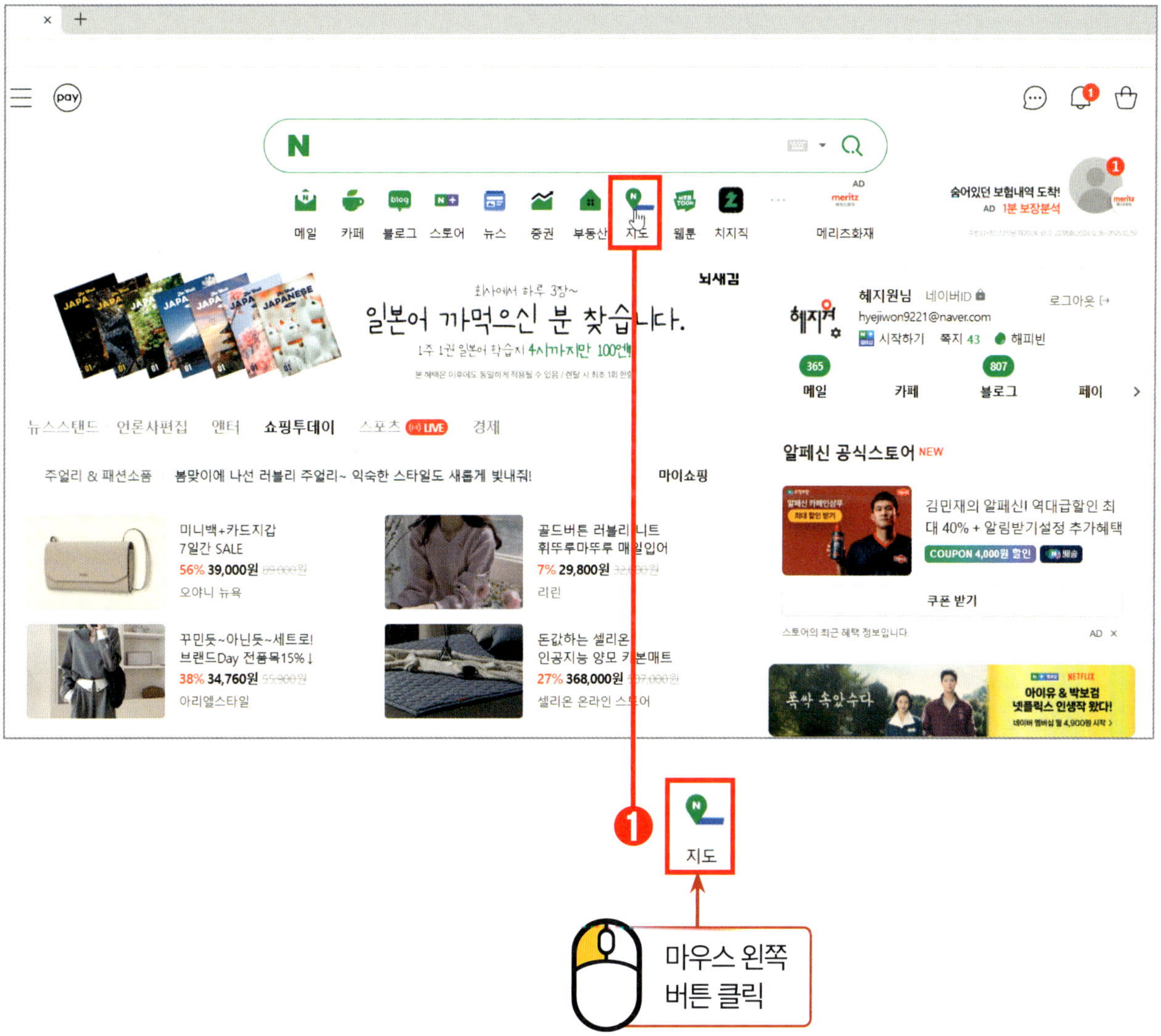

마우스 왼쪽 버튼 클릭

02 네이버 지도 페이지로 이동합니다. 지도의 기본 옵션은 다음과 같습니다.

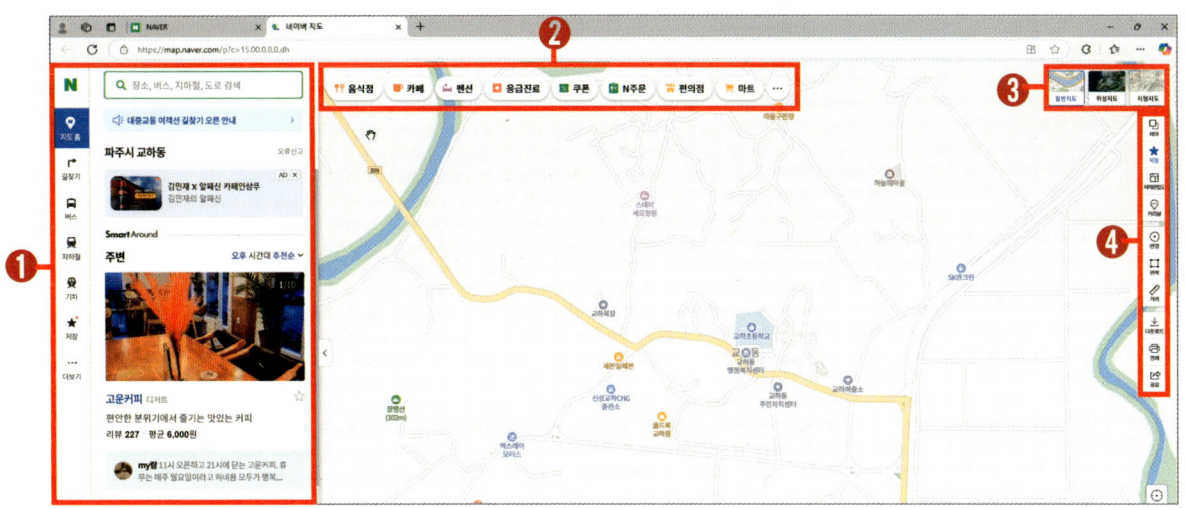

❶ 장소 검색, 길 찾기, 대중교통 검색을 할 수 있습니다.
❷ 주변의 음식점, 카페, 주유소 등 편의시설을 쉽게 검색할 수 있습니다.
❸ 일반지도, 위성지도, 지형지도로 바꿔가며 볼 수 있습니다.
❹ 부가적인 기능을 이용할 수 있습니다.

03 장소를 검색해보겠습니다. 장소를 입력합니다. 원하는 장소를 클릭합니다.

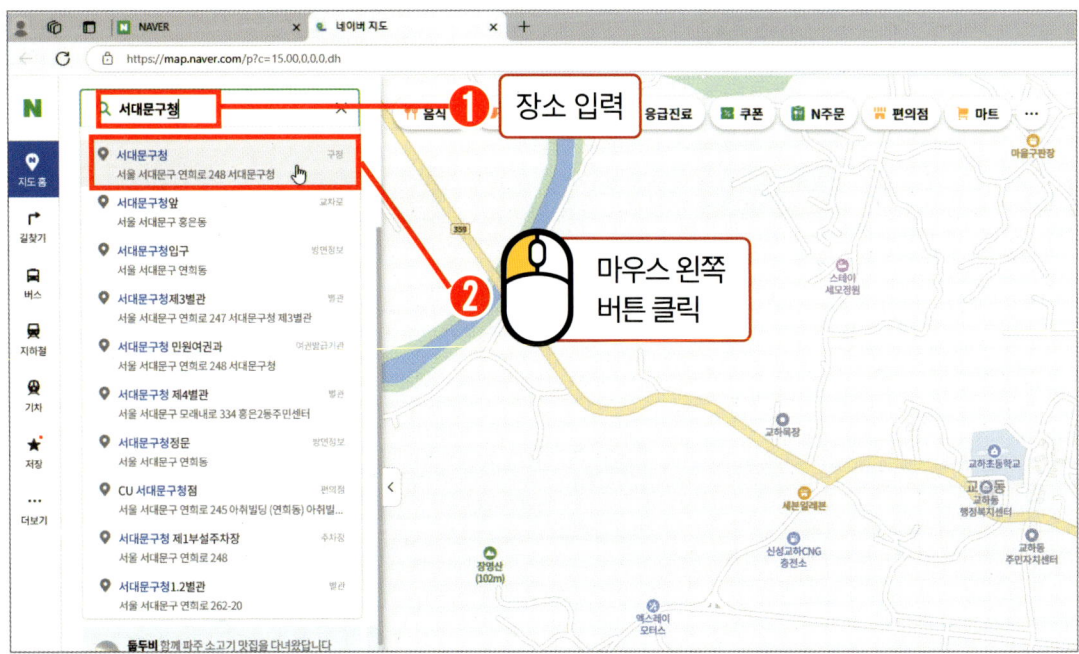

04 해당 장소의 위치와 기본 정보가 나타납니다.

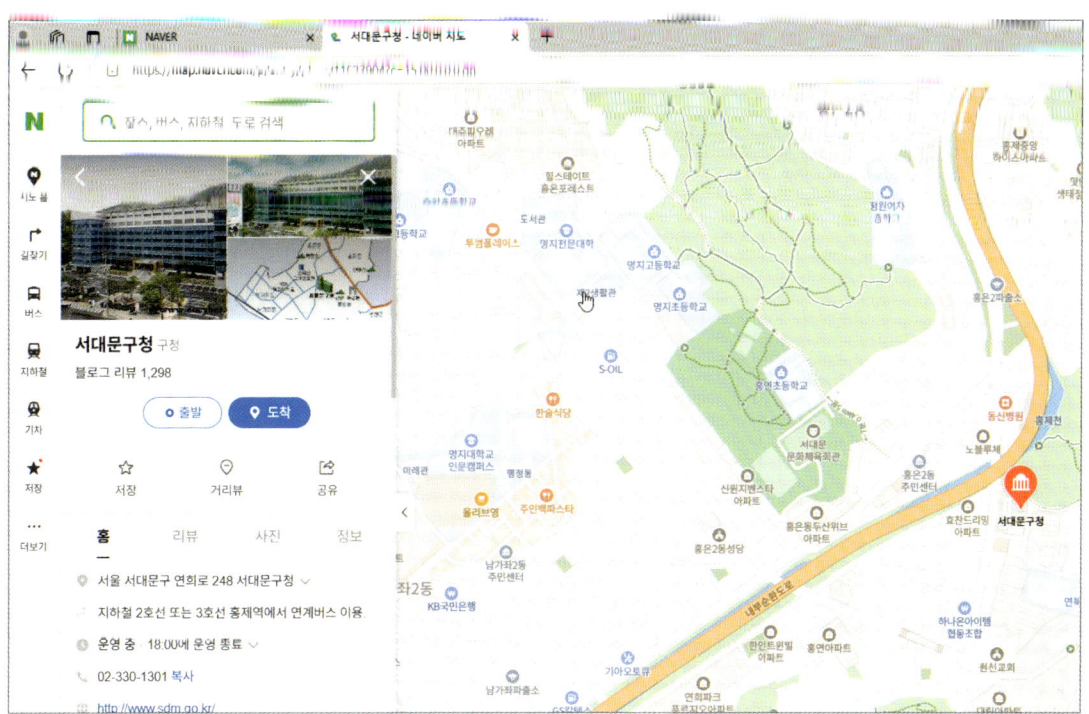

05 이번엔 [길찾기]를 클릭합니다.

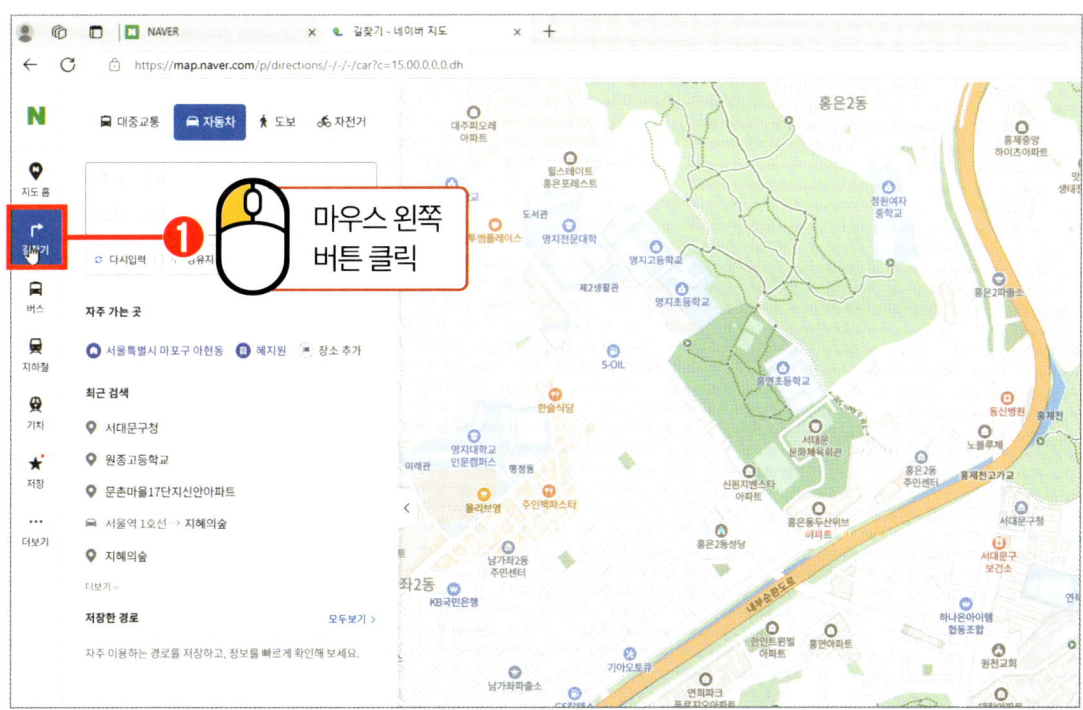

06 출발지와 도착지에 장소를 입력합니다.

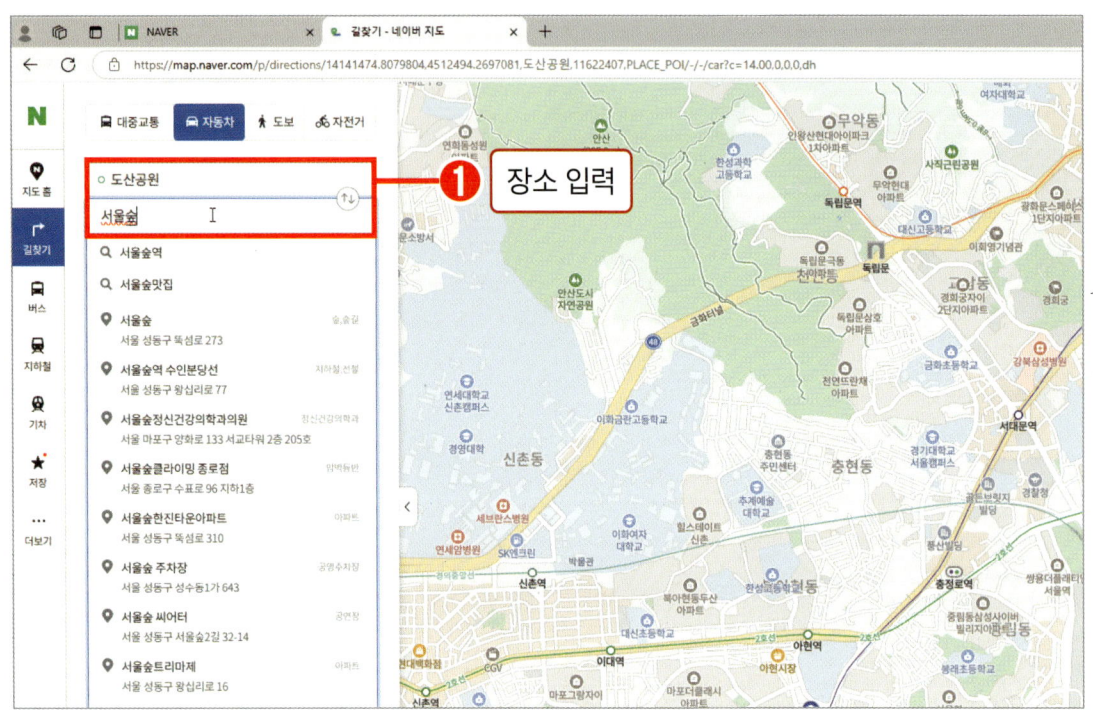

07 자동차의 경로가 나타납니다. [대중교통], [도보], [자전거]를 클릭하면 각각에 맞는 경로가 나타납니다.

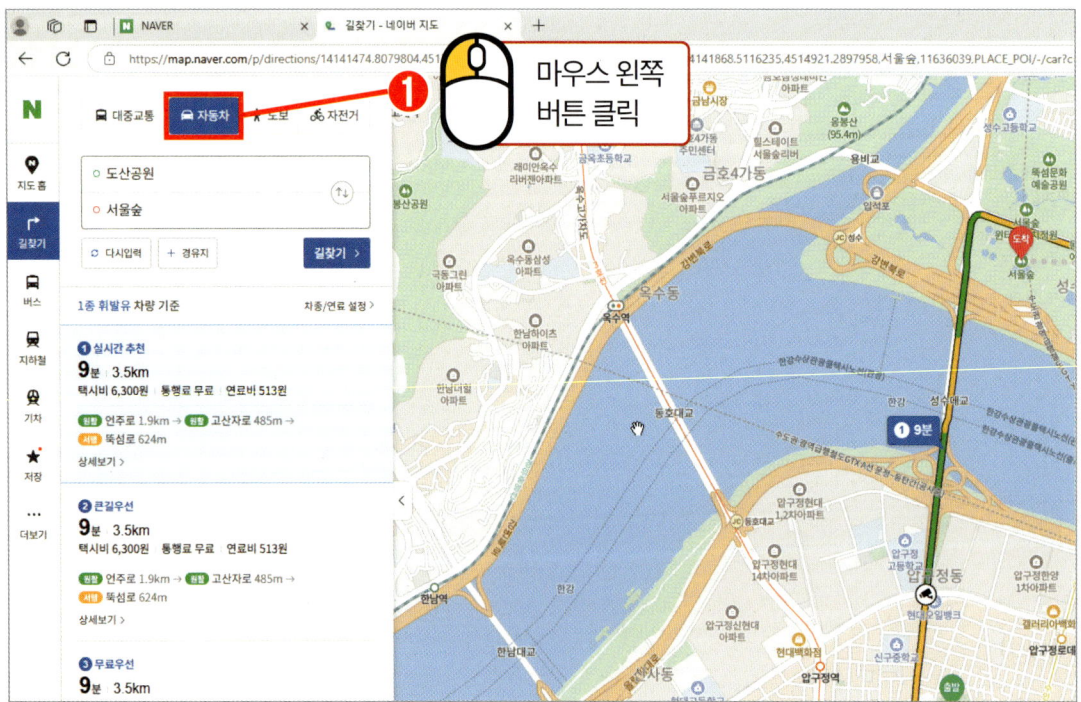

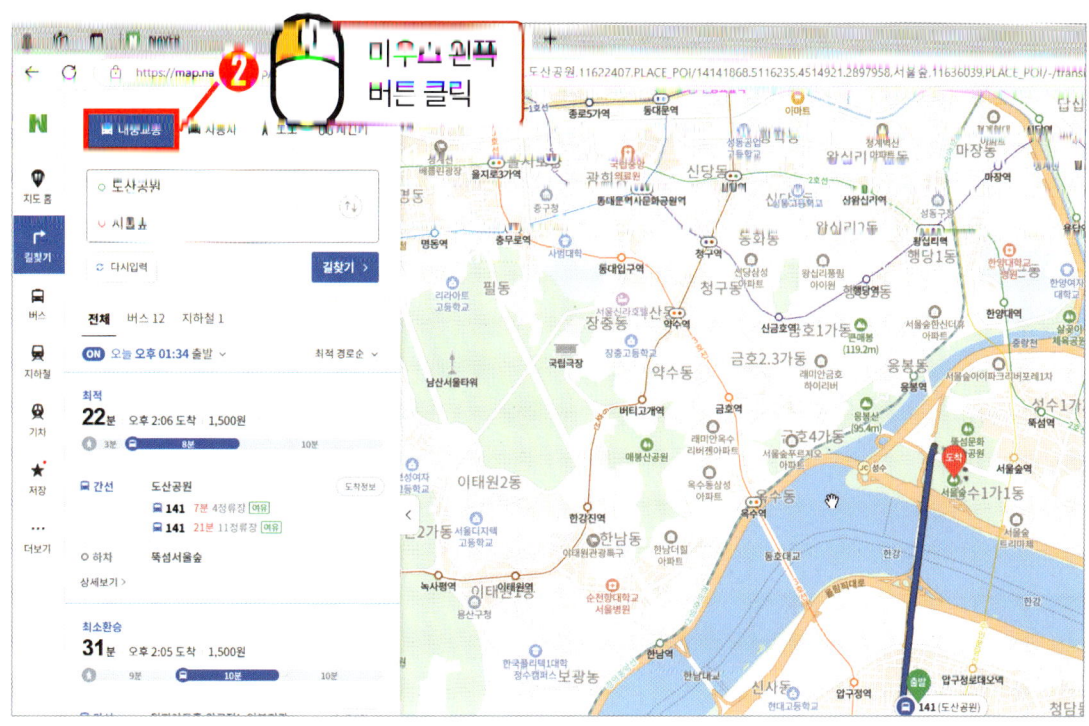

08 이번에는 [버스]를 클릭합니다. 정보를 찾고 싶은 버스 번호를 입력하고 Enter 키를 누릅니다.

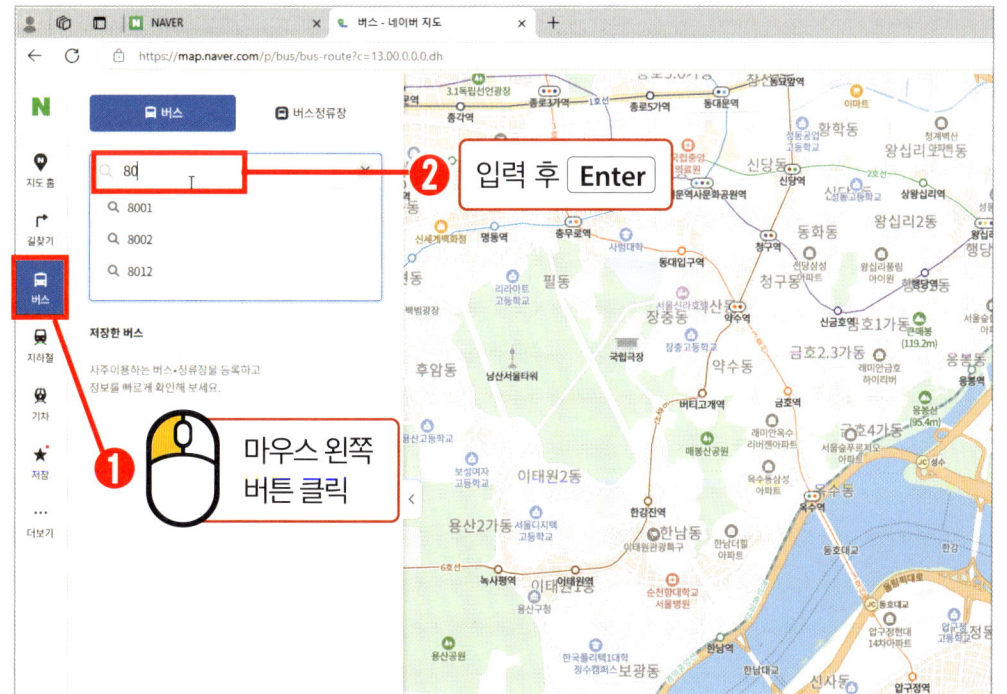

버스는 같은 번호의 버스가 여러 종류 있을 수 있기 때문에 원하는 버스를 정확히 선택해야 합니다.

09 자신이 찾고 싶은 버스를 클릭합니다.

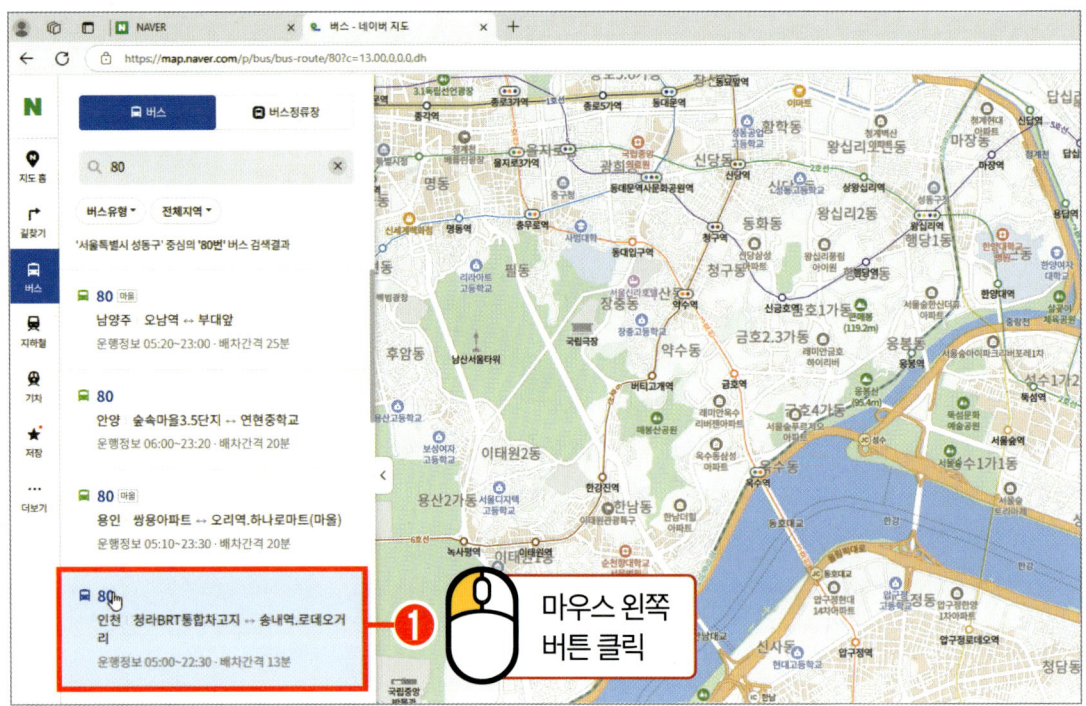

10 해당 버스의 노선도와 함께 실시간 이동 상황이 나타납니다.

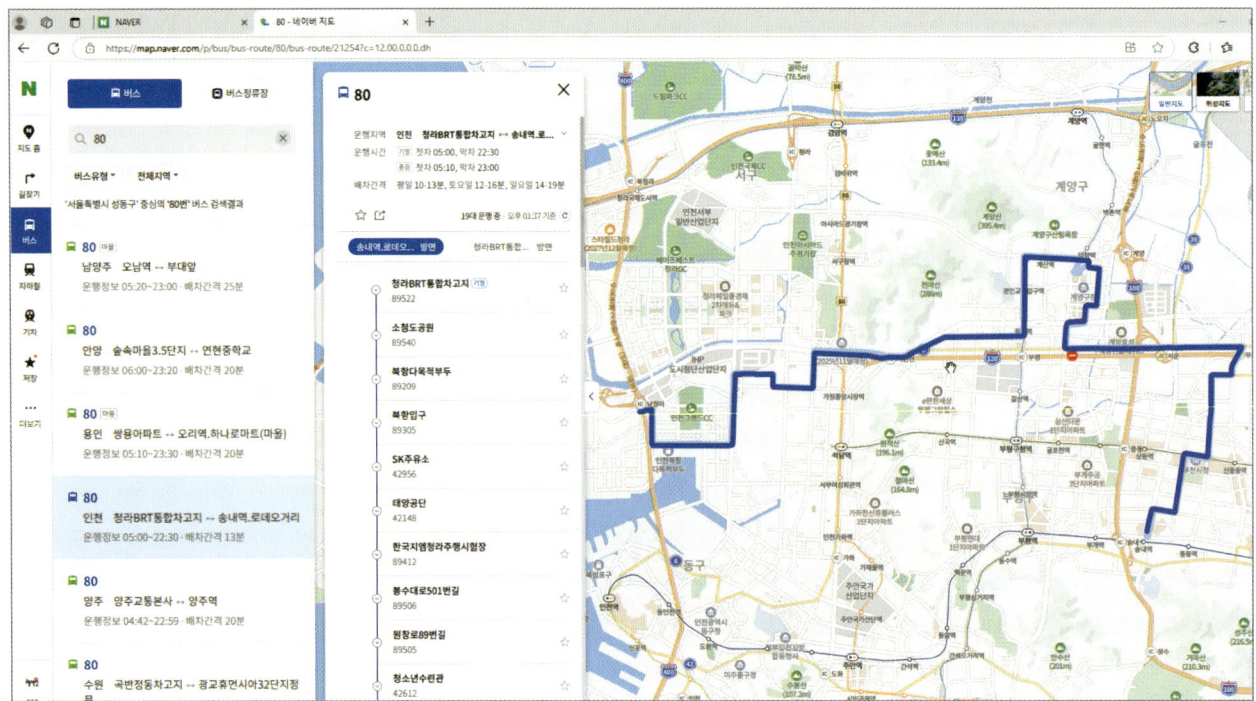

11 [지하철]을 클릭하거나 출발역과 도착역을 입력합니다

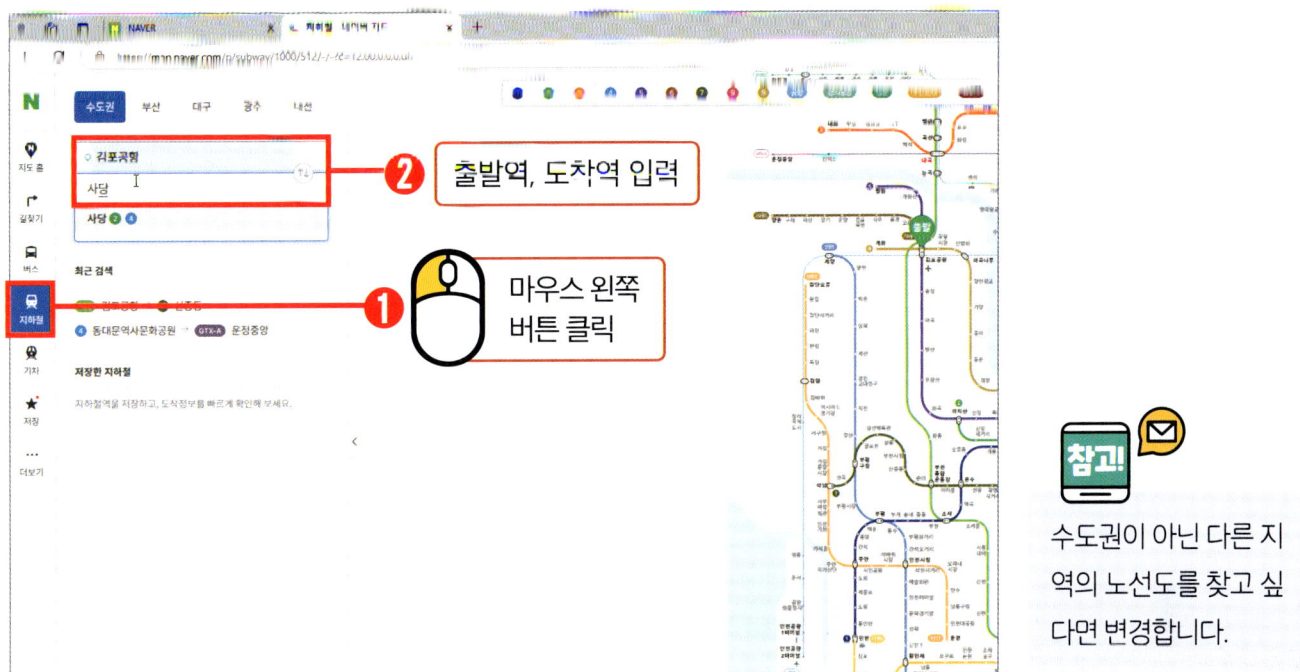

참고! 수도권이 아닌 다른 지역의 노선도를 찾고 싶다면 변경합니다.

12 추천 경로가 나타납니다.

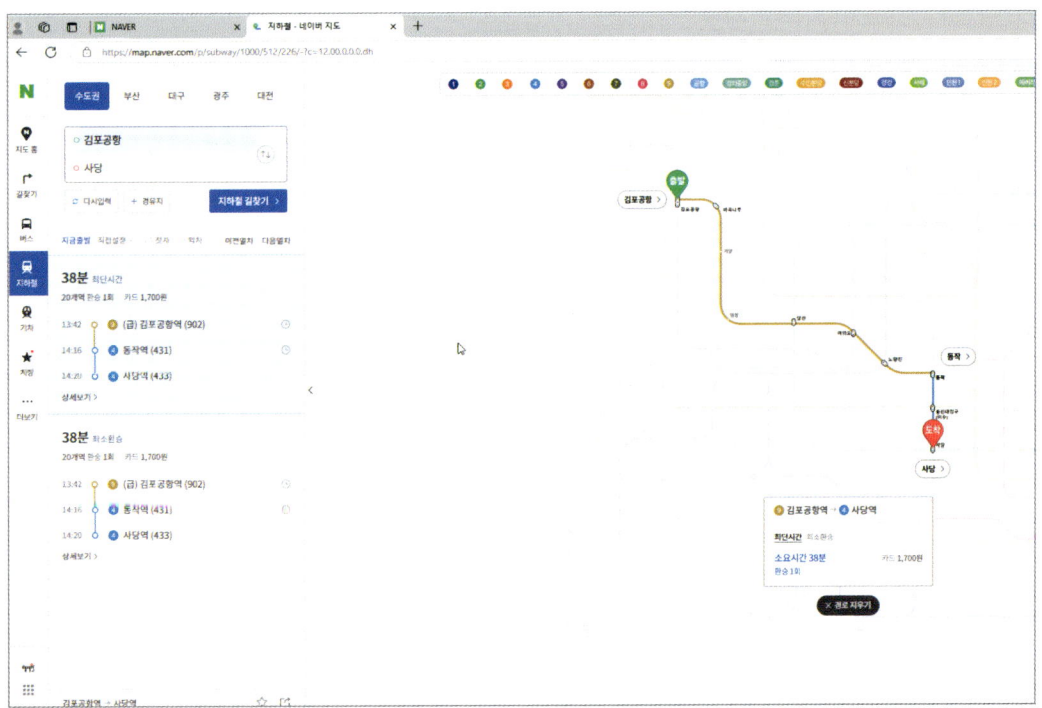

제 11장 네이버, 다음 사용하기 / 271

Section 05

네이버 블로그 글 보기

네이버 블로그에서 원하는 정보를 찾아보겠습니다.

01 네이버 홈페이지에서 블로그를 클릭합니다.

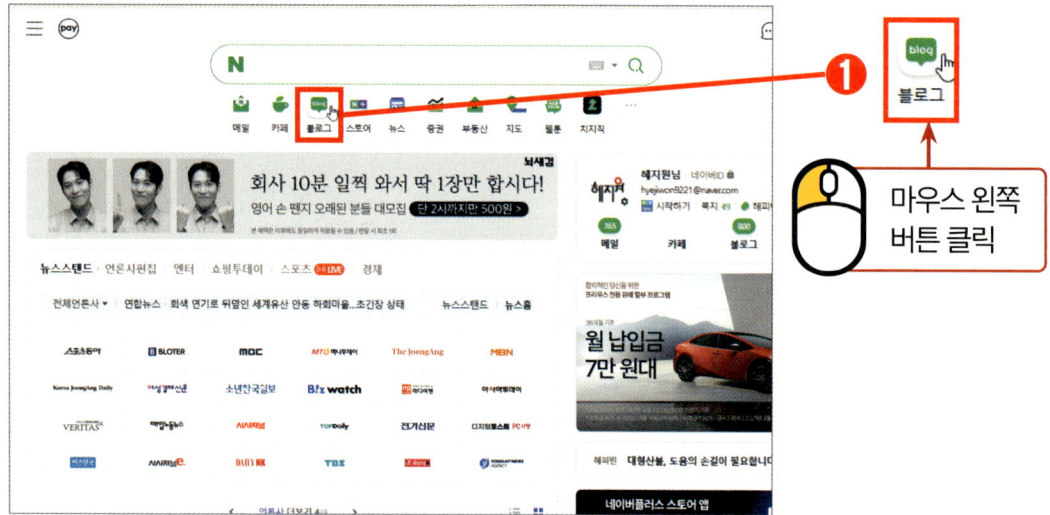

02 블로그 홈입니다. 원하는 검색어를 입력하고 Enter 키를 누릅니다.

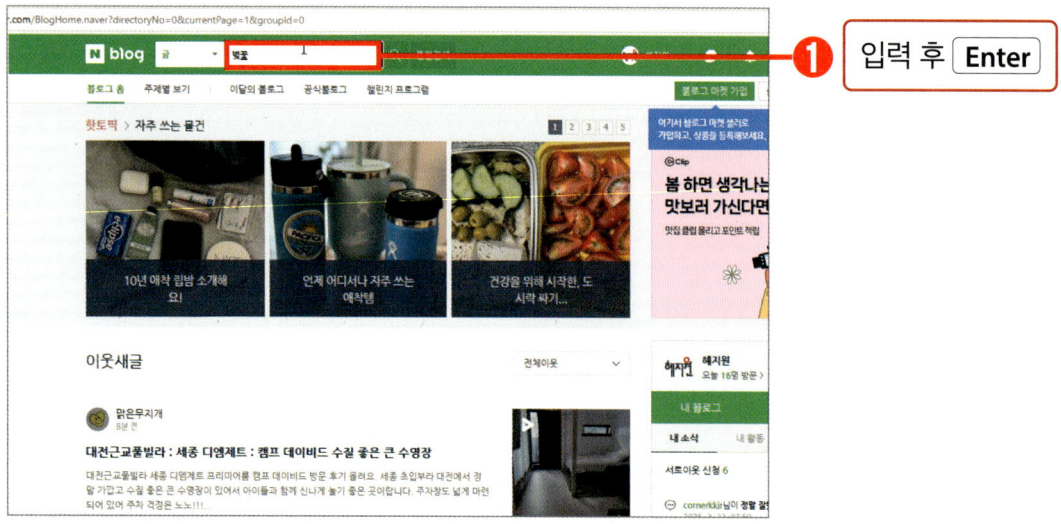

03 벚꽃에 관련된 다양한 글이 검색됩니다. 원하는 글을 클릭하면 해당 블로그로 이동합니다.

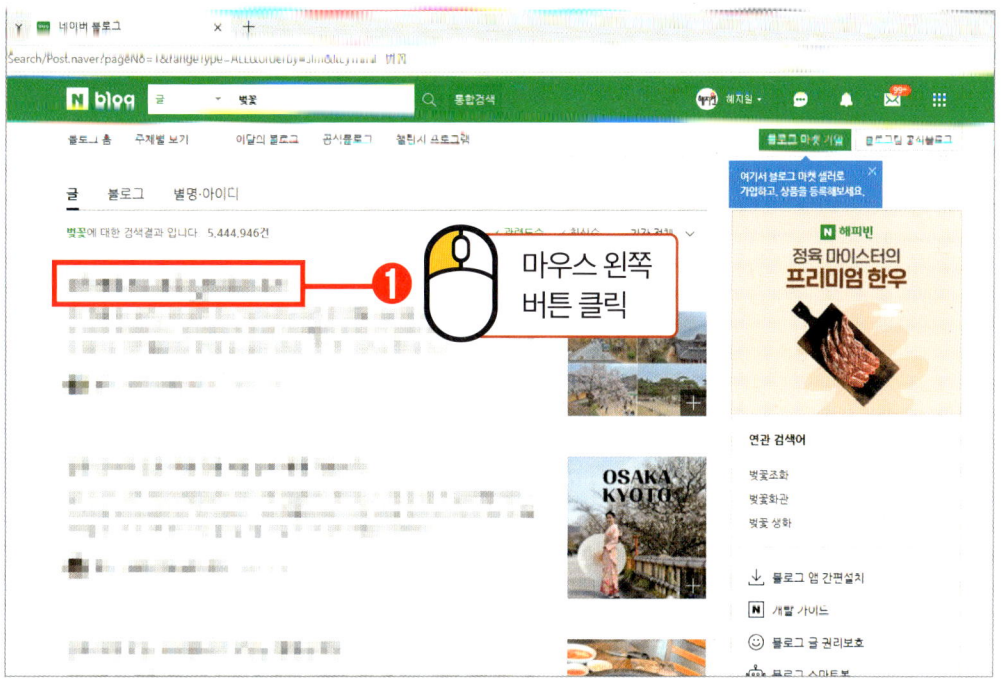

04 이번에는 주제별로 블로그를 찾아보겠습니다. [주제별 보기]를 클릭합니다.

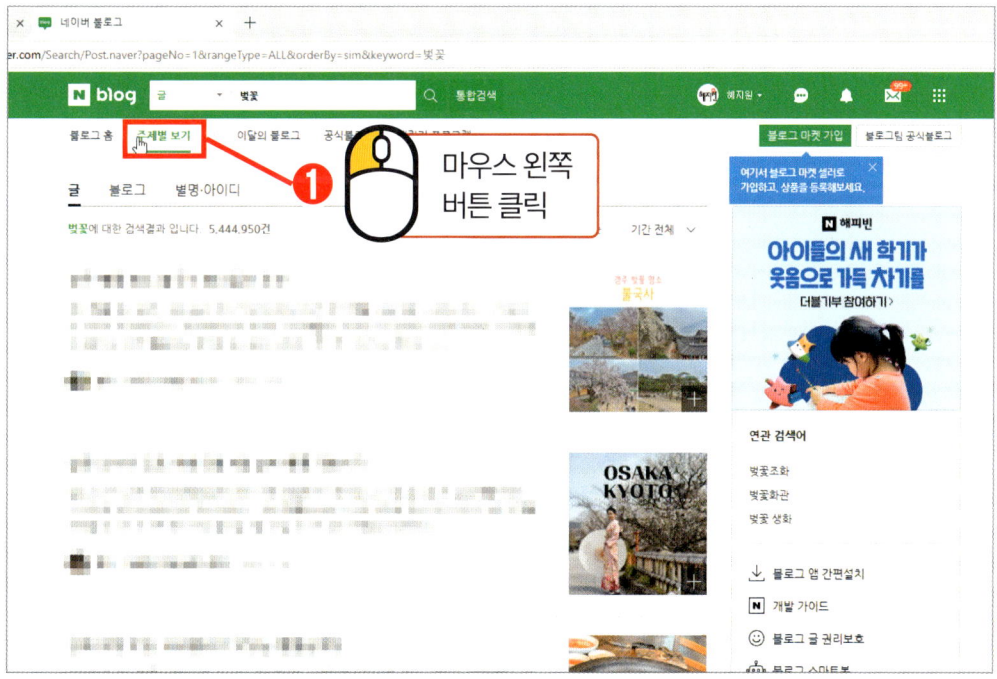

05 내가 원하는 주제와 관련된 글들을 모아서 볼 수 있습니다. [생활·노하우·쇼핑]을 클릭합니다. 뒤이어 [요리·레시피]를 클릭합니다.

06 요리와 관련된 글들을 모아서 볼 수 있습니다. 원하는 글을 클릭합니다.

07 배경 블로그의 게시판으로 이동합니다.

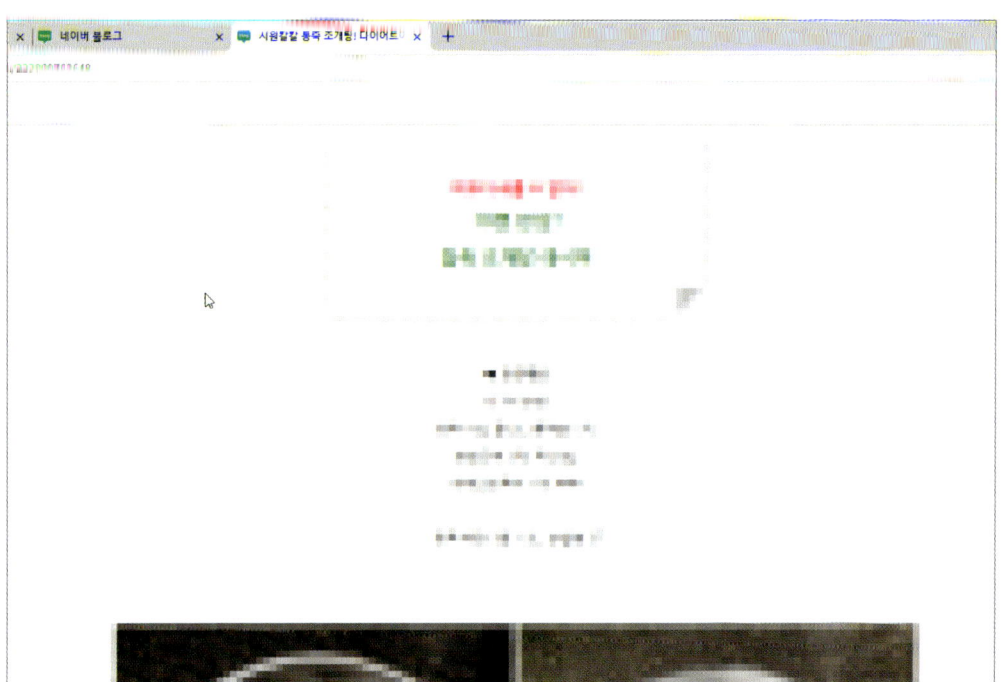

제 11장 네이버, 다음 사용하기 / 275

 **블로그 이웃추가**

내가 자주 보거나 관심 있는 블로그는 '이웃추가' 기능을 통해 이웃으로 추가할 수 있습니다.

1. 원하는 블로그에서 [이웃추가]를 클릭합니다.

2. [이웃]과 [서로이웃] 중 원하는 항목을 선택합니다. [서로이웃]은 서로 이웃을 맺을 수 있는 기능으로, 상대방이 수락해야 합니다. [다음]을 클릭합니다.

3. [그룹] 선택하고 [다음]을 클릭합니다.

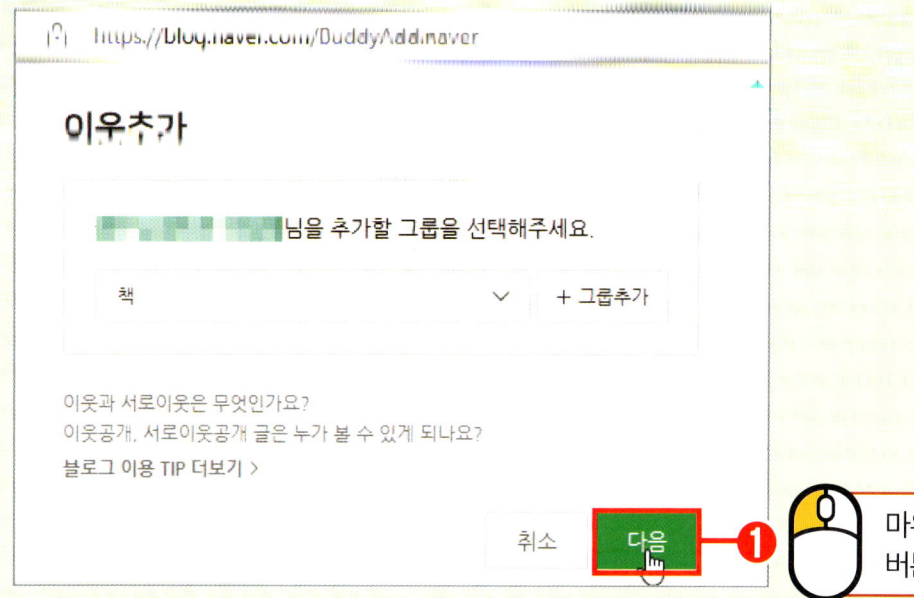

4. 해당 블로그가 이웃으로 추가되었습니다.

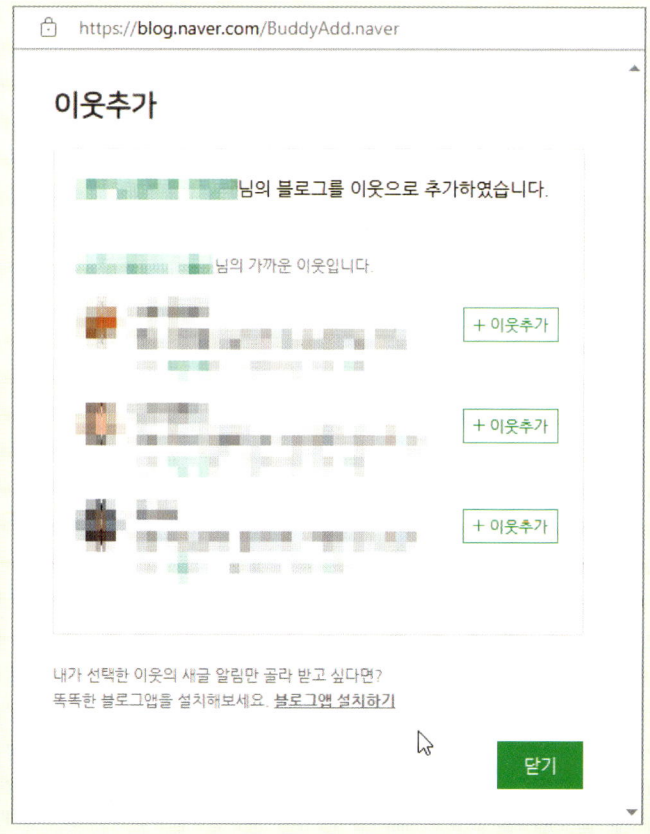

Section 06 다음으로 뉴스 읽기

네이버와 같은 포털사이트인 다음에서 뉴스를 읽어보겠습니다.

01 주소 표시줄의 주소를 선택합니다.

02 www.daum.net을 입력하고 Enter 키를 누릅니다.

03 다음 홈페이지입니다. 원하는 뉴스를 클릭합니다.

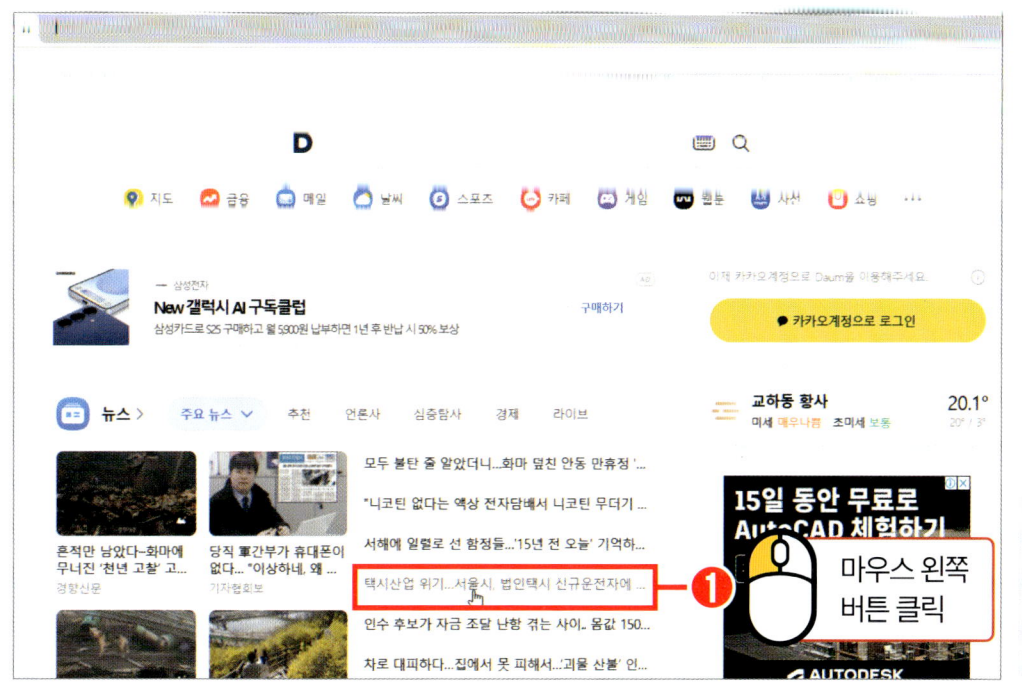

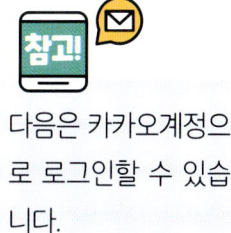

참고! 다음은 카카오계정으로 로그인할 수 있습니다.

04 뉴스를 볼 수 있습니다. ←를 클릭합니다.

05 이전 페이지로 돌아갑니다.

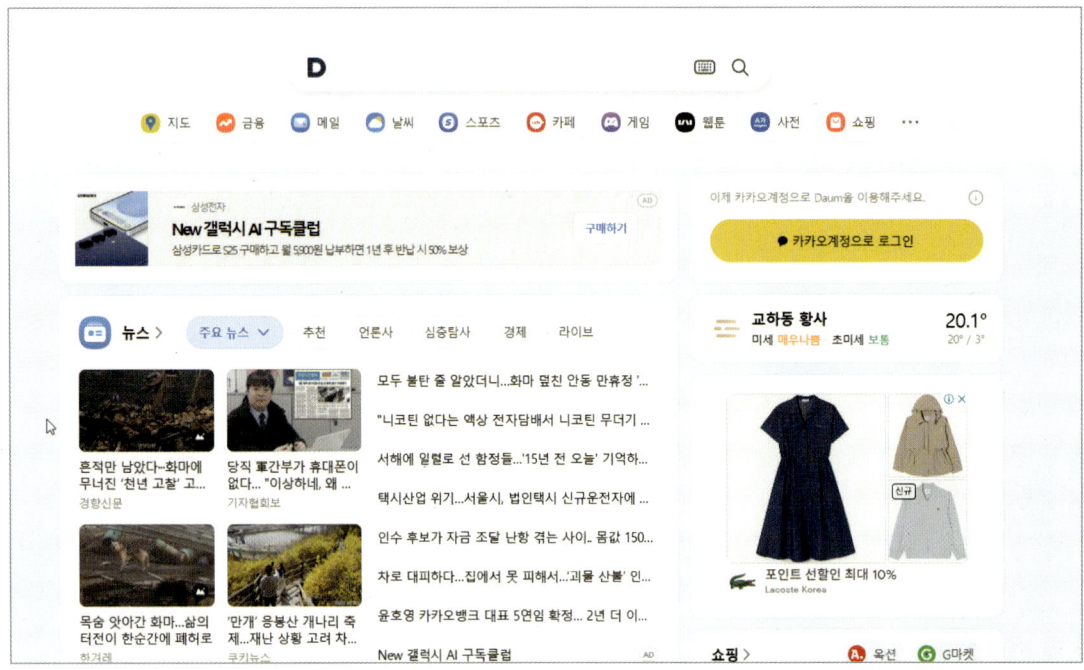

Section 07 티스토리 블로그 들어가기

다음과 연동이 되는 티스토리 블로그를 방문해보겠습니다.

01 다음 홈페이지에서 상단 오른쪽의 …를 클릭합니다.

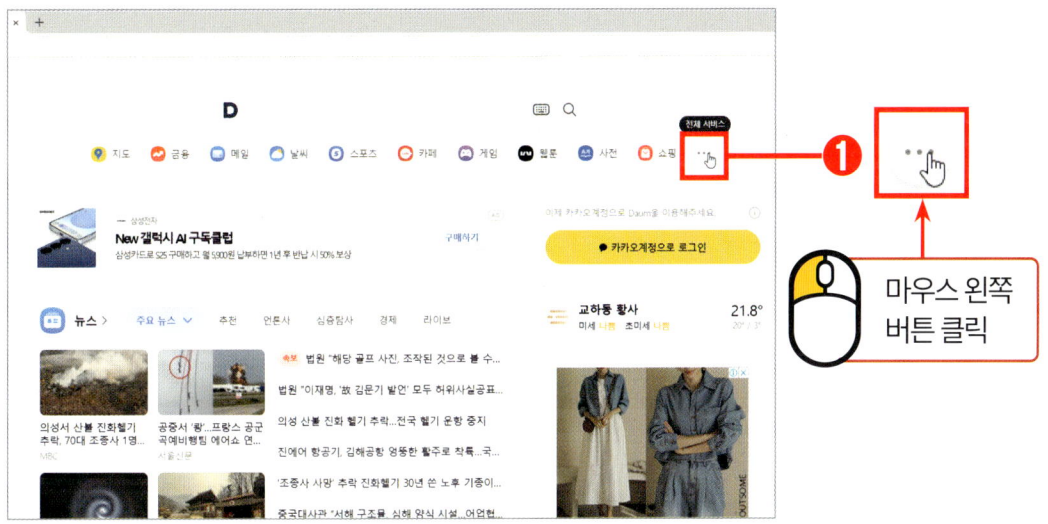

02 [티스토리]를 클릭합니다.

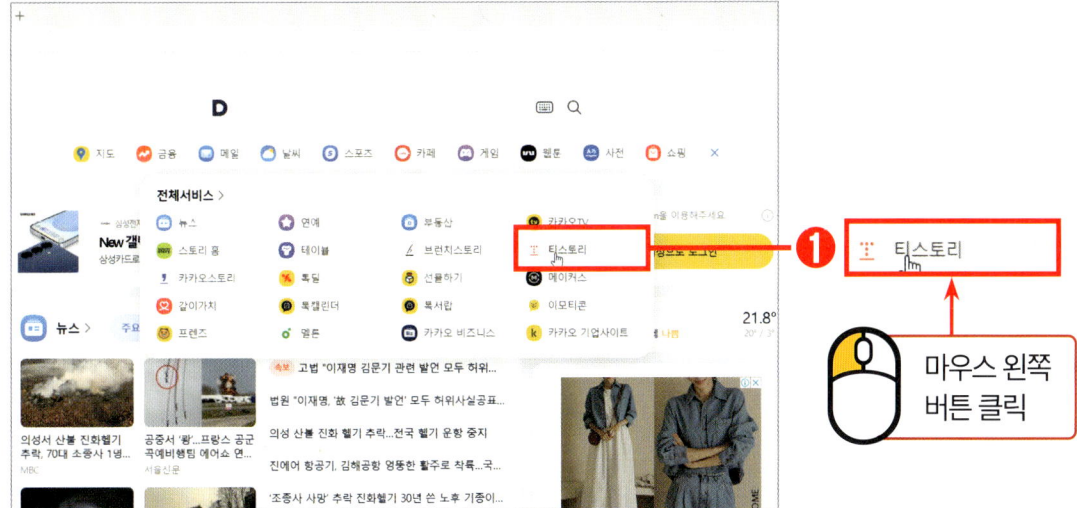

제 11장 네이버, 다음 사용하기 / 281

03 티스토리 블로그 화면입니다. 원하는 검색어를 입력하고 Enter 키를 누릅니다.

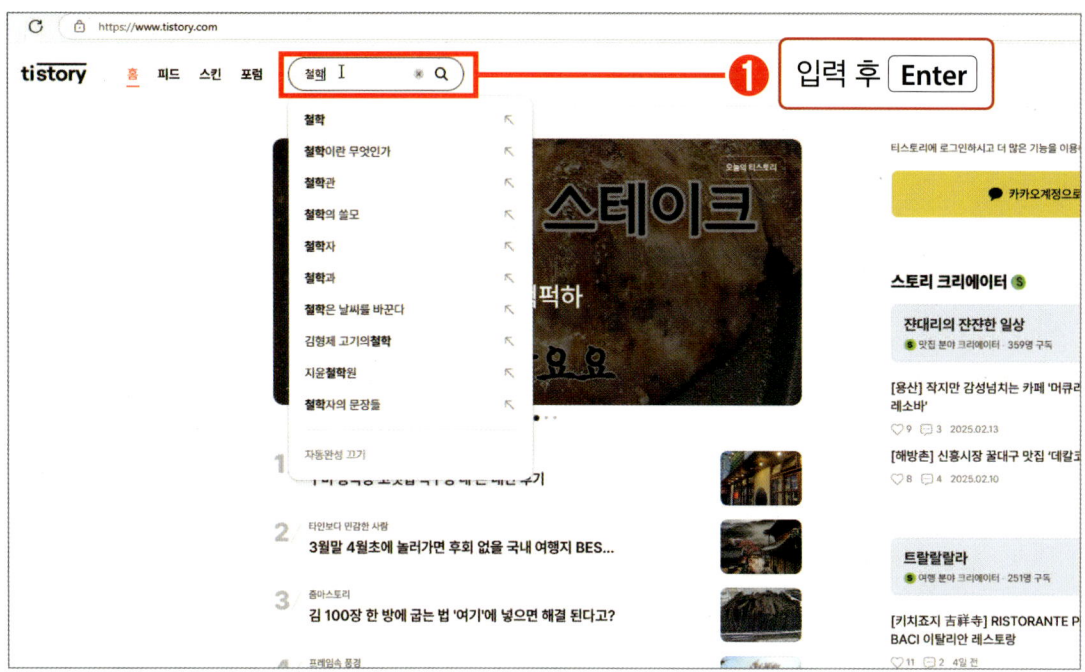

04 검색어와 관련된 글들이 보입니다. 원하는 글을 클릭하면 글을 볼 수 있습니다.

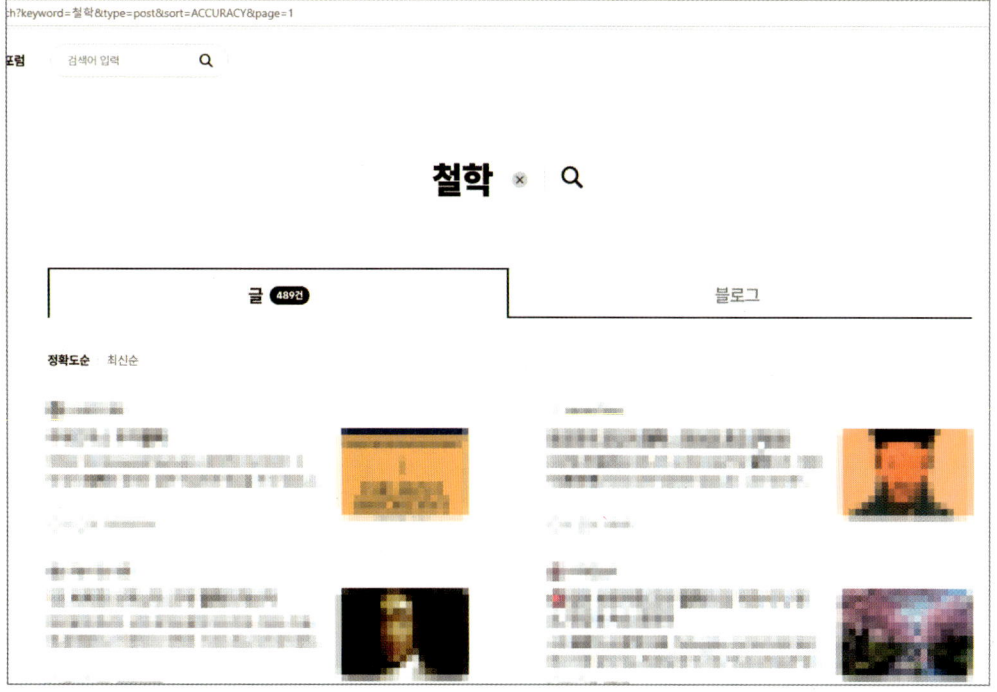

티스토리 블로그 역시 네이버 블로그처럼 로그인을 하고 이용하면 댓글 달기 등의 부가 기능을 이용할 수 있습니다.

05 [블로그]를 클릭하면 검색어가 들어간 블로그들을 볼 수 있습니다.

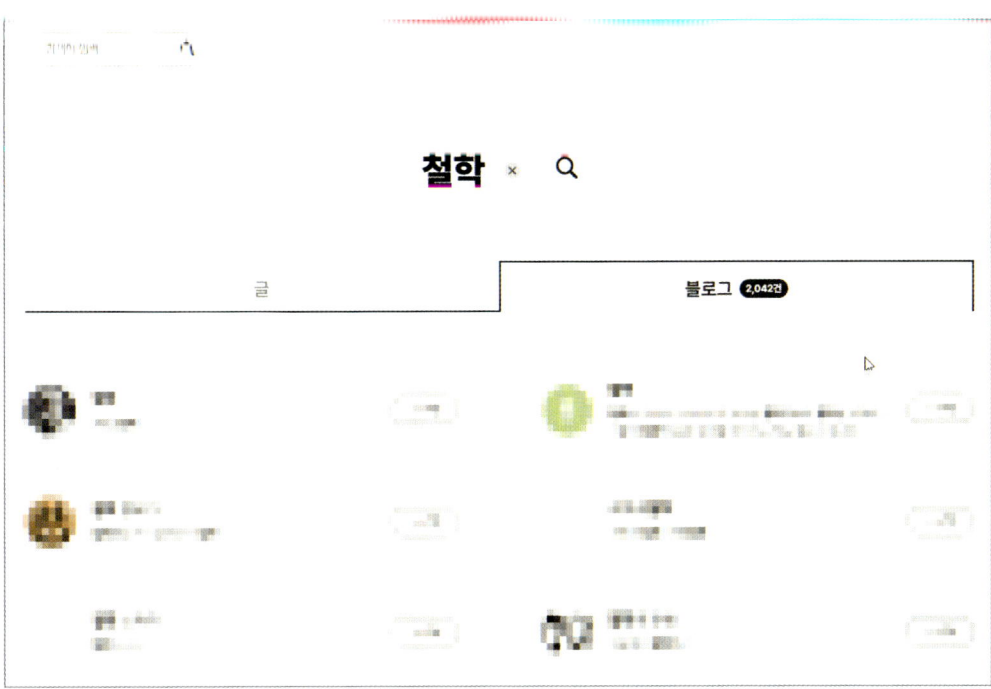

Section 08 유튜브 동영상 시청하기

대표적인 영상 플랫폼 유튜브에 접속하여 동영상을 시청하겠습니다.

01 주소 표시줄을 클릭합니다. www.youtube.com을 입력하고 Enter 키를 누릅니다.

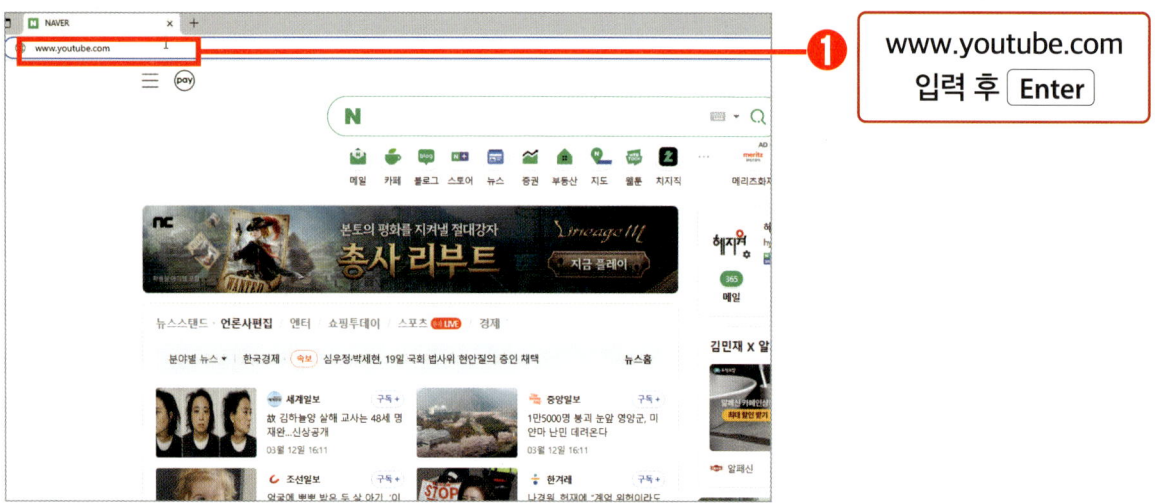

02 유튜브 사이트로 이동합니다. 원하는 키워드를 입력하고 🔍 를 클릭하거나 Enter 키를 누릅니다.

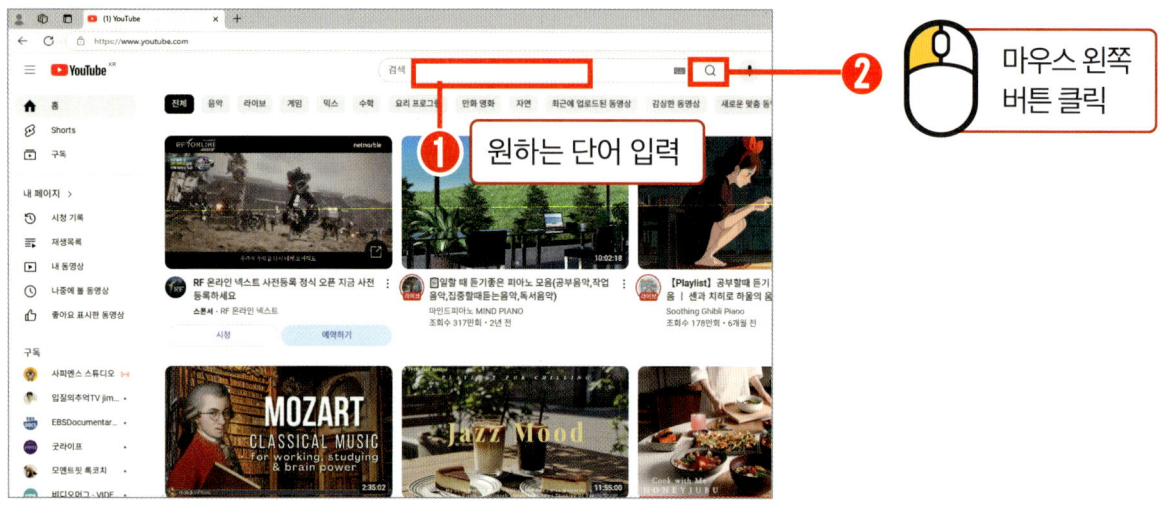

03 내가 검색한 결과에 맞는 영상들이 나타납니다. 원하는 영상을 클릭합니다.

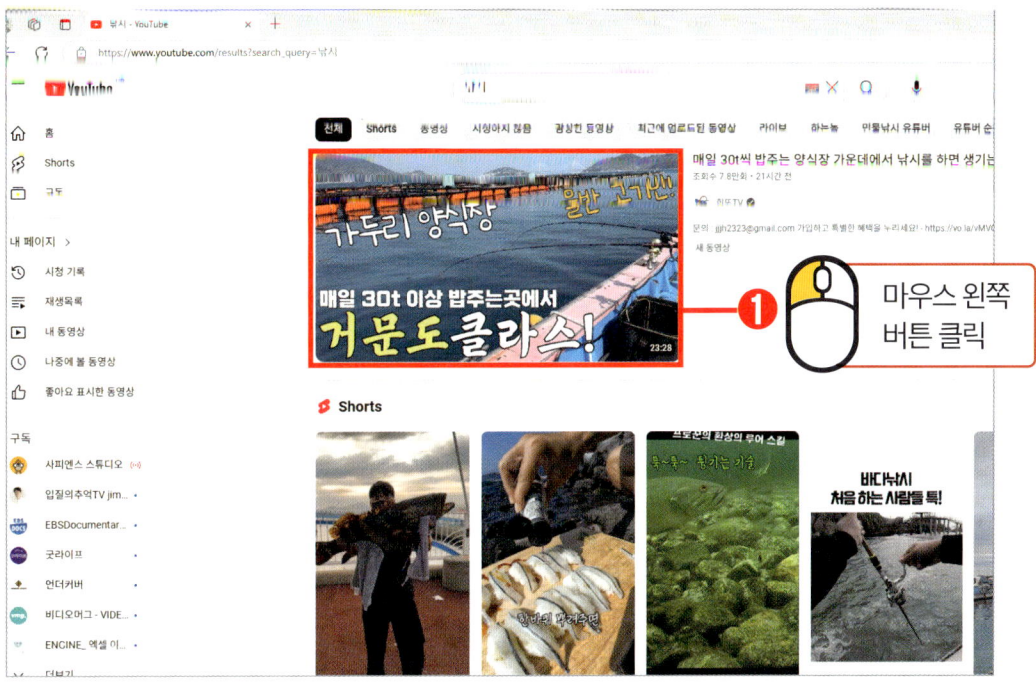

04 영상이 재생됩니다.

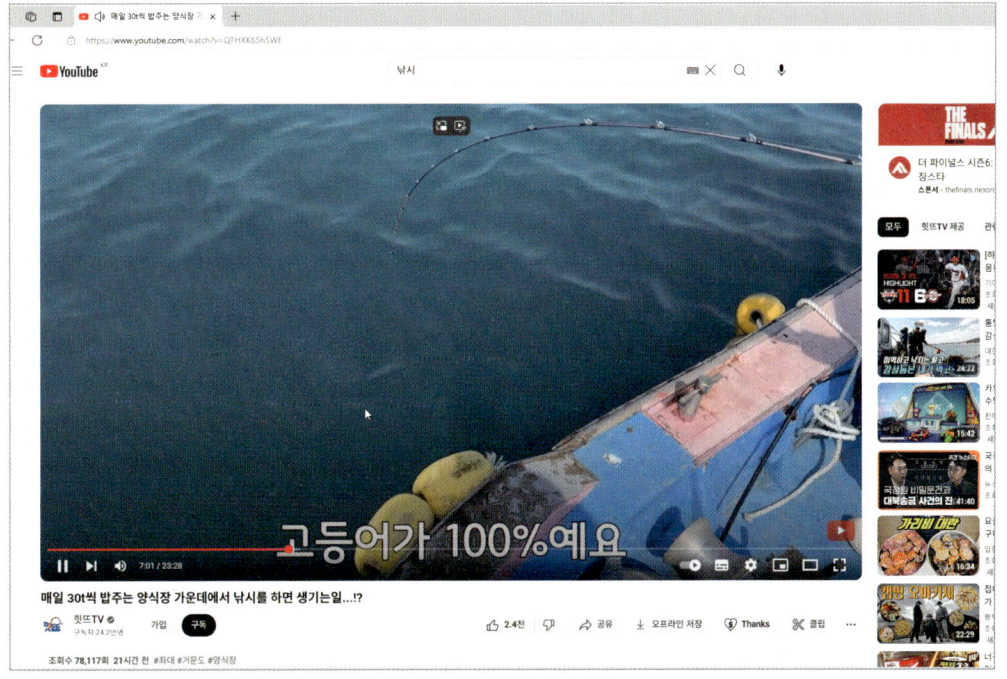

유튜브 화면의 구성 요소

유튜브 화면의 구성 요소는 다음과 같습니다.

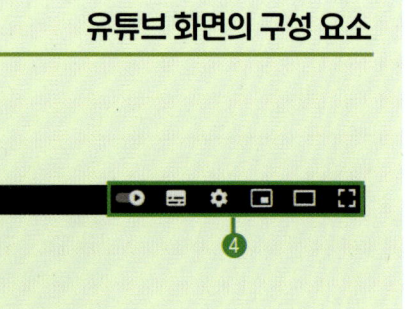

❶ **재생/일시중지** : 한 번 누르면 일시중지되며, 다시 누르면 재생됩니다.

❷ **다음 영상** : 다음으로 재생될 예정인 영상으로 넘어갑니다.

❸ **소리** : 소리를 조절할 수 있고, 클릭하면 음소거됩니다.

❹ 자동재생, 자막, 화면 크기 등을 조절할 수 있는 메뉴 목록입니다.

05 스크롤을 아래로 내립니다. 댓글 목록을 볼 수 있습니다. [댓글 추가]에 댓글을 입력하고 등록하면 내 댓글이 등록됩니다.

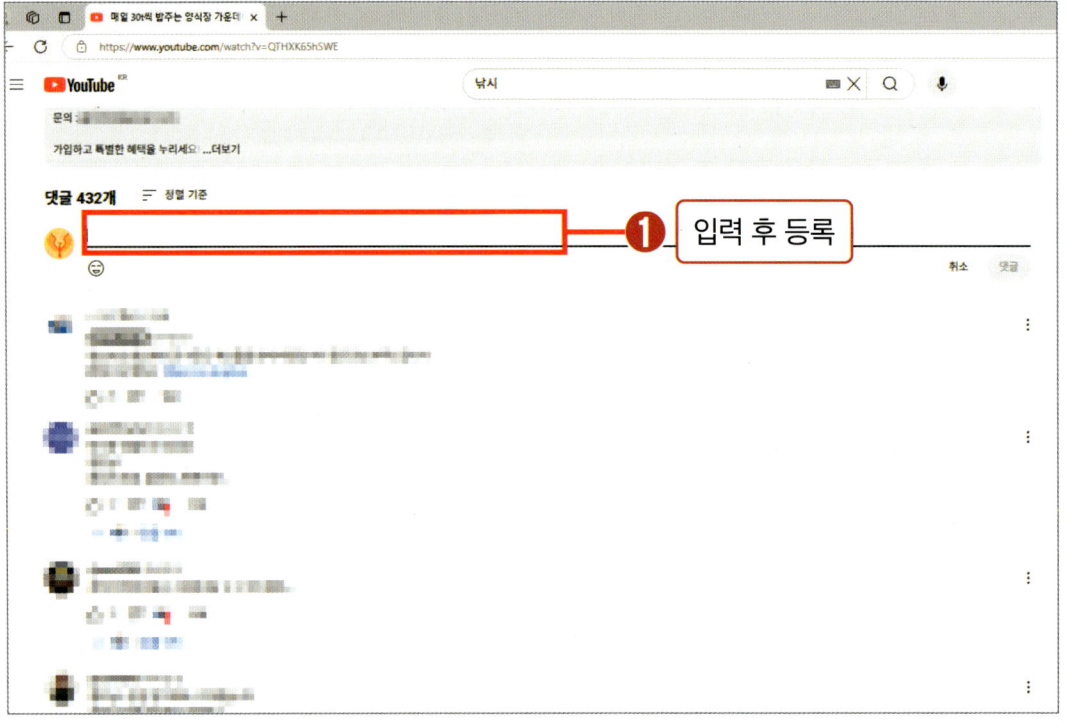

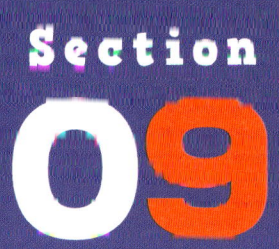

Section 09 11번가 가입하기

인터넷으로 온라인 쇼핑이 가능합니다. 대표적인 온라인 쇼핑몰인 11번가에 가입해보겠습니다.

01 검색란에 11번가를 입력하고 Enter 키를 누릅니다.

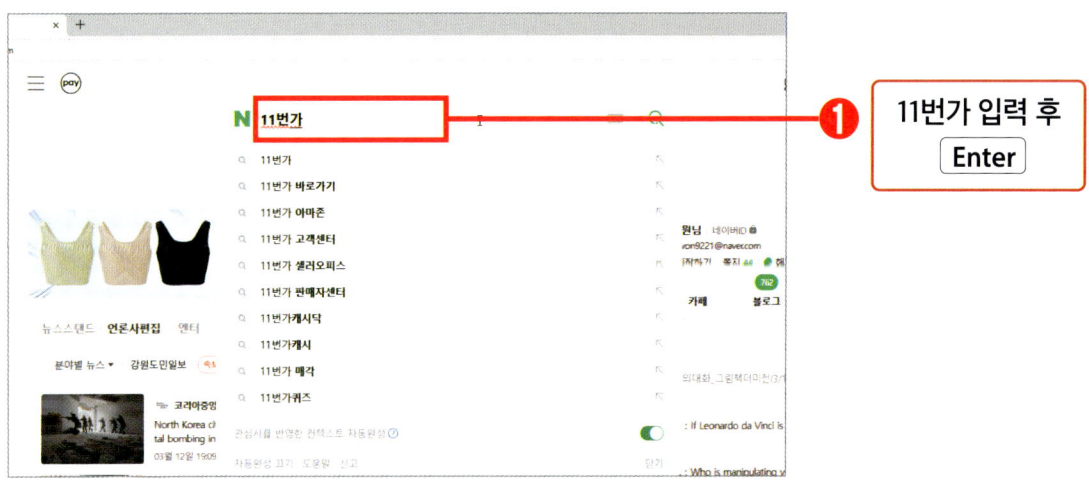

① 11번가 입력 후 Enter

02 11번가 홈페이지를 클릭합니다.

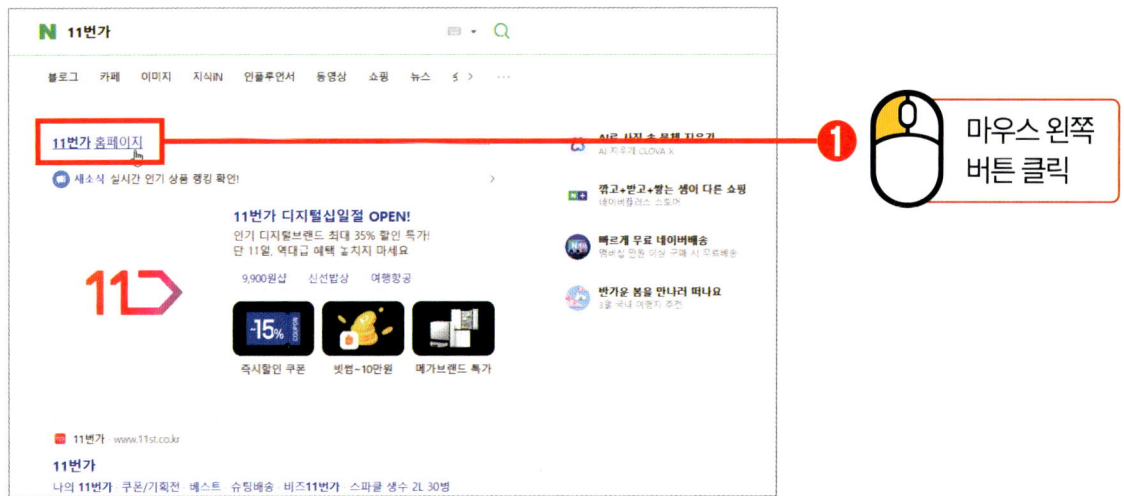

① 마우스 왼쪽 버튼 클릭

제 11장 네이버, 다음 사용하기 / **287**

03 오른쪽 상단의 [회원가입]을 클릭합니다.

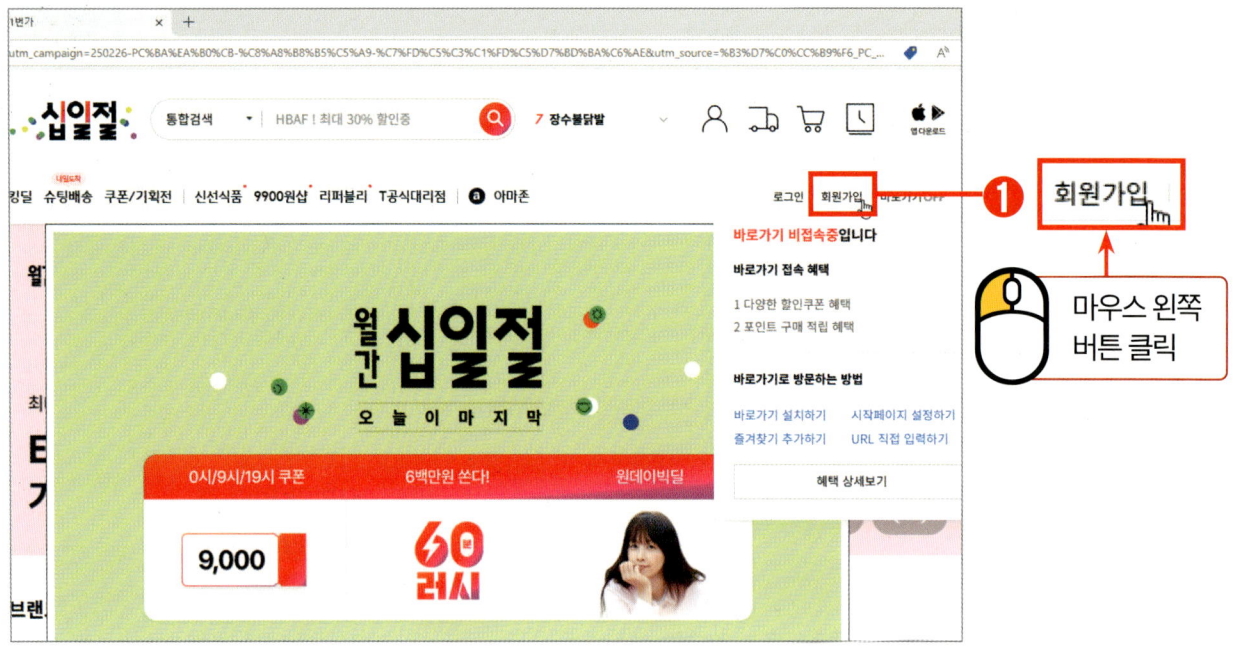

04 이번에는 휴대폰 번호로 가입해보겠습니다. [휴대폰 번호로 가입하기]를 클릭합니다.

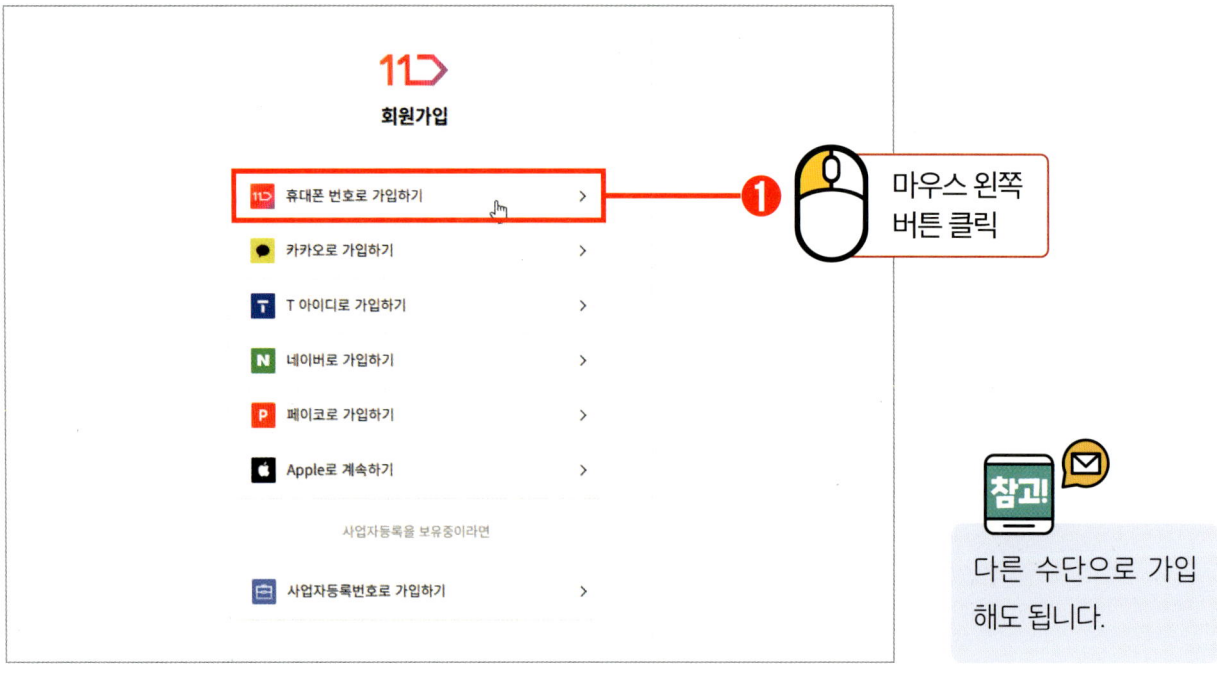

05 [전체 동의]에 체크하고 [동의하기]를 클릭합니다

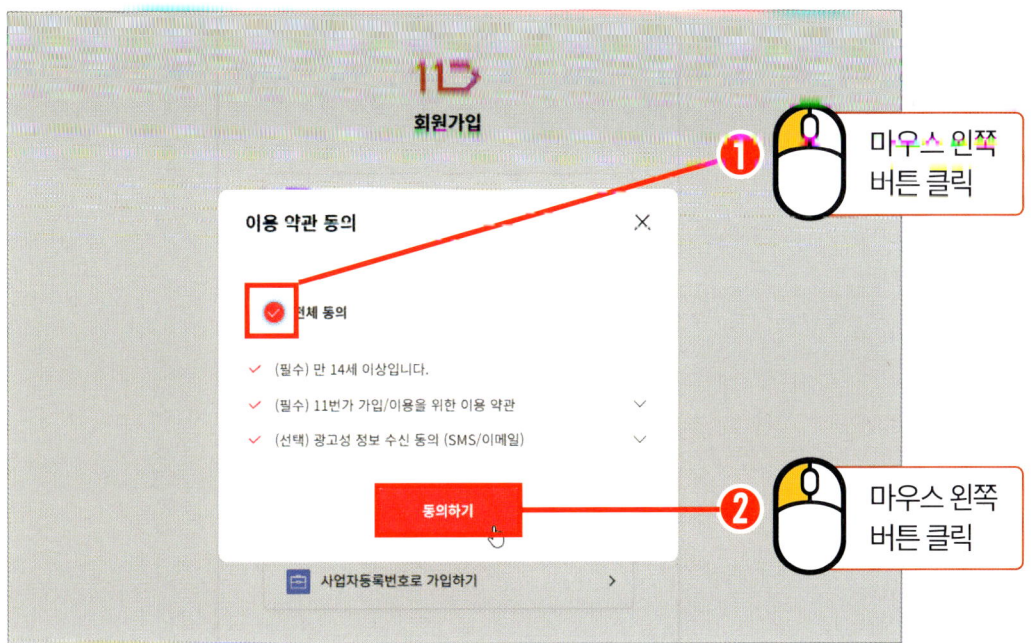

06 이름을 입력합니다. [확인]을 클릭합니다.

07 휴대폰 번호를 입력하고 [인증하기]를 클릭합니다.

08 문자로 온 인증번호를 입력하고 이메일을 입력합니다. [확인]을 클릭합니다.

09 비밀번호를 입력하기 [확인]을 클릭합니다.

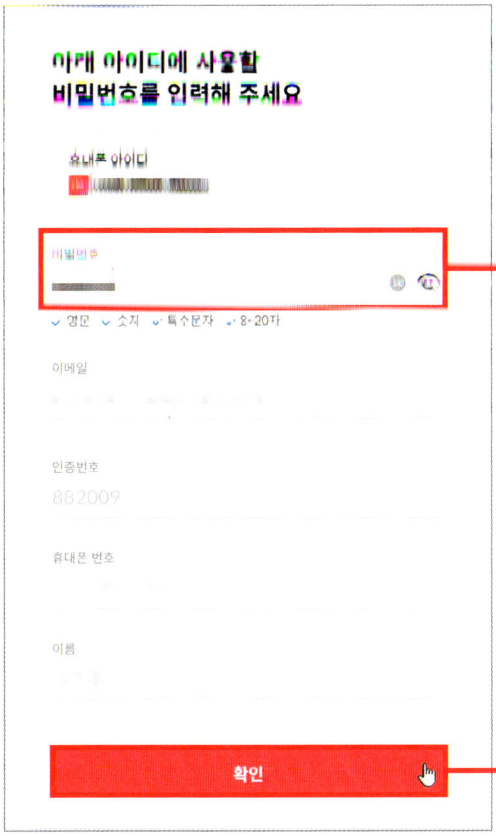

① 비밀번호 입력

② 마우스 왼쪽 버튼 클릭

참고! 비밀번호는 보통 영문/숫자/특수문자를 혼용하여 8자 이상 입력하도록 되어 있습니다.

10 비밀번호를 한 번 더 입력하고 [가입 완료]를 클릭합니다. 가입이 완료되었습니다.

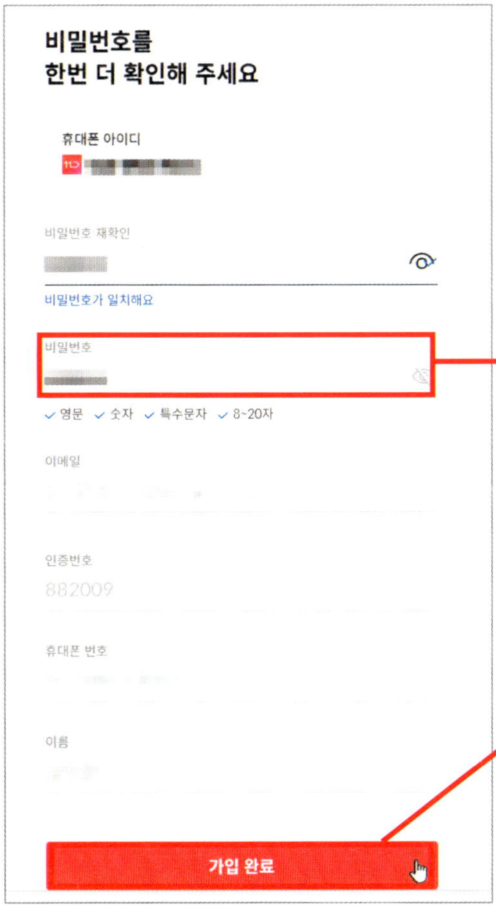

① 비밀번호 한 번 더 입력

② 마우스 왼쪽 버튼 클릭

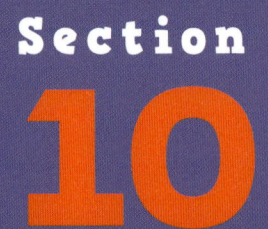

Section 10 11번가에서 쇼핑하기

11번가에서 물건을 구매해보겠습니다.

01 원하는 상품을 검색합니다. 상품을 클릭합니다.

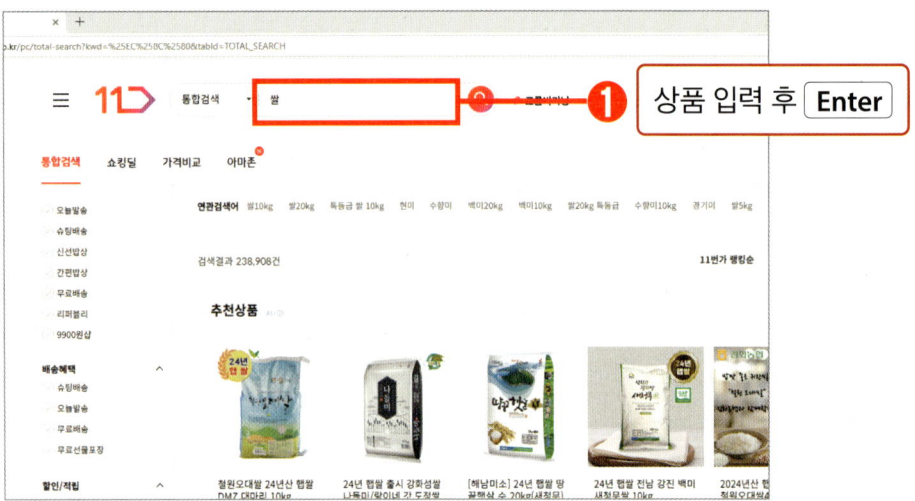

02 상품의 정보를 읽은 뒤 [장바구니]를 클릭합니다.

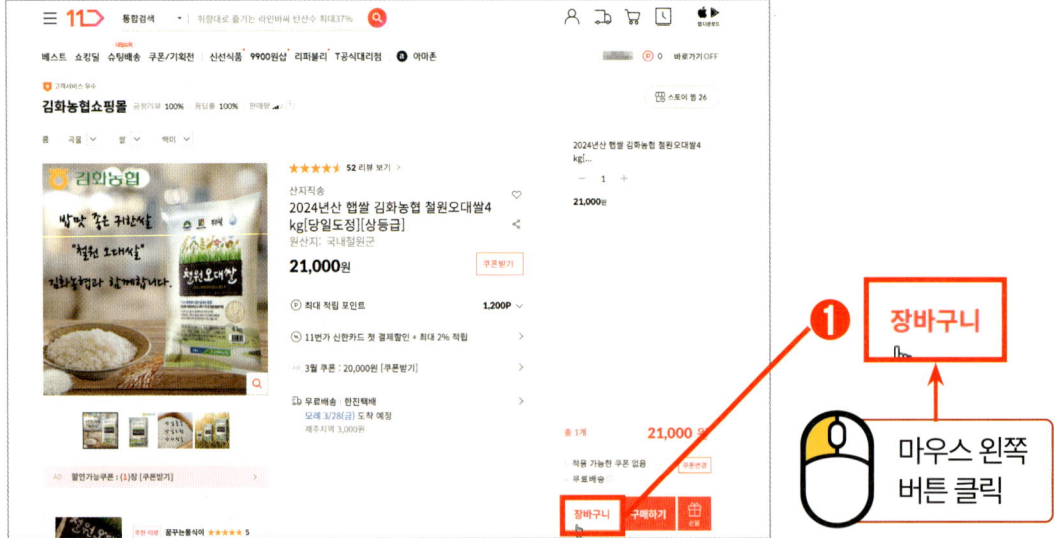

03 상품이 장바구니에 담겼습니다. [장바구니] 아이콘을 클릭합니다.

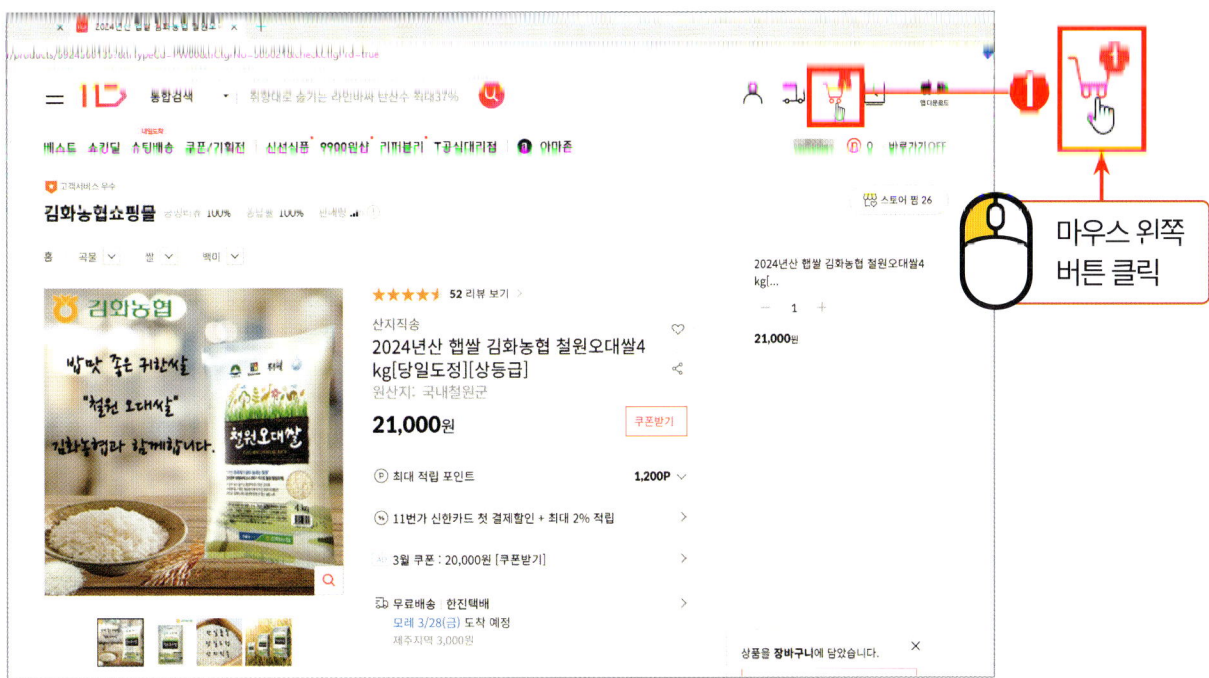

04 장바구니에 담긴 상품을 구매해보겠습니다. 구매하고 싶은 상품의 [바로구매]를 클릭합니다.

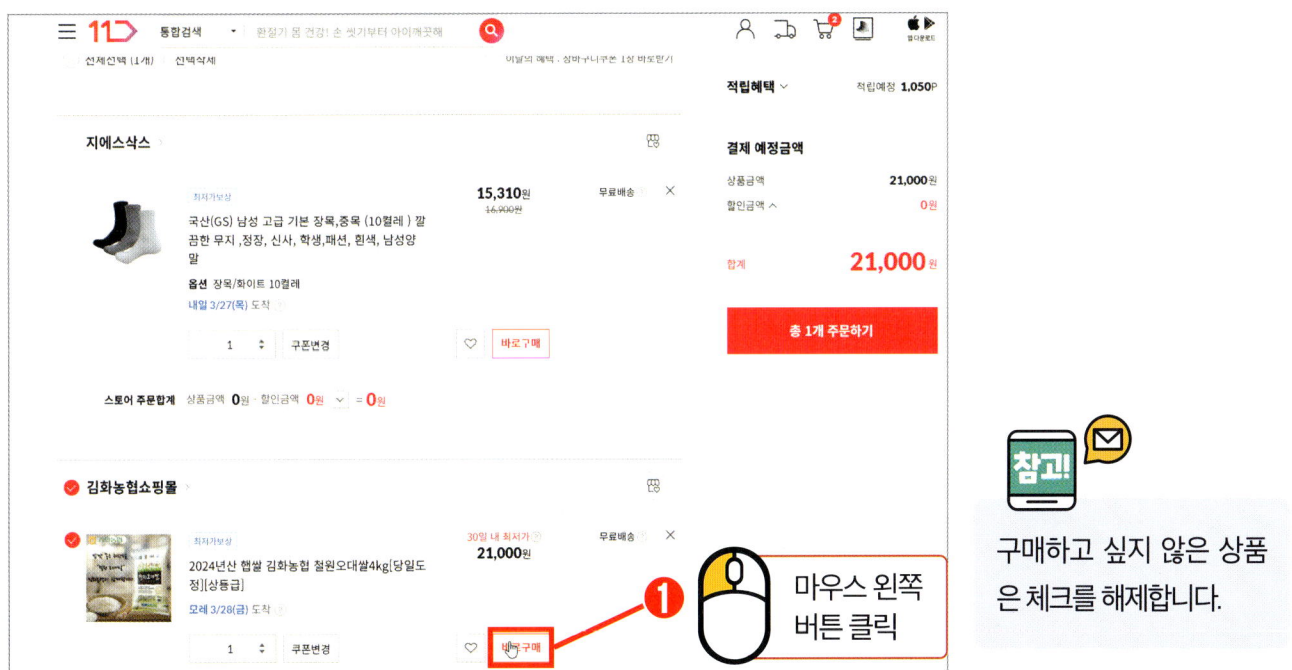

구매하고 싶지 않은 상품은 체크를 해제합니다.

제 11장 네이버, 다음 사용하기 / 293

05 배송정보를 입력하겠습니다. 받는 사람, 휴대폰 번호를 입력합니다. [주소찾기]를 클릭합니다.

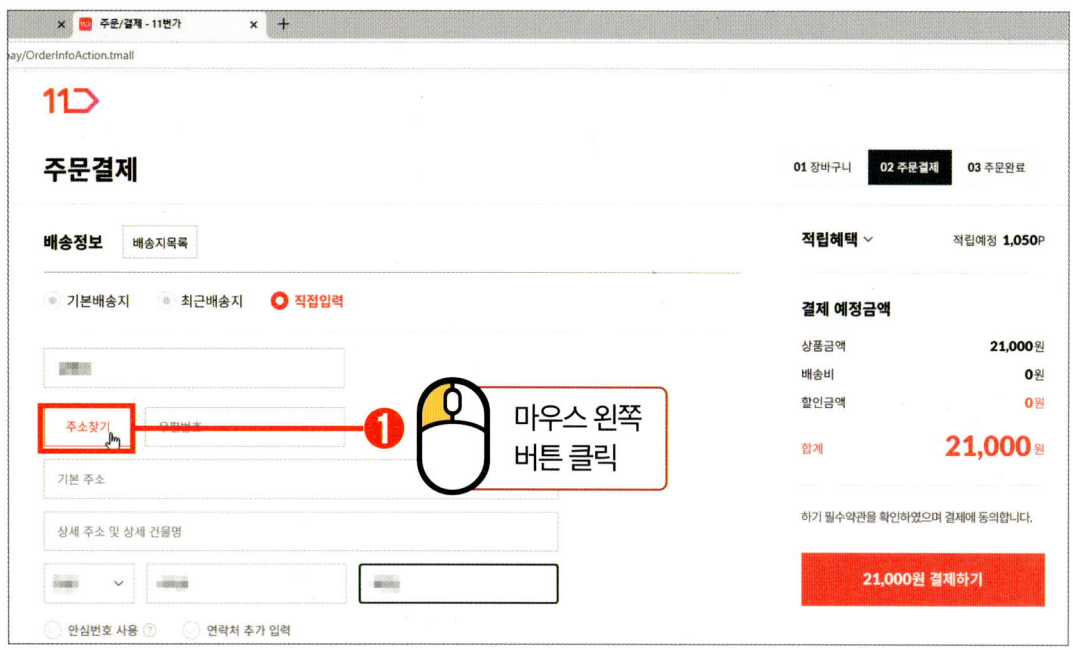

06 자신의 도로명 주소를 입력하고 Enter 키를 누릅니다. 자신의 주소지를 클릭합니다.

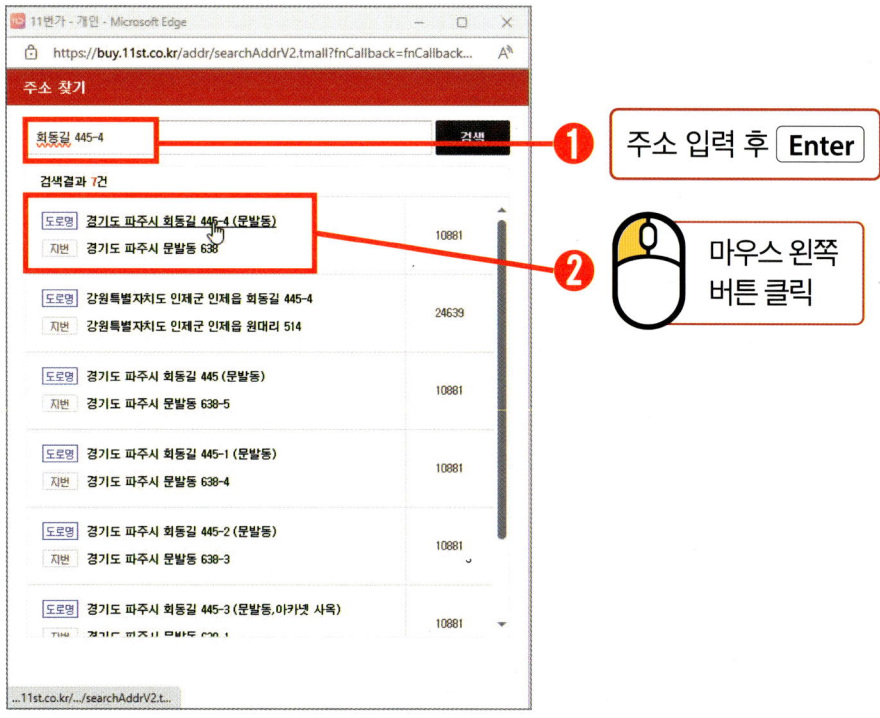

07 상세 주소를 입력합니다. 스크롤바를 아래로 내립니다

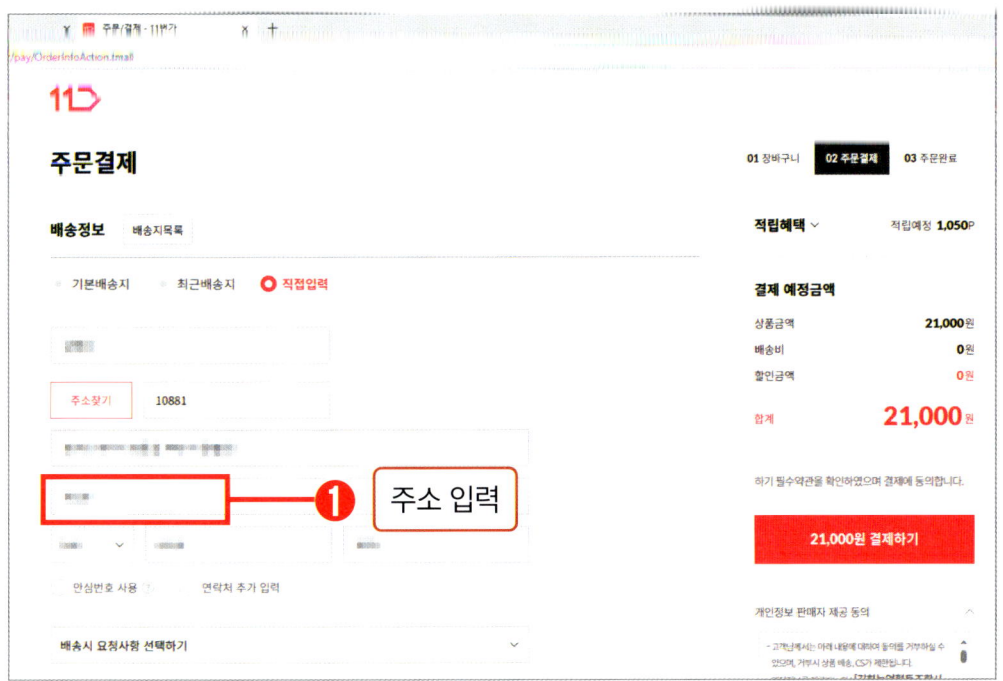

08 결제수단을 선택하겠습니다. [일반결제]-[무통장입금]을 클릭합니다.

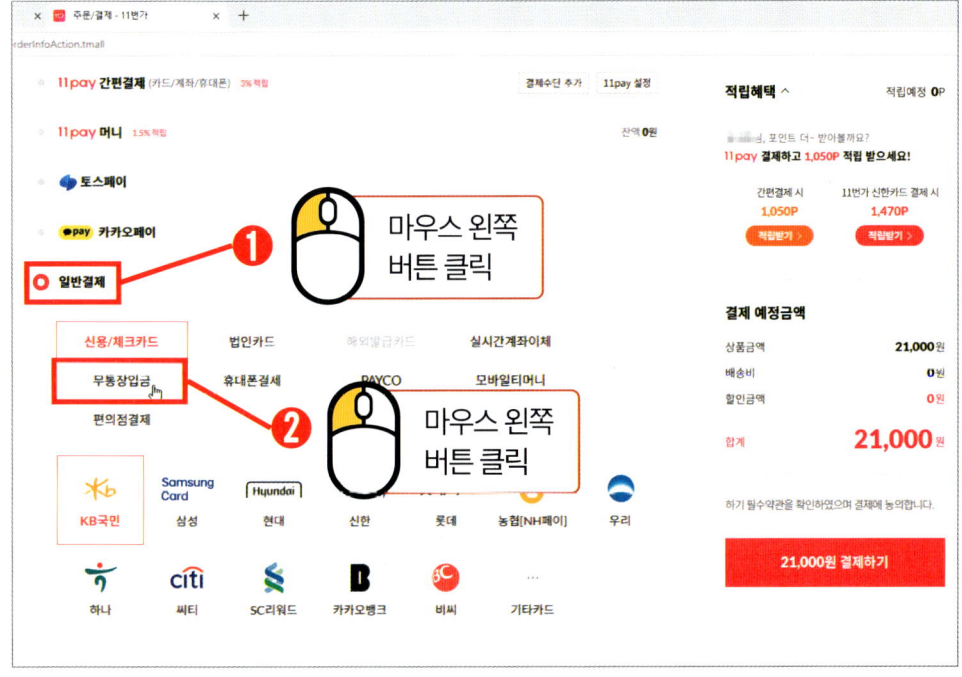

* 무통장입금이란, 가상의 계좌를 만든 후 그 계좌로 지정된 기한 내에 돈을 입금하는 방식입니다.

* 현금영수증 신청이 필요하면 신청을 선택합니다.

09 원하는 은행을 클릭합니다. [결제하기]를 클릭합니다.

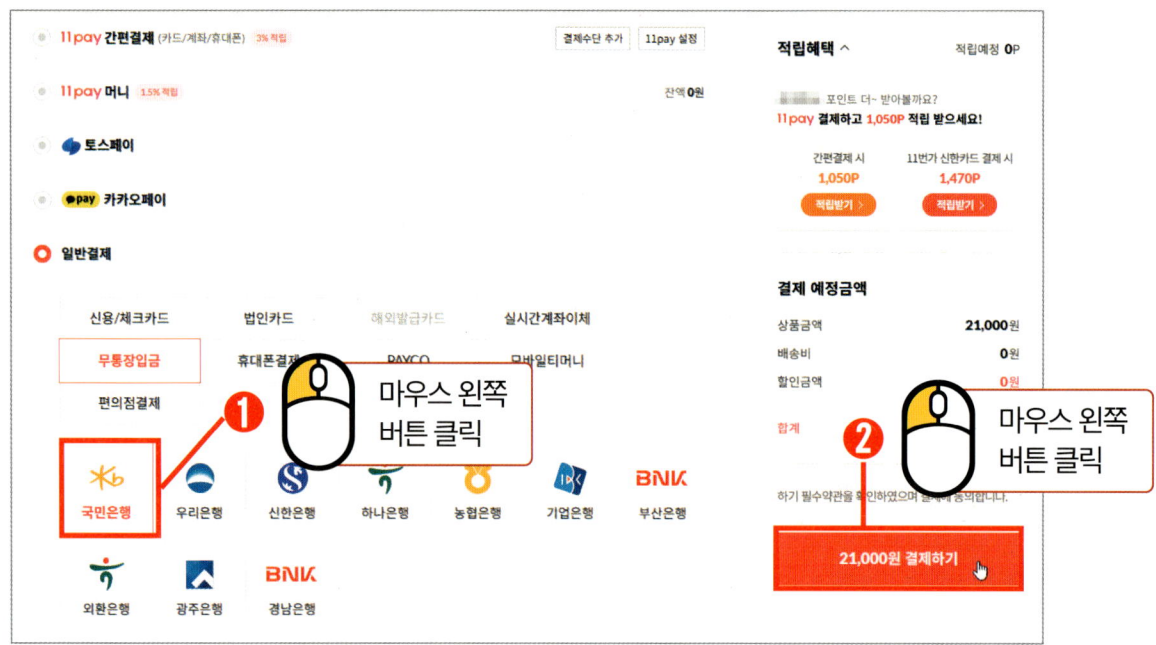

10 주문이 완료되었습니다. 무통장입금의 경우 지정된 시간까지 금액을 계좌번호로 입금해야 주문이 완료됩니다.

어른들을 위한 가장 쉬운
컴퓨터

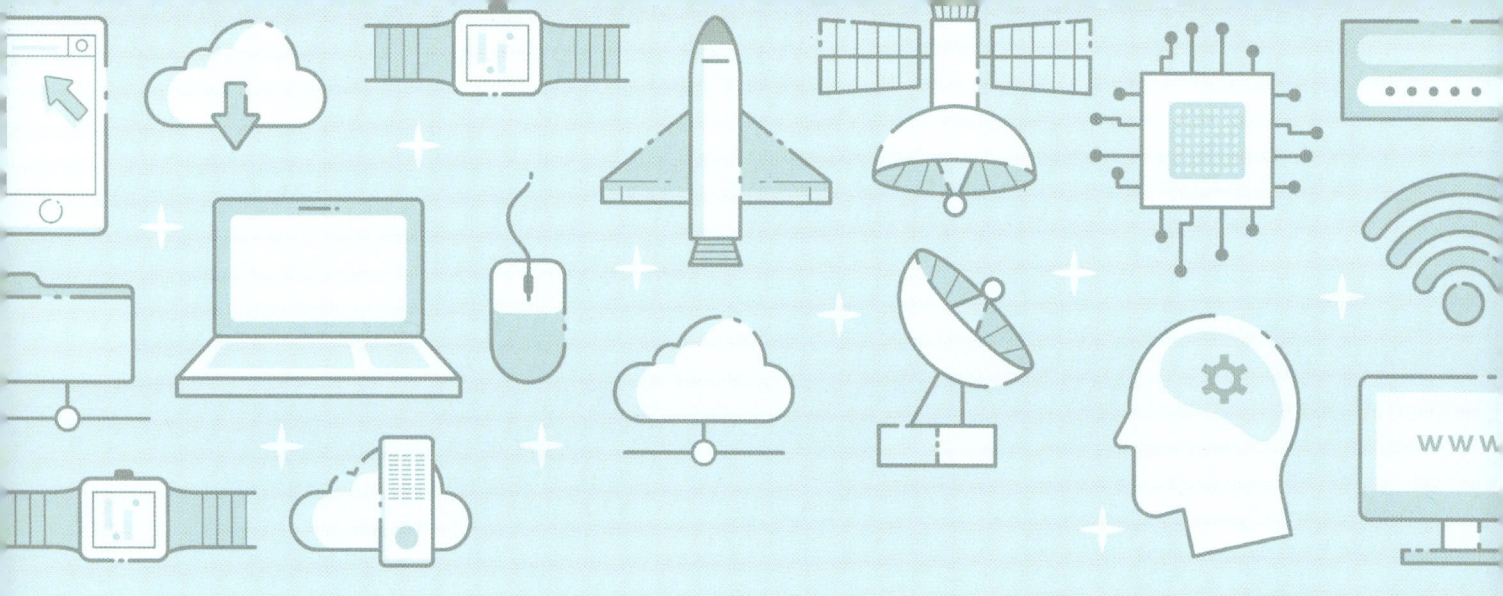

어른들을 위한 가장 쉬운
컴퓨터

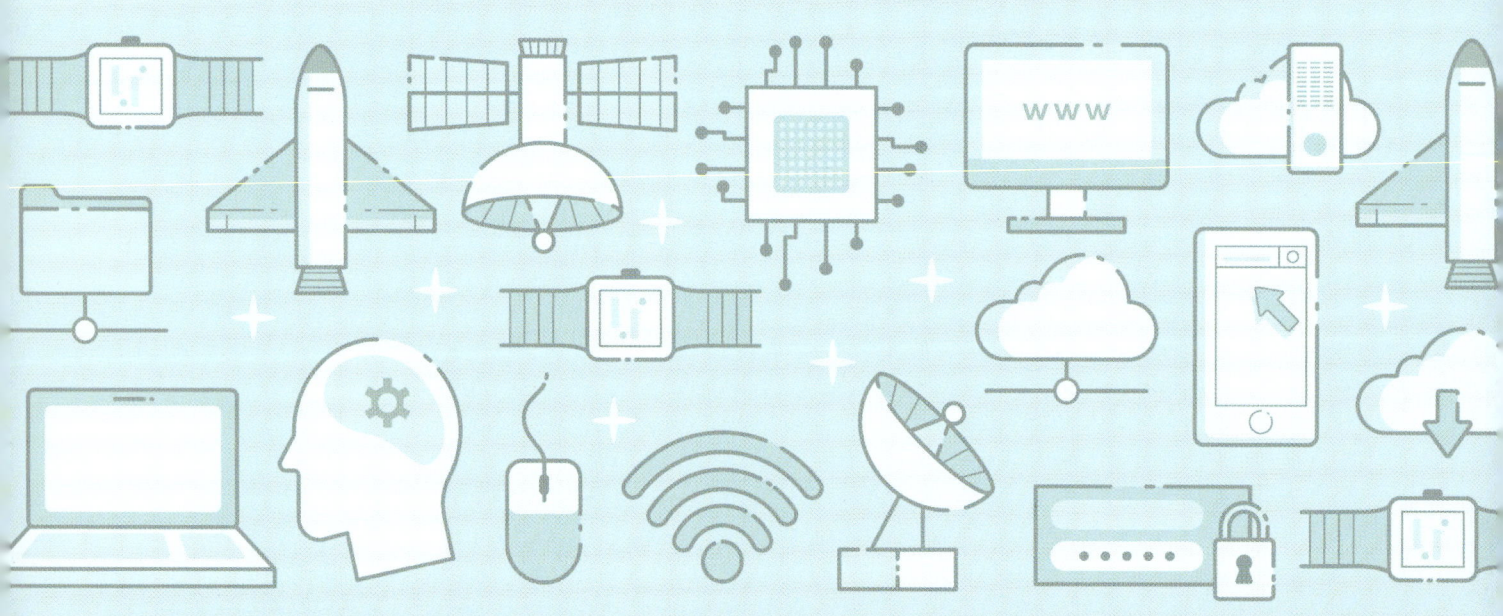

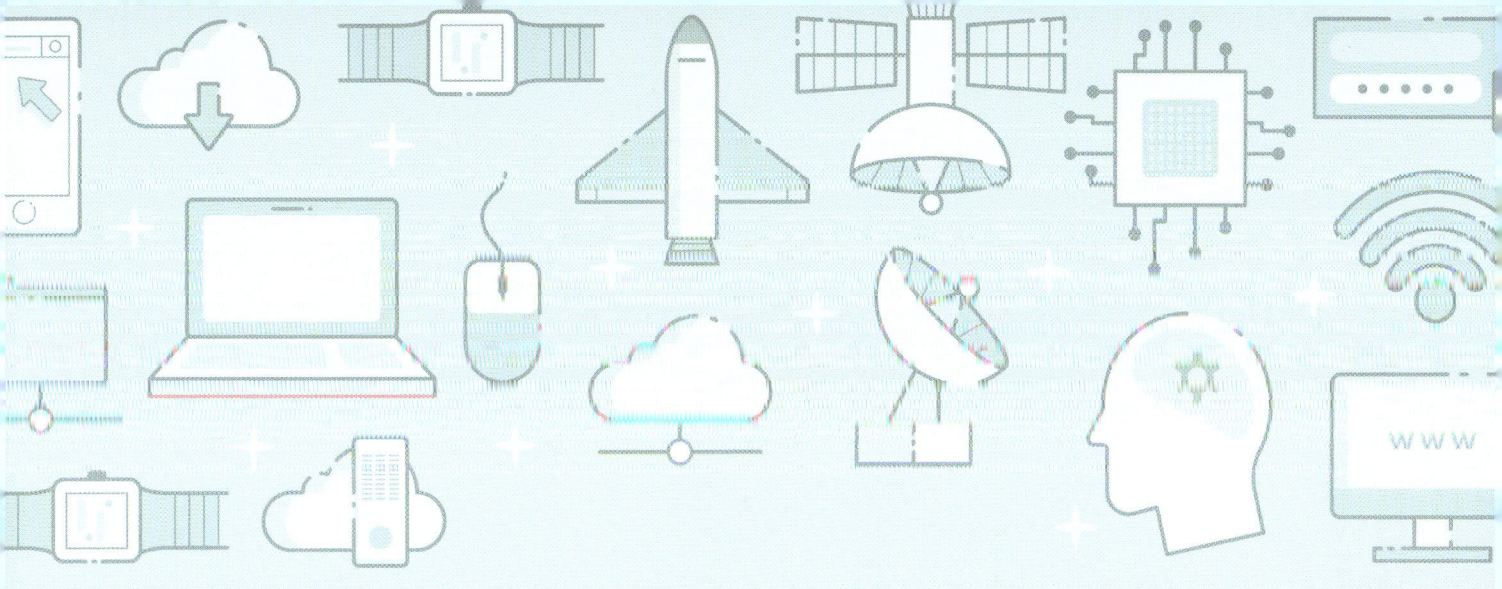

어른들을 위한 가장 쉬운
컴퓨터

어른들을 위한 가장 쉬운
컴퓨터